Lee Hoinacki

Der Jakobsweg – ein spirituelles Abenteuer

HERDER spektrum

Band 5473

Das Buch

Von Bremen nach Santiago de Compostela. Ein 65jähriger macht sich auf den uralten Weg, allein und zu Fuß. Der Jakobusweg, der im Mittelalter Millionen zum Ende der bekannten Welt zog, wird zum Abenteuer innerer Erfahrungen: Stille, Einsamkeit, Hinabtauchen in die Geschichte, Begegnung mit der elementaren Natur, Ahnung des Heiligen.
Tag für Tag geht er weiter, von St. Jean Pied de Port in Frankreich, 32 Tage lang, bis er schließlich vor der Kathedrale des Heiligen Jakob in Santiago steht. Aber nicht die Ankunft und das Ziel sind das Wesentliche. Entscheidend ist die Begegnung mit sich selber, mit der Tiefe der in diesem Weg reflektierten Lebensgeschichte. Jeden Abend übernachtet er in einem Pilgerhospiz, schreibt auf, was ihm wichtig war und wohin der Weg nach innen geführt hat. Seine Reflexionen beziehen sich auf die Geschichte und das Wesen religiöser Erfahrung ebenso wie auf die Analyse der modernen technischen Welt, die ihm begegnet. Am Ende findet sich dieser Mensch ein in die Pilgerschaft der Jahrtausende, und gleichzeitig findet er zu sich selbst – in seinem Aufbruch erlebt er Glauben und Spiritualität auf eine neue Weise. Eine geistreiche und bewegende Selbstprüfung eines Menschen auf dem Weg. Ein mitreißender Führer in die Geschichte und ein erfrischender Blick auf unsere Zeit.
„Hoinacki wandert nicht. Er pilgert. Ein moderner Mensch entdeckt auf faszinierende Weise, was Pilgersein heißt" (Ivan Illich).

Der Autor

Lee Hoinacki, Philosoph, Theologe, Professor für Politische Wissenschaft, hat lange Jahre als Dominikaner in Lateinamerika gearbeitet. Er war Vizerektor einer Universität, bevor er 15 Jahre als Subsistenzfarmer in Amerika lebte. Er hat an der Sangamon State University, der Southern Illinois University, der Penn State University und den Universitäten Oldenburg und Bremen gelehrt.

Lee Hoinacki

Der Jakobsweg – ein spirituelles Abenteuer

Allein auf dem Pilgerweg nach Santiago de Compostela

Aus dem Amerikanischen
von Marielies Urban

HERDER

FREIBURG · BASEL · WIEN

Die amerikanische Originalausgabe erschien 1996
unter dem Titel „El camino. Walking to Santiago de Compostela"
bei der Penn State University Press.
Die deutsche Ausgabe wurde für die vorliegende Veröffentlichung
vom Autor gekürzt.
Permission for this edition was arranged
through Jean Sue Johnson Libkind.

Gedruckt auf umweltfreundlichem,
chlorfrei gebleichtem Papier

Erstmalig erschienen unter dem Titel „El Camino – ein spirituelles
Abenteuer. Allein auf dem Pilgerweg nach Santiago de Compostela"
im Jahr 1997.

www.herder.de
Herstellung: fgb · freiburger graphische betriebe 2004
www.fgb.de
Umschlaggestaltung und Konzeption:
R·M·E München / Roland Eschlbeck, Liana Tuchel
Umschlagfoto: Hartmut W. Schmidt – Fotographie
ISBN: 3-451-05473-6

El Camino

„Here, with each step, I am always in place, in some place, going to the next place ..."
„Hier bin ich mit jedem Schritt immer am richtigen Ort, an irgendeinem Ort, und gehe zum nächsten Ort ..." – aus Kapitel 2.

Zuerst mein Dank an ...

Ich möchte den folgenden Personen danken, die das Manuskript sorgfältig durchgelesen haben, mir wertvolle Anregungen gaben und zweckdienliche Verbesserungen machten: Judith Van Herik, William A. Christian Jr., Mother Jerome Nagle, O. S. B., und Patricia Mitchell. Die begeisterte Annahme des Manuskriptes durch Philip Winsor ermöglichte die Veröffentlichung. Barbara Duden schenkte mir ein ausgezeichnetes Taschenmesser für den Camino und stellte mir ihr reizvolles Haus zur Verfügung, in dem ich einen großen Teil des Buches schrieb. Sebastian Trapp lieh mir einen erstklassigen Rucksack und unterwies mich in der Behandlung wundgelaufener Füße. Alfons Garrigós gab mir die Landkarte, der ich folgte, und nützliche Ratschläge. Ich hatte die Erlaubnis, Valentina Borremans' Bibliothek zu benutzen, und genoß ihre Gastfreundschaft in ihrem Heim in Mexiko. In Santo Domingo de la Calzada wurde ich von Vater José Ignacio Díaz und seinen Mitarbeitern, besonders Maite Moreno, herzlich empfangen. Carl Mitcham von der Penn State University traf umsichtige Vorkehrungen, damit meine Arbeit dort angenehm und fruchtbar sein konnte. Am State College konnte ich immer auf Peter Bohn zählen, wenn es um einen Platz zum Schlafen, eine gute Mahlzeit und eine angeregte Unterhaltung ging. Ivan Illich bin ich dankbar für die Idee, nach Santiago de Compostela zu wandern. Ich hoffe, der Text selbst drückt aus, was ich gegenüber all den Menschen fühle, die ich auf dem Camino und entlang des Camino getroffen habe.

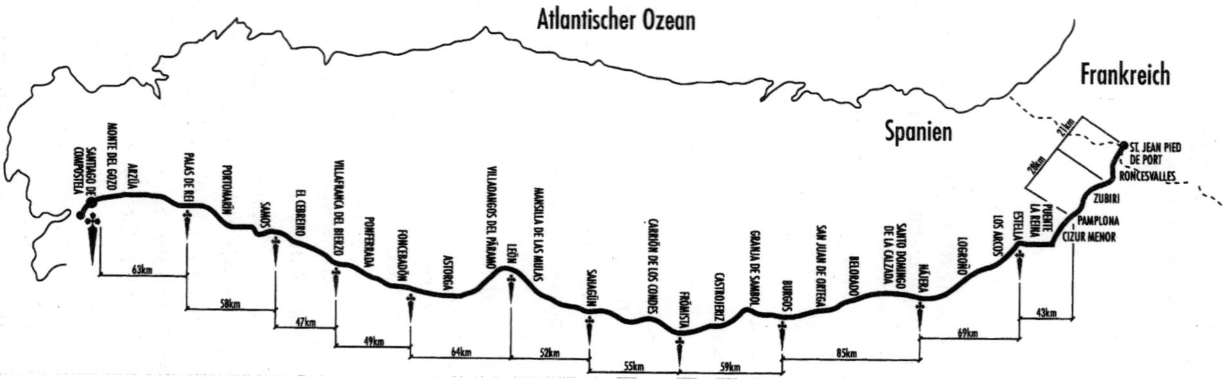
Atlantischer Ozean
Frankreich
Spanien
ST. JEAN PIED DE PORT
RONCESVALLES
ZUBIRI
PAMPLONA
CIZUR MENOR
PUENTE LA REINA
ESTELLA
LOS ARCOS
LOGROÑO
NÁJERA
SANTO DOMINGO DE LA CALZADA
BELORADO
SAN JUAN DE ORTEGA
BURGOS
GRANJA DE SAMBOL
CASTROJERIZ
FRÓMISTA
CARRIÓN DE LOS CONDES
SAHAGÚN
MANSILLA DE LAS MULAS
LEÓN
VILLADANGOS DEL PÁRAMO
ASTORGA
FONCEBADÓN
PONFERRADA
VILLAFRANCA DEL BIERZO
EL CEBREIRO
SAMOS
PORTOMARÍN
PALAS DE REI
ARZÚA
MONTE DEL GOZO
SANTIAGO DE COMPOSTELA
21km
28km
43km
69km
85km
59km
55km
52km
64km
49km
47km
58km
63km

Wie alles anfing ... in Bremen

Im Jahr 1962 traf ich zum ersten Mal Spanier in Mexiko und Chile, und in jenem Jahr lernte ich auch die aufwühlenden und surrealistischen Filme von Luis Buñuel kennen. Aufgrund dieser Erlebnisse erspürte ich eine schreckliche Wahrheit, die von dem bedeutenden und umstrittenen Historiker Américo Castro ausgesprochen wurde. Drei Jahrhunderte lang, so sagt er, hätten die Spanier mit einem verheerenden Irrtum zu leben versucht, *desviviéndose.* Damit meint er den Versuch, eine Nation zu erschaffen und gleichzeitig die grundlegenden Eigenschaften der historisch besonderen spanischen Seinsweise – *el ser español* – zu verleugnen. Nach diesen Begegnungen, die für mich als Amerikaner aus dem Mittleren Westen geheimnisvoll und rätselhaft waren, wuchs still, aber fest, tief in meinem Innern ein unstillbares Verlangen: Ich wollte gern das Land besuchen, in dem solche widersprüchlichen und mächtigen Leidenschaften die Herzen der Menschen regierten. Einunddreißig Jahre später ging mein noch immer starker Wunsch in Erfüllung.

Ich lebte zu der Zeit in Deutschland, als ein Freund mir vorschlug, ich solle nach Santiago de Compostela gehen, einem Ort, der in Galicien an dem *finis terrae* (Ende der Welt) liege und im Mittelalter die meistbesuchte Stadt in der westlichen Welt gewesen sei. Darüber hinaus wußte ich nichts über seine Geschichte. Mein Freund erläuterte mir, daß dieser Ort eine Pilgerstätte sei, daß viele glaubten, daß sich der Körper des Apostel Jakobus des Älteren dort befinde, daß die Pilger auf dem Weg nach Compostela und von dort zurück Straßen begründet hätten, deren Spuren noch heute verfolgt werden könnten. Dann las ich ein kleines, leichtfaßliches Büchlein zu diesem Thema und begann mich zu wundern. Warum reisten Tausende – oder vielleicht Millionen, niemand weiß, wie viele – dorthin aus so fernen Gegenden wie Galway an der Westküste Irlands? Lange vor dem Zeitalter der modernen Medien, Landkarten und Beförderung fanden Männer, Frauen und Kinder ihren Weg über Berge und durch Wälder zum äußersten Ende der bekannten Welt. Was zog sie zu einem Grab, das am Anfang nicht wirklicher war als der einsame Unterschlupf eines Einsiedlers in einer verlassenen Gegend? Ich zog den Schluß, daß es nur eine Möglichkeit gab, es herauszufinden: selbst nach Compostela zu wandern.

Ich beschloß sofort, nichts weiter zu lesen, weder über die Pilgerreise, noch über den berühmten Schrein. Ich fühlte, je weniger ich wußte, desto aufgeschlossener würde ich gegenüber den Menschen und den Dingen sein, die mich entlang des Pfades erwarteten, auf dem tausend Jahre lang so viele Menschen gepilgert waren. Aus langjähriger Erfahrung weiß ich, daß ich lerne, indem ich für mich ausspreche, was ich fühle und denke – indem ich aufschreibe, was ich erlebt habe und was sich in mir abgespielt hat. Daher nahm ich ein Schulheft und einen Stift mit auf die Reise. Jeden Abend vor dem Einschlafen schrieb ich nieder, was mich an diesem Tag berührt und beeindruckt hatte.

Nach meiner Rückkehr nach Deutschland druckte ich meine Notizen aus und zeigte sie dem Freund, der meine Pilgerreise angeregt hatte. Er und andere Freunde drängten mich dann, aus diesen Aufzeichnungen ein Buch zu machen. Glücklicherweise hatte ich Zugang zu Quellen und Zeit zum Schreiben. Ich erfuhr etwas über den *camino*, den Weg, und erweiterte mein Wissen über die spanische Geschichte. Das schloß den Versuch ein, die Beliebtheit und Bedeutung des *camino* aus den verschiedenen Sichtweisen von Katholiken, Moslimen und Juden zu verstehen. Mehr als siebenhundert Jahre kämpften die beiden ersteren um die Herrschaft auf der Halbinsel, während die Juden, eine große und bedeutende Gemeinschaft, auf friedliche Weise ihrer Tradition treu zu sein versuchten, von den Zeiten der Römer bis zu ihrer endgültigen Vertreibung im Jahr 1492.

Der hier vorliegende Text ist der fast wortwörtliche Bericht, den ich jeden Abend schrieb – all das, was ich im Mai und Juni 1993 auf dem *camino* erlebte. Ich habe historische Fakten und erläuternde Bemerkungen mit hineingeflochten, soweit sie das erhellen und verständlich machen, was ich auf der Wanderung empfand und dachte.

Castro schrieb: „In Santiago [de Compostela] schwang das Pendel von gottesfürchtiger Unterwerfung unter die Fürsprecher der himmlischen Gnade bis zu chaotischer und sogar krimineller Auflehnung." Er führt Beispiele aus dem späten Mittelalter an. Heute, glaube ich, schwingt das Pendel in jeder Richtung noch weiter aus – auf der ganzen Halbinsel und darüber hinaus. Das habe ich bis zu dem Zeitpunkt meiner Ankunft in Compostela verstanden.

1 Von St. Jean Pied de Port nach Roncesvalles

4. Mai

Es ist früh am Morgen ... Ich steige in Bayonne in Südwestfrankreich aus dem Zug. Hier muß ich eine Fahrkarte für den Personenzug nach St. Jean Pied de Port kaufen, einer Stadt an der französisch-spanischen Grenze. Sie ist der Ausgangspunkt meiner Pilgerfahrt nach Santiago de Compostela und heute, am ersten Tag meiner Wanderung, möchte ich noch die Pyrenäen überqueren. Aber plötzlich bekomme ich Angst. Ich bin fünfundsechzig! Verhalte ich mich nicht wie ein Kind, das ein unbesonnenes, tollkühnes Abenteuer unternimmt? Hätte ich nicht mit jemandem sprechen sollen, der Erfahrung im Wandern durchs Gebirge hat? Ich habe in den letzten zehn oder fünfzehn Jahren keinen Arzt aufgesucht, vielleicht sogar länger ... ich kann mich nicht einmal mehr daran erinnern. Ich hätte mich wenigstens einer ärztlichen Untersuchung unterziehen sollen. Das wäre ich meinen Kindern sicherlich schuldig gewesen. Aber sie legten es mir nicht nahe und äußerten auch keinen Widerspruch, als ich ihnen sagte, daß ich durch Spanien wandern wollte.

Keiner meiner Freunde hat versucht, mir abzuraten. Im Gegenteil: Ihre Begeisterung äußerte sich in Geschenken für die Reise. Einer lieh mir einen guten dicken Schlafsack, ein anderer einen hervorragenden großen Rucksack, der auf der Hüfte aufliegt, ein anderer ein schlichtes Schweizer Armeemesser. Der Freund, der mir ursprünglich zu der Reise nach Santiago de Compostela geraten hatte, lieh mir ein altes, aber robust aussehendes Paar italienischer Bergschuhe mit dem entschlossenen und zuversichtlichen Ausruf: „Hier, zieh diese an – sie werden dich den ganzen Weg nach Compostela tragen!" Ich probierte sie an, und wunderbarerweise paßten sie. Ich hatte gehört und war auch davon überzeugt, daß die Schuhe der wichtigste Teil meiner Ausrüstung wären. Jetzt bin ich jedoch beunruhigt. Vielleicht habe ich mir nur vorgestellt, daß sie paßten … vielleicht war es unklug, die Wanderung auf *diese* Weise zu beginnen …

Der Bahnhof ist geöffnet, aber niemand arbeitet am Fahrkartenschalter – es ist noch zu früh. Der Fahrplan oben an der Wand zeigt an, daß es zwei Züge nach St. Jean Pied de Port gibt, aber das scheint von der Jahreszeit abzuhängen. Während ich mich in dem leeren und kalten Raum umschaue, entdecke ich einen elektronischen Auskunftsautomaten. Solch ein Gerät habe ich noch nie gesehen. Glücklicherweise reicht mein Französisch gerade aus, um die Anweisungen zu entziffern. Man berührt den Bildschirm an einer bestimmten Stelle, je nachdem welche Information gewünscht wird. Ich drücke. Auf dem Bildschirm erscheinen nun viele einander ausschließende Möglichkeiten, ich muß wählen und von neuem drücken. Nachdem ich den Automaten ungefähr ein Dutzend Mal bedient und so die in ihm enthaltene Information eingegrenzt habe, erfahre ich die Abfahrtszeit meines Zuges und den Preis der Fahrkarte. Ich muß noch etwas länger als eine Stunde warten und habe genug französisches Geld für den Kauf der Fahrkarte.

Petrarca-Meister, „Schmerz", um 1520.
Bayerische Staatsbibliothek, München.

Bevor ich Deutschland verließ, hatte ich mir ausgerechnet, wieviel französische Francs und spanische Peseten ich benötigen würde, und sie zu den offiziellen, gängigen Wechselkursen besorgt, denen ich trauen konnte. Was für ein gewaltiger Unterschied zu früheren Zeiten! In der Predigt „Veneranda dies" aus dem *Liber Sancti Jacobi* beschreibt der Autor aus dem zwölften Jahrhundert – wahrscheinlich der französische Geistliche Aymeric Picaud – ausführlich die verschiedenen Methoden, mit denen Geldwechsler und andere Menschen die Pilger jener Epoche betrogen. Nachdem er Beispiele verschiedener Machenschaften und Betrügereien aufgezählt hat, spricht er die Täter persönlich an:

> Oh ihr betrügerischen Schankwirte, unehrlichen Geldwechsler und niederträchtigen Kaufleute, wendet euch wieder Gott dem Herrn zu, gebt eure üblen Taten auf, verbannt euren Geiz, befreit euch von euren böswilligen Hinterlisten. Was werdet ihr am Tage des Jüngsten Gerichtes sagen, wenn ihr alle die seht, die ihr betrogen habt und die euch nun vor Gott anklagen? Wisset, daß ihr Gott mit euren unzähligen Verbrechen verachtet habt. Aber wenn ihr die zahllosen Betrügereien nicht bereut, die ihr begangen habt an den Heiligen Santiago, Petrus, Aegidius, Leonhard, der hl. Mutter Gottes, der hl. Maria von Puy, der hl. Magdalene, dem hl. Martin von Tours, dem hl. Johannes dem Täufer von Angély, dem hl. Michael dem Segler, dem hl. Bartolomäus von Benevento, dem hl. Nikolaus von Bari [Heilige, deren Kirchen damals beliebte Pilgerorte waren], werden sie eure Ankläger vor dem Herrn sein, denn ihr habt ihre Pilger ausgebeutet.

Heute, in der stark veränderten Welt des zwanzigsten Jahrhunderts, gehe ich von dem Automaten weg und bin mir sicher, daß er mich nicht betrogen hat. Hätte ich es dagegen mit einem ungeduldigen oder abgelenkten Angestellten zu tun gehabt, hätte ich möglicherweise unüberwindliche Schwierigkeiten gehabt, das Französisch zu verstehen. Trotzdem empfinde ich eine gewisse Beklommenheit. Wieder ist eine neue Maschine aufgetaucht, und wieder ist ein Mensch verschwunden. Eine kalte, elektronische Leistung, ja, aber ich habe auch keine Möglichkeit mehr, einen einfachen menschlichen Konflikt zu erleben: Würde der Mensch, den ich um Hilfe bäte, mir entgegenkommen, sich bemühen, mir zu helfen, die Sprache zu verstehen, oder würde die Auskunft, die ich benötige, brüsk und schnell ausgestoßen: würde ich es wagen, ihn zu bitten, alles noch einmal zu wiederholen, langsam ...? Trägt die Abschaffung dieser körperlich-sinnlichen Begegnung mit einem anderen Menschen zu einer weiteren Zerrüttung unserer natürlichen Lebensbeziehungen bei?

Als ich auf die Straße hinaustrete, spüre ich die klare, vollkommene Stille der frühen Morgenluft – noch ist hier kein Verkehr. Aber auf der gegenüberliegenden Straßenseite ist schon ein Café geöffnet. Sein Äußeres, das auf mich als Amerikaner freundlich und altmodisch wirkt, lädt mich ein hinüberzugehen. Warum soll ich mir nicht einen *café au lait* leisten? Seit dem Verlassen meines Hauses in Deutschland habe ich nichts zu mir genommen, abgesehen von den Vorräten aus meinem Rucksack.

Was wird mir auf dem *camino* zustoßen? (Wörtlich „Weg" oder „Straße". Wie sich zeigen wird, hat das Wort viele tiefe und wertvolle Bedeutungen, vom schlammigen Erdpfad bis zu dem selbstzugeschriebenen Kennzeichen von Christus – „Ich bin der Weg ..." [Joh. 14,6].) Wird dies eine besonders *andersartige* Reise sein? Manchmal habe ich mich beim Lesen der Werke einiger Historiker unbehaglich gefühlt. Sie schreiben oft so, als gäbe es nur *einen camino, einen* Pilger, *ein* Erlebnis – den wahren, *el verdadero*. Sie scheinen nach einer einheitlichen Wahrheit zu suchen. Aber das hieße, die Ängste, die Träume, die Ziele, die Verschiedenartigkeit von unzähligen Menschen innerhalb der letzten zweitausend Jahre in eine einheitliche ideale Form zu zwängen. Das kann nicht sein.

Als ich aus dem Café komme, erblicke ich gegenüber auf der Straße einen alten Mann und eine alte Frau – d. h. sie sehen älter aus als ich. Beide haben Rucksäcke, und er trägt einen Regenschirm. Während sie aus meinem Blickfeld entschwinden, halten sie ihre Hände. Auf der Rückseite ihrer Rucksäcke ist ein Stück gelber Stoff in Form einer Muschel festgenäht – das traditionelle Wahrzeichen eines Pilgers nach Santiago de Compostela. Ich sehe hier zum ersten Mal einen echten Pilger. All die Bilder der europäischen Pilgerikonographie sind ein Nichts verglichen mit dem aufregenden *Gefühl*, einem wirklichen Pilger zu begegnen, im frühen Morgenlicht, genau vor meinen Augen. Ich frage mich, gehen sie gerade los oder kommen sie zurück? Sie erscheinen mir viel zu schwach, um den langen Weg nach Compostela durchzustehen.

Bald ist es Zeit, für die einstündige Fahrt einzusteigen. Der Zug nach St. Jean besteht aus zwei Personenwagen. Es ist erstaunlich, daß diese kleine Stadt, die schon in den Bergen liegt, tagtäglich von einem Zug erreicht wird, der dort endet. Ich bemerke, daß es ein elektrischer Zug ist – wie alle Züge, die ich benutzt habe, seit ich Deutschland verließ. Heute werde ich eine tausend Kilometer lange Wanderung beginnen, mit Hilfe der Atomkraft. Was soll ich davon halten, wie darüber urteilen? Ist es nur wieder einer von diesen unendlichen Widersprüchen, die mir die moderne Welt darbietet? Aber ich begebe mich freiwillig hinein. Ich hätte ja laufen können; die deutschen Pilger im Mittelalter taten das. Dabei erinnere ich mich daran, was zwei Franzosen zustieß, die vor einigen Jahren von Paris nach Compostela wanderten. Mehrere Male wurden sie in Frankreich von der Polizei aufgegriffen unter dem Verdacht, Landstreicher oder Verbrecher zu sein. Was ist von denen zu halten, die im Flugzeug ankommen? Sind auch sie Pilger? Was muß man tun, um mit den Verstorbenen zu wandern? Kann ich mich diesen alten Fußwanderern anschließen trotz der Kompromisse, die ich eingegangen bin?

Nun, das Fragenstellen ist zu Ende, der Zug kommt in St. Jean de Port an. Es ist Zeit, etwas Irdisch-Praktisches herauszufinden: Wie gelange ich vom Bahnhof zum *camino*? Ich muß mich beeilen, denn es ist fast elf Uhr, und ich möchte die Pyrenäen noch vor Einbruch der Dunkelheit überschreiten. Aufgeregt wie ich bin, renne ich beinahe aus dem Bahnhof. Aber das ist überaus töricht ... ich muß heute Berge überqueren ... was ich noch niemals in meinem Leben getan habe. Ich muß versuchen, ruhig zu sein ... den Weg durch die Stadt zu finden ... mich nicht zu verlaufen ... meine Kräfte zu sparen ...

Ich habe eine grobe Landkarte bei mir, im wesentlichen nur Linien, die den *camino* anzeigt mit den Namen von Städten und Dörfern, durch die ich kommen werde, und den Entfernungen zwischen ihnen. Für jede größere Stadt gibt es einen vereinfachten Stadtplan. Während ich auf die Karte schaue und Menschen, denen ich begegne, nach dem Weg frage, beeile ich mich aus St. Jean hinauszugelangen. Es gibt zwei Wege von hier nach Roncesvalles, meinem Ziel auf der anderen Seite der Berge. Ich möchte den gekennzeichneten Pfad finden, der andere Weg verläuft über eine Straße. Doch kurz nach dem Verlassen der Stadt stelle ich fest, daß ich auf der Straße entlanggehe, nicht auf dem Pfad. Aber wie lange wird es dauern, in die Stadt zurückzugehen und den anderen Weg zu finden? Werde ich heute noch nach Roncesvalles gelangen? Auf dem Pfad gibt es keine Städte, keinen Ort zum Übernachten.

Ich entscheide mich dafür, auf der Straße weiterzugehen. Sie wird auch als der *camino* angesehen, und ich glaube nicht, daß ich die Zeit habe, den Pfad zu finden. Ich werde über die alte römische Straße gehen.

Die Sonne erfüllt diesen Frühlingstag mit ihrem hellen Schein. In St. Jean war ich versucht, an einem der Straßencafés anzuhalten, in dem die Kellner gerade leuchtende, karierte Tischdecken zum Mittagessen auflegten. Aber dann erinnerte ich mich an die schriftliche Bemerkung eines spanischen Pilgers, der im Jahre 1928 von Madrid aus mit seinen Gefährten wanderte und sich einer ähnlichen Versuchung gegenübersah: „Nun, das ist der Sancho Panza, den jeder von uns in sich trägt."

Gestern, noch in Deutschland, als ich meinen täglichen Spaziergang mit dem Rucksack machte, schmerzte mein linkes Knie. Ab und zu spürte ich diesen Schmerz während der sieben Tage, an denen ich mich vorbereitete, um „in Form zu kommen". Da ich fast meine ganze Zeit am Schreibtisch verbringe und so kaum körperliche Bewegung habe, hielt ich es für richtig, dieses Unternehmen an der frischen Luft vorzubereiten. So schulterte ich jeden Morgen in der Frühe meinen Rucksack, der zum Beschweren mit einigen Büchern gefüllt war, und ging zwei Stunden lang an dem Fluß in der Nähe unseres Hauses entlang. Jeden Tag empfand ich etwas mehr Begeisterung für das bevorstehende Abenteuer. Nach einer Woche konnte ich nicht mehr länger warten. Obwohl ich nichts weiter getan hatte, als ein paar Tage auf diesem ebenen Weg entlangzugehen, packte ich nun den Rucksack, zog die Bergschuhe an – die sich auch weiterhin recht angenehm anfühlten – und sprang in den Zug.

Aber jetzt spüre ich trotz des wunderschönen Tages etwas Besorgnis. Was wird geschehen, wenn sich diese unregelmäßig auftretenden Schmerzen als etwas Ernsthaftes erweisen? Was, wenn ich ärztliche Versorgung benötige – und doch gar keine Krankenversicherung habe? Was, wenn ich meinen Kindern zur Last falle wegen dieses unnützen Umherziehens durch ein unbekanntes fremdes Land? Was, wenn ich Compostela niemals erreiche? Ach, dieses weinerliche Denken ist schlimmer, als wenn Sancho Panza Macht über mich gewönne. Ich muß versuchen, mich dem zu öffnen, was vor mir liegt im Kreis derer, die vor mir diese Pilgerfahrt gemacht haben. Es waren natürlich viele junge Männer, aber die Verzeichnisse führen auch einzelne Frauen und Familien mit Kindern auf, einige sogar mit Kleinkindern. In einem Bericht steht, daß sogar ein Blinder, mit Namen Folbert, von Deutschland aus nach Compostela wanderte!

Vor mir auf der Straße sehe ich einen Mann, der langsamer geht als ich. Allmählich überhole ich ihn. Auch er wandert nach Compostela, von Frankreich aus. Wenn ich ihn recht verstehe, begann er in der Bretagne und kam den ganzen Weg zu Fuß. Hier habe ich tatsächlich meinen ersten Pilgerkameraden getroffen. Da ich schneller bin als er, gehe ich an ihm vorbei. Ich hatte mir vor der Abreise vorgenommen, allein zu gehen. Ich hatte das Gefühl, nur so würde ich in die Geheimnisse dieses *camino* eindringen können. Ich glaubte, daß dieses vielleicht gelingen könnte, wenn ich diejenigen begleiten würde, die vor mir gingen. Aber aus den Pilgerberichten und geschichtlichen Abhandlungen, die ich gelesen habe, geht hervor, daß bis in die jüngste Vergangenheit hinein Pilger Angst haben mußten vor skrupellosen Gastwirten und Lebensmittelhändlern und sogar Räubern. Die Räuber konnte man in zwei große Gruppen einteilen: Zuerst waren da jene, die sich wie Pilger kleideten und die echten Pilger durch geschickte Dieberei verschiedenster Art beraubten. Zum Beispiel kehrten die Übeltäter, die vorgaben, Pilger zu sein, für die Nacht in der üblichen Herberge ein. Dort betäubten sie die müden Fußwanderer im Schlaf und raubten sie aus. Im vierzehnten Jahrhundert entpuppten sich die meisten Täter, die dabei gefaßt wurden, als Engländer. Die andere Art Räuber arbeitete schlicht als Straßenräuber. Doch selbst in unserem Jahrhundert erreichten nicht alle Pilger Compostela ohne Schwierigkeiten. Noch 1928 wurden die oben erwähnten jungen Männer aus Madrid von der Guardia Civil – der nationalen Polizei – zweimal in Haft genommen. Das erste Mal wurden sie nur freigelassen, weil sie ein *salvoconducto* bei sich trugen, das von einem der obersten Generäle unterzeichnet war. Das zweite Mal war ein Anruf beim Gouverneur von Madrid notwendig, der zufällig der Vater von zwei der jungen Männer war!

Wie ich so meinen Weg alleine fortsetze, sorgenfrei, ohne Gedanken an irgendeine Gefahr, durchschreite ich die Stadt Valcarlos. Ich bin in Spanien! Schilder zeigen einen Grenzposten an, aber es ist niemand da, um ins Land kommende Ausländer zu überprüfen. Ich gehe an einem haltenden Auto vorüber, aus dem drei Männer steigen. Auch sie scheinen Pilger zu sein, die hier ihre Reise antreten. Später grüßen sie mich, als sie mich überholen. Einer von ihnen, ein junger Mann mit einem guten kräftigen Stock in der Hand, zeigt Interesse an mir, dem offensichtlich viel älteren, und ermuntert mich, auch einen Stock aufzutreiben. Er werde eine große Hilfe sein, versichert er mir. Ich erinnere mich wieder daran, daß der Pilgerstab in der Ikonographie zum Santiago Peregrino gehört. Es gibt sogar einen besonderen Segen für ihn. Einer der jungen Madrider Pilger schreibt in seinem Bericht (*relato)* sorgfältig die Straße in der Stadt auf, wo er seinen aus Esche gefertigten Stab kaufte. Wehmütig erwähnt er, daß der Stab zusammen mit all seiner Habe während der Plünderung seines Hauses durch „die Roten" (im Bürgerkrieg) verschwand. Der junge Madrider erfreut sich beim Gehen auch an dem Geräusch des regelmäßigen leichten Klopfens auf dem Boden und hält den Stab für unentbehrlich. Später, als ich einen frisch gefallenen Baum in der Nähe der Straße finde, schneide ich mir auch einen Stab mit meinem neuen Taschenmesser zurecht.

Ich halte einmal an, um etwas Brot, Käse und Obst zu essen. Ich habe auch Wasser bei mir in einer Plastikflasche, die zu den drei Dingen gehört, die ich für die Reise kaufen mußte. Freunde rieten mir, ich sollte auch eine Isomatte als Unterlage für den Schlafsack auf dem Erdboden und einen Poncho kaufen. Bald muß ich diesen aus meinem Rucksack holen und anziehen, denn es beginnt zu regnen. Er bedeckt sowohl mich als auch den Rucksack, daher ist er unhandlich, recht groß und schwierig über den Kopf zu streifen. Ich versuche es mehrmals, ehe es gelingt.

Nach einigen Stunden des Bergaufgehens – der Anstieg ist sacht, niemals richtig steil – fange ich an, mich müde zu fühlen. Nun beginnt auch der Schmerz, zuerst in meinen Füßen, dann in meinen Beinen, erreicht meinen Rücken und die Schultern, bis mein ganzer Körper davon erfüllt ist. Merkwürdigerweise kann ich zwei unterschiedliche, aber sich „ergänzende" Gefühle – Schmerz und Erschöpfung – gleichzeitig wahrnehmen. Es fällt mir nichts ein, was ich tun könnte, um den Schmerz zu lindern. Könnte ich mich setzen, das Gewicht des Rucksacks von meinem Körper schaffen und rasten, wäre es mir vielleicht möglich, die Erschöpfung zu meistern. Aber ich kann mich nicht auf den Boden setzen – er ist zu naß; und mit dem Rucksack könnte ich nicht wieder aufstehen – er ist zu schwer. So halte ich Ausschau nach großen Steinen, auf die ich mich mit meinem Rucksack hinsetzen könnte. Der Regen rinnt an den Steinen hinab, daher sind sie nicht so naß.

Ich habe keine Ahnung, wie weit ich schon gegangen bin, noch, wie groß die restliche Entfernung nach Roncesvalles ist. Ich spüre, daß ich nicht mehr lange weitergehen kann – der Schmerz und die Erschöpfung sind einfach zuviel für mich. Aber ich finde kein Dach, und ich kann die Nacht nicht auf dem Erdboden verbringen, denn der Regen würde mich durchweichen. Ich habe kein Zelt mitgenommen, da man mir sagte, daß es Unterkünfte entlang des *camino* gebe.

Als ich um eine Kurve der Straße komme, sehe ich so etwas wie eine Höhle – einen trockenen Platz, vor dem Regen geschützt. Sie befindet sich ein paar Meter hoch auf einem steilen Hügel dicht an der Straße, eine Art Klippe. Ich versuche hinaufzusteigen – und falle hinunter. Zu glitschig, zu steil. Ich nehme den Rucksack ab, setze ihn auf einige Steine unter einem Baum und versuche es von neuem. Aber auch ohne den Rucksack schaffe ich es nicht, den Abhang hinaufzukommen. Ich habe keine andere Wahl ... ich muß weitergehen.

Meine ganze Aufmerksamkeit habe ich nun auf die Straße vor mir gerichtet auf der Suche nach einem Stein, auf dem ich mich ausruhen kann. Hin und wieder finde ich ein Geländer auf dieser Bergstraße und schaffe es, mich selbst und den Rucksack für einige Augenblicke auf den schmalen Metallrand zu setzen.

Meine Gedanken drehen sich wild um eigenartige Erinnerungen, ferne Ereignisse, die Geschichte dieses *camino*. Warum bin ich hier? Wie bin ich nur dazu gekommen? Langsam nehmen meine Vorstellungen Gestalt an ... ein einziger Gedanke erscheint vor mir: Dies ist eine Bußübung. Ich bin irgendwie hierher geleitet worden, um für meine Sünden zu büßen. Schmerz und Erschöpfung werden mir in dem Maße zugemessen, wie ich es benötige, um mein Leben wieder ins Gleichgewicht zu bringen.

Aber dann erinnere ich mich daran, irgendwo gelesen zu haben, daß intensiver Schmerz Bewußtlosigkeit bewirkt – so ist es Gefangenen während der Folter ergangen. Wenn mir das hier draußen in diesen Bergen zustößt, wird das ganze Vorhaben ein Ende haben. Und vielleicht auch mein Leben!

Beim Grübeln über diese mißliche Lage formt sich ein Gebet in meinem Herzen. Ich bete, der Schmerz möge nicht so groß werden, daß ich ohnmächtig werde, und die Erschöpfung nicht so vollständig, daß ich niederfalle und nicht wieder aufstehen kann. Es kommt mir nicht in den Sinn, um Erleichterung zu beten; sondern ich bete darum, das mir Zugeteilte ertragen zu können, nicht diese wunderbare Gelegenheit zu verpassen, ein Gleichgewicht, eine gewisse Gerechtigkeit in mein Leben zu bringen. Oder wenigstens einige erste, bescheidene Schritte in diese Richtung zu machen, da ich nicht weiß, wie diese Gerechtigkeit aussieht.

Inmitten dieser Qualen erforsche ich entfernte Bereiche – ich denke an all jene, die mir beim Überschreiten dieser Berge vorangegangen sind ... und dann bin ich von der klaren und unbestreitbaren Vorstellung ergriffen: Sie sind noch hier! Und sie haben ein Interesse an mir! Sie sind sogar begieriger als ich darauf, daß ich Roncesvalles heute abend noch erreiche ... Sie sind hier, um mir zu helfen, mich über die nächste Erhebung zu führen, um die nächste Klippe ... Ich muß sie nur darum bitten. So wende ich mich an sie, an sie und an die Engel. Gemäß einer Legende trugen oder lenkten Engel ein Boot, in dem sich der Körper des heiligen Apostels Jakobus nach seiner Enthauptung in Palästina befand, nach Galicien. Dort wurde er dann schließlich Santiago genannt, und darin liegt der Ursprung der Pilgerschaft nach Santiago de Compostela. Es würde niemals ein Compostela gegeben haben (zu jener Zeit ein Wald, jetzt eine Stadt), ohne den Glauben, daß der Körper des Apostels dort begraben wurde.

Ich kann nicht sagen, wieviel Zeit vergangen ist zwischen diesen Gebeten und der Feststellung, daß ich nicht länger bergauf gehe. Der Pfad wird eben, er scheint sogar hin und wieder abwärts zu führen. Aus der Karte weiß ich, daß man dann Roncesvalles nahe ist.

Als ich ein wenig später aufblicke, sehe ich ein Denkmal und eine kleine Kirche oder Kapelle – sie sind Roldán, Roland, gewidmet. Der mythische Held, dessen Legende in einem der großen epischen Gedichte der westlichen Literatur, dem *Chanson de Roland,* erzählt wird, fiel hier am 15. August 778 tödlich verwundet nieder und starb. Er befand sich an der Spitze der Nachhut der Armee Karls des Großen, die nach Frankreich zurückkehrte. Die Hauptarmee hatte die Berge bereits überquert, als Rolands Truppen in Roncesvalles angegriffen wurden. Fast alle wurden verwundet oder getötet. Mit seinem letzten Atem blies Roland ein Signal in sein Horn und bat damit seinen Onkel, Karl den Großen, um Hilfe. Eine farbige Darstellung befindet sich in dem *Liber Sancti Jacobi.* Der Autor des Berichtes erzählt, daß Santiago Karl dem Großen in seinen Träumen erschienen sei und ihn gebeten habe, der Milchstraße nach Galicien zu folgen. Dort werde er das vergessene und verborgene Grab des Apostels finden. Er solle diese Strecke zu einem sicheren Weg machen, frei von den Mauren, die im Jahre 711 in Spanien eingefallen waren und das Land überrannt hatten, damit Pilger aus Frankreich und dem Norden das Grab erreichen könnten.

Der *Liber Sancti Jacobi,* auch *Codex Calixtinus* genannt, ist eines der meist studierten Dokumente des Mittelalters. Er besteht aus fünf Büchern, die verschiedene Geschichten in Verbindung mit dem Apostel Jakobus (Santiago) und mit Pilgerfahrten zu seinem Grab erzählen. Autoren von ernstzunehmenden Geschichtsbüchern berichten, daß Karl der Große auf Bitten des islamischen Herrschers von Katalonien nach Spanien kam, um diesem in seinem Kampf gegen einen ebenfalls islamischen Herrscher in Córdoba zu helfen. Nach dem Überqueren der Pyrenäen belagerte Karl der Große die christliche (!) Stadt Pamplona. Von dort zog er weiter, um die islamische Stadt Zaragosa anzugreifen. Als er sie nicht erobern konnte und von Schwierigkeiten in seinem eigenen fränkischen Königreich hörte, verließ er Spanien wieder. Bei Roncesvalles wurde seine Armee aus dem Hinterhalt überfallen, nicht von Mauren, sondern von Christen – *navarros* und *vascos* (Leuten aus Navarra und Guipuzcoa – dem Baskenland) – als Vergeltung für seine Angriffe auf sie, als er nach Spanien gekommen war. Vielleicht hat Roland niemals gelebt.

Hier beginnt man in das vielschichtige Geheimnis einzudringen, das sich mit dem *camino* verbindet. Im späten siebzehnten Jahrhundert kam Domenico Laffi, ein italienischer Geistlicher aus Bologna, auf seinem Weg nach Compostela hier vorbei. Sehr ausführlich beschreibt er, was er in der Kirche von Roncesvalles sah: unter anderem das große Horn von Roland und zwei Kriegskeulen, die zwei Kriegskameraden von Roland gehörten. Außerhalb sah er eine kleine von Karl dem Großen erbaute Kapelle, in der sich Rolands Grab befand. Auf dem umliegenden Gelände fand er den riesigen Felsen, den Roland mit seinem großen Schwert „Durandarte" (was bedeutet „mit ihm schlägt man schwere Hiebe") spaltete, bevor er starb. Er wollte nicht, daß das Schwert in die Hände von „Feiglingen oder Sarazenen" fiele; daher schlug er damit auf den Felsen ein, um es zu zerstören. Nach drei Schlägen hatte er jedoch nur den Felsen gespalten, das Schwert blieb unversehrt. Laffi und sein namentlich nicht erwähnter Begleiter, ein Künstler, schnitzten ihre Namen – Vorname und Zuname – mit einem scharfen Messer in Rolands steinernes Grabmal, ehe sie ihre Pilgerreise nach Compostela fortsetzten.

Die leere Kapelle und das kleine Denkmal, die ich hier sehe, scheinen recht neue Bauwerke zu sein. Die von Laffi beschriebene Kapelle muß sich unten in Roncesvalles befunden haben. Nun, die Krieger Karls des Großen sollten nicht die letzten französischen Truppen gewesen sein, die hier durchkamen, nachdem sie in Spanien Verwüstungen angerichtet hatten. Und ich bin zu erschöpft, um über all dies nachzudenken.

Ich gehe nun die Straße hinab und sehe bald ein großes Gebäude vor mir. Es entpuppt sich als das Pilger-*refugio*. Nach acht Stunden mühevollen Fußmarsches über den Gebirgspaß habe ich die Reise des ersten Tages beendet. Als ich höre, daß man sich als offizieller Pilger einschreiben sollte, setze ich meinen Rucksack auf eine Bank, und nachdem ich selbst einige Minuten auf der Bank gelegen habe, mache ich mich langsam auf den Weg zu dem Büro. Ich kann gerade noch so eben gehen, aber der Schmerz ist entsetzlich.

Es hat aufgehört zu regnen. Die Sonne geht gerade unter. Ich finde das Büro, in dem ich zwei oder drei spanische Pilger treffe. Ein freundlicher Priester schreibt uns ein und gibt jedem von uns unser *credencial* – das Dokument, das an jedem Ort, an dem wir anhalten, gestempelt werden sollte und das dann im Pilgerbüro der Kathedrale in Compostela vorgelegt wird. Wenn wir in den *refugios* des *camino* schlafen möchten, müssen wir dieses *credencial* vorzeigen, um hineingelassen zu werden. Der Priester teilt uns auch mit, daß heute abend um acht Uhr eine besondere *Misa de Peregrino* (Messe für Pilger) stattfinden wird.

Ich kehre in die Unterkunft zurück und finde einen Schlafsaal mit einfachen Betten vor. Es scheinen etwa zehn Personen in dem Raum zu sein, aber ich bin zu erschöpft, um genauer Notiz von ihnen zu nehmen oder sie mehr als oberflächlich zu grüßen. Bewegungsunfähig liege ich bis acht Uhr auf der dünnen Matratze. Langsam, jeder Schritt ist eine Folter, lege ich den Weg zur Kirche zurück. Dort kann ich nur mit Schwierigkeit meinen Körper in die wechselnden Stellungen bringen, wie es die Liturgie erfordert. Es scheinen beachtlich viele Menschen anwesend zu sein, aber ich bin zu müde, um irgendeinen einzelnen wahrzunehmen – ich spüre nur eine unbestimmte Menge um mich herum.

Tatsächlich bin ich mir der Messe selbst nicht bewußt. Mein Geist arbeitet jetzt wieder, nicht umherschweifend, nicht beunruhigt, sondern fremdartig gefestigt. So etwas habe ich bisher noch nicht kennengelernt. Ich bin nicht hier und betrachte mich selbst, wie ich es im Regen auf dem *camino* getan habe. Ich bin einfach nur ich selbst, mir meiner selbst bewußt als der Empfänger eines wunderschönen Geschenkes – der Gnade, diese Pilgerfahrt machen zu dürfen. Ja, ich bin ganz erfüllt von dem Gedanken, daß dies die größte Gnade ist, die ich je in meinem Leben erhalten habe. Aber das scheint so merkwürdig, sogar widersinnig zu sein nach solch einem Tag – acht Stunden, die kein Ende zu nehmen schienen, voller Zweifel, Mutlosigkeit, Leiden, Müdigkeit der schlimmsten Art. Warum ist dies solch eine besondere Gunst? Und dennoch hat dieses klare, kraftvolle Gefühl mich ergriffen, trotz meines gegenwärtigen erschöpften Zustandes – inmitten der verwirrenden Unklarheiten dort draußen: das Auffinden von Santiagos Grab, fränkische Kriegermythen, die rätselhafte Anwesenheit der Mauren, die riesige Zahl von Pilgern in eintausend Jahren; und die widersprüchlichen Gefühle in mir. Nun, es war bestimmt richtig, keine Bücher zum Lesen mitzubringen. Ich hatte beschlossen, daß die Einsamkeit auf dem *camino* verbunden sein sollte mit der Enthaltsamkeit vom Lesen während des Rastens, um mich so der Erfahrung dieser Menschen zu öffnen. Ich werde genug nachzudenken haben.

Am Ende der Messe gehen verschiedene andere und ich zum Altar, um einen besonderen Pilgersegen zu empfangen, aber ich bin zu müde, um zu verstehen, was gesagt wird.

Früher gab es einen besonderen Segen für die Kleider der Pilger – sie trugen eine bestimmte Tracht, für ihren Sack – in dem sie Nahrung mitnahmen, und für ihren Pilgerstab. Pilger wurden sofort an ihrer Kleidung und den Dingen erkannt, die sie mit sich führten.

Wieder zurück im *refugio*, überlasse ich mich der wohltuenden Wärme einer heißen Dusche. Welch ein unglaublicher Luxus. Ich fühle mich nun viel besser und esse etwas von dem Proviant aus meinem Rucksack. Da ich einen Schlafsack habe, brauche ich heute abend nichts anderes mehr. Ich ziehe meinen Schlafanzug an, krieche in den Schlafsack und mache den Reißverschluß zu. Dies war bestimmt der merkwürdigste Tag in meinem Leben.

Aber dann werde ich von einem schrecklichen Kältegefühl und einem heftigen Zittern erfaßt. Ich habe keine Kontrolle über meinen Körper; es ist, als habe das Schütteln von mir Besitz ergriffen. Was tun? Soll ich die anderen im Schlafsaal um Hilfe rufen? Soll ich beten? Was geschieht mit mir? Ich habe noch niemals dergleichen erlebt. Dann, nach einiger Zeit – ich habe keine Ahnung, wie lange es gedauert hat – scheint sich mein Körper zu erwärmen, ruhig zu werden ... ich bin ruhig ... ich schlafe.

2 Von Roncesvalles nach Zubiri

5. Mai

Ich erwache ... liege hier und lausche. Es ist noch früh, nicht ganz hell. Ich versuche, meine Arme und Beine ein wenig im Schlafsack zu bewegen. Kein Schmerz. Ich öffne den Reißverschluß des Schlafsacks und stehe auf. Noch immer kein Schmerz. Ich gehe zur Toilette. Ich fühle mich wohl! Bin ich noch derselbe Mensch wie gestern abend? Ist das derselbe Körper? Ich bin tatsächlich bereit, nein sogar begierig weiterzuwandern. Ich ziehe mich schnell an und nehme aus dem Rucksack ein Stück Wurst, etwas Käse, Brot und Obst heraus. Ein großer Tisch steht in einem Speise- und Aufenthaltsbereich, und dorthin folgen mir verschiedene andere. Jeder scheint frohgestimmt zu sein und im Begriff, zu einem neuen Tag auf dem *camino* aufzubrechen. Ich packe den Rucksack, nehme meinen Wanderstab und sage Roncesvalles auf Wiedersehen.

Mir fallen mehrere Gebäude auf. Der Ort hat eine bedeutende Vergangenheit. Im Mittelalter gab es hier verschiedene große Unterkünfte – damals *hospitales* genannt, die wegen ihrer Gastfreundschaft in ganz Europa bekannt waren. In jener Zeit erhielt der Pilger Kost und Logis. Es scheint auch einige interessante Geschäfte zu geben. Aber ich bin ungeduldig; ich möchte auf den *camino* hinaus; ich habe kein Interesse an historischer Architektur und reizvollen Souvenirs. Alles ist wahrscheinlich im Laufe der Jahrhunderte mehrere Male umgebaut worden. Ich habe das Gefühl, einzig und allein hier draußen das zu finden, was so viele gesucht haben, wenn ich meine Füße auf dieselbe Erde setze, unter demselben Himmel wandere, der schon die früheren Wanderer beschützte.

Ich gehe durch hügeliges Land; doch ist es mit den Bergen von gestern nicht zu vergleichen. Es gibt wunderschöne Wälder, und alles tropft von dem gestrigen Regen. Wie auch schon gestern sehe ich auf dem Boden einige schwarze Tupfen. Als ich an einen Stein komme, setze ich mich und kann einen der Klekse berühren. Es ist eine Schnecke! Also muß ich nun vorsichtiger gehen, um nicht auf sie zu treten.

Nach mehreren Stunden fange ich an, etwas Neues, etwas nie zuvor Erfahrenes zu empfinden. Ich spüre ganz stark, mit meinem ganzen Ich, daß ich mich von einem Ort zum anderen bewege. Ich bin verwirrt, aber es wird mir trotzdem ganz klar, daß ich so etwas noch niemals erlebt habe, niemals davon gewußt habe. Ich reise nicht durch den Raum, wie man es im Auto oder Flugzeug tut. Dies hier ist eine grundsätzlich andere Empfindung. Ich fühle, daß ich an einem Ort bin; eigentlich an einer unendlichen Zahl von Orten. Ich befinde mich nicht in einem Raum, der sich nicht von anderen unterscheidet – was man von vielen modernen Orten, die in Wirklichkeit Nichtorte sind, empfindet; die sind einfach Kopien von Begriffen – Stereotypen vom Raum des Krankenhauses, des Einkaufszentrums, des Flughafens, der Autobahn, des Vorortes und so weiter. Hier bin ich mit jedem Schritt immer am richtigen Ort, an irgendeinem Ort, und gehe zum nächsten Ort, einen Zentimeter oder einen halben Meter entfernt. Der Ort, an dem ich gerade bin, hat etwas Festes an sich – in jedem Augenblick. Und alle meine Sinne scheinen offener, bewußter zu sein; sie scheinen mehr aufzunehmen. Es ist so, als ob ich mich durch unendlich verschiedene Wahrnehmungen hindurcharbeitete, denn mit jedem Schritt *bin* ich an einem anderen Ort, und jeder Ort hat seine eigene, einmalige Beschaffenheit. Bei jedem Schritt, wenn ich anhalte und feststelle, wo ich bin, was um mich ist, weiß ich, sehe ich, daß dieser Ort anders ist als der vorige. Meinen die Dichter dieses, wenn sie die Wunder der Schöpfung feiern?

Während ich hier draußen bin, *in* der Schöpfung, nehme ich auch wahr, daß das Licht immer für den jeweiligen Ort und Augenblick kennzeichnend ist. Es ist immer verschieden, nicht nur stärker und schwächer. Die Beschaffenheit des Lichtes verändert sich fortwährend mit der Erde unter meinen Füßen. Sie beeinflußt wesentlich meinen Eindruck von diesem Ort und Augenblick, die sich von allen anderen unterscheiden. So wie sich die Dichte der Luft mit jedem Meter Höhe verändert, so auch die Beschaffenheit des Lichtes in jedem bestimmten Raum. Ein Teil meines Sinnesvermögens, einen bestimmten Ort in meinem Gedächtnis zu verankern, ist mit der Art und Weise verbunden, wie das Licht jene Szene oder jenen Ort ausleuchtet oder verhüllt. An diesem Ort, zum Beispiel, werde ich niemals das frühe Morgenlicht vergessen, das durch die Pinien gefiltert auf die Erde fällt, mit nur einem Hauch von Nebel hier und dort.

Vielleicht kann ich auf diese Art eines der Wunder von gestern verstehen, das sich heute wiederholt – das Empfinden von etwas Schönem. Wie ein Großteil der Zeit gestern, kann ich die meiste Zeit heute nur ein paar Meter vorausschauen. Es gibt keine großen Ausblicke, keine fernen Horizonte. Es gibt nur den Ort, an dem ich bin, dessen Einzelheiten ich fühle, und den Ausblick auf andere Orte gerade ein oder zwei Meter vor mir. Und es sind *andere Orte.* Es gibt keinen Bestimmungsort, zu dem ich hetze. Da ist nur diese Erde, die ich auf vielerlei Weise berühre, und die Verheißung eines neuen Bodens unter mir, um mich herum, beim nächsten Schritt. Bewirkt das Erleben des Neuen, die Freude an der Neuartigkeit, daß ich die Schönheit sehe? Das heißt ... die Schöpfung sehe?

Ich bin mir auch sehr bewußt, daß ich keinen Orientierungssinn habe. Ich bin mir nicht im geringsten darüber klar, wo ich bin oder wohin ich gehe. Ich habe gehört, daß man den gelben Pfeilen folgen solle, die auf Bäume, Steine, Zaunpfähle, eine alte Mauer gemalt sind. Die guten Menschen, die an der Erhaltung des sogenannten *camino francés* arbeiten, des von Aymeric Picaud im fünften Buch des *Liber* genau aufgezeichneten Weges (allgemeiner Auffassung folgend, werde ich ihn als Autor annehmen), haben diese Pfeile gemalt, um Menschen wie mich zu leiten, die keine Ahnung haben, in welche Richtung sie gehen sollen. Hin und wieder entdecke ich, daß ich einen Pfeil verpaßt habe. Dann muß ich zurückgehen, bis ich wieder einen Pfeil finde, und versuchen, seiner Richtung sorgfältiger zu folgen. Ohne diese Pfeile würde ich mich sofort verirren. Wie ich gestern vollständig davon abhängig war, daß die alten Pilger mich auf dem Weg voranbrachten, so fühle ich heute meine Abhängigkeit von den modernen, die den Weg gekennzeichnet haben.

Nach einigen Stunden fühle ich wieder den Schmerz und die Erschöpfung von gestern. Doch ist es nicht dasselbe. Die schreckliche Heftigkeit ist da, aber etwas Neues kommt hinzu, das mich beeinflußt, erfüllt. Es gibt keinen Zweifel daran, was mich zu durchdringen beginnt, was ich gleichzeitig mit dem Unbehagen fühle, jedoch irgendwie wirklicher ist, tiefer in mich eingeht ... eine stille Freude. Ich habe das klare Empfinden, die Welt zum ersten Male als Schöpfung zu sehen – mit fünfundsechzig Jahren! Man kann wohl sagen, daß ich heute, wie auch gestern, von einer reizvollen Landschaft umgeben bin. Aber das ist es nicht, was ich erlebe; ich blicke nicht auf eine Szene; sondern ich bewege mich in das hinein, was ich sehe. Mehr und mehr werde ich in eine neue Art von Schönheit eingetaucht, die Schöpfung als Gutes, das ausdrücklich dazu geschaffen wurde, durch Schönheit Freude zu bereiten.

Zusätzlich zu diesem Wunder, daß ich in die Schöpfung hineinschreite, betrete ich auch den *camino* – einen tausendjährigen Pfad, der sich Hunderte von Kilometern vor mir erstreckt, mühselig begangen von demütigen Heiligen und den schlimmsten Sündern – und ich werde Teil dieser Menschenmenge, meiner europäischen Vorfahren. Die bloße Vorstellung erscheint mir zugleich wirklich und unwirklich: Hier bin ich mit meinen Füßen fest auf dem Boden an einem unbekannten, aber wirklichen *Ort* in Nordspanien und folge der Milchstraße zum *finis terrae*, dem Ort, von dem die Menschen im Mittelalter wortwörtlich glaubten, er sei „das Ende der Welt". Merkwürdigerweise bezeichnen moderne Landkarten diesen Ort noch immer so.

Es ist erst der zweite Tag, und schon fühle ich, daß die Kosten, Mühe und Schmerzen nichts sind im Vergleich zu den Erfahrungen, die ich mir niemals hätte träumen lassen. Sich vorzustellen ... ich hätte sterben können, ohne dies alles kennenzulernen.

Nach neun Stunden gleichmäßigen Wanderns komme ich nach Zubiri, einem Ort, scheinbar eine kleine Stadt. Ich frage nach dem *refugio* und werde auf ein Gebäude hinter einem Zaun verwiesen. Es ist ein Klassenzimmer in einer Schule, von den Einwohnern der Stadt in einen Schlafsaal verwandelt, mit Duschen und Toiletten an einem Ende. Achtzehn Doppelbetten befinden sich dort dicht nebeneinander. Als ich ankomme, beenden zwei junge Frauen gerade ihre Putzarbeit – ich sehe, daß sie kein Stäubchen übersehen haben. Bevor sie weggehen, ordnen sie einen Blumenstrauß auf dem großen Tisch im vorderen Teil des Raumes. Diese Blumen stammen offensichtlich aus einem privaten Garten, und ihre Anmut wird dadurch nicht verringert, daß sie bescheiden in einer Milchkanne aus Plastik stehen.

Eine merkwürdige Welt ist dieser *camino*. Ich komme, von Atomkraft vorangetrieben, an der Grenze an und treffe jetzt zwei reizende Kleinstadtmenschen, die freiwillig einen Teil ihres Tages opfern, um einen Schlafplatz für Pilger zu säubern und zu schmücken. Und ich nehme an, daß die Menschen dieser Stadt diese Herberge für uns unterhalten, indem sie die Instandhaltung organisieren und das Warmwasser in der Dusche bezahlen.

Es fängt an zu regnen, und verschiedene andere Pilger treffen ein … einer, ein Mann aus Barcelona, vielleicht ein paar Jahre jünger als ich, ist ein überschwenglicher, fröhlicher Mensch. Aus seinem Rucksack holt er eine Schachtel hervor und öffnet sie vorsichtig, um mir eine Reihe homöopathischer Heilmittel zu zeigen. Im Vertrauen auf ihre Wirksamkeit fühlt er sich für alles gerüstet.

Beim Nachdenken über seine Medikamententasche überlege ich, ob ich um meine eigene Ausrüstung besorgter hätte sein müssen. Vor meinem Aufbruch hatte ich eine Liste der Dinge gesehen, die man mitnehmen sollte. Sie schlossen Medikamente sowohl für Verstopfung als auch für Durchfall ein, Sonnenöl, Salbe für Muskelschmerzen, etwas Antiseptisches wie Jod, Verbandszeug, Aspirin, Toilettenpapier und zwei Paar feste Wanderschuhe. Ich beachtete diese Empfehlungen nicht, mit Ausnahme des Aspirins. Der Freund, der mir den

Rucksack lieh, schlug mir vor, ich solle zwei Rollen Leukoplast für Blasen mitnehmen (bisher noch keine). Dies ist der ganze Inhalt meiner Reiseapotheke.

Jeder Reiseführer über den *camino* – und es gibt viele, besonders in Spanisch – enthält eine Liste von Vorschlägen: was man mitnehmen, womit man vorsichtig sein solle und so weiter. Meiner Meinung nach ist die beste von allen Listen am Ende des ersten Bandes eines Berichtes enthalten, der Mitte des achtzehnten Jahrhunderts von Nicola Albani geschrieben wurde. Er wanderte von Neapel nach Compostela. (Der zweite Band beschreibt seine Rückreise nach Italien.) Ich finde auch, daß dies der begeisterndste und ansprechendste aller mir bekannten *relatos* ist – das liegt an dem Charakter des Autors. Albani, der alleine wanderte, gibt Ratschläge für jeden, der sein Buch als Führer bei einer Pilgerfahrt nach Compostela benutzen möchte. Hier einige Beispiele:

Erstens, niemand sollte solch eine lange Reise ohne „*un buen compañero*" unternehmen, einen, der wahrhaftig ist an Leib und Seele und deine Ansichten teilt. Wenn sich ein solcher nicht finden läßt, solltest du lieber alleine losgehen, denn du kennst das Sprichwort, „besser allein als in schlechter Gesellschaft".

Zweitens, gehe nicht los in Zeiten von Seuche oder Krieg. Als Albani wanderte, wüteten beide in Italien und Südfrankreich. Seine Schwierigkeiten mit den öffentlichen Gesundheitsbehörden und italienischen, französischen, deutschen und spanischen Truppen sind erstaunlich. Einmal, in Genua, mußte er seine Pilgerkleidung ablegen und sich als *paisano* verkleiden und irgendwelche Menschen begleiten, die Lebensmittel in die befestigte Stadt brachten, denn er besaß die erforderlichen Gesundheitszeugnisse nicht. Er mußte an drei verschiedenen Kontrollposten vorbei; die Stadt war sowohl von Seuche als auch von Krieg bedrängt. Ein anderes Mal, als er im Wald schlief, wurde er durch herannahende Soldaten geweckt. Während er sich unter dichtem Unterholz versteckte, lauschte er mit Entsetzen, wie die Männer, Deserteure einer der Armeen, beschrieben, auf welche Weise sie einen Menschen, dem sie begegnet waren, ausgeraubt und umgebracht hatten. Es grenzt an ein Wunder, daß er all diese Zwischenfälle überlebte.

Drittens, niemand sollte gehen, der nicht über eine gute Gesundheit und eine starke Konstitution verfügt. Und du solltest auch daran gewöhnt sein hinzunehmen, was das Schicksal bringt, gut oder schlecht, denn sonst, so Albani, „wirst du sicher sterben auf dem Weg". (Aus den erlittenen Erfahrungen weiß er, wovon er spricht.)

Viertens, du brauchst starke Beine, und du solltest lieber nicht zu genau sein mit dem, was du ißt. Sondern sei bereit zu essen, was du findest oder was dir gegeben wird. Wenn du nach Delikatessen und Sauberkeit Ausschau hältst, so wirst du sie niemals finden, könntest du auf dem Weg sterben und wirst sicherlich krank werden.

Fünftens, wandere niemals des Nachts oder mit jemandem, an dessen Charakter du begründete Zweifel hast. An den Orten, wo du Unterkunft findest, sei niemals Mittelpunkt der Gruppe; je weniger über Geld gesagt wird, desto besser; nimm vor anderen niemals Gold- oder Silbermünzen heraus; erwähne niemals die Route, die du am nächsten Tag gehen willst. Falsche Pilger, die in den Unterkünften übernachten und eingehend von Picaud im *Liber* aus dem zwölften Jahrhundert beschrieben sind, gab es auch in Albanis achtzehnten Jahrhundert. Ein Dieb, der sich mit Albanis Geld davonmachte, während dieser schlief, war ein wirklich erfindungsreicher Schlingel. Die Pilger waren in einem Raum, der von außen zugeschlossen war. Albani hatte sein Geld innen in seine Hose eingenäht und die Hose unter die Matratze gelegt, auf der er schlief. Als er am Morgen erwachte, entdeckte er, daß seine Hose zusammen mit einem „Pilger" im Raum fehlte. Als er nach oben blickte, bemerkte er dicht unter der Decke ein winziges Fenster. Aber das schien nicht groß genug, um einen Mann hindurchkriechen zu lassen.

Sechstens, besonders die, die das (charakteristische) Pilgergewand tragen und die Segen an den heiligen Stätten zu erhalten hoffen, müssen in der Furcht vor Gott wandern; sonst ist alles umsonst. Ferner solltest du unternehmungslustig, schlau, klug wie eine Schlange sein und geistig beweglich, so daß niemand dich täuschen kann. Und du solltest dich an die Gebräuche des Ortes anpassen ... niemals schlecht von einer anderen Nation sprechen; und es ist ein großer Vorteil, wenn du irgendeine fremde Sprache sprichst. Ebenso darfst du beim Bitten um Almosen nicht schüchtern sein – wenn du dich schämst zu betteln, wirst du an Hunger sterben. Schließlich solltest du einen kräftigen Magen haben für all die Leiden, die du in Gottes Diensten durchmachen wirst.

Als eine literarisch-religiöse Glanzleistung führt Albanis bemerkenswertes Buch den Leser in die Abenteuer und Aufregungen, Gefahren und Betrügereien, die ein Pilger im achtzehnten Jahrhundert auf dem *camino* fand. Aber immer wieder hatte ich das Gefühl, daß die Welt, die von Albani im achtzehnten Jahrhundert beschrieben wurde, und die Welt, die von Laffi im siebzehnten Jahrhundert geschildert wurde, der Welt aus Picauds Bericht des zwölften Jahrhunderts recht ähnlich waren; dieser sicherlich näher als der meinigen.

Meine Welt scheint ganz und gar anders zu sein. In wenigen Augenblicken werde ich ein paar Meter gehen und dann mit heißem Wasser duschen. Ist der zeitliche Abstand, den ich zu Picaud und Albani habe, auch ein Maß für meinen geistigen Abstand zu ihnen? Kann ich jemals hoffen, in ihre Welt zu treten? Aber was ist ihre Welt? Das genaue Ziel meines Interesses müssen, so glaube ich, diese Menschen sein. Ich muß über das schriftliche Zeugnis hinaus zu ihren Herzen gelangen, zu *ihnen*.

Noch beim Duschen in Gedanken versunken, spüre ich, wie gut das warme Wasser meinem schmerzenden Körper tut, und entspanne mich. Und dann finde ich ein Restaurant an der Straße ... ich bin sicher, daß das Essen gut sein wird ... ich werde heute Albanis kräftigen Magen nicht brauchen ...

Als ich wieder in der Unterkunft bin, treffen andere Pilger ein. Ein Paar aus Pamplona gibt mir eine kleine Muschel. Einst wurden die, die ins Heilige Land pilgerten, *palmeros* genannt, weil sie mit Palmen zurückkehrten; diejenigen, die eine Pilgerreise nach Rom machten, wurden *romeros* genannt, und die, die nach Compostela gingen *peregrinos*; sie kehrten mit einer Muschel zurück. Auf vielen Bildern sieht man, daß Pilger kleine Muscheln an der Krempe ihres Hutes befestigt hatten und größere Muscheln an ihrem Talar oder Mantel angebracht waren. Es war auch Sitte, daß Menschen, die eine Pilgerfahrt nach Compostela unternommen hatten, darum baten, mit ihrer Muschel begraben zu werden. In Skandinavien wurden 123 dieser Muscheln an siebenunddreißig verschiedenen Stellen ausgegraben; in der Stadt Lund in Südschweden allein 39. Dies ist die größte Anzahl, die je an einer einzelnen Stelle in Europa gefunden wurde. Mit solchem Beweismaterial haben Gelehrte die Zahl der Pilger, die von diesen fernen Ländern nach Compostela reisten, geschätzt.

Ein junger Mann kommt in das *refugio*; er ist von den Kanarischen Inseln. Er hat einen sehr kleinen Rucksack und sagt mir, daß er kein Wasser mit sich trüge. Er verließe sich darauf, daß er natürliches Quellwasser am Wege trinken könne. In Kapitel 6 von Buch V in dem *Liber* wird aufgezählt, welche Flüsse zum Trinken gut sind und welche nicht. Picaud sagt, daß ein Fluß, der Saldo, nicht weit von Puente la Reina – das ich in drei Tagen zu erreichen hoffe – sowohl für Menschen als auch für Pferde tödlich sei. Als Picaud und seine Begleitung dort ankamen, fanden sie „zwei *navarros* am Ufer sitzend, damit beschäftigt, ihre Messer zu schärfen, die sie benutzen, um die Pferde der Pilger zu häuten, die das Wasser trinken und dann sterben". Er fragt die Männer, ob man das Wasser trinken könne. Sie sagen ja. Zwei Pferde von Picauds Gruppe werden an den Fluß geleitet, trinken und „sterben sofort". Die beiden *navarros* häuten sie leise und ohne Umstände. Picaud schreibt, daß die *navarros* ihn angelogen hätten, um einige Pferdehäute umsonst zu bekommen. Als ich dies zum ersten Male las, kamen mir ähnliche Szenen aus Hollywood-Western in den Sinn: Verrufene Gestalten schärfen in einer einsamen Landschaft ihre Messer, während sich ihnen Fremde nähern. In Kapitel 7 beschreibt Picaud die Menschen und Regionen des *camino*. Sein Haß auf die *navarros* erreicht ein solches Ausmaß, daß er sogar ihre vermutete Vorliebe für verschiedene sexuelle Gewohnheiten, einschließlich Unzucht mit Tieren, im einzelnen beschreibt. Es scheint mir, daß die Erinnerungen an das, was zwischen der fränkischen Armee und den *navarros* dreihundert Jahre vor Picaud geschah, auf beiden Seiten noch sehr lebendig war.

Ich bin neidisch auf den kleinen Rucksack des jungen Mannes. Ich war schon zu dem Schluß gekommen, daß mein Rucksack zu schwer sei, und überprüfe nun jeden Gegenstand: Ist er wirklich notwendig oder nicht? In diesem Punkt haben die üblichen Listen vollkommen recht: Trage einen Rucksack, der so leicht wie möglich ist. Es wird im allgemeinen gesagt, das äußerste Maximum solle zehn Kilogramm sein. Ich hoffe, daß ich in Pamplona ein Postamt finden und die überflüssigen Dinge nach Deutschland zurückschicken kann.

Es ist etwa neun Uhr, Zeit, in den Schlafsack zu kommen. Während der neun Stunden meines Wanderns heute durch Wälder und über kleine Berge habe ich mich selbstverständlich oft an meine Pilgerkameraden gewendet, die, so spürte ich, großes Interesse an mir hatten, nach mir Ausschau hielten und mich wieder durch einen Tag bringen würden. Und so geschah es. Trotz der Erschöpfung und des Schmerzes bin ich hier, ich habe einen weiteren Abschnitt dieser Reise beendet, am Tage unterstützt von denen, die mir vorausgegangen sind, nachts getröstet durch die Freundlichkeit und Kameradschaft derer, die hier mit mir ausruhen. Eine große Friedlichkeit umhüllt mich. Ich wandere in eine andere Welt, an einen neuen Ort ... von dessen Existenz ich nichts wußte. Aber ich bin noch verwirrt. Ich erkenne diesen Ort nicht; ich weiß nicht, was er ist.

3 Von Zubiri nach Pamplona

6. Mai

Wie merkwürdig ... ich erwache, stehe auf, fühle mich angenehm erfrischt. Der Unterschied zu dem Gefühl gestern abend ist fast zu groß, um wahr zu sein. Ich hätte niemals geglaubt, daß Schlaf einen so drastisch erneuern könnte. Es ist wahr, ich gehe ungefähr um neun Uhr zu Bett und stehe um sechs Uhr auf; ich schlafe sofort ein und wache erst am nächsten Morgen auf. Ein Ratschlag, den ich las, besagte, daß man ungefähr einmal in der Woche einen ganzen Tag ausruhen sollte. Wenn ich mich weiterhin jeden Morgen so gut fühle wie bisher, brauche ich niemals anzuhalten, bis ich Compostela erreiche. Aber vielleicht werde ich plötzlich eines Tages zusammenklappen. Vielleicht wird mein Knie nicht nur voller Schmerz sein, sondern völlig unbrauchbar werden.

Doch ich fühle mich so gut, so begierig, in die frische Morgenluft hinauszutreten. Die Sonne scheint, doch vom gestrigen Regen hängen Wassertropfen an allen Pflanzen ... bis ich vorbeigehe. Ich werde durch und durch naß, wenn ich an den Büschen, die den Pfad säumen, entlangstreife. Hier wird der *camino* an vielen Stellen fast zu einem Graben. Eine hohe Böschung an einer Seite, dichte Vegetation oder eine alte Steinmauer an der anderen, der Platz zum Wandern ist zwischen zwei und vier Meter breit. Nach dem ausgiebigen Regen fließt Wasser auf dem Grund des Grabens. Ich bemühe mich ununterbrochen, festen Matsch oder Steine zu finden, auf die ich treten kann. Alle meine Anstrengungen sind auf ein Ziel gerichtet: nicht in so tiefes Wasser zu treten, daß es über die Ränder meiner Schuhe kommt. Ich möchte unbedingt trockene Füße behalten. Jeden Tag ziehe ich zwei Paar saubere Socken an, und bisher hat es gut geklappt. Kein Anzeichen einer Blase. Jedoch werden in allen Berichten Blasen beklagt ... Vielleicht soll meine Zeit erst noch kommen.

Unter mir auf meiner rechten Seite, hundert oder mehr Meter entfernt, verläuft eine Autostraße parallel zum *camino.* Ab und zu ist die Vegetation so niedrig, daß ich den Verkehr sehen kann. Die Fahrzeuge scheinen mühelos vorbeizusausen und große Entfernungen schnell zurückzulegen, während für mich jeder Schritt langsam und lästig ist. Und ich muß hellwach sein. Ja, da sind Unterschiede. Ein Fahrer kann fast betäubt sein, vielleicht sind es einige, von ihrem Stereo ... während ich mich in einem erhöhten Zustand der Wachheit bewege, in jedem Augenblick gegenüber vielen Erscheinungen meiner Umgebung auf der Hut. Ich fühle mich veranlaßt, die Frage zu stellen: Wie kann man sich über die Erde bewegen? – nicht wie *tut* man es, sondern wie *kann* man es? Nähert sich meine Tätigkeit einer ursprünglichen, zweckvollen Bewegung an?

Diese langsamen Schritte, in gewissem Sinne die einzig ursprüngliche Art, sich über die Erde zu bewegen, sind dann ein Kriterium, ein Ordnungsprinzip, das mir gestattet, die Möglichkeit jeder Beförderung von Menschen durch den Raum zu beurteilen. Offensichtlich ist meine Erfahrung so viel reicher als alles, was ich in irgendeinem Fahrzeug kennengelernt habe, viel wirklicher, tatsächlicher; verglichen damit wird jede andere Bewegung entweder Bedeutung annehmen oder verlieren. Hier bietet sich wirklich etwas zum Untersuchen und zur Reflexion an. Wie ich so kämpfe, um durch den Morast zu kommen, weil ich das tiefere Wasser vermeiden möchte, ist jeder Schritt eine eindeutige und einzelne Tat, ein neues Abenteuer. Jeder Schritt scheint auch eine besondere und spezielle Gnade zu sein – das Geschenk von einem halben Meter mehr auf Compostela zu. Ich würde dies niemals erkannt haben, würde niemals gewußt haben, daß jeder Schritt näher an den geheiligten Ort tatsächlich ein Geschenk ist. Wie war es nur möglich, daß ich aufgrund meiner eigenen Initiative erfahren würde, daß das *finis terrae* existierte ... daß ich aufgebrochen war, um dorthin zu reisen mittels einer wahren Tätigkeit des Sichbewegens über die

Erde, von einem Ort zum anderen, wobei die Anzahl der Orte unendlich ist? Die beiden französischen Pilger, die vor einigen Jahren die Pilgerfahrt unternahmen und von der Polizei aufgegriffen wurden, ehe sie Frankreich verließen, berechneten die Zahl der tatsächlichen Schritte, die sie machen würden, um nach Compostela zu gelangen. Sie müssen einen Sinn für diese Art der Bewegung gehabt haben.

Indessen erscheint es mir immer schwerer, eine Stelle zu finden, auf die ich meine Füße so aufsetzen kann, daß das Wasser nicht über meine Schuhe geht. Ich halte Ausschau nach einer Möglichkeit, die Böschung hinaufzuklettern – von dem höheren Boden ist das Wasser wohl in diesen Graben abgeflossen, in dem ich trotz aller Vorsicht bald nasse Füße bekommen werde.

Schließlich gelingt es mir, auf die Böschung hinaufzukommen; ich bin in einem Wald mit etwas Unterholz, das mich weiter naß macht, während ich hindurchgehe. Ich komme dann an einer Art Feld heraus. Dort ist das nasse Gras so dick und so hoch, daß ich geradezu im Wasser gehe. Vielleicht war ich im Graben besser dran. Oder vielleicht ist er auch hier entlang besser abgetrocknet. Ich suche eine Stelle, um wieder hinabzusteigen.

Und jetzt lerne ich etwas Neues kennen. Da ich in Mittel-Illinois aufgewachsen und niemals in hügeligem oder bergigem Gelände gewandert bin, habe ich nie die Erfahrung gemacht, daß es einen großen Unterschied zwischen Hinaufsteigen und Hinuntersteigen gibt – wenigstens für mich. Wenn ich hinaufgehe, werde ich langsam von der Erschöpfung niedergedrückt. Wenn ich hinabgehe, bin ich manchmal von Schmerz gequält. Aber als die Stunden dahinziehen, begrüße ich diese Veränderung. Auf ebenem Grund bin ich müde und empfinde Schmerzen – beide Gefühle wirken auf mich ein, als wollten sie mich zermalmen. Doch wenn ich einen Hügel hinaufgehe oder herabkomme, brauche ich nur mit einem der beiden zu kämpfen und habe eine kleine Pause von dem anderen. Heute scheinen der Schmerz und die Ermüdung größer zu sein; glücklicherweise steigt meine Widerstandsfähigkeit jedoch entsprechend an. Vor meinem Aufbruch hatte ich gedacht, ich würde das Wandern einfacher finden, je mehr ich mich daran gewöhnte. Nun, diese Ansicht stellt sich schnell als Illusion heraus.

Trotz dieser Gefühle sehe ich noch die Schönheit – sie ist immer da, um mich herum, drängt sich mir angenehm auf. Ich scheine mich nur durch Schönheit zu bewegen ... wenn ich nicht auf die Autostraße hinunterblicke! Die Landschaften sind niemals „spektakulär" im üblichen Sinne. Aber deutlich erlebe ich die Aufeinanderfolge von Orten; alles bestätigt noch einmal, was ich sehe. Die Besonderheit jedes Ortes scheint sich zusammenzusetzen zu einer Unendlichkeit von *verschiedenen* Orten. Bei meinem Schrittempo sehe ich jede Andersartigkeit, fühle ich die jeweilige Einmaligkeit. Manchmal wirkt sie erschreckend aufregend. Einmal sehe ich beim Hochblicken einen Berg – direkt vor mir! Er steht zwischen mir und – wie ich vermute – Pamplona auf der anderen Seite. Aber bald verliere ich ihn wegen des Pflanzenwuchses und der Tiefe des Grabens aus den Augen. Dann ist er ganz verschwunden. Der *camino* muß sich um ihn herumgewunden haben; er muß eine Seite, ein „Ende" gehabt haben, das ich nicht gesehen habe. Aber ich bin mir einer Richtungsänderung in meiner Wanderung nicht bewußt. Wie wunderbar – der Erde so nahe zu sein und doch über sie zu schreiten.

Nach sieben Stunden ermüdender und schwieriger Anstrengung komme ich auf eine Straße. Und dort vor mir, genauso wie die Karte es anzeigte, taucht ein Konvent auf. Fast zermalmt von den Anstrengungen des Tages, strecke ich die Hand aus, um zu klingeln. Eine Nonne antwortet. Ich frage sie, ob dies das *refugio* sei. Sie bejaht und zeigt mir den Weg – der Eingang ist um die Ecke an der Seite des Gebäudes. Sie erklärt, daß sie eine Spende von 300 Peseten erbäten – weniger als zwei Dollar und fünfzig Cent.

Ich gehe zur Tür und bemerke, daß die Sonne noch hell auf diese Seite des Gebäudes scheint und noch mehrere Stunden dort sein wird. Ich gehe hinein – alles ist sehr einfach, aber äußerst ordentlich und sauber. Ich ziehe meine Schuhe aus, putze den Schmutz ab und stelle sie nach draußen in die Sonne in der Hoffnung, daß sie für den morgigen Marsch trocken sein werden. Dann wasche ich alles, was verschwitzt oder verschmutzt ist. Ich habe ein Stück kräftiger Waschseife bei mir, das gut zum Baden, Rasieren und Wäschewaschen dient.

Dies scheint das einzige „Problem" auf dem *camino* zu sein: wie man Kleidung wäscht und trocknet. Im wesentlichen besteht die Wäsche aus zwei Dingen: meinem einen Handtuch und den vielen Paar Socken. Die anderen Sachen sind nicht so wichtig. Ich habe versucht, Stricke quer über die Rückseite des Rucksacks zu ziehen, so daß ich von hinten wie eine wandelnde Wäscheleine aussehen muß. Aber an Tagen wie heute oder wenn es regnet, taugt diese Anordnung überhaupt nichts. Heute nachmittag sieht die Sonne gut und stark aus; ich werde wohl trockene, saubere Schuhe und Kleider für morgen haben.

Nach einer heißen Dusche – sie allein war mehr wert als 300 Peseten – gehe ich auf die Suche nach etwas zum Essen. Ich entdecke eine voll eingerichtete Küche im *refugio*. Das bedeutet, daß ich ausgehen, Lebensmittel kaufen und selbst kochen kann – zweifellos die beste Sache, aber ich bin zu müde; ich kann einfach das Suchen nach einem Lebensmittelgeschäft und das Einkaufen nicht mehr bewältigen.

Zwei Straßen weiter finde ich eine Gaststätte, die dafür bekannt ist, ein ordentliches *menú del día* anzubieten, ein Tagesgericht. Wenn man Glück hat, kann es reichlich und angenehm schmackhaft sein. Heute habe ich besonderes Pech. Der Preis ist günstig, aber die Portion ist klein und ungenießbar.

In drei Tagen habe ich drei sehr verschiedene Unterkünfte vorgefunden, eine kirchliche (Roncesvalles), eine städtische (Zubiri) und eine von einem kirchlichen Orden (hier) betreute. In den anderen beiden Unterkünften gab es jeweils einen Kasten an der Wand mit einer Bitte um eine Spende. Aber ein Betrag wurde nicht genannt. Jeder hatte die völlige Freiheit, etwas hineinzutun oder es zu unterlassen.

Die Geschichte dieser Unterkünfte, heutzutage *refugios* oder *albergues*, früher *hospitales* genannt, ist umfangreich und mannigfaltig. Einige wurden von Königen gebaut; am berühmtesten ist die riesige Unterkunft in Compostela, deren Bau von Ferdinand und Isabella zu Beginn des sechzehnten Jahrhunderts angeordnet wurde. *Refugios* wurden auch gebaut und gestiftet von Bischöfen, religiösen Orden, militärischen Orden, Adligen und Privatpersonen, die die Mittel besaßen, dies gute Werk durchzuführen. Einige wurden auch gebaut und erhalten von *cofradías* – Bruderschaften, Organisationen von Laien, die auch Pilger gewesen sein mögen und die anderen Pilgern diese Hilfe gewähren wollten. Soweit mir bekannt ist, existiert keine der ganz frühen Unterkünfte mehr. Aber vielleicht werde ich auf der Wanderung eines Besseren belehrt. Im Mittelalter gab es in den *hospitales* ein strenges Reglement. Auch heute gibt es noch einige Regeln: zum Beispiel benötigt man ein *credencial*, um hineinzugelangen (die Nonne an der Tür stempelte mir meines, als ich es ihr zeigte), und der Pilger darf nur eine Nacht bleiben, wenn nicht eine besondere Erlaubnis vorliegt (wegen Krankheit, nehme ich an).

Und daher war ich auch überrascht von dem, was ich in Buch V des *Liber* gefunden habe. Das Kapitel, das den *hospitales* (Kapitel 4) gewidmet ist, spricht nur von drei Unterkünften: einer in Jerusalem, einer am Mont-Joux (in den Alpen für jene, die nach Rom gingen) und der Santa Cristina genannten in Somport, einer Stadt in Frankreich, die am Fuße der Berge vor der spanischen Grenze gelegen ist. Dieses Kapitel, mit elf Zeilen das kürzeste in dem Buch, ist offensichtlich eine symbolische Aussage, die bestätigt, daß es *hospitales* auf den Straßen zu den drei großen Zentren der mittelalterlichen Pilgerfahrt gab. Dies ist eine völlig andere Auffassung von einem Reiseführer, als ich sie habe. Doch es könnte sein, daß ich ihn nicht richtig zu lesen weiß. Vielleicht erkannte ein mittelalterlicher Pilger aus diesen drei Beispielen, daß es weitere Unterkünfte am Wege gab; Beispiele aus der Literatur belegen, daß es so war. Und aus anderen Dokumenten weiß ich, daß es zu der Zeit, als der *Liber* geschrieben wurde, *hospitales* entlang des *camino* gab.

Das längste Kapitel in dem *Liber* (Kapitel 8, 709 Zeilen), das die *santos cuerpos* beschreibt, die heiligen Reliquien in den Kirchen, die man auf dem Wege nach Compostela besuchen sollte, ist fast doppelt so lang, wie das zweitlängste, das die Stadt Compostela und das Grab des hl. Apostels Jakobus beschreibt (Kapitel 9, 397 Zeilen). Und von den 709 Zeilen in Kapitel 8, die Reliquien beschreiben, beziehen sich nur 19 auf Reliquien in Spanien. Die anderen Reliquien befinden sich in Frankreich, entlang der vier Routen, die zu den zwei Orten führten, an denen die Pilger nach Spanien hinübergingen. Diese beiden Wege vereinigten sich dann in Puente la Reina, das jetzt noch ein oder zwei Tagesmärsche von mir entfernt ist.

Hier betritt man einen Bereich der eigenartigen Welt des *camino* – den Platz der Reliquien in der mittelalterlichen religiösen Vorstellung. Gemessen an dem Raum, den er ihnen widmet, und der Art, in der er über sie schreibt, müssen für Aymeric Picaud die Reliquien sehr wichtig gewesen sein, die man auf dem *camino* nach Compostela sehen *und berühren* konnte. Menschen haben versucht – und versuchen es noch immer – Quellen der Kraft körperlich zu berühren, sei dies die Kraft zu zerstören, zu heilen, zu trösten oder zu vergeben.

Als die Mauren im Jahre 711 in Spanien einfielen, eroberten sie das Land schnell und überschritten sogar die Pyrenäen, wurden aber dann in der berühmten Schlacht von Poitier im Jahre 732 aufgehalten. In Spanien widerstanden nur der gebirgige Norden und Nordwesten der Invasion erfolgreich. Dieses Gebiet umfaßte das galicische Bergland – wo gemäß einer Überlieferung ungefähr im Jahre 830 der Körper von Santiago entdeckt werden würde – und das kantabrische Gebirge mit (dem heutigen) Asturien und dem Gebiet der *vascos* (diese wurden auch nicht von den Römern unterworfen). In diesem christlichen Rückzugsgebiet gründeten westgotische Führer das Königreich Asturien, von dem aus sie Angriffe gegen die Mauren führen konnten. Einige der vor den heranrückenden Mauren geflohenen Christen brachten in die Nähe von Oviedo ein Kästchen mit Reliquien, den sogenannten *Santo Arco*. Die frühen asturischen Herrscher betrachteten diese Reliquien als eine wesentliche Triebfeder für die Gründung des christlichen Königreiches und bauten für den *Santo Arco* in Oviedo eine wundervolle Kirche. Sie wurde ein berühmter Pilgerort, dessen Bedeutung jedoch später von Compostela überschattet wurde. Urkunden zeigen, daß viele Pilger Oviedo auf ihrem Weg von oder nach Compostela besuchten.

Einige moderne Autoren versuchen, die Behauptung aufzustellen, daß der „Glaube an die wundertätige Kraft von Reliquien" das Hauptmotiv für eine Pilgerfahrt im Mittelalter war. Wenn dies gesagt wird, dann gewöhnlich mit dem Zusatz, direkt oder indirekt, daß solcher Glaube von einem aufgeklärteren Zeitalter, wie dem unseren, als Aberglaube angesehen würde. Heute glauben die sogenannten „Aufgeklärten" an die Existenz abstrakter, oftmals willkürlicher Konstruktionen oder Phantasien, wie Bruttosozialprodukt, Versicherungssysteme, technische Lösungen. Die Menschen, die nach Oviedo wanderten, konnten die heiligen Gegenstände sehen und berühren, Überbleibsel von lebendigen Menschen, die offenkundig heldenhafte Höhen an Tugend und Macht erreicht hatten. Ich vermute jedoch, daß die Beweggründe der Menschen damals genauso gemischt und unterschiedlich waren wie die von mir und anderen, die ich heute auf dem *camino* antreffe.

Aymeric Picauds Führer spiegelt die Ausrichtung der Frömmigkeit und die Denkweise der Menschen wider, für die er geschrieben wurde. Ja, sie mußten wissen, welches Wasser gut und welches giftig war, aber ihr Hauptinteresse bestand darin, in eine Welt von Kraft und Segen, von Wunder und Vergebung einzutreten. Sie konnten die Überreste großer Gestalten sehen und berühren. Diese Heiligen standen als Fürsprecher vor Gott für die gefallenen Geschöpfe, die noch auf dem *camino* waren.

Ein moderner Leser mag nützlichere Unterlagen für die Reise nach Compostela finden in der langen und weitschweifigen Predigt „Veneranda dies", die (heute würde man sagen „fälschlich") Papst Calixtus II zugeschrieben wurde und sich in Buch I des *Liber* befindet. Hier liefert Picaud ausführliche Beschreibungen all der vielen Betrügereien, begangen von Geldwechslern, Kaufleuten, Gastwirten und anderen *pícaros*, die dem unschuldigen und ahnungslosen Pilger auflauerten.

Nach dem Mittagessen kehre ich in das *refugio* zurück, um mich auszuruhen. Ich habe wohl ungefähr zwanzig Kilometer heute zurückgelegt, vielleicht dieselbe Strecke wie an den ersten beiden Tagen. Nun, ich hoffe, dies in den kommenden Tagen steigern zu können. Wenn nicht, werde ich eine lange Zeit auf dem *camino* sein. Aus dem *relato* von zwei jungen Spaniern weiß ich, daß sie im Jahr 1937, während des Bürgerkrieges, durchschnittlich zweiundvierzig Kilometer am Tag schafften! Im Juli! Einer von den beiden, ein Priester, schien ein Pilgergewand zu tragen, das einer Soutane ähnlich war.

In der Unterkunft gibt es einen größeren Raum mit bequemen Stühlen. Und auf dem Tisch liegt das Gästebuch. Ich habe diese Gästebücher auch in den beiden anderen Unterkünften gesehen. Jedem steht es frei, einige Bemerkungen zu machen und sie zu unterschreiben. Ich überprüfe das letzte Datum im Jahr 1992, an dem ein Pilger hier durchkam: 29. Dezember. Die erste Person, die in dem Buch im Jahr 1993 unterschrieb, war am 1. Januar hier! Ich bin entsetzt. Wie beschwerlich ist es wohl zu dieser Jahreszeit auf dem *camino*? In höheren Lagen liegt Schnee, und ich habe gehört, daß er beträchtlich sein kann. Viele der Pfeile sind auf Steine gemalt. Wie würde man sie sehen und seinen Weg finden? Es scheint so, daß an jedem Tag des Jahres irgend jemand hier draußen ist und eine tausend Jahre alte Tradition lebendig erhält. Ich bin von dieser Vorstellung ganz überwältigt. Ich hatte beschlossen, im Mai zu wandern, weil ich gehört hatte, daß in den Monaten Juni, Juli und August wahrscheinlich Tausende auf dem *camino* sein würden. 1993 sei ein Heiliges Jahr, und die Regierung habe eine riesige internationale Werbekampagne in Gang gesetzt – für Touristen. Aber wegen der Kälte und des Schnees hätte ich Angst gehabt, früher zu kommen.

Ich blättere durch das Buch, lese einige der Bemerkungen. Was für eine Fundgrube! Was für ein interessantes Unterfangen wäre es, diese Aufzeichnungen sorgsam zu durchforsten. Manche Menschen haben sich offensichtlich viele Gedanken über das gemacht, was sie schreiben. Eine Person war besonders genau: „*Me duele todo el cuerpo, pero ‚no hay dolor*‘“ – „Mein ganzer Körper tut mir weh, aber ‚ich habe keinen Schmerz‘“. Es ist manchmal ein feinsinniges Vergnügen, Spanisch zu lesen – die Menschen sind fähig, Gefühle und Vorstellungen mit einer Anmut und beißenden Schärfe auszudrücken, die in einer Übersetzung nicht eingefangen werden können. Das Englische (oder Deutsche) scheint unzulänglich, um die feinen Nuancen wiederzugeben. Man muß es in Spanisch lesen können. Und das ist eine der wirklichen täglichen Freuden für mich auf dem *camino* – die Menschen in ihrer eigenen Sprache zu grüßen und mit ihnen zu sprechen.

Eigenartig! Als ich in Deutschland meine Sachen packte, sah ich meines Vaters Rosenkranz in der Schreibtischschublade liegen. Ohne nachzudenken, vielleicht aus einer Gefühlsregung heraus, nahm ich ihn hoch und ließ ihn in den Rucksack gleiten. Ich weiß, daß mein Vater den Rosenkranz regelmäßig betete. Und zu der Zeit, als er starb, war es Sitte, den Rosenkranz um die Hände des Toten im Sarg zu winden. Auf diese althergebrachte Weise wurde der Leichnam für die Familie und Freunde aufgebahrt, die zur Totenwache kamen. Als der Sarg geschlossen wurde, nahm der Bestattungsunternehmer den Rosenkranz ab und gab ihn mir, dem ältesten Kind. Und seitdem hatte er die ganze Zeit in meinem Schreibtisch gelegen, unberührt. Morgen muß ich in den Rucksack gucken und ihn herausnehmen. Vielleicht werde ich herausfinden, daß dieses Gebet mit dem *camino* verbunden ist, daß es übereinstimmt mit dem Rhythmus des Wanderns.

Ich bin allein in dem Schlafraum und mache mich für das Bett fertig. Während ich in den Schlafsack krieche, kommen drei junge Kanadier in die Unterkunft, von denen ich einen bereits in Zubiri traf. Sie haben Lebensmittel bei sich und fangen in der Küche an zu kochen. Ich bin zu müde, um mehr zu tun, als sie schwach zu grüßen. Als ich ruhig liege, fängt das zittrige Frösteln wieder an ... es dauert an ... als ob es niemals aufhören würde ... schließlich muß ich eingeschlafen sein.

4 Von Pamplona nach Cizur Menor

7. Mai

Ich stehe früh auf, bin wunderbar erfrischt – ein neuer Mensch! – begierig, voller Ungeduld, so schnell wie möglich draußen auf dem *camino* zu sein. Das Frühstück besteht wie üblich aus Brot, Käse und Obst, während ich von einer Tasse Kaffee träume ... seit dem *café au lait* in Bayonne habe ich keinen mehr getrunken. Nach der Wirkung der gestrigen Spätnachmittagssonne sehen die Schuhe so aus, als seien sie in gutem Zustand. Ich packe meinen Rucksack fertig und mache mich auf nach Pamplona, ungefähr fünf Kilometer entfernt. Dies wird meine erste große Stadt auf dem *camino* sein.

Obwohl es interessant wäre, die Stadt zu erforschen, habe ich beschlossen, mich möglichst auf den offenen Raum des *camino* selbst zu beschränken. Ich habe Angst vor Ablenkungen. Und dieser Ort wird voll davon sein. Ich glaube, daß es jetzt eine moderne Stadt von über hunderttausend Menschen ist; die Überlieferung besagt, daß sie von Pompeius, Caesars Rivalen, gegründet und nach ihm benannt wurde. Die Franzosen, die Araber und die eingeborenen *navarros* haben viele Male um sie gekämpft. Im sechzehnten Jahrhundert hat Philip II sie wieder befestigt und so zur unbezwinglichsten Stadt in Nordspanien gemacht.

Wenn ich an Pamplona denke, werde ich auch an Ignatius von Loyola erinnert, der 1521 bei der Verteidigung Pamplonas gegen die Franzosen schwer verwundet wurde. Seine „Geistlichen Übungen" zählen zu den einflußreichsten Büchern der westlichen Welt. Auch wenn Ignatius selbst nicht nach Santiago gepilgert ist, so hat seine Auffassung von Gebet und Buße doch viele spätere Pilger auf dem *camino* nachhaltig beeinflußt.

Sobald ich in Pamplona ankomme, befrage ich meine grobe Straßenkarte. Ich möchte auf dem kürzesten Weg durch die Stadt gelangen, mit zwei Haltepunkten, dem Postamt und einer Schuhreparaturwerkstatt.

Ich finde das Postamt leicht, brauche nur einen Umweg über zwei Querstraßen zu machen. Dort kaufe ich einen Pappkarton, fülle ihn mit all dem unnötigen Ballast aus meinem Rucksack, versende ihn nach Deutschland und kaufe einen Vorrat an Briefmarken für Postkarten. Während ich die Stadt weiter durchquere, sehe ich einen Schuster und frage ihn, ob er neue Decksohlen in meine Schuhe kleben könne. Die alten haben sich losgelöst und aufgerollt ... nicht sehr angenehm. Er leimt gutaussehende dicke Sohlen fest, und ich bin wieder auf meinem Weg.

Ich fühle mich, als hätte ich neue Füße. Und dieses Gefühl ist so bestimmend, daß ich die Stadt nicht wahrnehme, weder ihren Duft noch ihre Farben. Nun, der *camino* muß in dem gewohnten Morast und Wald, Feld und Gebirge gefunden werden, die sich in all den Jahrhunderten nicht viel verändert haben, und nicht in städtischen Siedlungen.

Gegen zwölf Uhr komme ich in Cizur Menor an, eine Art Vorort einige Kilometer hinter Pamplona. Ich könnte weiter gehen; es ist noch recht früh am Tag, aber ich habe gehört, daß es hier ein gutes *refugio* gebe, und entscheide mich, es zu suchen. Ich bin nur ungefähr zehn Kilometer weit gekommen, aber vielleicht ist eine Ruhepause gut für mich. Ich werde versuchen, morgen eine größere Entfernung zurückzulegen.

Das *refugio* finde ich schnell. Es liegt hinter einer hohen Mauer mit einem stabilen Tor. Ich klingele. Eine Frau öffnet, begrüßt mich und führt mich durch einen schönen Garten, vorbei an einem hübschen alten Haus, zu einem ansprechenden niedrigen Gebäude hinten im Garten. All dies ist Eigentum einer Familie und wird von ihr betrieben. Die Frau sagt, daß sie 500 Peseten verlangt – ungefähr drei Dollar und achtzig Cent. Das Gebäude ist hell, luftig, die sauberen Betten sind nicht dicht zusammengerückt. Es gibt eine Küche und natürlich Dusche und Toilette. Ich bin überrascht, daß der Raum durch einen Vorhang geteilt ist. Die Betten auf der einen Seite sind für Frauen, auf der anderen für Männer. Dies ist die erste Unterkunft mit dieser Annehmlichkeit. Durch das rücksichtsvolle

Benehmen der Pilger in den vorangegangenen Unterkünften habe ich das gar nicht vermißt. Beim Umziehen für die Nacht drehe ich nur meinen Rücken dem Teil des Raumes zu, in dem sich Frauen gerade aufhalten. Nun, diese Unterkunft erscheint fast zu angenehm und bequem. Aber es ist schön, in solch einer geschmackvoll angeordneten Umgebung ausruhen zu können.

Ein weiterer Pilger trifft ein. Es ist der Franzose, den ich an meinem ersten Tag auf dem *camino* getroffen habe. Er hinkt sehr. Die Frau, Doña Maribel Roncal, fragt ihn in fließendem Französisch, was mit seinen Füßen los sei. Sie sagt ihm, er solle seine Schuhe ausziehen, während sie eine Behandlung vorbereite. Dann stellt sie eine Mischung aus warmem Wasser, Essig und Salz her und sagt ihm, er solle seine Füße darin einweichen. Sie stempelt unsere *credenciales* ab und erklärt uns, daß diese an verschiedenen Stellen einer Stadt abgestempelt werden können: auf der Polizeistation, im Büro der Kirchengemeinde, im Rathaus, in vielen Geschäften oder im *refugio*. Jede dieser Stellen habe einen Gummistempel mit dem speziellen Kennzeichen jener Einrichtung oder Stiftung. Das *credencial* habe vorgezeichnete Markierungen, so daß man diese der Reihe nach gestempelt bekommen könne. Ich habe schon bemerkt, daß jeder Stempel ein interessantes und anderes Muster hat.

Heute brauche ich nur meine Socken zu waschen. Nach dieser kleinen Arbeit finde ich ein bequemes Plätzchen in der Sonne und blättere eine Zeitschrift durch, genannt *Peregrino*, die auf dem Tisch liegt und ausschließlich dem *camino* gewidmet scheint. Schon bald werde ich jedoch von drei jungen Männern unterbrochen, die näherkommen und sich vorstellen. Sie kommen von einem örtlichen Fernsehsender und möchten einen Pilger interviewen. Ich bin der einzige anwesende Pilger, der Spanisch spricht. Ich bitte zunächst um einige Erläuterungen zu ihrem Programm. Der Leiter der Gruppe sagt, er halte die meisten Sendungen des Fernsehens nicht für gut. Er möchte das ändern. Er habe große Hoffnungen für dieses Medium. Er würde gerne ernsthafte Dinge zeigen, Sendungen machen, die die Menschen zum Nachdenken bringen, die neue oder wichtige Ideen vorstellen würden. Heute möchte er mit einem Pilger sprechen. Er vermute, daß die Faszination des *camino* viel mehr sei als Tourismus und historische Sentimentalität. Als Erfahrung könne er sogar eine gewisse Tiefgründigkeit haben. Er würde dies gern für seine Fernsehzuschauer einfangen.

Irgendwie entschuldigend gibt er zu, selbst kein praktizierender Katholik zu sein, aber er fühle, daß an der „geistigen" Beschaffenheit eines *peregrino* etwas Bedeutungsvolles sein müsse. Er erwähnt das Wort Aberglaube nicht, vielleicht um mich nicht zu verletzen – er kennt meine Gedanken und Gefühle noch nicht – aber ich kann spüren, daß das Wort in der Luft liegt: Ist es möglich, daß der Glaube an Santiago etwas mehr ist als ein mittelalterlicher Aberglaube, der heutzutage von der Regierung und den Reiseagenturen für ihre eigenen Zwecke ausgenutzt wird? Er fragt, ob seine Begleiter die Geräte für ein Interview aufbauen dürften.

Ich bitte sie, einen Augenblick zu warten. Ich bin mir nicht sicher, was ich antworten soll; ich äußere Bedenken. Ich erzähle ihm, daß ich seit vielen Jahren keinen Fernsehapparat besitze. Ich sehe von mir aus niemals fern, und zwar fand ich vor langer Zeit heraus, daß beim Fernsehen weniger die Inhalte als die Formen der Vermittlung problematisch sind. Fragen, die dumme Situationskomödien, Filme von klassischen Dramen, verrückte Spiele oder Pornographie betrafen, waren ganz unbedeutend. Ich wollte herausfinden, wie diese Art der Darstellung von Bildern, *irgendwelcher* Bilder, meine Fähigkeit beeinflußt, mich selbst als Person zu sehen und mich als moralisches Wesen zu empfinden. Was für ein Mensch würde ich schließlich sein, wenn ich mich elektronischen Bildern aussetzte, die mich auf diese Weise angriffen? Ich bin mißtrauisch, denn jedes Mal, wenn ich das Fernsehen in meinen privaten inneren Raum hineinließ, bin ich mit ungemütlichen, manchmal verstörten Gefühlen zurückgeblieben.

Als die Fernsehapparate aufkamen, vermutete ich, daß die junge Industrie bald begabte junge Menschen anziehen würde, die für sie arbeiteten. Ich selbst fühlte mich durch diese neue Technik manipuliert. Ich kann mit dem Lesen eines Buches bei jedem Wort aufhören, um darüber nachzudenken, um mit dem Autor zu streiten, um ins Regal zu langen und mit einem Referenzbuch zu überprüfen, was er sagt, und so weiter.

Nichts dergleichen ist mit dem Fernsehen möglich. Oder habe ich vielleicht nie gelernt, wie man fernsehen soll? Als das Fernsehen erfunden wurde, war ich schon zu alt, um zu lernen, wie man seine Bilder aufnimmt. Es verunsichert mich sehr: Bilder zu *empfangen*. Es scheint grundsätzlich verschieden zu sein von dem, was ich auf dem *camino* erlebe. Dort wandere ich immerfort *in* das Bild, ich *erschaffe* das Bild, ich *bin* das Bild.

Ich sehe den jungen Mann an und denke, ihm das Problem vielleicht klarmachen zu können durch das, was hier gerade zwischen uns beiden geschieht. „Als ich mit Ihnen sprach, habe ich Ihr Gesicht gesehen, Ihre Augen. Ich habe Ihrer Bitte zugehört. In geringem Maße ist es mir gelungen, Sie etwas kennenzulernen, Ihnen zu trauen. Ich fühle, ich könnte etwas sagen über meine Motive, aus denen ich hier mitten in Spanien bin und durch Morast und Regen, Sonne und Wind gehe, wund und müde jeden Tag. Und ich werde das wenigstens noch drei Wochen so weitermachen. Dies ist keine Tätigkeit, für die in amerikanischen Medien Reklame gemacht wird für Menschen meines Alters, die im Ruhestand sein und sich auf einem Golfplatz entspannen sollten.

Weil ich in Ihr Gesicht blicken kann, habe ich keine Angst zu sagen, daß ich mich vor einigen Monaten in einer der kleinen Kapellen in Spanien aufhielt, die Kapellen des Gesegneten Sakramentes genannt werden. Der Altar war mit Blumen und brennenden Kerzen gefüllt und in der Mitte befand sich eine Monstranz – mit der Hostie darin. Heutzutage ist dies nicht so üblich in katholischen Kirchen. Anbetungszeremonien verändern sich mit den Jahren. Doch kamen fortwährend Menschen in diese Kapelle, Menschen, die blind waren gegen mich, der ich dort saß, und gegen andere, die sie nicht kannten. Ihre ganze Aufmerksamkeit und Konzentration war auf die leibhaftige Anwesenheit gerichtet, an die sie glaubten.

Während ich dort mehrere Stunden verweilte, wunderte ich mich über diese Menschen in der Kapelle und über die anderen, die nach Compostela wandern – die mannigfaltige Menschenmenge, die mehr als tausend Jahre dort ihren Weg gegangen ist. Immer wieder habe ich mich gefragt: Warum verließen sie ihre vertrauten Heime? Warum reisten sie so weit? Was zog sie zu dem unbekannten Ort, dem *finis terrae*?

Schließlich gelang es mir, den Anfang einer Antwort auszudrücken: Wenn du es herauszufinden wünschst, geh – gehe dorthin."

„Sehen Sie", sage ich zu meinem Interviewer, „ich bin an dem interessiert, was unmittelbar ist, berührbar, was ich anfassen kann. Das Fernsehen wurde ausgedacht, um Sie vom Unmittelbaren wegzubringen, und es macht es möglicherweise durch diesen Betrug immer schwieriger, daß Sie jemals wieder sehen, berühren, riechen, schmecken oder hören. Dieses, so vermute ich, tut das Fernsehen letztendlich den Menschen an."

Er erwidert, daß er beeindruckt sei von einem Gedanken Umberto Ecos: Fernsehen sei Kommunikation auf Entfernung.

„Ja", stimme ich zu, „vielleicht ist es so. Aber ich bin an Kommunikation nicht interessiert. Kommunikation ist etwas, das zwischen Maschinen stattfindet, nicht zwischen Menschen. Ich möchte Ihren Akzent hören, die Spuren des Ortes, aus dem Sie kommen. Ich möchte das Lächeln auf Ihrem Gesicht sehen, wenn Sie meinen Akzent hören. Ich möchte nicht gerne zu jemandem sprechen, in dessen Augen ich nicht blicken kann. Wie könnte ich diese Dinge in ein totes Mikrophon sagen? Wie könnte ich zu einem leeren Raum sprechen? Wie könnte ich mich selbst in eine Kommunikationsmaschine verwandeln?

Lassen Sie uns annehmen, es gäbe viele Fernsehzuschauer für Ihr Programm. Wie könnte ich moralisch *aufrichtig* zu einer großen Menge von nicht unterscheidbaren und unsichtbaren Augen und Ohren sprechen? Ja, es ist möglich, daß ich Beweggründe habe, die über die Leere und Entwürdigung des Tourismus hinausgehen. Aber wenn das wahr ist, wie könnte ich sie so schmählich preisgeben? Wie könnte ich an solch einer abstoßenden Selbstdarstellung teilnehmen? Was würde das moralische Wesensmerkmal meiner Beweggründe sein, mich selbst vor einem abstrakten Publikum zur Schau zu stellen?

Und um noch aufrichtiger zu sein, ich weiß wirklich noch nicht, warum ich hier bin. Wenn ich besonders gesegnet bin, werde ich es vielleicht herausfinden, wenn ich Compostela erreiche. Wir könnten uns dort zu einer Tasse Kaffee treffen und besprechen, was mir auf dem *camino* zugestoßen ist. Wer weiß? Ich kann Ihnen dann vielleicht eine Geschichte erzählen."

Ich entschuldige mich bei dem Fernsehproduzenten dafür, seine Zeit verschwendet zu haben und ihm gegenüber überheblich gewesen zu sein. Seine beiden Begleiter sind schon längst verschwunden. Er nimmt die Entschuldigung freundlich an und wirkt ganz entspannt, ohne eine Spur von Bedauern; wir sagen uns auf Wiedersehen und schütteln uns die Hände. Ich bin vielleicht eine angenehme Nachmittagsunterhaltung für ihn gewesen. Er ist wahrscheinlich innerlich belustigt über den kulturfeindlichen und rückschrittlichen Redeschwall des alten Sonderlings.

Ich möchte gerne wissen, ob dieser junge Mann seinen Blick auf den Bäumen und Blumen hier in diesem Garten verweilen ließ. Hat er die Wirklichkeit dieses Ortes erkannt? Ist ihm klar geworden, daß der Raum, den wir ausfüllten, ein besonderer war? Daß wir durch unseren sinnlichen Kontakt einen einmaligen Raum ausgefüllt und damit einen Ort hier erschaffen haben? Nun ist er verloren, denn der junge Mann ist gegangen. Aber eben war er wirklich, und wir könnten ihn wieder wirklich machen. Die Welt der technischen Kommunikation jedoch ... ist darin irgend etwas Wirkliches? Und gibt es letztendlich irgendeine Wahrheit, die nicht aus einer unmittelbaren Sinneserfahrung erwächst? Oder die irgendwie diese Erfahrung berühren muß? Ist die Welt der Information und Kommunikation eine riesige Täuschung, ein frevelhafter Betrug? Kann man viele der heutigen *pícaros* dort finden, wenn sie die Menge bearbeiten? Aber jetzt besteht die Menge nicht aus einigen unvorsichtigen Pilgern, die ausgeplündert werden sollen, sondern aus Millionen von modernen Kultivierten, die unterhalten werden sollen.

Es ist später Nachmittag; ich sollte an das Essen denken. Maribel Roncal sagte, eine Frau verkaufe Eßwaren in einem Haus, das an der Straße liegt. Es gibt kein richtiges Geschäft hier in diesem Dorf oder Vorort, aber wir können das Nötige bei dieser Frau kaufen und unser Abendessen hier in der Unterkunft kochen. Der Franzose und ich beschließen, ihr Haus zu suchen.

Ich habe inzwischen gelernt, daß manchmal hier in Spanien

ein Haus und sogar ein Geschäftsraum hinter einer einfachen Tür sein kann, die in eine Mauer eingelassen ist, die sich die ganze Straße entlangzuziehen scheint. Oft gibt es eine Nummer neben der Tür und, wenn es ein Geschäft ist, manchmal ein schwer zu entdeckendes Schild. Natürlich gibt es, besonders in den größeren Städten und Großstädten, moderne Schilder und Supermärkte. Doch wir können die Tür der Frau nicht finden und beschließen, das wohl einzige Restaurant der Stadt auszuprobieren. Das Essen ist ausgezeichnet, gibt mir jedoch zu denken. Es muß Verhaltensweisen geben, zusammen mit Gewohnheiten von Geist, Herz und Körper, die entweder zu dem *camino* hin oder weg von ihm führen. Ich glaube zum Beispiel, wenn ich die Notwendigkeit fühlte, jeden Tag die Zeitung zu lesen, wäre ich nicht in der Lage, all jene zu treffen, die ihren Weg auf dem *camino* gefunden haben – ihren eigenen *camino* (Weg) auf dem *camino*. Da ich herausgefunden habe, daß regionale Gerichte besonders erfreulich für meine Geschmacksnerven sind, vermute ich, daß sie wie die Zeitung als schwächende Ablenkung wirken könnten. Fortan versuche ich, das gewöhnlichste Essen und Trinken zu finden, nur das, was ich brauche, um meine körperlichen Kräfte auf meinem Weg zum nächsten *refugio* aufrechtzuerhalten. Aber ich muß noch viel lernen: Wie kann ich gut und einfach in Spanien essen? Eine der Schwierigkeiten ist, daß jeder Ort so anders ist – aber das ist auch seine Schönheit und sein Charme. In einer Straße findet man die Bäckerei; in einer anderen den Wurstladen; in einer dritten den Fleischmarkt; in noch einer anderen den Gemüsehändler und so weiter. Und die Straßen sind für einen Fremden ein verwirrendes Durcheinander.

Ich erfahre, daß der französische Pilger ein pensionierter Arzt ist. Ich glaube, er sagt, er sei Arzt für Allgemeines in einer kleinen Stadt oder in einem Dorf gewesen. Doch mein Französisch ist nicht gut genug, um sehr weit in die schwerverständlichen Einzelheiten *seiner* Beweggründe einzudringen. Wir sind beide zu diesem Zeitpunkt auch an unseren Schlafsäcken interessiert. Ich glaube, wir teilen eine gewisse Begeisterung für die ruhige und mit Wundern gefüllte Einsamkeit des *camino*. Schlaf ist jetzt wichtig, um diesen Raum am Morgen wieder betreten zu können.

5 Von Cizur Menor nach Puente la Reina

8. Mai

Die Sonne ist noch nicht aufgegangen, als ich das Haus verlasse … es ist so kühl, daß ich ein Sweatshirt anziehen muß, ehe ich losgehe. Doch dann wird es mir bei der raschen Bewegung zu warm … es ist Zeit, es auszuziehen und oben auf dem Rucksack festzumachen. Heute beginne ich mit einem Aufstieg, es scheint ein Berg zu sein, La Sierra del Perdon. Mein Körper fühlt sich wohl bei dieser Anstrengung. Ich werde wohl kräftiger. Als ich die Spitze erreiche, bläst ein kräftiger Wind. Obwohl die Sonne scheint, brauche ich das Sweatshirt wieder. Als ich dann wieder eine niedrigere Höhenlage erreiche, ist es zu warm für soviel Kleidung. Mit verhältnismäßig wenigen Schritten bewege ich mich von einer Klimazone zur anderen, und sie sind alle so unterschiedlich, daß sie verschieden viel Kleidung erfordern. Die Erde ist unendlich unterschiedlich innerhalb nur weniger Kilometer. Wenn ich mir die Zeit nähme, würde ich etwas von dieser Unendlichkeit kennenlernen in der ganzen Vielfalt von wild wachsenden Pflanzen, die im Bereich der verschiedenen Stufen von heißer und kalter, mehr oder weniger verdünnter Luft vorkommen. Aber niemand kann etwas davon begreifen, der nicht die Füße fest auf diesem Erdboden hat.

Ständig verändert sich die Landschaft, mit jedem Schritt. Unter meinen Füßen fühle ich jedes Mal, wenn sie den Boden berühren, eine andere Kombination von Kieseln und Steinen. Ich trete nie zweimal auf dieselbe Stelle, und ich fühle auch dieselbe Zusammensetzung der Oberfläche nie zweimal. Die Veränderungen der Härte, Weichheit und Kantigkeit sind niemals gleich. Wenn ich nach oben blicke, sind die Wolkenbildungen immer neu. Wenn ich meinen Blick schweifen lasse, ist die Landschaft immer einmalig. Beim Wandern, selbst wenn ich mich schnell durch die verschiedenen Orte bewege, kann ich dennoch einen gewissen Eindruck von der Schöpfung bekommen, von ihrer unendlichen Vielfalt. Sie *ist* wirklich unendlich! Ich fühle es klar. Heute sehe ich wieder, daß die Wirklichkeit, die mich umgibt, *als Schöpfung* offensichtlich ist. Es gibt daran keinen Zweifel – ihre immer wechselnde Schönheit offenbart ihr Wesen. Es ist auch zu erkennen, an welchen Stellen die Menschen die Schöpfung berührt oder beeinflußt haben und ob sie dies gut oder schlecht getan haben.

Beim sorgfältigen Hinschauen und beim Wandern durch Orte, die durch des Menschen Werk und Zerstörung – manchmal leicht, manchmal schwer – verändert wurden, kann man sich ein Urteil bilden. Nach dem Ablauf dieser Tage, die ich hier draußen auf dieser Erde gehend verbracht habe, entsteht in mir das Gefühl, ich könne aus diesem Einklang mit der Natur heraus urteilen: Hier haben die Menschen gut gehandelt, mit Bewunderung und Respekt, dort schlecht, mit Verachtung und Nachlässigkeit. Ich komme an vielen Weizenfeldern vorbei und wenigem Weideland, sehe fast kein Vieh und kaum Häuser. An der Größe der Felder sehe ich, daß große landwirtschaftliche Maschinen zu ihrer Bearbeitung nötig sind. Diese Art der Landwirtschaft – industrielle Agrarwirtschaft – erfordert große Maschinen und wenige Menschen – eine entvölkerte Landschaft ... durch die ich nun wandere ... großflächige Monokultur. Ich möchte gerne wissen, wie die Spanier darüber denken, darüber, was sie ihrem Land und ihren Dörfern antun ... sich selbst.

Durch das Urteil, das ich mir nun selbst bilde, fange ich an, anders zu sehen. Der *camino* hat meine Art zu sehen verändert. Vielleicht ist dies eine Art von vorbildlichem, vorurteilslosem Sehen, der ursprüngliche Vorgang des Sehens. Durch das Draußensein hier und dadurch, daß ich vor dem Aufbruch nichts über den *camino* gelesen hatte und fast nichts mehr gelesen habe, seitdem ich St. Jean Pied de Port verließ, sind all die Worte und Bilder aus meinem Empfindungsvermögen weggewischt. Meine Sinne können nun aufs beste arbeiten, wie die von Tieren. Ich überschreite eine Schwelle. Der *camino* bringt mich zum Leben *in* der Schöpfung.

Heute nehme ich den Rosenkranz meines Vaters heraus, und während ich gehe, beginne ich ihn zu sprechen. Die Getreidefelder stellen eine ausgezeichnete Umrahmung dar, den geeigneten Platz zum Beten. Diese Felder mögen die Landwirtschaft in Spanien zerstören, aber ihre gewellte Anmut unterstützt das Hochfliegen meiner Seele. Wie kann man eine solche Empfindung verstehen? Ich scheine verwirrt zu sein. Ich weiß, daß diese industriellen Agrarwirtschaftler, wenn sie noch viel länger weitermachen, nur zerstören können: Sie erzeugen immer neue Arten von Verwüstung. Und doch kann ich ruhig beten mitten in ihren Verheerungen. Hat unser Zeitalter auch neue Formen des Grotesken erfunden? Was früher als eine Art Kompromiß betrachtet wurde, ist nun das Groteske. Aber um dies zu sehen, benötigt man eine neue Art des Sehens, eine merkwürdige Einsicht, eine Reinigung der Sinne.

Als ich an meinem Ziel ankomme, habe ich zehn der fünfzehn Geheimnisse beendet, die fünf freudenreichen (die Verkündigung, der Besuch bei Elisabeth, die Geburt, die Darbringung und das Auffinden im Tempel) und die fünf schmerzensreichen (das Leiden im Garten, die Verurteilung vor Pilatus, die Geißelung, das Tragen des Kreuzes, die Kreuzigung). In vier oder fünf Stunden habe ich das Ave-Maria mindestens hundertmal aufgesagt, das Vaterunser zehnmal. Früher sprach ich fünf Geheimnisse – fünfzig Ave-Maria – in ungefähr fünfzehn Minuten. Heute habe ich dafür zwei Stunden gebraucht. Vielleicht werde ich lernen zu beten. Nach dieser Erfahrung bringen mich all meine Gedanken und Gefühle zu einer Schlußfolgerung: Dies ist die ideale Übung für den *camino*, dies ist genau das, was ich jeden Tag tun muß, wenn ich wandere. Wie wundervoll, daß ich das so früh auf meiner Reise erkannt habe, am fünften Tag. Ich habe noch viele Tage vor mir. Und so lerne ich wiederum: Es gibt keine Unfälle, keine Zufälle in der Schöpfung; es gibt nur Geschenke, als Schmerz oder als Verstehen, als neue Sicht des Ortes oder als Erfahrung des Gebetes.

Nach dem heutigen Erlebnis schäme ich mich einzugestehen, daß ich nicht mehr weiß, wann ich den Rosenkranz zuletzt regelmäßig gebetet habe. Ich bin zutiefst erschüttert von der Erkenntnis, wie sehr ich dem modernen Aberglauben verfallen bin und die alten Wahrheiten aufgegeben habe. Und ich hoffe, demütig genug zu sein, den ungewöhnlich großen Wert dieser unverdienten göttlichen Gnade anzuerkennen: Was ich heute erlebt habe, war eine völlig *neue* Erfahrung, die offensichtlich wenig Verbindung zu dem Aufsagen dieser Gebete in der Vergangenheit hat. Beim Wandern bin ich ganz von selbst in einen gewissen Rhythmus gekommen, ganz natürlich, ohne Planen oder Nachdenken. Ich sagte die Gebete, die Ave-Maria, die Vaterunser und die Lobpreisungen laut, sprach ein Wort nach dem anderen bei jedem Atemzug – ein Atemzug, ein Wort.

Irgendwie wurde mir klar, daß ich noch Stunden vor mir hatte, es gab keine Notwendigkeit zur Eile; es war sinnlos, die Worte wie in einer gewöhnlichen irdischen Unterhaltung zu sprechen. Der Andere hat sowieso keinen Bedarf an Worten; sie sind nur für mich, entsprechend dem Rhythmus meines Lebens in diesem Moment. Und das schien der Takt meines Atmens zu sein: Jeder Atemzug paßte zu einem Wort; jedes Wort dauerte einen Atemzug. So wurde das Gebet ein Teil meines Körpers auf eine neue Weise; es gehörte zu mir, wie ich während jener Momente, jener Stunden war; es wurde *mein* Gebet in einem Sinne, den ich bisher niemals erfahren noch mir je vorgestellt hatte.

Jedes der Worte wurde dann lebendig und hatte Anzeichen einer spürbaren Süße. Jedes schien zu genau diesem Moment zu passen, zu genau dieser Bewegung meines Körpers. Und jedes fühlte sich neu an, vielleicht wie vorher jeder Schritt, den ich machte, sich an meiner Fußsohle neu anfühlte. Ich kam niemals in Versuchung, die Worte zu beschleunigen, um fertig zu werden, um zum Ende zu kommen. Die Worte selbst schienen meine Aufmerksamkeit festzuhalten. Ablenkungen verschwanden einfach, entschwanden in die heitere Klarheit des hellen Himmels. *Das* war sicherlich etwas Neues für mich. Wie am ersten Tag die früheren Pilger mich voranbrachten, so tun es heute diese Gebete ... eine neue Art, über die Erde zu gehen, zu lernen, auf meinem Platz auf der Erde zu sein.

Ich hatte niemals zuvor gesehen – oder davon geträumt –

daß ein Gebet so gut passen könnte zu einem Ort, einem Zeitpunkt, einer Person und all den damit verbundenen Umständen – die Übereinstimmungen waren wie ein Wunder, unvergeßlich. So kann ein gesprochenes Gebet also sein! Einige moderne Autoren – und vielleicht auch nicht so moderne – machen einen Unterschied zwischen dem, was sie gesprochenes Gebet nennen und einer anderen Art, dem inneren, geistlichen Gebet. Mit dem ersten spricht man Worte, mit dem letzteren lenkt man einfach Gedanken, was zu einer inneren Ruhe im Blick auf Gott führt. All diese Autoren stimmen in einem Punkt überein: Das letztere ist dem ersteren übergeordnet. Die Anfänger in dem sogenannten „geistlichen Leben" sind im gesprochenen Gebet verhaftet; weiter vorangekommene Menschen fliegen hinauf in das innere Gebet. Jeder ernsthaft betende Mensch sollte sich mit den nötigen Übungen beschäftigen, um so schnell wie möglich vom gesprochenen zum geistlichen Gebet zu gelangen. Heute habe ich mich gefragt, wieviele dieser frommen und ernsthaften Autoren jemals das niedrige „gesprochene" Gebet aus Erfahrung kennengelernt haben ...

Ich mußte einfach über das Ausmaß und die zentrale Bedeutung des Gehens in den freudenreichen Geheimnissen nachdenken. Zum Beispiel geht Maria über die Berge, um ihre Cousine Elisabeth zu besuchen (der Besuch); Joseph und Maria gehen nach Bethlehem, um sich in der Volkszählung schätzen zu lassen (die Geburt). Dieses sind die bescheidenen und verborgenen Ereignisse, die einen mit der Inkarnation bekanntmachen – mit Gott, der Mann und Frau wird. Vielleicht ist die Tätigkeit des Gehens selbst wichtig, um zur Inkarnation zu kommen, um die Inkarnation zu finden. Der *camino* hat mich dazu gebracht, meinen Körper wirklich zu fühlen. Vielleicht brauche ich diese Sinneswahrnehmung, die zu einem Vertrauen in meinen Körper führt, damit sie mich zu dem Glauben an die Inkarnation bringt. Ich kann meinen Weg zu dem Glauben, daß Gott Fleisch geworden ist, nicht finden, ehe ich nicht den Glauben an mein eigenes Fleisch erlebt habe. Bei dem Bemühen, die Hindernisse des *camino* zu überwinden – ob von außen oder von meinen inneren

Schwächen – komme ich dazu, mein Fleisch bei jedem Schritt zu spüren. Jeder Schritt könnte dann also eine geeignete Bewegung in Richtung auf den Herrn sein.

Vielleicht haben dies auch die Tausende, die mir vorangingen, auf ihrer Wanderung gelernt. Das könnte der Grund sein, warum sie hier waren – das heißt, wenn ich aus meiner Sicht zurückblicke. Und es könnte sein, daß sie versuchen, mir dies mitzuteilen. Vielleicht ist soviel Schmerz und Ermüdung nötig, damit man an seinen Körper glauben kann. Da mir nun klar wird, daß das Gebet eine gewisse Eigenschaft hat, die ich vorher nicht gekannt habe, so könnte es auch eine gewisse Art des Glaubens an meinen Körper geben, die ich nicht gekannt habe. Und natürlich gibt es vieles in dem Mysterium der Inkarnation, das ich nicht wußte, und vieles, das ich niemals – in diesem Tal der Tränen – wissen werde, aber ein bißchen habe ich verstanden. Noch eine weitere Überraschung des *camino*.

Während ich den Rosenkranz sprach, kam ich auch durch drei kleine Dörfer. Ich hatte erwartet, in solchen Orten Lebensmittel kaufen zu können, die ich für das Frühstück und das Abendessen in meinen Rucksack packen wollte. In dem ersten Dorf frage ich, ob ich hier Lebensmittel kaufen könne. Nein. Auch nicht im zweiten, aber dort erfuhr ich, daß ein kleiner Lastwagen jeden Morgen um eine bestimmte Uhrzeit mit Brot und anderen Lebensmitteln in das Dorf kommt. Ich hatte jedoch nicht das Glück, zur richtigen Zeit da zu sein! Es war offensichtlich, daß die Menschen in diesen Dörfern Autos haben, und viele von ihnen fahren wahrscheinlich in größere nahegelegene Städte zur Arbeit. Vielleicht kaufen sie auch in den Supermärkten dieser Orte ein. Gestern ging ich durch ein sehr kleines Bauerndorf. Nach dem äußeren Anblick und den Gerüchen zu urteilen, war es klar, daß die meisten Häuser und angrenzenden Gebäude von arbeitenden Bauern bewohnt waren, nicht von Menschen, die Arbeit in der Stadt oder Großstadt hatten. Doch nirgends konnte man Brot kaufen, also sind wohl auch diese Menschen von einem Lieferwagen abhängig. Die Fahrzeuge verändern das Leben der Menschen auch hier.

Der heutige Weg führt größtenteils durch farbenreiches, offenes Gelände. Wie an den anderen Tagen komme ich an vielen frühen wilden Blumen vorbei. Es gibt heute auffallende neue Blüten: roter Mohn. Was für ein heller und fröhlicher Begleiter entlang des Weges. Und ich bin zufrieden, daß ich heute viel schneller gehen kann, mit weniger Schmerz. Der *camino* härtet mich ab.

Nach einer Wanderung von ungefähr fünfeinhalb Stunden treffe ich in Puente la Reina ein, einem anderen berühmten Ort des *camino*. Hier mußten die frühen Pilger den Rio Arga überqueren; eigens für sie wurde dort von einer Königin eine Brücke gebaut, daher der Name der Stadt und der Brücke. Es ist nicht klar, welche der beiden in Frage kommenden Königinnen die Erbauerin ist (La Mayor, die Frau von Sancho III, oder ihre Tochter Estefanía), doch wurde die Brücke wahrscheinlich im elften Jahrhundert gebaut. Es gab hier mehrere *hospitales*.

Ich komme bald zu dem *refugio*, das von den Padres Reparadores unterhalten wird, einer religiösen Gemeinde von Männern, die hier ein großes Seminar für vierzehnjährige Priesterzöglinge führen. Ein freundlicher Bruder im Büro stempelt mein *credencial* und zeigt mir den Weg zu dem *refugio*, einem älteren Gebäude, das in eine bequeme Unterkunft umgewandelt wurde. Es gibt mehrere Duschen und Toiletten, und die Betten sind zu meiner Überraschung je drei übereinander. Da noch niemand anders angekommen ist, kann ich ein unteres Bett in einer ruhigen Ecke wählen. Das Wasser ist wunderbar heiß, und es gibt ein ordentliches Waschbecken mit einem Waschbrett zum Wäschewaschen. Ich kann aber leider keinen guten Platz zum Aufhängen und Trocknen der Wäsche finden. Da der große Raum leer ist, spanne ich meine Wäscheleine – die ich immer bei mir habe – von einem Bett zum anderen, vor einem offenen Fenster.

Nach dem Duschen möchte ich mir etwas zu essen suchen. Da es hier keine Küche gibt, beschließe ich, in einem Restaurant zu essen, von dem mir der Bruder, der mich begrüßte, erzählt hat. Sie böten ein gutes *menú del día* an, sagte er.

Ich bin noch nicht vertraut mit spanischen Städten. Die

scheinbare Regellosigkeit der Straßenführung verwirrt mich immer. Es ist alles sehr *simpático*, wenn man nur herumschlendert wie ein Tourist, der das Durcheinander von Architektur und Farbe, Menschen und seltsamen Geschäften genießt. Aber nach einer bestimmten Stelle zu suchen, ist auch mit einer Wegbeschreibung nach wie vor eine größere Herausforderung für mich. Beim Herumgehen im Zentrum der Stadt finde ich schließlich ein Restaurant, aber nicht dasjenige, das der Bruder erwähnte. Dieses Restaurant nimmt 1250 Peseten für das *menú* – etwas mehr als neun Dollar und fünfzig Cent! Ich habe mir selbst eine Art Ziel gesetzt: für Essen und Unterkunft nur ungefähr eintausend Peseten am Tag auszugeben. Alleine mit dieser Mahlzeit werde ich mein Limit überschreiten. Nun, vielleicht sollte ich meine täglichen Ausgaben aus einer anderen Perspektive sehen. Zum Beispiel könnte ich mir vornehmen, aktiver zu werden, d. h. ich sollte nicht passiv sein. Ich sollte losgehen und nach den einzelnen Zutaten zum Essen suchen, statt mich an den Tisch im Restaurant zu setzen und sie mir schon zubereitet bringen zu lassen. Ich kann damit auch besser das Notwendige auswählen, anstatt das Ungewöhnliche oder „Interessante".

Ich gehe hinein und stelle mit Erstaunen fest, daß ich der einzige Gast bin. Ich vermute, daß es für Spanier noch zu früh ist für ihre Hauptmahlzeit. Die junge Frau, die mich bedient, hat erkannt, daß ich ein *peregrino* bin. Und ehe ich etwas bestellt habe, bringt sie mir einen kleinen Teller mit leckeren reifen Oliven. Ich bestelle das „Tagesgericht", was im allgemeinen Brot, Wein, zwei Gerichte (*dos platos*) und Nachtisch bedeutet. Bald kommt das erste Gericht – eine dicke Suppe aus gekochten Bohnen, gewürzt mit Knoblauch und Kräutern. Sie erzählt mir stolz, daß die Bohnen von einem hiesigen Bauernhof sind. Zusammen mit einem Nebengericht aus scharfen grünen Paprika – sie sind wirklich köstlich – ist es ein Essen ganz nach meinem Geschmack.

Das zweite Gericht besteht aus einem kleinen Steak und pommes frites, eine, wie ich gelesen habe, in Spanien beliebte Art, Kartoffeln zu servieren. Als Nachtisch gibt es Reispudding (*arroz con leche*). Es gibt auch Brot – gute, krosse Brötchen – und einen kleinen Krug mit Wein des Hauses (ausgezeichnet) – ausreichend für ungefähr zwei Gläser. Ich esse alles auf, was sie mir bringt, es ist nur zuviel Brot da. Ich habe mich darauf vorbereitet und stecke nun alles, was noch im Brotkörbchen übrig ist, in eine mitgebrachte Plastiktüte. Als ich meine Rechnung beglichen habe, lasse ich außer dem Trinkgeld nichts zurück. Ich muß jedoch hinzufügen, daß die Quantität und Qualität – sowohl des guten Essens, als auch der freundlichen Bedienung – sicherlich ihren Preis wert waren. Dies ist offenbar nicht die Welt, die von Aymeric Picaud beschrieben wurde.

Ich kaufe etwas Obst und Käse in einem kleinen Supermarkt und Brot in einer Bäckerei, so bin ich für das Frühstück morgen früh gerüstet – und auch noch für heute abend, falls ich hungrig werden sollte. In diesen Bäckereien wird jeden Tag frisches Brot gebacken, aber es gibt oftmals nur eine Sorte: einen langen Laib weißen Brotes mit einer guten, festen Kruste. Mir fehlt die Vielfalt an dunklem Brot, die in Deutschland erhältlich ist. Die Bäckereien in den größeren Städten haben manchmal Weizenvollkornbrote, die ich kaufe, falls sie vorhanden sind. Aber sie scheinen davon nur wenige am Tag zu backen, denn wenn ich später am Tag eintreffe, sind sie oft ausverkauft. Von dem weißen Standardbrot gibt es jedoch immer genug. Die spanischen Studentenpilger von 1928 berichten, daß sich während ihrer Wanderung das Brot von einer Region zur andern verändert habe und jedes gut gewesen sei. Es zeigt sich, daß die industrielle Normierung heute den größten Teil der Brotherstellung in Spanien beherrscht.

Die Unterkunft ist ruhig ... es sind nur wenige Menschen hier heute abend. Ich überlege, wie es wohl wäre, wenn der Schlafraum voll von Pilgern wäre, immer drei übereinandergestapelt. Jede Nacht befinde ich mich an einem völlig andersartigen Ort; nicht ein *refugio* gleicht dem anderen. Es ist wie mit den Dörfern – als ob jedes unabhängig, auf eine ganz eigene Weise gebaut sei, als ob sich niemand mit den Menschen im nächsten *refugio* oder im Nachbardorf beraten hätte. So entsteht ein Eindruck, der dem von Kettenläden, die das Vorbild vieler Plätze zu sein scheinen, vollständig entgegengesetzt ist. Und obwohl jedes Dorf und jede Stadt verschieden sind, habe ich es am Ende doch immer geschafft, meinen Weg zu finden und jede Nacht recht gut zu schlafen.

Heutzutage wird neuer Raum oft so selbstbewußt neuartig geschaffen, daß ich darauf mit sofortiger Langeweile statt mit irgendeiner verstärkten Neugier reagiere. In den Dörfern hingegen bin ich manchmal stark von der visuellen und poetischen Kraft der einfachen Linien und Muster angezogen. Wenn ich mich dann einrichte in einem *refugio*, fühle ich, daß ich an einem richtigen Ort angekommen bin, daß ich in eine zusätzliche Dimension von Würde eingetaucht bin, die mich begeistert. Dies ist vielleicht so ähnlich wie die große Kette des Seins; hier ist es ein großer zusammenhängender Kreis von einmaligen Orten, die wie die Perlen eines Rosenkranzes miteinander verknüpft sind. Die Herausforderung besteht dann darin, die Verbindung nicht abzubrechen. Wenn ich zum Beispiel das Muster eine Nacht aufgeben und ein elegantes Touristenhotel suchen müßte, würde ich die Kette unterbrechen, würde ich in Schwierigkeiten geraten, wäre ich verloren. Und ich wäre nicht imstande, mich am nächsten Tag zu bewegen, denn ich hätte keinen Ort, von dem ich ausgehen könnte.

6 Von Puente la Reina nach Estella

9. Mai

Mein erster Sonntag auf dem *camino*. Gestern abend erkundigte ich mich, ohne darüber nachzudenken, nach den Zeiten der Messe heute. Hier in dem Seminar findet um elf Uhr heute morgen ein Hochamt statt. Mit vielen jungen, geübten Stimmen wäre das sicher eine große Feier, ein Gebet, das ich überaus genießen würde. Aber dann wäre der Tag halb vorbei, ehe ich wieder losgehen könnte, und ich möchte das nächste, ziemlich weit entfernte *refugio* in Estella noch heute erreichen. Was soll ich tun? In manchen Büchern wird ernsthaft über die Notwendigkeit von „religiösen Übungen" auf dem *camino* gesprochen. Ich glaube, daß es spezielle Gebete und empfohlene Abläufe gibt. Aber ich habe niemals erwogen, mich nach irgendwelchen dieser Vorschriften zu richten. Vielleicht bin ich zu gleichgültig oder hochmütig. Es könnte sich aber auch etwas Komplizierteres hinter meinen Möglichkeiten heute morgen verbergen. Seit dem Auffinden des Körpers von Santiago hat es bis heute immer eine gewisse Spannung zwischen individueller Initiative und institutionellem Gesetz und institutionellen Regeln gegeben.

Gelegentlich half die institutionelle Unterstützung den Pilgern sehr, wenn z.B. die weltliche und die kirchliche Amtsgewalt Gesetze zum Schutz von Pilgern verkündeten oder *hospitales* entlang des *camino* einrichteten. Zu anderer Zeit, glaube ich, machte die Arbeit dieser selben Amtsgewalten die Pilgerfahrt unmöglich und verformte den Mann des Evangeliums, Santiago Peregrino, ungeheuerlich. Die meisten der „von oben" ins Leben gerufenen Legenden, Kampagnen und Werbungen kreisen um die Figur von Santiago Matamoros, dem Maurentöter. Santiago Peregrino jedoch ist weitgehend die Schöpfung von unzähligen einzelnen Pilgern, die unmittelbar nach der Entdeckung des Grabes aus ganz „Europa" nach Compostela zu pilgern begannen und aus der ganzen Welt noch heute dorthin wallfahren.

Diese Pilger aus Ländern jenseits der Pyrenäen machten Compostela zu einem karolingischen (französischen) und dann zu einem „europäischen" Zentrum der Pilgerfahrt, bevor sich der Kult über die iberische Halbinsel ausbreitete. Eine spezifisch spanische Anbetung war nur lokal vorhanden. Und Santiago wird als Beschützer gegen die Mauren – der Matamoros – bis zum elften und zwölften Jahrhundert nicht erwähnt. Dann wurde *diese* Gestalt in Spanien mit dem langsamen und ungleichmäßigen Vordringen der Reconquista immer beliebter. Die Gestalt von Santiago Matamoros tritt erst im fünfzehnten Jahrhundert in der mitteleuropäischen Ikonographie auf, vielleicht als Antwort auf die türkische Bedrohung in jenem Teil des Christentums.

Beim Verlassen der Stadt sehe ich zu meiner Überraschung das Restaurant, von dem mir der Bruder gestern erzählte. Nun, jetzt ist es zu spät. Sollte ich jemals wiederkommen, kann ich sein *menú* probieren. Nach einiger Zeit überquere ich den Rio Salado in der Nähe der Stelle, von der Aymeric Picaud behauptet, seine beiden Pferde seien hier gestorben, nachdem sie das Wasser getrunken hätten. Der Name des Flusses, Salado, bedeutet „salzig" – derselbe Name, den Picaud angibt – eine Beschaffenheit, die sich seit dem zwölften Jahrhundert nicht verändert hat. Andere Autoren haben Picauds Behauptung bezweifelt; sie sind davon überzeugt, das Wasser könne die Pferde nicht getötet haben. Es ist zwar salzig und schmeckt nicht gut; aber es ist auch nicht giftig.

Eine Zigeunerfamilie zieht auf der Straße vor mir dahin. Der Mann – ein kleiner, drahtiger, finster blickender, kräftig aussehender Bursche – geht schnell, er hält eine Leine, die an dem Halfter seines knochigen Pferdes befestigt ist. Der kleine geschlossene Wagen scheint eine Frau und ein Kind zu befördern. Ein hungrig aussehender Hund, der an der Rückseite des Wagens angebunden ist, läuft hinterher. Sie scheinen besonders arm zu sein; die Gestalten erwecken nur Traurigkeit – wieder eine Szene, die mich an Goyas Kraft erinnert, das darzustellen, was er sah. In so vielen seiner Zeichnungen findet sich solche Ergriffenheit.

Der Boden ist auch hier an vielen Stellen mit rotem Mohn bedeckt. Ich bin gerade zur rechten Zeit hier, um all die ersten Frühlingsblumen mitzuerleben. Nach Chaucer ist dies die Zeit, in der das Herz eines Mannes sich dem Gedanken einer Pilgerreise zuwendet. Aber ich erwarte nicht, irgend jemanden zu treffen, der so reich ausgestattet wäre wie einige seiner Pilger.

Zum ersten Male fallen mir viele Weingärten an beiden Seiten des *camino* auf. Aber es ist noch zu früh, um irgend etwas an den kahlen Rebstöcken zu sehen. Und da ich nichts von Weinstöcken verstehe, habe ich auch keine Ahnung, ob sie gut oder schlecht aussehen, gut oder schlecht gepflegt sind. Da die am besten aussehenden Felder keine Zeichen von Unkraut oder irgendwelchen anderen Gewächsen außer den Weinstöcken aufweisen, mutmaße ich, daß hier Herbizide in großem Umfange eingesetzt werden. Aber der Boden ist auch zwischen den Rebstöcken bearbeitet, also könnte es auch sein, daß das Unkraut allein durch die Bearbeitung des Bodens bekämpft wird. Ich wünschte, ich wüßte mehr darüber, mehr über das *Land* und diese Menschen.

Nachdem ich etwa sechs Stunden gegangen bin, nähere ich mich Estella, aber ich bin an keiner Kirche vorbeigekommen, in der eine Sonntagsmesse stattfand. Mehrere Male glaube ich schon in Estella zu sein, aber wenn ich frage, entdecke ich, daß es nur ein anderes kleines Dorf ist; ich muß noch einige Kilometer weitergehen. Ich fange an, mich besonders müde zu fühlen, aber es ist eine Art Depression, eine neue Art von Erschöpfung ... vielleicht weil ich weiß, daß ich diese letzten Kilometer auf einer Autostraße gehen muß, und der Sonntagsverkehr wird dicht und entschieden unangenehm sein. Nichts, um meine Stimmung zu heben.

Während ich noch im offenen Gelände bin, beende ich alle fünfzehn Geheimnisse des Rosenkranzes. Doch ich werde einige Male abgelenkt, wenn ich Menschen nach der Richtung fragen muß. Und dann erhebt sich die Frage: Wenn ich jemanden treffe, soll ich den Rosenkranz in meine Tasche stecken, ihn verbergen, oder soll ich ihn in meiner Hand hängen lassen? Merkwürdig, in Deutschland sehe ich, wie Muslime öffentlich ihre Gebetsperlen durch ihre Finger gleiten lassen, ohne sich dessen bewußt zu sein. Warum fühle ich diese Verwirrung und stelle mir eine solche Frage? Ich beschließe, eine Art Kompromiß zu machen. Wenn ich den Rosenkranz wirklich gerade spreche, trage ich ihn offen. Begegne ich anderen Menschen, könnte ich einige der Perlen in meine Hand nehmen, so daß ich ihnen nicht auffällig mit der ganzen Kette zuwinke. Darüber hinaus werde ich mir über Beobachter keine Sorgen machen. Sie können denken, was sie wollen.

Müde komme ich in der eigentlichen Stadt an. Ich wandere einige Zeit herum – einmal laufe ich im Kreis um einige Häuserblocks – unfähig herauszufinden, wohin ich gehe. Schließlich finde ich eine Polizeiwache, bekomme mein *credencial* abgestempelt und erhalte auch eine anscheinend klare Wegbeschreibung zu dem *refugio*. Zu diesem Zeitpunkt bin ich todmüde vor Erschöpfung.

Im Jahr 1090 gründete ein König, Sancho Ramírez, mit einer Gruppe französischer Emigranten die Stadt Estella, um das von den Mauren zurückeroberte Territorium wieder zu bevölkern. Dabei verlegte er die Route des *camino* um drei Kilometer. Die Menschen hielten diese Stelle für einen äußerst malerischen Ort, und, gefördert durch den Pilgerverkehr, wurde sie eine blühende Stadt. Der *Liber* vermerkt, daß Pilger im zwölften Jahrhundert gutes Brot, ausgezeichneten Wein, Fleisch und Fisch in großer Menge dort fänden. Die Stadt sei *de toda felicidad* – ein großartiger Ort zum Rasten! Die Aufzeichnungen zeigen, daß es dort bald viele *hospitales* und *hospederías* – Gästehäuser – gab. Jeder Sprengel errichtete sein eigenes *hospital*, und diese wurden gewöhnlich von einer *cofradía* (Bruderschaft) geführt.

Bruderschaften waren auch in Frankreich, den Niederlanden, Deutschland und England tätig. In Spanien arbeiteten diese Organisationen für die Schaffung von Unterkünften, die Verbesserung von Straßen und den Unterhalt von Brücken am *camino*. Heutzutage sind Bruderschaften noch immer in verschiedenen Ländern Europas aktiv.

Endlich erreiche ich das *refugio*, so nehme ich wenigstens an. Es ist ein großer Wohnblock von schmutzig grauer Farbe, vielleicht vor zwanzig Jahren gebaut, und macht den Eindruck, er sei zum Abriß bestimmt. Andere Wohnblöcke in der Nähe scheinen schon leer und aufgegeben zu sein. Die Tür ist verschlossen, und niemand ist da. Eine trostlosere Umgebung kann man sich kaum vorstellen – ich bin nun weit entfernt von der erfreulichen Schönheit von Señora Roncals liebevoll gepflegtem Hospiz.

Die Stadt bewahrt ihre Erinnerungen in einigen wundersamen Geschichten. Um das Jahr 1270 beschloß der Bischof von Patras, einer Stadt im Westen von Griechenland, nach Compostela zu wandern. Da er ein Geschenk, das der Würde des berühmten Reliquienschreins angemessen sein mußte, dort hinbringen wollte, nahm er einen Schulterknochen von dem Körper des Apostels Andreas, der das Martyrium in Patras erlitten hatte, mit auf die Reise. Der Bischof kam zu Fuß und ohne Begleitung in Estella an, da er wie der ärmste Pilger reisen wollte. Dort wurde er nun krank und ohne jemandem zu sagen, wer er war, suchte er Unterkunft in dem *hospital* wie die anderen mittellosen Pilger. Sein Zustand verschlimmerte sich schnell, und er starb. Die wertvolle Reliquie trug er unter seiner Kleidung, sie war in einem besonderen Kästchen auf seiner Brust befestigt.

Sie begruben ihn in dem Kreuzgang der Kirche San Pedro. In jener Nacht aber sah der Küster mit Entsetzen ein rätselhaftes Licht über dem neuen Grab schweben; es schien, als ob kleine Sterne auf diese Stelle herniederkämen, ein Zeichen für eine Geistererscheinung. Voller Zweifel an dem Bericht des Küsters begaben sich die Geistlichen dennoch in der nächsten Nacht in die Nähe des Friedhofs zur Beobachtung. Das Wunder wiederholte sich – ein klares Zeichen, daß sie den Körper ausgraben mußten. Aufgeregt und zitternd begannen sie, die Kleider von dem Leichnam zu nehmen und sahen mit Erstaunen eine kleine Schachtel, die an der Brust befestigt war. Als sie sie vorsichtig öffneten, fanden sie die Reliquie vom hl. Andreas, ein emailliertes kupfernes Kopfstück eines Stabes – der ursprünglich aus Limoges stammte – zwei

Ölfläschchen und Seidenhandschuhe. Ein beigefügtes Dokument beglaubigte die Reliquien. Später wurde Andreas zum Schutzpatron von Estella erklärt.

Um vier Uhr kommt ein Mann und öffnet die Tür. Er entschuldigt sich für die Unterkunft und erklärt, dies sei eine vorübergehende Einrichtung. Die Stadt sei dabei, ein dauerhaftes *refugio* einzurichten, das aber noch nicht fertig sei. Er hoffe, ich verstünde die Lage. Die Unterkunft besteht aus zwei oder drei Räumen voller Betten und einem Bad. Das Wasser ist warm, das Dach leckt nicht – es regnet jetzt draußen –, und ich habe ein Bett zum Schlafen. Mehr brauche ich nicht.

Am Ende des zwölften Jahrhunderts schrieb jemand ein Gedicht in lateinischer Sprache, in dem er das *refugio* in Roncesvalles pries. Das Gedicht hat zweiundvierzig Verse mit je vier Zeilen. Ich sehe, daß ein Vers gut auf diese Unterkunft in Estella paßt:

> Die Tür ist allen offen, krank oder gesund,
> Nicht nur Katholiken, sondern auch Heiden,
> Den Juden, Ketzern, Faulenzern, den Eitlen
> Und, wie ich kurz erwähnen will,
> auch den Guten und Weltlichen.

Die einzige Prüfung für den Zutritt hier besteht darin, daß du so aussehen mußt, als seist du auf dem *camino*; Fragen werden nicht gestellt.

Andere Pilger schneien herein. Der große Kanadier kommt an und erklärt mir, er wolle morgen mit einem Bus bis zu einer Stadt, die näher an Compostela liegt, vielleicht León, fahren. Er möchte unbedingt zu Fuß in Compostela ankommen, da er aber eine neue Stelle als Koch in Griechenland antritt, hat er nicht die Zeit, die gesamte Strecke zu Fuß zu gehen.

Da es hier keine Küche gibt, gehen mein Gefährte und ich aus, um etwas zu essen zu suchen. In dem „Zentrum" (es mag mehrere geben) der Stadt treffen wir ein junges Paar, das wir schon ein- oder zweimal auf dem *camino* gesehen haben. Sie haben ein Zimmer in einem Hotel genommen und werden morgen nach Deutschland zurückkehren. Das Gehen ist ihnen schwergefallen, sie haben Urlaub und halten es für klüger, jetzt schon nach Hause zurückzukehren, um noch genug Zeit zu haben, „sich von Spanien zu erholen", ehe sie wieder zurück an die Arbeit müssen. Ich werde an eine Szene in dem *relato* der jungen Männer erinnert, die 1928 von Madrid nach Compostela wanderten. Der ältere Bruder schreibt, ihre Mutter „... gab uns einen Kuß, der so lang war, daß er ausreichte für all die Nächte unserer Abwesenheit von Zuhause". Ihr Vater sagte lächelnd, aber in ernstem Ton: „Wenn ihr es wünscht, habt ihr jetzt noch die Gelegenheit zu Hause zu bleiben; aber wenn ihr losgeht, kommt nicht in dieses Haus zurück, ohne daß ihr Santiago erreicht habt." Beim Nachdenken über diese Unterschiede – wovon? des Charakters? der Kultur? der Zeiten? – bin ich ziemlich verwirrt und folge meinem Gefährten in eine allgemein beliebte und überfüllte Bar, in der wir ein einfaches Abendessen genießen.

Es regnet noch immer, so eilen wir zurück in das graue und finstere Wohnblock-*refugio*. Ich werde morgen früh wieder zeitig aufbrechen und daher keine Gelegenheit haben, diese an Legenden so reiche Stadt zu erkunden. Eine Legende erzählt, wie Sancha (auch Leofás genannt), die Tochter des Königs von Navarra, García Ramírez, dem Grafen de Bearn angetraut wurde. Als der Graf im Jahre 1170 starb, anscheinend ohne einen Erben zu hinterlassen, wurde bald entdeckt, daß Leofás schwanger war, und die Bearn-Familie war glücklich in der Hoffnung, daß dem toten Grafen ein Sohn geboren werden würde. Aber nach kurzer Zeit erlitt Leofás eine Fehlgeburt. Verdächtigungen wurden laut ... sie wurde angeklagt, der freiwillige Urheber eines Verbrechens zu sein, und zu einer Schicksalsprüfung durch Wasser verurteilt. Mit zusammengebundenen Händen und Füßen wurde sie von einer Brücke in den Fluß Ega geworfen, der durch die Stadt fließt. Mehr als dreitausend Menschen waren anwesend, um das traurige Schauspiel zu beobachten.

Leofás rief laut zu der Jungfrau von Rocamador als Zeugin ihrer Unschuld. Als sie auf den Fluß aufschlug, trieb ihr Körper leicht auf der Wasseroberfläche und kam schließlich auf einer nahen Sandbank zum Halt. Als die Menge im hellen Tageslicht das Unmögliche mit eigenen Augen sah, hoben sie Leofás auf ihre Schultern und trugen sie im Triumph auf ihr nahegelegenes Schloß. Sie schenkte später dem Abt des Santuario de Nuesta Señora de Recamador einen kunstvollen Wandteppich. Das Kloster befindet sich etwas außerhalb von Estella. Die Geschichten, die Wunder gehen weiter. Und ich frage mich ... habe ich wirklich die Erde dieser Menschen berührt? Gibt es einen Kontakt, wie zart auch immer, zwischen ihnen und mir, zwischen ihrem Glauben und meinem? Kann ich mich selbst genug von Ablenkungen freimachen, damit ich in ihre Welt hineinwandern kann?

7 Von Estella nach Los Arcos

10. Mai

Es ist noch recht dunkel; ich fühle mich jedoch gut, und es ist Zeit aufzubrechen. Aber was ist da für ein Geräusch zu hören? Ich blicke aus dem Fenster ... es regnet. Was tue ich jetzt? Ich bin schon einige Stunden lang durch Regen gelaufen, aber bisher mußte ich nie den Tag damit beginnen. Und es sieht wirklich trostlos dort draußen aus; der Himmel ist dicht bewölkt – vielleicht ein Dauerregen. Ich denke an die jungen Deutschen in ihrem warmen und gemütlichen Hotelzimmer und an den Kanadier, der heute morgen den Bus besteigen wird.

Nach meinem üblichen Frühstück aus Obst, Brot und Käse packe ich mein Zeug, schultere den Rucksack, streife den Poncho über alles, befestige die Kapuze fest um mein Gesicht, lasse eine Hand unter dem Poncho und ergreife mit der anderen meinen Stab. Und ich gehe die Straße hinunter, klopfe mit dem Stab rhythmisch auf den leeren Bürgersteig und durchbreche die dunkle Stille der Stadt. Niemand ist hier so früh draußen, nur noch ein Pilger, der gleich nach mir weggeht.

Beim Durchqueren der Stadt bemerke ich einen kleinen Supermarkt, der schon geöffnet ist. Er ist nicht sehr gut gekennzeichnet. Wegen des Regens und der Dunkelheit befürchte ich, daß mein Gefährte wenige Meter hinter mir ihn nicht sehen wird. Ich weiß, daß er einen Laden sucht, um Lebensmittel kaufen zu können. Ich drehe mich um, damit ich ihm etwas zurufen kann. Indem ich das tue, setze ich meinen Fuß auf etwas, das mir eine Stufe in das Geschäft zu sein scheint. So ist es aber nicht; es ist eine Schräge für Rollstühle oder die Wagen, die Güter in den Supermarkt transportieren. Mein Fuß rutscht auf dem nassen Beton aus, und von dem

Rucksack niedergedrückt, verliere ich das Gleichgewicht. Trotz des Stabes falle ich genau auf mein schlimmes Knie. Klatsch! schlägt es auf den Beton. Schneidender Schmerz durchdringt meinen ganzen Körper. Ich habe das Gefühl, ich müsse gleich dort auf dem Bürgersteig ohnmächtig werden. Es ist furchtbar. Das Knie hat mir fast jeden Tag von morgens bis abends Kummer gemacht, aber ich hatte gerade ungefähr den Punkt erreicht, an dem ich es nicht mehr beachtete. Eine Szene erscheint vor meinen Augen: Das Ende meiner Pilgerfahrt, ich werde auch in dem Bus sein.

Ich versuche aufzustehen. Endlich stehe ich aufrecht; ich mache einen Schritt, noch einen, und noch einen. Der Schmerz ist unerträglich, aber ich kann mich weiterbewegen, ganz zögernd. Ich halte nicht an. Dann nach einiger Zeit – ich weiß nicht wie lange – beginnt der Schmerz abzuklingen und wird immer weniger, bis er erstaunlicherweise ganz und gar verschwindet. Wieder etwas Unglaubliches. Ich fühle mich, als müßte ich lachen und weinen, schreien und tanzen, mit dem Regen singen, alle Geschöpfe segnen.

Es regnet weiter, aber nicht sehr stark, ein eher freundlicher Frühlingsregen, der keinen Schaden und kein Unbehagen auslöst. Bald bin ich wieder im offenen Gelände; jetzt habe ich das Gefühl, wirklich auf dem *camino* zu sein. Nicht sehr weit außerhalb von Estella bemerke ich einen Komplex von großen Gebäuden, das Monastero de Nuestra Señora la Real de Irache. Dies ist eine der ältesten Klostergründungen in Navarra; manche Berichte sagen, daß es aus der Zeit der Westgoten stammt. Zeitweise war hier auch eine Universität untergebracht. Von einem großen Schild erfahre ich jedoch, daß das Kloster jetzt verlassen ist und gerade von der Regierung renoviert wird – die Peseten, die dafür ausgegeben werden, sind in auffallend großen Ziffern aufgeschrieben. Wieder eine Maßnahme zur Erhaltung des kulturellen Erbes des Landes. Was für ein riesiger Komplex es ist. Wie konnte er je voller Mönche sein? Der Lauf der Geschichte: Im letzten Jahrhundert warf die spanische Regierung die Mönche und Nonnen hinaus; jetzt versucht sie, den leeren architektonischen Schatz der klösterlichen Gebäude wiederzuentdecken.

Ich werde wieder an Goyas Zeichnungen erinnert: Nonnen und Mönche oder Brüder werden gezwungen, ihre heiligen Gewänder abzulegen und in Laienkleidern in die Welt hinauszugehen. Die Kraft seines phantasievollen Stiftes schildert Leiden, die Worte nicht beschreiben könnten.

Ein großes Gebäude auf der rechten Seite ist das Warenlager einer Weinkellerei, der Bodegas Irache. Ich sehe ein Schild, öffne ein kunstvolles schmiedeeisernes Tor und gehe hinüber zu der Mauer des Gebäudes. Ein doppelter Brunnen ist in die Wand gebaut, mit einem Hahn für Wasser und einem anderen für Wein, die Fuente del Vino der Weinkellerei. Oberhalb des Wandbrunnens, in einem zurückgesetzten Alkoven, steht eine alte Steinstatue von Santiago Peregrino. Ein Schild lädt alle Pilger ein, sich ein Glas dieses ausgezeichneten Weines zu nehmen, so daß sie es bis Compostela mit *vitalidad y fuerza* – Vitalität und Kraft – schaffen können. Wer mehr als ein Glas möchte, wird gebeten, auf die Vorderseite des Gebäudes zu kommen. Dort kann man soviel Wein kaufen, wie man möchte. Ein Glas ist auch hier, es befindet sich auf dem Brunnen. Ich spüle es mit Wasser aus und fülle es mit Wein. Ja, es *ist* guter Wein. Ich zögere. Ich hätte gern noch mehr, aber ich möchte nicht eine ganze Flasche kaufen und tragen; ich kann kein zusätzliches Gewicht gebrauchen. Was tun? Ich fülle das Glas halbvoll. Dies kann kein allzu schwerer Mißbrauch der Großzügigkeit des Weinhändlers sein. Was für eine schöne Sache zum Nutzen der Pilger. Und wie gut er schmeckt – im Regen!

Heute führt der *camino* durch Weingärten und Weizenfelder auf den morastigen Pfaden, die von Bauern und vom Vieh benutzt werden. Der Morast macht das Gehen langsam und mühsam, aber ich ziehe dies entschieden dem Gehen auf der Autostraße vor, auf der ich von rasenden Autos und Lastwagen bespritzt würde. Die Menschen hier in Spanien (wie in Deutschland) scheinen mit halsbrecherischer Geschwindigkeit zu fahren. Ist dies ein besonderes europäisches Phänomen? Der Versuch, jemand anderen einzuholen und zu überholen? Die Amerikaner vielleicht?

Viele der Felder sind groß, und es gibt wieder nur wenige

Häuser. Dadurch scheinen sich die Entfernungen auszudehnen. Ich habe den Eindruck, daß ich schneller vorankomme, wenn es häufiger Übergänge und Wechsel in der Landschaft gibt. Doch mag auch der Regen zu dem Gefühl des sehr langsamen Fortkommens heute beitragen. Das verlängert die Zeit bis zum Erreichen des gewünschten Zieles.

Das angenehme Gefühl, mich durch unterschiedliche Orte zu bewegen, stellt sich ein, als ich durch zwei oder drei weitere Dörfer komme. Ich sehe kein Anzeichen irgendeiner Tätigkeit in diesen Orten, obwohl alles ordentlich gepflegt ist. Ich überlege, ob es wohl Schlaf-Dörfer sind und die meisten Einwohner sich zu einer Arbeitsstelle in die Stadt begeben haben.

Nachdem ich sechs Stunden ohne Pause durch den Regen gestapft bin – lediglich für die eineinhalb Gläser Wein und später zum Wassertrinken verweilte ich kurz –, komme ich in Los Arcos an und fühle mich – geradezu großartig! Fast überhaupt kein Anzeichen von Schmerz oder Erschöpfung: Die Überraschungen dauern an; was für ein wunderbarer Tag. Und der Rosenkranz hat mich heute tiefer als je zuvor *in* den *camino* geführt.

Es sind verschiedene Erkundigungen nötig, ehe ich jemanden finden kann, der weiß, wo sich das *refugio* befindet – in einer zweistöckigen Wohnung, die früher von Lehrern bewohnt wurde. Dann muß ich die Frau finden, die den Schlüssel hat. Schließlich gelange ich hinein und ziehe den Poncho aus. Ich habe mich so gefühlt, als ob der Regen ihn ganz und gar durchnäßt hätte. Aber es muß kondensierte Feuchtigkeit oder Schweiß gewesen sein. Der Rucksack ist trocken. Wunderbar. Das ist das wichtigste. Ich ziehe die nassen und schmutzigen Kleider aus und trockene an. Und dann bemerke ich draußen eine plötzliche Ruhe. Ich blicke aus dem Fenster. Es hat aufgehört zu regnen! Ein bißchen Sonne kommt hervor.

Ich bin allein in der Unterkunft. Sie ist zwar nicht sehr sauber, aber alles wirklich Wichtige ist da. Ich finde eine verwirrende Anordnung von Rohren und Klappen – das Wassersystem. Aber ich kann nicht herausfinden, wie es funktioniert, also kann ich das Duschen heute abend wohl vergessen. Der Regen hat den Tag erheblich abgekühlt, und ich kann leicht auf das Baden verzichten.

Das Zentrum des Dorfes ist ein paar hundert Meter entfernt. Ich muß dorthin gehen, um mein *credencial* abstempeln zu lassen und um Essen zu besorgen. Aber es fängt wieder an zu regnen, stark ... ein Wolkenbruch. Wenn dies andauert, werde ich das Essen heute ausfallen lassen und versuchen, sowohl die Lebensmittel als auch den Stempel morgen früh zu bekommen. Da ich nur soviel Kleidung habe, daß ich einmal alles wechseln kann, dürfen diese Kleider nicht naß werden, ehe die andern trocken sind. Mein Stab dient sehr gut zum Hochhalten des Poncho.

Später hört es wieder auf zu regnen. Ich beschließe, den Gang ins Dorf zu wagen. Mit meinem *credencial* gehe ich los. Dort angekommen, höre ich, daß eine Person in der riesigen Kirche – die auch für eine größere Stadt groß genug wäre – mein Dokument abstempeln kann. Ich mache mich auf die Suche nach dieser Person, einer älteren Frau, die, auf gut deutsch gesagt, ein Drache zu sein scheint. Ich erkläre, was ich gerne von ihr möchte: einen Stempel auf mein *credencial*. Sie hört teilnahmslos zu, blickt mich voller Zweifel an und sagt mir, ich solle ihr folgen. Langsam schleppt sie sich das lange Mittelschiff des im Dunkeln liegenden gewölbten Raumes hinauf, geht am Heiligen Sakrament (Allerheiligsten) mit einer Vertrautheit vorüber, die durch die Gewohnheit der häufigen Anwesenheit entsteht – das heißt ohne Pause oder irgendein Zeichen – und weiter durch eine Tür an der Seite des Altarraumes.

Die alte Frau hat eine Art Tisch oder Schreibtisch in einer Ecke des Raumes. Ich folge ihr dorthin und überreiche ihr mein Dokument, als sie sich auf ihren Stuhl setzt. Sie öffnet eine Schublade, öffnet das *credencial*, färbt den Stempel mit Tinte ein und preßt ihn genau auf das nächste freie Kästchen. Dann unterschreibt sie es mit den Anfangsbuchstaben ihres Namens und schreibt das Datum. Aus langer Erfahrung weiß sie genau, was sie tun muß. Ich danke ihr. Sie brummt *„por nada"* – nichts zu danken.

Ich bin im Begriff wegzugehen, als ich bemerke, daß sie aufsteht. Ich warte darauf, daß sie vor mir aus der Tür geht. Aber sie geht auf die andere Wand zu. Dort ist ein großes Brett mit Sicherungen und Schaltern. Sie beginnt, einige Schalter zu bewegen. Was soll ich tun? Ich luge aus der Sakristeitür ... verschiedene Teile der fernen, leeren Dunkelheit sind plötzlich mit Licht überflutet. Ich trete in den Altarraum. Mein Gott! – eine auffallende und verwirrende Mischung aus farbigen Statuen, Steinfiguren, gemalten Altarstücken mit goldenem Hintergrund, emporstrebenden Säulen, hohen Fenstern, die jetzt wegen der Dunkelheit draußen auch dunkel sind. Ich hole tief Atem; ich empfinde, daß ich zu schnell mit zu vielen, zu reichlich ausgestatteten Kunstwerken konfrontiert werde. Ist es schön? ... unsinnig, verrückt? ... einfach in höchstem Maße beeindruckend? Ich weiß nicht genug über Kunst und Architektur, um in irgendeiner vernünftigen Weise zu reagieren, um zusammenhängende Gedanken zu haben. Die Stadt scheint kaum mehr als ein Dorf zu sein. Wie soll man eine solche Extravaganz interpretieren? Ich würde gern wissen, ob dies der Ausdruck eines alten Glaubens ist.

Dies ist Iglesia de Santa Maria, von Reiseführern als *magnífica, monumental* beschrieben. Sie ist wirklich monumental, aber ich habe Zweifel an ihrer Großartigkeit. Durch diesen enormen Tempel kann man etwas von der historischen Bedeutung dieser Stadt erahnen, doch fehlt mir das richtige Verständnis dafür.

Meiner Meinung nach habe ich vielleicht zu Beginn eine gute Entscheidung gefällt – keine Notiz zu nehmen von all der Kunst, all der historischen romanischen Architektur, derentwegen der *camino* so berühmt ist – und über die eine umfangreiche einschlägige Literatur existiert –, und zu versuchen, den *camino* nur sehr engbegrenzt zu sehen. Mir scheint, daß die Wahrheit des *camino*, die länger fortdauernd und eher wie eine Offenbarung ist, vor allen Dingen „dort draußen" gefunden werden kann – heute draußen im Regen. Jedenfalls glaube ich das. Die Architektur ist zu vieldeutig, zu verwirrend. Ich kann sie nicht aufnehmen, kann sie nicht einordnen in das, was ich kenne; sie ist zu komplex, zu fremd; sie gehört zu einer Welt, für die ich keinen Schlüssel habe. Ich habe keine klare Vorstellung, was ich davon halten soll.

Schnell trete ich in die Sakristei zurück, danke der großmütigen Frau, die all diese Lichter nur zu meinem Vergnügen und meiner Freude angeschaltet hat, und sage ein paar unzusammenhängende Worte darüber, wie beeindruckt ich sei. Und dann fliehe ich. Ich möchte nach draußen gelangen, ganz gleich, welches Wetter auch immer draußen ist ...

Als ich die Straße hinunter gehe, betäubt von der Konfrontation mit diesem wilden Erguß von Jahrhunderte alter spanischer religiöser Empfindung, treffe ich einen anderen Pilger – den französischen Arzt! Wir sind beide freudig überrascht, und er lädt mich zu einer Tasse Kaffee ein. Da dies meine höchste Sinnenfreude geworden ist – ich bin der Meinung, daß kein Kaffee, den ich jemals getrunken habe, mit dem spanischen Aufguß, der in jeder Bar, ganz gleich wie klein oder wie ausgeschmückt sie auch sei, serviert wird, vergleichbar ist – begleite ich ihn mit Freuden auf der Suche nach einer Bar.

Es ist jetzt später Nachmittag, die Geschäfte öffnen wieder nach der traditionellen langen Mittagssiesta, und wir gehen auf die Suche nach Essen für heute abend und morgen früh. Ich entschließe mich, einige Dinge in einem Supermarkt zu kaufen und ein kaltes Abendessen im *refugio* einzunehmen. Nachdem wir ein kleines, einem Supermarkt ähnliches Geschäft gefunden haben – dessen Besitzer mir erzählt, er habe einen Bruder in Kalifornien – wird uns der Weg zu einer Bäckerei gewiesen. Wir folgen den Hinweisen genau, doch als wir an der anscheinend richtigen Tür ankommen, finden wir sie geschlossen und verriegelt. Ich blicke umher und sehe einen Anwohner weiter oben auf der Straße. Ich erkundige mich bei ihm wegen meines Anliegens, denn es ist schon sechs Uhr. Er erklärt, ich müsse laut an die Tür pochen. Wir kehren zurück und probieren es. Ein Fenster im zweiten Stock öffnet sich, ein freundliches Gesicht schaut fragend heraus. Ich sage der Frau, daß wir gern Brot kaufen würden.

Sie nickt und kommt sofort die Treppe herunter und öffnet das Geschäft für uns. Ich vermute, daß das Brotkaufen vorwiegend am frühen Morgen geschieht. Ich habe festgestellt, daß die Bäckereien als erste Geschäfte morgens öffnen.

Der Franzose möchte einige Briefmarken kaufen, doch wir haben kein Postamt gesehen. Außerdem vermute ich, daß es zu dieser Stunde nicht offen ist. Ich habe den Eindruck, daß der örtliche Postdienst nur recht begrenzte Öffnungszeiten hat und diese auf den Morgen beschränkt sind. Wir kommen jedoch an einem Geschäft vorbei, das viele verschiedene Dinge zu verkaufen scheint, alle vielleicht unter dem Sammelbegriff von „trockenen Waren". Ich frage, ob es möglich sei, irgendwo im Dorf Briefmarken zu kaufen. Mir wird gesagt, sie würden genau hier verkauft. Dann bemerke ich auf einem Bord große Stücke nicht eingewickelter einfacher brauner Wäscheseife. Ein Schild sagt *tradicional y pura.* Ich frage die Frau, ob ich sie benutzen könne, um mich selbst zu waschen. Manche Menschen täten das, antwortet sie. Gut, wenn meine deutsche Wäscheseife zu Ende geht, werde ich die spanische versuchen. Ich hatte mir vorgenommen, eine Seife mitzunehmen, die für die wichtigste Aufgabe auf dem *camino* – was die Wäsche betrifft –, nämlich die Socken zu waschen, am besten geeignet wäre. Ich hoffte, dieselbe Seife könnte dann auch für weniger wichtige Bereiche benutzt werden. Bisher hat sich diese Entscheidung bewährt. Erstaunlicherweise bereiten mir meine Füße noch immer keinen Kummer.

Es ist ein gewöhnlicher erstaunlicher Tag gewesen. Mein übliches Schema hat sich gut bewährt: Aufstehen um ungefähr sechs Uhr, manchmal rasieren, anziehen, etwas frühstücken, den Rucksack ordnen und auf den *camino* gehen. Manchmal, falls ich es habe, esse ich etwas Obst während des Wanderns, mache aber den ganzen Tag keine Pause, es sei denn hin und wieder zum Wassertrinken. Wie der Bursche von den Kanarischen Inseln glaubte, hat tatsächlich jedes Dorf eine *fuente,* einen öffentlichen Brunnen oder einen Wasserhahn, wo man ausgezeichnet Quellwasser trinken kann. Ich selbst trage nur eine kleine Menge Wasser in meiner

Plastikflasche für einen Notfall bei mir; Wasser ist schwer. Als Ziel suche ich einen Ort aus, der ein *refugio* hat und den ich an diesem Tag wohl erreichen kann, ungefähr zwanzig oder dreißig Kilometer entfernt; die Unterkünfte scheinen ungefähr in diesem Abstand am Weg zu liegen.

Nach dem Eintreffen dort ist das Waschen der Socken und auch anderer Wäsche, falls erforderlich, die erste Tätigkeit. Das ist notwendig, damit die Wäsche möglichst lange Zeit zum Trocknen oder Antrocknen bis zu meinem Aufbruch am nächsten Morgen hat. Sind die am vorigen Tag gewaschenen Socken am Morgen, wenn ich losgehe, noch nicht trocken, tue ich sie in einer Plastiktüte in den Rucksack. Sie werden dann am Nachmittag hervorgeholt und kommen zum endgültigen Trocknen auf die Leine. Danach dusche ich gewöhnlich und gehe aus, um etwas zum Essen zu suchen. Dieses Suchen nach Lebensmitteln in den Märkten scheint besser zum Geist des *camino* zu passen als das Bedientwerden in einem Restaurant. Ich habe herausgefunden, daß, falls die Unterkunft keine Küche hat, ich die Nahrungsmittel auch kalt essen kann. Wenn der Ort, in dem ich anhalte, ein großes Dorf oder eine Stadt ist, suche ich immer nach einer Bar, in der ich den besonderen sinnlichen Genuß des Tages, einen *café con leche*, bekommen kann. Nach dem Schreiben meiner Notizen ist es dann Zeit fürs Bett. Bis jetzt habe ich alle Besichtigungen von Sehenswürdigkeiten unterlassen, außer wenn es, wie heute, unvermeidlich war.

In der Kirche konnten all die Farben und Kunstwerke nichts bei mir bewirken. Ich bin nicht in jener Welt aufgewachsen; es besteht keine Jahrhunderte alte Tradition alltäglicher Vertrautheit. Das heißt, *diese* physische Darstellung war nicht *meine* physische Geschichte. Ich kann die Welt des *camino* genau deshalb betreten, weil ich hineingehe. Ich könnte die Welt der Kirche nicht betreten, es sei denn dürftig, oberflächlich, nachempfunden, durch das Lesen von Büchern.

Ich habe meine prosaische Alltagswelt weit hinter mir gelassen. Jeden Morgen gehe ich noch weiter hinein in eine fremde Welt von Überraschungen, wenn ich zu einem neuen Ort auf einem nie zuvor berührten Boden wandere, wenn ich

Menschen treffe, die ich mir nur vorgestellt hatte. Meine wachsame Beobachtung, mein Offensein gegenüber allem, was in jedem Augenblick durch all meine Sinne in mich eingeht, bewegen mich in Richtung auf das *Mysterium*, das am Ende dieser Reise liegt. Wunderbar sind die Belohnungen für Aufmerksamkeit.

Von einem rätselhaften Instinkt wurde ich geleitet, als ich schon vor meiner Abreise den Entschluß faßte, keine „Baudenkmäler" zu besichtigen. Die heutige Erfahrung zeigt deutlich, daß ich einen bemerkenswert fruchtbaren Weg gewählt habe – ebenso mit der Entscheidung, allein zu wandern. Ich verstehe nun: auf dem *camino* ist für mich Meinen – Sinn – nur durch eine soziale physische Erfahrung möglich. Sie wird mir wunderbar und im Überfluß gegeben, wie ich so durch den Morast mühsam vorwärtskomme mit meinen toten Gefährten ... ich habe „unbewußt" die einzige Gemeinschaft von Menschen ausgewählt, die mich in die Welt des *camino* führen kann, eine Welt, die mir beim Aufbruch ganz fremd war.

8 Von Los Arcos nach Logroño

11. Mai

Mehrere Male halte ich heute an, immer wenn mir bewußt wird, daß ich seit einiger Zeit keinen gelben Pfeil mehr gesehen habe. Was tun? Habe ich mich verirrt? Soll ich zurückgehen und nach dem letzten Pfeil suchen, an dem ich vorbeigekommen bin? Jedes Mal, mit einer Ausnahme, komme ich am Ende wieder zu einem Pfeil. Irgendwie rettet mich mein Richtungssinn – oder mein Schutzengel. Ein Gefühl schlichter Freude ... ein großer Seufzer glücklicher Erleichterung, wenn der Pfeil wieder erscheint. Eine weitere Erfahrung, die ich nicht hätte vorhersagen können und die man sich nicht hatte vorstellen können. Man muß hier draußen sein, auf einem unbekannten Pfad, belastet von dem Rucksack, müde oder in dem Bewußtsein, daß heute noch eine große Entfernung zurückgelegt werden muß, um ermessen zu können, wie es ist, wenn man herausfindet, daß man den Weg nicht – wer weiß wie weit? – zurückgehen muß, um wieder auf den *camino* zu kommen.

Die Erfahrung ist so komplex und gleichzeitig so einfach, so sorgenfrei und auch voller Angst, daß man sie nicht angemessen beschreiben und die Spannung dieser Erfahrung unmöglich vermitteln kann – man muß hier herauskommen und sich selbst hineinstürzen. Aber einmal biege ich falsch ab oder verliere irgendwie den Pfad. Glücklicherweise spüre ich immer mehr, daß ich einen Fehler gemacht habe, ehe ich zu weit gegangen bin, gehe zurück und finde den richtigen Weg.

Heute empfinde ich eine vorher nicht vermutete Lieblichkeit in den Worten des Rosenkranzes. Dies wird besonders stark, wenn ich das „Salve Regina" am Ende von je fünf Dekaden spreche, das heißt nach fünf freudenreichen, schmerzensreichen oder glorreichen Geheimnissen. Es handelt sich um das alte Gebet an die Jungfrau Maria, das Mönche und Nonnen über Jahrhunderte als ihre letzte gemeinsame Übung vor dem Schlafengehen – am Ende der kanonischen Stunde Komplet – aufgesagt oder gesungen haben.

Heute beim langen Verweilen bei den Worten, dem mehrmaligen Wiederholen des Gebetes und dem Auskosten der außerordentlichen Würze bin ich plötzlich über die Feststellung erschrocken, was die Intensität der Erfahrung wirklich bedeutet: Diese Person war mir unbekannt. Maria war mir fremd. Erst jetzt in meinem Alter beginne ich ihre Anwesenheit zu fühlen! Ich hätte auch ein moderner Ungläubiger in all diesen Jahren sein können. Wie leer und armselig war mein Pantheon.

Lange Zeit grübele ich über diese Gedanken, das *Gefühl* ihrer Bedeutung. Anscheinend ist das, was ich gerade begriffen habe, wie ich mich gerade verändert habe, von großer persönlicher Bedeutung. Ich bin auf einen anderen Platz gestellt worden; ich bin aufgefordert worden, ein anderer Mensch zu werden. Von diesem Augenblick an kann ich ein anderer Mensch sein, denn indem ich in dieser Erkenntnis lebe, in der Anwesenheit der Jungfrau Maria, werde ich in einer Weise denken, fühlen, handeln, die meiner früheren Existenz fremd war. Daher muß ich diese Gnade als das bedeutendste Ereignis bis jetzt auf dem *camino* betrachten, als das schönste Geschenk. Aber jede Rechtfertigung oder Erörterung, die dies zu „beweisen" versuchte, wäre völlig überflüssig. Die vertraute Anwesenheit zusammen mit ihrer intellektuellen Folgerichtigkeit, intuitiv ergriffen – da gefühlt – ist vollkommen überzeugend. Vom heutigen Tage an scheint es die Hauptaufgabe der täglichen Wanderung zu sein, dieses Bewußtsein mit liebender Aufmerksamkeit zu pflegen. Denn Maria kann mich mit allen bekannt machen, deren Gegenwart ich spüre, aber deren Namen ich nicht kenne und deren Gesichter ich nicht sehe. Doch *sie* ist mir in gewisser Weise bekannt. Ich machte ihre Bekanntschaft zum ersten Male als Kind. Zu jener Zeit war sie eine vertraute Gestalt in meinem Leben. Aber ich wuchs heran; ich fand Gefallen an einer merkwürdigen Weltklugheit. Ich wandelte in eigenartiger Begleitung in einer Welt, die ich jetzt als leer und wüst erkenne. Jetzt fühle ich, daß ich in eine andere Welt eintreten kann, daß ich mit den Kameraden meiner Kindheit eng vertraut werden kann.

Vielleicht werde ich durch Maria die verschwommenste und geheimnisvollste Gestalt des *camino* kennenlernen, Santiago. Das Neue Testament berichtet sehr wenig über diesen Apostel – und das ist die einzig verfügbare Informationsquelle. Seine früheste ikonographische Darstellung – auf der er ein Schwert hält – weist auf die Art seines Todes hin, denn er wurde auf Befehl von Herodes mit einem Schwert getötet. „Um diese Zeit legte König Herodes Hand an einige Mitglieder der Kirche, um ihnen Böses anzutun. Jakobus, den Bruder des Johannes, ließ er mit dem Schwert hinrichten." (Apostelgeschichte 12, 1–2) So enden die wenigen Worte des Neuen Testamentes, die sich auf sein Leben beziehen.

Das Wissen über Heilige, wie über jeden historischen Gegenstand, ist eine umfassende Mischung, die aus dem Zusammentreffen von Tatsachen und Geschichtenerzählern entsteht. Santiago ist einmalig in dem Sinne, daß er durch seine wundersamen Erscheinungen geformt – in einem gewissen Sinne erschaffen – wurde. Es begann mit den Engeln und einem erleuchteten Himmel im frühen neunten Jahrhundert (der die verlorene Stelle seiner Grablegung in Galicien anzeigte) und wurde fortgeführt mit seiner ritterlichen Erscheinung auf einem weißen Pferd. Als Anführer des Angriffs in der Schlacht von Clavijo im Jahr 852, wurde Santiago in die Geschichte Spaniens projiziert. Manche glauben, er sei der einzige Heilige, der vollständig mit seinen Anbetern gleichgesetzt werden müsse; das sei sein einziges Dasein. Aber wie können wir das verstehen? All die Erörterungen über die physische Wahrheit können jedoch dazu führen, die Kernfrage von Santiagos Erscheinen in Galicien zu verfehlen. Der grundlegende Sachverhalt ist hier die Intensität des Glaubens der Menschen, zusammen mit den spezifischen Konsequenzen in ihrem Leben. Das habe ich durch mein Hiersein gelernt. Doch muß ich mir immer vor Augen halten, daß eine Gestalt am Anfang des *camino* steht: Santiago. Ich muß weiter nach ihm suchen und der Versuchung widerstehen, ihn nach meinen Phantasien zu konstruieren.

Santiago tauchte auf der Halbinsel genau in dem Augenblick zum ersten Mal auf, als die Menschen von Asturien ihren Krieg um das Fortbestehen ihres christlichen Königreiches begannen. Sie lebten in einer kleinen und belagerten Enklave, die von einem militanten Islam umgeben war. Später wurde die merkwürdige Beschaffenheit des Glaubens dieses Volkes in zwei vollständig unterschiedlichen Bildern aufgedeckt: Santiago Peregrino und Santiago Matamoros. Für mich ist der eine so geheimnisvoll wie der andere. Wie soll man sich die verzweifelten und ängstlichen Träume eines solchen Volkes vorstellen? Eines Volkes, für das himmlische Einmischungen weder selten noch überraschend waren? Eines Volkes, für das die Welt in Gottes Hand ruhte? Und was kann ich von einem Heiligen halten, der zu seinem eigenen Grab durch die ganze christliche Welt wandert? So bildeten ihn die Künstler ab, so hatte das Volk ihn geschaffen.

Mein Gebet auf dem *camino* nimmt allmählich Gestalt an. Wie auch bei allen anderen Dingen hier draußen, hatte ich nichts im voraus gewußt. Nun möchte ich meine Sinne, *alle* meine Sinne, das Geheimnisvolle suchen lassen. Ich erkenne, daß die Zivilisation in der eigentümlich verfeinerten Form, in die ich eingebettet war, diese Sinne transformiert hatte, „verfeinert" bis zum Nichtsein. Der Kampf mit dem schwerfälligen Sich-Hinschleppen jeden Tag hat sie wieder hergestellt, hat mich wieder bei Sinnen sein lassen. Mein Verlangen nach dem Dunkel des Glaubens ist wiedererwacht. Ich bin tiefbetrübt bei dem Gedanken, daß ich mit einem schrecklich gewohnheitsmäßigen Glauben – wenn es überhaupt ein Glaube war – an die Jungfrau Maria gelebt habe. Nun kann ich vielleicht endlich mit einer ursprünglichen Lebendigkeit in der mir von meinen Eltern überlieferten Tradition leben.

Ich nähere mich Logroño, einer von *navarros* und *castellanos* (Menschen aus Navarra und Kastilien) viel umkämpften Stadt – da sie zwischen den beiden Königreichen lag. Im Jahr 1076 brachte Alfonso VI diese Region, La Rioja, unter seine

Gewalt und vereinigte sie so mit Kastilien. Und wahrscheinlich baute er zu militärischen Zwecken und zur Erleichterung der Reise für die Pilger eine Brücke über den Río Ebro in Logroño, denn er war auch ein großer Organisator und Förderer des *camino*.

Zu dieser Zeit war al-Andalus, das islamische Spanien, wahrscheinlich das fortschrittlichste Land in Europa. Seine Landwirtschaft, Wissenschaft, Medizin, Architektur, Philosophie und Dichtung zogen Studenten anderer europäischer Länder nach Toledo und Córdoba. Als die Schriften von Avicenna und Averroes ins Lateinische übersetzt waren, wurden ihre philosophischen Werke an europäischen Universitäten ernsthaft studiert. Um das zehnte Jahrhundert wurden diplomatische Missionen von Frankreich, Deutschland und Konstantinopel in Córdoba eingerichtet. Man kann wohl sagen, daß im Mittelalter fast alle Ausdrucksformen dessen, was man Kultur nennt – dazu gehören zum Beispiel Naturwissenschaften, Philosophie und Medizin –, die sich nach Norden jenseits der Pyrenäen ausbreiteten, aus dem islamischen al-Andalus, nicht aus dem christlichen Spanien stammten. Heute hört man hochtrabende Aussprüche, daß der *camino* eine kulturelle Brücke in dieser Periode gewesen sei. Ich vermute, daß solche Behauptungen nicht auf der historischen Wahrheit beruhen und den wahren Charakter des *camino* entstellen.

Innerhalb weniger Jahre kündigten zwei Ereignisse einen grundsätzlichen Wandel für die Zukunft von al-Andalus als unabhängiger Nation an. Im Jahr 1002 starb der charismatische Führer Almanzor. Von den Christen auf der ganzen Halbinsel wegen seiner überraschenden und zerstörerischen muslimischen *razzias* gefürchtet, erreichte er den Höhepunkt seiner Kriegerkarriere mit dem Angriff auf Compostela und dessen Zerstörung im Jahr 997. Eine Legende berichtet, daß bei seiner Ankunft am Grab des Apostels Jakobus alle Bewohner der Stadt auf der Flucht waren mit Ausnahme eines alten Mannes, der ruhig und still in seine Gebete versunken war. Almanzor zog sich zurück, ohne den Mann oder das Grab anzurühren.

Im Jahr 1031 brach das Kalifat von Córdoba zusammen. Das bedeutete das Ende jeglicher Zentralmacht in al-Andalus. Die Nation spaltete sich bald in mehr als zwanzig kleine Staaten auf, die sich ununterbrochen gegenseitig bekriegten. Ein starkes Gefühl der Stammeszusammengehörigkeit – und es gab viele Stämme unter den islamischen Kriegern – bestimmte im allgemeinen das Loyalitätsverhalten. Kein einzelner Führer erhob sich jemals wieder, um diese kriegführenden Gebiete zu vereinigen.

Alfonso VI eroberte Toledo im Jahr 1085. Zu dieser Zeit hätten die christlichen Prinzen, wären sie nicht so mit ihren Kämpfen untereinander beschäftigt gewesen, al-Andalus sehr leicht erobern können. Aber das sollte erst 1492 unter der Führung von Ferdinand und Isabella geschehen. Im Jahr 1094 erkämpfte der große und später mythische Held El Cid Valencia von den Mauren. Doch auch er verbrachte einen Teil seines Lebens im Kampf gegen andere Christen. Christliche Prinzen und Truppen bekämpften mit der Unterstützung von islamischen Streitkräften andere christliche Prinzen, während moslemische Prinzen und Truppen mit der Hilfe von Christen andere Muslime bekämpften. Wenn ich an den Río Ebro komme, werde ich über Boden wandern, der tief getränkt ist vom Blut dieser gemischten Armeen, die einander bekriegten; eine Verhaltensweise, die sich im historischen Zeitablauf von den Westgoten – spätes Altertum – bis in die jüngste Vergangenheit erstreckt. All dies ist auch Teil des Rätsels des *camino*.

Nach einer Wanderung von sieben oder acht Stunden erreiche ich eine Brücke. Eine Zeitung, die ich gestern in der Bar fand, hatte die Möglichkeit von Schauern (*tormenta*) für heute vorausgesagt, aber ich habe nur einige Tropfen auf diesen letzten Kilometern abbekommen. Glücklicherweise finde ich heraus, daß das *refugio* in der Nähe der Brücke, aber noch nicht offen ist. Eine Polizeiwache befindet sich auf der gegenüberliegenden Straßenseite, und die Polizisten lassen mich hereinkommen und bieten mir einen Sitzplatz an, da noch mehr Regen droht.

Die Leute, die die Unterkunft führen, treffen bald ein und

öffnen die Tür. Es ist ein sehr altes, schönes Gebäude, an einer Straßenecke gelegen. Beim Eintreten sehe ich, daß es vollständig renoviert worden ist. Eine beeindruckende Gedenktafel befindet sich an der Wand und erinnert an die kürzlich stattgefundene Einweihung des Gebäudes als ein Projekt der zivilen Verwaltung der Region. Ich gehe die Steintreppe hinauf zu einem Schreibtisch im ersten Stock. Dort werde ich von zwei jungen Damen empfangen. Sie stempeln mein *credencial* und bitten um eine Spende von dreihundert Peseten. Verschiedene andere Pilger sind angekommen, und eine der jungen Frauen führt uns in der Unterkunft herum. Es gibt eine große und gut ausgestattete Küche mit einer ganz neuen Einrichtung, einschließlich einer Waschmaschine. Draußen hinter dem Gebäude sehe ich eine sehr hübsche und geräumige gepflasterte Terrasse. Dort fällt mir ein Becken mit Waschbord auf, das zur Handwäsche von Kleidungsstücken geeignet ist. In dem Schlafraum stehen die neuen Betten allerdings recht dicht nebeneinander.

Ein paar Straßen vom *refugio* entfernt gibt es ein Restaurant, das für Pilger ein ausgezeichnetes *menú* zu einem besonders reduzierten Preis anbietet. Ich fühle mich zu müde zum Einkaufen von Lebensmitteln; es ist eine große Stadt, und ich müßte vielleicht noch lange nach Läden suchen – also entschließe ich mich für das Restaurant. Mein guter Beschluß, für mich selbst zu sorgen statt bedient zu werden, muß heute beiseite geschoben werden. Es scheint auch so, daß die Küche bald überfüllt sein wird mit Gruppen, die ihr Abendessen kochen. Ich vermute, daß ich heute abend hier mehr Leute sehen werde, als in den anderen *refugio*s, in denen ich gewesen bin. Ich habe schon an verschiedenen Orten gehört, daß dieses gerade eröffnete *refugio* als eines der besten auf dem *camino* gilt. Nach nur wenigen Wochen ist es unter den Pilgern bereits berühmt.

Ein Arzt steht zur Verfügung, der jeden Pilger mit gesundheitlichen Problemen kostenlos behandelt. Es ist offensichtlich, daß die Menschen von Logroño sich großartig und überlegt bemüht haben, den Pilgern einen ansprechenden Platz zum Ausruhen zur Verfügung zu stellen. An der Größe des

Gebäudes und an der im Innern ausgeführten Arbeit sehe ich, daß sie schon viel Geld ausgegeben haben. Und nun müssen sie noch die Unterhaltung finanzieren, denn der kleine Anteil, den jeder von uns bezahlt, genügt sicher nicht, um die Ausgaben zu decken.

Überraschenderweise treffe ich den französischen Arzt wieder. Wir wandern mit unterschiedlichem Tempo; obwohl wir manchmal etwa um die gleiche Zeit losgehen – zum Beispiel heute morgen in Los Arcos –, komme ich vor ihm am Bestimmungsort an. Er beschließt, mich ins Restaurant zu begleiten, und wir finden, daß das Essen tatsächlich sehr gut und recht preiswert ist. Als wir in die Unterkunft zurückkehren, sehen wir eine Anzahl von Fahrrädern, die innerhalb des Hauses in der breiten Eingangshalle abgestellt sind. Es scheinen alles Mountainbikes zu sein, für mich eine neue Art von Fahrrad, mit dem ich noch nie gefahren bin. Leute, die die Pilgerreise auf Fahrrädern machen, dürfen in den Unterkünften bleiben, wenn noch Betten frei sind. Die Fußgänger oder Reiter haben jedoch Vorrang. Als ich in meinen Schlafsack schlüpfe, sind die Lichter noch an, und die Stimmen von zahlreichen Pilgern erzeugen ein unbestimmtes, aber hörbares Geräusch in dem großen Schlafraum.

9 Von Logroño nach Nájera

12. Mai

Gestern abend wurde ich irgendwann nach dem Einschlafen von der scharfen, schneidenden Stimme einer Frau geweckt. Sie schien in einiger Entfernung von mir im Schlafraum zu sein, aber sie hatte eine Stimme, die sogar durch dicke Wände dringen könnte. Immer weiter redete sie drauflos und erzählte anderen Fahrradfahrern von ihren gestrigen Abenteuern auf dem Fahrrad. Ich fühlte mich belästigt und ärgerte mich sehr. Ich überlegte, was ich in diesem Fall tun sollte. In dem großen Raum am Ende des Gebäudes kann man sich zum Reden zusammenfinden. Dies hier ist der Schlafraum – zum Schlafen. Und es ist spät. Wie können sie und die anderen Radfahrer so rücksichtslos sein? Ich sehe, daß der Franzose und die anderen Wanderer auch in ihren Schlafsäcken sind. Ich haderte mit mir selbst und drehte mich im Schlafsack ein paarmal hin und her. Dann bin ich schließlich wieder eingeschlafen. Doch bin ich entschlossen, das nächste Mal, wenn so etwas geschieht, nicht ruhig zu bleiben. Eine höfliche, aber energische Beschwerde würde wohl in Ordnung sein. Das alte bescheidene *refugio* in Los Arcos bot trotz seines niederdrückend trostlosen Zustandes absolute Ruhe zum Schlafen. Mit all seiner äußerlichen Schönheit ist dieser neue und saubere Schlafraum nutzlos, wenn die Menschen hier nicht respektieren, daß er ein Ort zum Schlafen sein soll!

Nach meiner bisher schlimmsten Nacht in einer Unterkunft breche ich ungefähr um sieben Uhr dreißig nach Nájera auf. Einige Kilometer muß ich auf einer Autostraße gehen. Der *camino* versucht der von Aymeric Picaud im zwölften Jahrhundert aufgezeichneten Strecke zu folgen, aber heute ist das nicht immer ein malerischer Bergpfad oder ein sich durch herrliche Wälder windender Weg. Manchmal muß der Pilger seinen Raum mit Lastwagen und Personenwagen teilen. Die Straße ist asphaltiert, zweispurig, mit einem Seitenstreifen von nur ungefähr einem Meter Breite auf jeder Seite. Am Rande des Asphalts fällt der Boden zu einem tiefen Graben hin ab. Also kann ich den Asphalt nicht verlassen und nach der Seite ausweichen. Wenn sich zwei Autos begegnen oder eines ein anderes überholt, bin ich weniger als ein Meter von dem rasenden Fahrzeug entfernt. Überholen mich große Lastwagen – und es gibt davon viele – habe ich Schwierigkeiten, mein Gleichgewicht zu halten ... eine Situation, die unweigerlich ärgerliche und bittere Gedanken heraufbeschwört.

Das Gehen auf Asphalt ist grundverschieden vom Gehen auf Erde. Auf der Landstraße ist jeder Schritt gleich, mein Fuß berührt die unnachgiebige Härte des Belages, fühlt niemals irgend etwas anderes in diesem Schritt; hier gibt es keine Besonderheit, keinen Ort – ich fühle nur eine dumpfe und uninteressante Eintönigkeit. Es bedarf eines besonderen Aktes der Konzentration, mir vorzustellen, daß ich an einem Ort bin, von einem anderen Ort komme und mich auf einen noch anderen zubewege. Ich bin in einem modernen Raum. Meine Schritte sind zu einem gleichförmigen Dahintrotten geworden; ich bin ärgerlich und hoffe immerzu, einen gelben Pfeil zu sehen, der mich auf einen abwechslungsreichen Weg mit Steinen, Schlamm, Kies, Erde, nur nicht mit Asphalt schicken wird. Abseits der Straße gibt es immer Überraschungen – ein kleiner Bach mit einem Stück Holz zum Überqueren des Wassers, eine Abbiegung in ein neues Feld voller wilder Blumen, ein Gehölz mit ungewöhnlichen Bäumen, die mir unbekannt sind, und immer in Abständen ein Dorf, das anders als das zuletzt durchschrittene und das nächst zu erreichende ist. Der Erdboden mit seinen unendlichen Variationsmöglichkeiten drückt mit jedem Schritt ein neues, andersartiges Muster auf meine Fußsohle. Das Nachdenken über diese Vielfalt kann mich über viele Kilometer hinwegbringen, wobei ich das Gefühl für die Zeit verliere.

Die vorbeisausenden Fahrzeuge erzeugen den größten Teil ihres schrecklichen Geräusches durch das gewaltsame Schneiden und Auseinanderreißen der Luft. Ich werde durch den Luftstoß stärker getroffen als durch den Lärm. Die Lautlosigkeit ihrer Motoren und anderer bewegter Teile bezeugt die hochentwickelte Ingenieurkunst, die die Erde so mutwillig vergewaltigt hat, damit die Fahrzeuge durch ihren Raum rasen können. Ich fühle mich betrübt und bedrückt bei dem Gedanken, daß so viele menschliche Talente und Güter der Erde geschickt zur Herstellung eines Ungetüms eingesetzt werden. Oft aus weitentfernten Orten nach Spanien importiert, kann es nur Menschen oder Fracht transportieren und verbrennt im Nu die reichhaltigen fossilen Überreste, die Tausende oder Millionen Jahre – und viel mehr als nur Zeit – benötigten, um ihre Vollkommenheit zu erlangen. Besteht hier noch ein richtiges Verhältnis? Wo ist das Gleichgewicht? Wenn das wahr ist, was ich am ersten Tag über Sünde, Gerechtigkeit und Schmerz gelernt habe, zu welchem Preis und in welcher Form kann diese jahrhundertealte, weltweite Unordnung berichtigt werden? Wer würde der Prophet sein, der solche Verschwendung öffentlich anklagte? Wer würden die Menschen sein, die ihn hörten? Wer die starke Frau, der mutige Mann, die auf dieses Anhören hin handelten und die Kräfte gedankenloser Zerstörung zurückdrehten?

In einer Ökonomie zu leben bedeutet: gezwungen zu sein, in diese Fahrzeuge zu steigen und so die Erde zu plündern; von dem zu leben, was diese Fahrzeuge transportieren, und so den Erdboden auszulaugen. Gibt es eine Möglichkeit, darüber nachzudenken? Gibt es einen Weg in Richtung auf die Wiedereinführung von Grenzen? von Anstand? von Recht?

Ich komme an eine lange, hohe Mauer, die einen Industriekomplex umgibt. Der Pfad verläuft genau daneben. Beim Aufschauen sehe ich, daß jemand ein Gedicht an die Mauer gemalt hat, eine Strophe nach der anderen. Jede gereimte Strophe stellt eine Frage und schlägt eine Antwort vor: Warum gehst du nach Compostela? Um die Natur zu preisen? Um die Freiheit des Draußenseins zu genießen? Um ein Gelübde zu erfüllen? Um eine besondere Gnade zu suchen? Um Buße zu tun? und so weiter mit ungefähr zehn Fragen. Die letzte Strophe stellt fest: Nein, nicht aus irgendeinem dieser Gründe; nur „Der Dort Oben" weiß, was dich nach Compostela zieht.

Ich habe ähnliche Gedanken und Ausdrücke in den Gästebüchern der *refugios* gesehen. Ich vermute, daß dies wohl eine Art volkstümlicher Literatur ist, die vom *camino* inspiriert wurde. Ich wünschte, ich hätte mehr Muße, sie zu genießen. Aber die Konzentration auf das Gehen selbst führt mich zu wundervollen Orten; vielleicht wird es tatsächlich gelingen, mich in einen anderen Menschen zu verwandeln ...

Der Rosenkranz trägt mich wieder in bisher unbekannte Bereiche. Heute waren es die glorreichen Geheimnisse – die Auferstehung, die Himmelfahrt, das Kommen des Heiligen Geistes, Mariä Himmelfahrt, Mariä Krönung als Himmelskönigin – die meine Aufmerksamkeit anzogen und fesselten. Und es war, als ob auch der Geist mir früher unbekannt gewesen wäre, fremd. Ich rief mir die Worte des Herrn ins Gedächtnis zurück, in denen er verspricht, seinen Geist zu senden:

> ... wenn der Geist der Wahrheit kommt, wird er euch zur vollen Wahrheit führen ... (Joh. 16, 13)

Und nachdem sie eine detaillierte Erklärung zu seinem bevorstehenden Tod gehört haben, fragen sich die Apostel doch noch untereinander – aus Furcht, Jesus direkt zu fragen – worüber er spreche. „Wir verstehen nicht, von was er redet." (Joh. 16, 18)

Es kommt mir jetzt so vor, als ob auch ich nicht verstanden hätte. Wie oft habe ich diese Worte im Laufe der Jahre gehört? Und heute höre ich sie wie zum ersten Male. Wie gut ist es, sich die Zeit zum Überdenken dieser Worte zu nehmen. Und ich habe die Zeit, Stunden über Stunden. Ich fange an zu verstehen, wie ich dem *camino* verbunden bin, wie ich – meine Füße, mein Herz, mein ganzes Ich – in den *camino* eindringe. Aber wie dringe ich in diese Worte ein? Nach langem Nachdenken finde ich einen Hinweis bei Wittgenstein, einem Mann, der mutmaßlich weder Jude noch Christ war:

> Das Christentum gründet sich nicht auf eine historische Wahrheit, sondern es gibt uns eine (historische) Nachricht und sagt: jetzt glaube! Aber nicht, glaube diese

> Nachricht mit dem Glauben, der zu einer geschichtlichen Nachricht gehört, – sondern: glaube, durch dick und dünn und das kannst du nur als Resultat eines Lebens. *Hier hast du eine Nachricht,– verhalte dich zu ihr nicht, wie zu einer anderen historischen Nachricht!* Laß sie eine *ganz andere* Stelle in deinem Leben einnehmen. – Daran ist nichts *Paradoxes!*

Das kann ich verstehen. Wie der *camino* eine Frage meines ganzen Selbst in diesem Augenblick ist, so ist der Glaube an sein Wort eine Frage meines ganzen Lebens durch die Zeit. Und die Erfahrungen des *camino* könnten mich zu einem Leben im Glauben führen.

Als ich heute morgen aufbrach, war ich ziemlich ängstlich, besorgt. Gemäß der Karte mußte ich bis nach Nájera dreißig Kilometer laufen, wahrscheinlich weiter, als ich bisher an einem Tag gegangen war. Aber es war ein schöner Tag zum Wandern, teils sonnig, teils bedeckt. Ich fühle mich ein wenig müde, als ich die Stadt erreiche. Sie war die frühere Hauptstadt von La Rioja, als die Herrscher von Navarra hier Hof hielten. Im zehnten und elften Jahrhundert – ehe es Alfonso VI von Kastilien im Jahr 1079 gelang, diese Stadt seinem Königreich anzugliedern – waren die Bewohner begeisterte Förderer des *camino*. Zum Beispiel bauten und unterhielten sie *hospitales* für arme Pilger. Gemäß einer Überlieferung baute San Juan de Ortega, dessen Grab ich in zwei oder drei Tagen erreichen werde, hier eine Brücke in der ersten Hälfte des zwölften Jahrhunderts.

Die Stadt erscheint recht klein – sollte sie das Zentrum eines Königreiches gewesen sein? Ohne viel Mühe erreiche ich bald das *refugio*, das sich in einem riesigen Gebäudekomplex befindet, der an einen Berghang am Stadtrand gebaut ist. Es ist das Monasterio de Santa María la Real, im Jahr 1052 vom König von Navarra, Don García, gegründet. Auf einem Schild an der Tür steht, daß das *refugio* um vier Uhr öffnet. In der Stadt ist alles während des Mittagessens und der Siesta geschlossen. In Anbetracht der Tatsache, daß es in Spanien eine Ökonomie *gibt*, empfinde ich dies als ihre angenehmste Sitte.

Sie scheint in allen kleinen Städten und Dörfern getreu eingehalten zu werden, von den großen Städten weiß ich es aber nicht so genau. Es ist gut zu sehen, daß Kaufen und Verkaufen nicht den ganzen Tag ausfüllen.

Doch zu meinem Glück bleiben Bars um diese Zeit geöffnet. Manchmal bieten sie auch etwas zum Essen an, oder es ist ein Restaurant angeschlossen. Jetzt suche ich indessen nur einen *café con leche*, und das gelingt mir in weniger als fünf Minuten. Ich lehne meinen Rucksack und Stab gegen die Wand, setze mich an die Bar und bestelle. Dies ist eine vortreffliche Erholungspause nach sieben Stunden Wanderns. Die Bar ist angenehm ruhig – gerade die richtige Lautstärke nach dem Verlassen des *camino*. Nur ein anderer Kunde sitzt am andern Ende der Bar. Und das Fernsehen ist ausgeschaltet! Das ist ungewöhnlich. Alle spanischen Bars, die ich gesehen habe, bieten immer zweierlei an: hoch oben an einer Wand einen großen Farbfernseher, der jeden zu Starrheit auffordert, und auf dem Bartresen die lokale Zeitung. So habe ich heute ganz besonderes Glück und kann in Ruhe sitzen, während ich meine Notizen schreibe. Natürlich gibt es auch andere Vorteile: Ich kann einen Kaffee bestellen und hier stundenlang sitzen. Es wird mir niemals bedeutet, ich müßte noch einen Kaffee bestellen oder weggehen.

Bald wird das *refugio* öffnen; ich schultere meinen Rucksack und gehe dorthin. An der Tür werde ich von einem Franziskaner empfangen, und er erzählt mir, daß sechs Brüder hier leben. Ich sehe, daß der klösterliche Teil des Komplexes wahrscheinlich Hunderte aufnehmen könnte. Ich bemerke auch, daß dies der Eingang für Touristen ist, die ein kleines Entgelt zahlen müssen. Nun, damit werde ich mich später beschäftigen. Eine Tür, die von der Eingangshalle abgeht, öffnet sich zu dem Schlafraum für Pilger – einem großen Raum mit Betten. In der meterdicken Wand gibt es nur ein kleines Fenster, und ich klettere hinauf, um es zu öffnen, damit frische Luft hereinkommt. Ich habe herausgefunden, daß Spanier im allgemeinen die Fenster in einem solchen Raum geschlossen lassen, wodurch Kälte und Feuchtigkeit im Raum zunehmen.

Im Badezimmer finde ich Wannen mit warmem Wasser, aber keine Dusche. So bade ich in dem Becken und trockne mich mit Papiertüchern ab. Vor einigen Tagen habe ich den Versuch aufgegeben, das Handtuch für das tägliche Duschen trocken zu bekommen, und mir eine Rolle Papiertücher gekauft. Ich brauche nur sechs zum Abtrocknen, und die Rolle erhöht das Gewicht des Rucksacks nur wenig.

Es gibt keine Küche in der Unterkunft, aber ich kann eine gute Mahlzeit aus einer Dose Sardinen oder einer Scheibe Schinken zusammen mit Brot, Käse, gefrorenem Gemüse (man kann es oft lose kaufen, gerade in der gewünschten Menge) und Obst zusammenstellen. Heute habe ich mich am frühen Morgen in einer Bäckerei nach Brot angestellt; ich stand in einer Reihe hinter einigen Frauen, die darauf warteten, bedient zu werden. Die erste in der Reihe drehte sich nach mir um und bat mich, an die Spitze der Schlange zu kommen, vor alle anderen. Wie ich schon zuvor bemerkt habe, wissen die Menschen, wer ich bin: ein fremder Pilger auf dem Wege nach Compostela; stets zeigen sie eine besorgte und freundliche Höflichkeit. Ich kann mir keinen wärmeren Empfang in einem fremden Land vorstellen. Wenn ich meinen Mund zum Sprechen öffne, erkennen sie, daß ich ihre Sprache spreche, und ihre Gesichter leuchten vor Freude. Überdies hatte ich heute auch Glück in einer anderen kleinen Sache – ich war früh genug dort, um Weizenvollkornbrot zu bekommen.

Später gehe ich auf den Korridor, um einen Blick auf das zu werfen, was die Touristen anzieht – von denen übrigens einige da sind. Gleich hinter dieser Halle betrete ich einen Kreuzgang, der einen Garten umgibt. Die feine Steinarbeit zwischen den Säulen ist so wunderbar, als ob sie nicht aus Stein sei. An einem Ende des Ganges betrete ich eine kleine Halle oder Kapelle. Im Hintergrund befinden sich ungefähr ein Dutzend große Sarkophage mit je einer lebensgroßen Gestalt obenauf. Das *navarro* Königshaus ist hier begraben. Ich würde gern wissen, ob es heute noch Steinmetze in Spanien gibt, die solche Dinge herstellen könnten. Und wenn ja, gäbe es genug für jede kleine Stadt wie diese? Wenn es genügend gäbe, wäre irgendeine Arbeit für sie da? Könnte sich diese oder irgendeine Gesellschaft heute solche Schönheit leisten?

An der Rückseite einer kleinen Kapelle, die in den Berg geschnitten zu sein scheint, bin ich überrascht von den ungewöhnlichen Augen einer Maria. Während ich mich der mehrfarbigen Statue langsam nähere, nehme ich wahr, daß die Augen hell und leuchtend sind, verwunschen und eindringlich; sie strahlen Frieden und Ruhe aus; sie sind gleichzeitig ausdruckslos und Darstellung eines machtvollen Leidens. Ich bin wie von Trance befallen vor solch einer merkwürdigen Enthüllung. Zieht dies die Touristen an diesen Ort? Ich erfahre, daß Don García, der Gründer des Klosters, eines Tages auf der Jagd war. Sein Falke flog bei der Verfolgung einer Taube in eine Höhle. Der König betrat die Höhle auf der Suche nach seinem Falken. Dort drinnen entdeckte er im Schein einer Lampe die Marienstatue und ihr zu Füßen einen Topf (altspanisch „terrazza") voller weißer Lilien; daneben hockte die Taube. Die Geschichte paßt genau zu der Statue. Solch eine ungewöhnliche und eindrucksvolle Arbeit verlangt einen ebenso ungewöhnlichen Ursprung. Ich kann nur in schweigendem Staunen verharren ...

Ich bin immer wieder verblüfft über diese Kirchen und Klöster. Sie sind im allgemeinen groß, oft sogar riesig. Viele sind natürlich verschwunden. Manche sind noch als Ruinen vorhanden. Andere sind leer, verlassen. Hier finde ich einige wenige Ordensleute, die an diesem Ort übriggeblieben sind. Am Eingang jeder Siedlung – Dorf, Stadt oder Großstadt – befindet sich ein Schild, das die bedeutenden kirchlichen Bauten dort anzeigt, zusammen mit den entsprechenden Jahreszahlen. Ich kann mich nicht daran erinnern, irgendwelche Schilder mit Hinweisen auf Profanbauten gesehen zu haben. Besteht die architektonische Geschichte Spaniens nur aus kirchlichen Bauten? Die Schilder müssen für Touristen gedacht sein, da die Bewohner des jeweiligen Ortes diese Tatsachen entweder wissen oder nicht daran interessiert sind; außerdem dürften sie es als selbstverständlich ansehen. Ist das der Hauptzweck dieser Orte jetzt? ... merkwürdige oder beeindruckende Überbleibsel zur Unterhaltung und Erbauung von Touristen? ... Geschichten in Stein zur Befriedigung des Appetits moderner Menschen, die dem Konsum verfallen sind, aber in steigendem Maße von dem vorhandenen Angebot gelangweilt sind?

Die Bauten bringen mich alle zum Nachdenken, zum Fragenstellen. Doch habe ich nicht das Gefühl, daß es gute Fragen für mich sind. Bisher erscheint die Architektur unbedeutend, ganz zufällig für meine Suche. Aber wenn ich geradewegs hineingerate wie heute, werde ich einen kurzen Blick darauf werfen. Ein Fremdenführer erzählte mir, daß es in der Kirche eine wunderschöne Gruppe von Chorstühlen gebe. Ich erfahre, daß die Brüder sie nicht benutzen. Vielleicht würden sich so wenige Brüder inmitten so vieler leerer Plätze verloren vorkommen. Wenn Mönche oder Brüder dort sängen, würde ich bestimmt gern anwesend sein, aber noch ein leerer Kunstschatz verwirrt mich nur. Und ich vermute, daß sie eine Ablenkung sein könnten wie tägliches Bücherlesen oder Wandern mit einem Gefährten. Der Ort, der mich dort draußen in den Feldern und in den Bergen erwartet, wird niemals gefunden werden, wenn ich abgelenkt bin.

Deshalb würde es im Grunde vielleicht besser sein, wenn ich ein Zelt hätte und jede Nacht allein in den Feldern schliefe. Aber die Tradition der *hospitales/albergues* ist so bedeutend, daß ich sie erleben möchte. Und ein paar Worte mit einem freundlichen Pilgergefährten zu wechseln, ist sicherlich auch eine gute und angenehme Sache. Vor wenigen Minuten ist ein Mann aus Holland eingetroffen, der ein wenig jünger ist als ich. Er ist schon zum zweiten Mal auf dem *camino*. Das erste Mal brach er in Holland auf und brauchte dreieinhalb Monate, um Compostela zu erreichen. Damit schließt er sich wirklich dem Brauch seiner Vorfahren im Mittelalter an.

Ich genieße mein kaltes Abendessen und schlüpfe in den Schlafsack, um die Feuchtigkeit des verdunkelten Raumes abzuwehren. Mit nur zwei oder drei anderen hier wird es eine ruhige Nacht sein.

10 Von Nájera nach Santo Domingo de la Calzada

13. Mai

Nach einigen Stunden fängt es an zu regnen ... manchmal leicht, manchmal in Strömen. Immer wieder denke ich, daß dieser Poncho nicht so gut ist, weil ich mich feucht darunter fühle. Aber jedes Mal, wenn ich in der Unterkunft ankomme, ist der Rucksack trocken – so daß ich trockene Kleider anziehen kann. Und der Regen beeinträchtigt das Wandern überhaupt nicht.

Der Morast ist heute nicht so klebrig. Der größte Teil des Pfades besteht aus grobem Kies, der auf Lehm gestreut ist. Scharfe, unterscheidbare Druckpunkte kommen bei jedem Schritt durch die Schuhsohle, und so verursacht mir das Gehen eine neue Art von Schmerz. Aber dies macht meine Schritte auch wirklicher; ich bin in dauerndem Kontakt mit einem echten Erdboden; keine künstliche Oberfläche trennt mich von der Erde. Asphalt ist nicht deshalb so schwer zu ertragen, weil er hart ist, sondern weil er unnatürlich gleichmäßig ist. Beim Gehen auf Asphalt habe ich den Eindruck, daß ich auf grobe Weise von dem lebendigen Boden getrennt und auf eine tödliche Monotonie beschränkt bin, die nirgendwohin führen kann.

Gelegentlich stoße ich auf selbstgemachte Schilder, die zur Aufmunterung des müden Pilgers ersonnen sind. Heute waren drei entlang des *camino* plaziert:

> Fasse Mut, du brauchst nicht mehr so weit zu gehen.

Und später:

> Bald wirst du in Santo Domingo ankommen.

Um den Glauben des Pilgers zu festigen, schrieb der Schildermaler:

> Pilger, du gehst auf einem guten Pfad.

Dann fiel mir heute etwas Neues auf, während ich den Rosenkranz sprach. Stunden geatmeter Worte, fortdauernde Bilder von Mysterien und langsames, meditatives Nachdenken enthüllten mir etwas, das ich vor langer Zeit vergessen, aufgegeben hatte: regelmäßige Morgen- und Abendgebete, die man neben dem Bett kniend spricht. Ein Gedanke durchdrang mich: Dies ist die richtige Art, den Tag zu beginnen und zu beschließen. Ich erinnerte mich, daß mir diese Gewohnheit als kleines Kind von meinen Eltern beigebracht worden war. Was ist in all den Jahren seither geschehen? Nach dem Tod meiner Mutter besuchte ich als Erwachsener einmal meinen Vater. Ich konnte beobachten, daß er vor dem Schlafengehen zum Abendgebet neben seinem Bett kniete. Wahrscheinlich tat er das gleiche auch am Morgen. Ihm war dies als Kind beigebracht worden, und er hatte diese Gewohnheit über achtzig Jahre beibehalten. Was für ein Beispiel an Treue! Wieviel muß ich noch lernen – von ihm. Heute habe ich verstanden, daß er auch hier ist zusammen mit all den anderen, die mich nach Compostela begleiten, und jeder einzelne lüftet noch einen Schleier. Ich hoffe, er erzählt mir etwas von dem Heiligen Geist. Ich bin begierig, mehr über die Anwesenheit des Geistes zu erfahren.

Nach ungefähr fünf Stunden sehe ich den Stadtrand von Santo Domingo de la Calzada. Ich fühle mich ziemlich gut und habe wahrscheinlich zwanzig Kilometer zurückgelegt. Ich glaube, es hat insgesamt zwei Stunden geregnet – nichts Bemerkenswertes. Die Stadt scheint in festlicher Stimmung zu sein – bunter Papierschmuck hängt in allen Straßen der „Altstadt", wo sich das *refugio* befindet. Und dann erinnere ich mich an ein Foto, das mir auffiel, als ich an einem Zeitungsstand vorbeikam – möglicherweise gestern – und das zeigte, daß Santo Domingo seine *fiesta patronal* feierte, den Ehrentag des Mannes, nach dem die Stadt benannt wurde. Santo Domingo de la Calzada ist bekannt für sein wochenlanges Fest. Dieses scheint jetzt im Gange zu sein, nach den Menschenmengen – in Sonntagsstaat gekleidet – und den Musikanten zu urteilen, die ich auf den Straßen treffe.

Santo Domingo ist wahrscheinlich der Heilige, der am volkstümlichsten und innigsten mit dem *camino* verbunden ist. Geboren im elften Jahrhundert in Viloria, nicht weit von hier, begann Domingo sein Leben als Schafhirt. Als junger Mann versuchte er, Mönch zu werden, aber zwei Klöster weigerten sich, ihn aufzunehmen. Er begann dann, als Einsiedler zu leben, und errichtete seine Einsiedelei in einem Wald – an der Stelle, an der sich jetzt die nach ihm benannte Stadt befindet.

Die Route nach Compostela führte dicht an der Einsiedelei vorbei, in der Domingo lebte. Daher kannte er die Nöte und Schwierigkeiten der Pilger. Dieser Wald war nämlich auch ein gutes Versteck für Verbrecher, die die Pilger ausraubten; die Flüsse des Gebietes waren schwierig zu überqueren. So widmete er sich schließlich der Hilfe für die Pilger: indem er einen breiten Pfad durch den Wald freilegte, Brücken baute und unterhielt und seine Einsiedelei in ein *hospital* umwandelte, in dem er persönlich für die Pilger sorgte.

Alfonso VI kam im Jahr 1076 dort vorbei und sah das gute Werk, das Domingo vollbracht hatte, und da er selbst an dem *camino* interessiert war, versprach er Domingo Land, damit er seine verschiedenen Tätigkeiten fortsetzen konnte. Domingo starb am 12. Mai 1109 und ist in der Hauptkirche der Stadt beigesetzt. Ihm wird der Bau und die Pflege des *camino* zwischen Nájera und Redicilla, einer Stadt hinter Santo Domingo de la Calzada, zugeschrieben.

Die Leute zeigen mir fröhlich den Weg zu dem *refugio*, das sich im Zentrum der Stadt in einem alten, wunderschön restaurierten Gebäude befindet; vor diesem liegt eine lange parkähnliche Plaza, deren Weite sich schön von all den engen Straßen, die auf sie zuführen, abhebt. In dem *refugio* finde ich ein Büro, in dem die Zeitschrift „*Peregrino*" zum Druck vorbereitet wird. Ich gehe die Treppe nach oben zu dem Schlaftrakt und finde dort zwei große Schlafräume, zwischen denen Bäder, Küche und Eßraum liegen. Ich wasche meine Socken und genieße die Wärme einer heißen Dusche. Ich frage mich ... wenn ich mit einem Zelt reiste, wie würde ich jemals eine warme Dusche bekommen? Wäre ich bereit, sie aufzugeben? Nach dem Duschen fühle ich mich unternehmungslustig, und angesichts der gut ausgestatteten Küche beschließe ich, ein warmes Essen zu kochen. Am späten Nachmittag, als die Geschäfte wieder öffnen müßten, merke ich, daß noch alles verschlossen ist. Das erscheint mir seltsam, bis ich ein kleines Schild an einer Tür entdecke: „Geschlossen wegen des Festes". Ich höre, daß heute der letzte Tag der Festlichkeiten ist und jeglicher Geschäftsbetrieb am Mittag eingestellt wurde! Jedermann bereitet sich auf das Fest am heutigen Abend vor.

Nach der Rückkehr in die Unterkunft sehe ich mich in der Küche um und finde zwei Bananen, die ein Pilger nicht mehr haben möchte. Viele Pappschachteln mit Milch und eine Menge Eier befinden sich im Kühlschrank – offensichtlich nicht das Eigentum eines einzelnen. Und ich finde auch eine Dose Schokoladenpulver.

Während ich einige Eier hart koche, taucht ein Mann auf und bietet mir etwas getrockneten Dorsch an, den er übrig hat. Aus meinem Rucksack hole ich ein Stück Brot. So genieße ich mein Essen, das sicherlich ausreicht, um mir bis zum nächsten Tag Kraft zu geben. Und ich habe noch ein kleines Stück *chorizo* (eine stark gewürzte Wurst) und Brot im Rucksack. Das wird mein Frühstück sein. Später kann ich bestimmt noch etwas Obst kaufen.

Auch hier wird kein Unkostenbeitrag erhoben, es gibt nur einen Kasten an der Wand, und es wird um eine Spende gebeten. Ich habe mir vorgenommen, jedes Mal dreihundert Peseten hineinzutun, die Summe, die in der Regel von den Unterkünften, die einen Betrag festgelegt haben, erbeten wird.

Später gehe ich die etwa hundert Meter bis zur Kirche. Als ich auf der kleinen Plaza vor der Kirche ankomme, sehe ich ein beeindruckendes Gebäude auf der anderen Seite und erfahre, daß es ein *Parador Nacional* ist, ein von der Regierung geleitetes Hotel. Dieses wunderbare palastartige Gebäude ist als historische Fortsetzung der von Santo Domingo begonnenen Arbeit konzipiert; er hatte hier eine Unterkunft für Pilger errichtet. Wenn dies der Platz seines *hospital* ist, dann ist dies auch das Gelände seiner Einsiedelei im Wald. Der Erdboden dieses Ortes ist wahrhaftig im Laufe der Jahrhunderte verändert worden!

Nur wenige Schritte vom *Parador* entfernt ist die Kirche. Sofort bin ich beeindruckt von dem hohen Eisengitter, das den Stein auf dem Grab des Heiligen umgibt. Heute ist alles mit Blumen geschmückt. An der Vorderseite des Grabes befindet sich eine lebensgroße Statue von Domingo. Etwas Bekanntes erregt meine Aufmerksamkeit, aber zuerst kann ich nicht herausfinden, was es ist. Ich schaue weiter auf die Statue, die in allen Einzelheiten die herkömmlichen Kennzeichen eines Pilgers aufweist, wie man ihn immer wieder in der europäischen Kunst sieht: ein Stab, eine Muschel, eine Kürbisflasche (für Wasser oder Wein), ein Sack oder Ranzen (für Essen), der Pilgermantel und ein Rosenkranz ... aber natürlich, der Rosenkranz! Ich hatte vorher nicht daran gedacht, aber auf allen Bildern und Statuen scheint er vorhanden zu sein. Dies *ist* das Gebet des *camino*. Merkwürdig, wie ich da hinein-„geraten" bin. Ich habe ihn nicht wie meine Kleidungsstücke sorgfältig ausgewählt. Er wurde mir gegeben – von meinem Vater. Mein Vater gesellt sich zu den unzähligen Pilgern, um mich in die Geheimnisse des *camino* zu führen. Der Rosenkranz ist in diesen Darstellungen ebenso wenig als Schmuck anzusehen wie der Stab oder die Flasche. Wie ich jeden Tag trinken muß, um die Wanderung fortsetzen zu können, so muß ich den Rosenkranz aufsagen – wenn ich in den geheiligten Raum des *camino* eindringen möchte.

Als ich mich nach der anderen Seite drehe, sehe ich, in eine Wand gebaut, einen goldenen Käfig, der zwei lebende Hühner enthält. Ich hatte darauf gewartet, dies zu sehen, weil ich wissen wollte, ob es wahr wäre. Diese beiden Hühner, ein Hahn und eine Henne, sollen an das berühmte Wunder des *camino* erinnern, das in ganz Europa bekannt wurde und dessen Spur in Bildern gefunden wird, die jetzt vorwiegend in Museen hängen, und in Geschichten, die jetzt in Gelehrtenausgaben gesammelt werden. Es gibt verschiedene Fassungen dieser beliebten Legende und eine enorme Literatur über diesen Stoff. Ich werde mich auf die Fassung in dem *relato* von Domenico Laffi beziehen, einem italienischen Pilger, der hier im Jahr 1670 durchkam.

Laffi sagt, als er, in sein Pilgergewand gekleidet, die Kirche betreten habe, hätten die Hühner seine Kleidung bemerkt und angefangen „vor Freude zu singen" – was sie täten, wann immer sie einen Pilger eintreten sähen. Er habe den Kirchendiener um zwei Federn von ihnen gebeten, die er aus Frömmigkeit (*por devoción*) mit nach Hause nehmen wollte. Es wird von anderen berichtet, daß diese Federn Zauberkräfte hätten. Laffi sagt, daß die Hühner nur fräßen, was die Pilger in ihren Käfig würfen. Und das müsse Brot sein, das der Pilger durch jemandes Mildtätigkeit (dem Pilger gegenüber) erhalten und *nicht* erworben habe, denn die Hühner äßen kein gekauftes Brot – und sie fänden den Unterschied heraus. Ein anderer Pilger berichtet von dem Glauben, daß du in Compostela ankommen wirst, wenn du Brot in den Käfig wirfst und die Hühner es fressen. Wenn sie es verweigern, weißt du, daß du sterben wirst, ehe du die heilige Stadt erreichst.

Wie nun Laffi und sein Gefährte die Stadt verlassen, kommen sie an einer kleinen Kapelle vorbei, in der auf einer Gedenktafel die Geschichte der Hühner aufgeschrieben ist. Im Jahr 1090 waren Griechen aus Thessaloniki, ein Mann und seine Frau mit ihrem Sohn, auf dem Weg nach Compostela. Als sie in dieser Stadt ankamen, blieben sie zwei Tage in einem Gasthaus, um sich auszuruhen. Die Tochter des Gastwirtes verliebte sich bis über beide Ohren in den Sohn, einen jungen Mann. Nachts ging sie leise in sein Zimmer, weckte ihn und entdeckte ihm ihre Leidenschaft. Aber der junge Mann war sehr bestürzt über diese lüsterne Zurschaustellung ihrer Zuneigung, rügte sie und lehnte ihre Annäherungen entschlossen ab. Als sie sah, daß sie ihn keinesfalls verführen konnte, verwandelte sich ihr Begehren in Haß, und sie entbrannte in höllischer Wut und wollte sich nun an ihm rächen.

Nachdem sie das Zimmer verlassen hatte, nahm sie einen Silberbecher ihres Vaters und versteckte ihn später unten im Ranzen des jungen Mannes. Sobald die Familie nach Compostela aufgebrochen war, fing das Mädchen an, einen Lärm um einen fehlenden Becher zu machen, indem sie behauptete, sie sei sich sicher, daß jene Pilger ihn gestohlen haben müßten. In der Annahme, sie könne Recht haben, nahm der Vater einige Stadtbeamte mit sich und ging hinter den Pilgern her. Als sie die Pilger eingeholt hatten, durchsuchten die Beamten ihr Gepäck und fanden den Becher. Sie nahmen den Sohn mit in die Stadt zurück und hängten ihn sofort – an der Stelle, wo sich heute die Kapelle mit der Gedenktafel befindet.

Die untröstlichen Eltern setzten ihre Reise nach Compostela fort. Sie beteten zu Gott und Santiago und flehten sie an um ihr eigenes Seelenheil und das ihres einzigen Sohnes. Als sie auf der Rückreise Astorga erreicht hatten, waren sie unentschlossen, ob sie eine andere Strecke gehen sollten. Der Vater wollte auf einer anderen Straße gehen, um das Durchqueren des Ortes zu vermeiden, in dem ihr Sohn gestorben war. Aber die Mutter wollte durch diese Stadt zurückgehen, und er willigte in ihren Wunsch ein.

Als sich das Paar dem Platz der Hinrichtung näherte, rief ihnen ihr Sohn zu: „Lieber Vater, liebe Mutter, genug des Weinens; durch die Gnade Gottes, der Gesegneten Jungfrau und Santiagos bin ich am Leben; hier oben in der Luft halten sie mich hoch. Mutter, geh zum Richter und sage ihm, ich sei unschuldig, lebendig und möchte euch wiedergegeben werden." Gehorsam eilte die Mutter zu dem Richter. Als sie zur Tür hereintrat, setzte der sich gerade zum Essen hin. Sie erzählte ihm aufgeregt, daß ihr Sohn lebendig und unschuldig sei. Der Richter lachte grausam und wandte sich an sie: „Oh, wie hast du dich täuschen lassen, Frau! Dein Sohn ist nicht lebendiger als diese beiden gebratenen Hühner, die du auf meinem Teller siehst."

„Oh, was für eine Überraschung! Oh, was für eine Macht des großen Gottes!" ruft Laffi aus. Die zwei Hühner, ein Hahn und eine Henne, flogen vom Teller auf und begannen zu krähen. Als der Richter dieses Wunder sah, sprang er sofort auf und rief einige Priester und Bürger zusammen, die ihn zum Galgen begleiten sollten. Als sie den Gehängten glücklich und gesund sahen, gaben sie ihn seinen Eltern wieder.

Nach seiner Rückkehr in die Stadt tat der Richter die Hühner in einen eisernen Käfig in der Kirche. Laffi fügt hinzu, daß sie noch sieben Jahre gelebt hätten. Vor ihrem Tod habe die Henne zwei Eier gelegt. Aus diesen seien zwei Hühner ausgeschlüpft, ein männliches und ein weibliches, von der gleichen Farbe wie die Eltern – weiß. Der Gastwirt und seine Tochter seien bestraft worden. Einige Berichte sagen, sie seien gehängt worden.

Die Szene mit dem gehängten Jungen, wie er von Santiago hochgehalten wird, und seinen Eltern, die neben dem Galgen stehen, ist in Europa immer wieder gemalt worden; diese Geschichte ist viele Male als Drama geschrieben und aufgeführt worden.

Ich halte es für möglich, die Wahrheit solcher Geschichten zu erfassen, indem man den *camino* auf der untersten, erdverbundenen Stufe beschreitet und versucht, die Stellen zu berühren, auf denen schon so viele Menschen gewandert sind. Man kann nicht auf der verfeinerten Stufe des Akademikers bleiben – sie ist zu niedrig.

Auf dem Rückweg in das *refugio* beobachte ich, wie sich die Straßen mit fröhlichen Menschen füllen. Aber ich weiß nicht, wie ich an ihrer Feier teilnehmen könnte, und ich brauche meinen Schlaf, damit ich morgen früh zeitig aufbrechen kann. Als ich die Treppe hinaufgehe, überreden mich zwei spanische Pilger, daß ich mit ihnen gehen müsse, um das besondere traditionelle Essen des Festes, gekochte Pilze, zu probieren.

Als wir auf die Straße treten, sehen wir einen riesigen Topf mit Pilzen auf der Plaza vor dem Gebäude. Wir gehen zum andern Ende, um uns anzustellen. Nach ungefähr einer Stunde erhalte ich einen großen Pilz auf einem kleinen Stück Brot und einen Pappbecher voll Wein! Beides schmeckt gut, aber ich wäre nicht hinausgegangen, wenn ich gewußt hätte, daß mich das eine Stunde Anstehen in der Schlange kosten würde. Nach oben zurückgekehrt, schlüpfe ich in meinen Schlafsack, dabei höre ich aus der Ferne Musik und Gesang. Aber es ist zu weit entfernt, um meinen Schlaf zu stören.

11 Von Santo Domingo de la Calzada nach Belorado

14. Mai

Ich habe Schwierigkeiten, aus der Stadt hinauszufinden. Immer wenn ich die Nacht in einer Stadt verbringe, versuche ich, mich schon am Abend gut zurechtzufinden, da ich am frühen Morgen wahrscheinlich niemanden auf der Straße treffen werde und die Straßen fast immer verwirrend sind. Ich müßte mehr Zeit an jedem Ort haben, um mich wirklich zurechtzufinden. Aber schließlich gelange ich zu den letzten Häusern der Stadt, gehe vorüber an der riesigen Franziskanerkirche und dem Kloster, die jetzt leer und abgeschlossen erscheinen, und sehe auch die Stelle, an der Laffi die Kapelle fand. Ich bin auf dem Weg nach Belorado!

Nach einigen Stunden wird mir klar, daß dieser sehr besondere, ja bevorzugte Ort des *camino*, der von all denen geschaffen wurde, die mir vorangegangen sind, noch einen anderen Aspekt seiner Wahrheit enthüllt; ich sehe ein weiteres Licht in seiner Dunkelheit. Und diese Einsicht erfolgt auf die gleiche merkwürdige Weise wie alle früheren. Jedes Mal, wenn mir so eine Einsicht kommt, scheint sie wichtiger – im Sinne von vielsagender – und in diesem Augenblick meines Lebens bedeutungsvoller *für mich* zu sein als alle früheren intuitiven Erkenntnisse. Je mehr ich in den besonderen Raum des *camino* hineinschreite, um so reicher finde ich ihn in seinen klaren Resonanzen, um so mehr lerne ich über die Wahrheit meines Lebens.

Verschiedene Male ist mir das Gehen als eine Reise in den Glauben erschienen oder vielmehr auf der Suche nach dem Glauben. Immer wieder habe ich erkennen können, daß ich mich, um die Wahrheit zu sagen, bis jetzt nicht als gläubigen Menschen bezeichnen konnte.

Gleichzeitig mit diesem wiederkehrenden Gedanken ist

mir ein anderer in den Sinn gekommen: dies ist der Grund, aus dem ich hier bin – um ein gläubiger Mensch zu werden; darum bin ich zu diesem Ort geführt worden. Der *camino* wird mich zu dem Ort bringen, den ich vor meinem Tod erreichen muß, wird mich zu dem Menschen machen, der ich sein muß, wenn ich sterbe, ein gläubiger Mensch. All die in vielen Jahren gesprochenen Erklärungen, all die „richtigen" Handlungen erscheinen jetzt ziemlich leer, ohne jegliches Leben. Sie waren alle Schein. Jetzt endlich, in der kurzen Zeit, die mir noch bleibt, erreiche ich den Ort, wo ich das Geschenk des Glaubens erhalten werde. Das habe ich immer verstandesmäßig gewußt, was, wie ich nun begreife, bedeutet, *nicht* zu wissen. Ich bin keine Seele, die diesen Körper benutzt, kein Verstand, der sich mit diesem Fleisch zufrieden gibt, kein geistiges Ego, das hinunter auf die Sinne schaut oder durch sie hindurch. Wenn ich Wittgenstein verstehe, so drückt er es gut aus: Wissen kommt nicht von einem körperlosen Verstand, Wissen ist eine Art soziales Produkt, es resultiert aus den „Lebensformen", und diese sind durch die Bedeutung festgelegt, die ihnen die Menschen in ihren täglichen gemeinsamen Handlungen zuweisen. Diese Tätigkeit ist irdisch, fleischlich, geschichtlich – genau wie die Tätigkeit, die ich hier in der Gemeinschaft des *camino* erlebe.

Das Geschenk des Glaubens, auf das ich mich zubewege, ist tatsächlich ein Geschenk, eine *gratia gratis data*, eine Gnade, die ich in keiner Weise verdiene und deren ich noch weniger würdig bin. Sie wird aus der reinen Großmütigkeit des Gebenden gegeben. Meine Eltern haben mir durch ihr Leben ein Vorbild gegeben, wie Menschen im Glauben leben sollten. Sie und die früheren Pilger haben mir den Rosenkranz gegeben. Dies Gebet gibt mir die Mysterien des Herrn. In ihnen finde ich seine Lehre und seine Person. Alles, was ich brauche, ist dort; alles, was ich suche, ist dort. Doch ich werde zu dem Ort kommen, wo ich diese Geschenke ergreifen kann, weil ich Schritt für Schritt gekommen bin, Stunde um Stunde, immer mit meinen Füßen auf dem Erdboden. Der Schmerz schafft alle leere Phantasie oder Sentimentalität fort. Die geatmeten Worte schließen alle täuschende Intellektualität aus. Wieder werde ich an eine der ersten Erkenntnisse – eine notwendige Einsicht – für das Eindringen in den *camino* erinnert: den Entschluß, allein zu gehen und keine Bücher zu lesen.

Es regnet heute viel. Ich erreiche Belorado, eine große Stadt. Ich bin vier oder fünf Stunden gegangen und habe nur zwanzig Kilometer zurückgelegt, aber ich fühle mich zu müde, um weiterzugehen, und auf meiner Liste finde ich, daß hier ein *refugio* ist. Der Regen hat aufgehört, und jemand verweist mich auf ein Gebäude die Straße hinunter. Dies scheint das Gemeindebüro zu sein, und ein Mann – der Gemeindepfarrer? – heißt mich willkommen und gibt mir den Schlüssel zu dem *refugio*, während er mir den Weg dorthin erklärt. Nachdem ich ein paar Straßen weitergegangen und verschiedene Male abgebogen bin, komme ich an einer kleinen Kirche in einer ruhigen Umgebung an – nicht größer als die Gemeindekirche, an der ich vorbeigegangen bin. Nebenan ist eine Art Gemeindehaus. Ich öffne die Tür und bin überrascht, als ich sehe, daß dieser Ort einst als Theater benutzt wurde. Inzwischen hat man eine niedrigere Decke eingezogen, wodurch auch ein zweites Stockwerk geschaffen wurde. Dort oben befinden sich die Betten. Hier, wo die Theatersitze waren, gibt es einen großen Tisch und Stühle. Oben auf der Bühne haben sie ein Waschbecken und einen Ofen eingebaut. An einem Ende der Bühne befinden sich eine Toilette und eine Dusche – mit warmem Wasser.

Ich setze meinen Rucksack ab und steuere auf den Markt zu. Ich habe kaum Zeit, meine Vorräte einzukaufen, bevor die Geschäfte schließen. Heute will ich ganz sicher etwas kochen! Ich kaufe eine Scheibe Schinken, tiefgefrorene Kartoffeln und Erbsen, Brot – Vollweizen – frische Erdbeeren und Joghurt – ein Schmaus. Nach meiner Rückkehr in die Unterkunft erledige ich meine Wäsche und hänge alles nach draußen in die warme Sonne, die nun meinen Tag verschönt. Die Schuhe und alle meine Kleider werden heute trocknen. Nach dem Duschen fühle ich mich *sehr gut*. Ich mache den Schinken und das Gemüse warm und verzehre eine köstliche Mahlzeit. Was für einen ungewöhnlichen Ort haben die

Leute der Gemeinde für uns geschaffen, anders als alle anderen Unterkünfte, ein wirklich reizender Ort zum Rasten. Mit dem Überschreiten der Schwelle dieser Gebäude ist es wie mit dem nächsten Schritt, den ich auf dem ausgetretenen Pfad draußen auf dem Lande mache – es ist jedes Mal eine neue, nicht vorhersagbare Erfahrung. In Santo Domingo de la Calzada führt die *cofradía* in wunderschöner Weise die Tradition ihres Schutzheiligen fort. Hier haben die Menschen ihren eigenen Ausdruck von *camino*-Gastfreundschaft verwirklicht, eine ungewöhnlich halbherzige Restaurierung eines alten Gebäudes.

Ich finde den Gummistempel in einem Kasten in der Nähe der Tür. Man sorgt selbst für sein *credencial*. Ein Schild befindet sich an der Tür: Würde bitte der Letzte, der am Morgen das Haus verläßt, die Tür abschließen und den Schlüssel in den Briefschlitz in der Tür werfen? Ich trage einen Stuhl nach draußen und sitze in der Sonne, um warm zu werden, und grüße drei ankommende spanische Pilger. Einer ist der Mann aus Barcelona mit den homöopathischen Mitteln. Hier und dort bewegen sich herrliche Kumulus-Wolken über den Himmel, eine endlose Geschichte der Schönheit der Atmosphäre.

Dies wäre der richtige Nachmittag, um in einem Straßencafé zu sitzen und einen Kaffee zu trinken. Aber ich habe bisher noch keines entlang des *camino* gesehen. Vielleicht gibt es sie nur in größeren Städten, und durch diese bin ich zu schnell hindurchgegangen, um nach einem Straßencafé Ausschau halten zu können. Ich stehe auf und gehe die wenigen Seitenstraßen hinunter zur „Innenstadt". Dort finde ich eine Bar und genieße die Freuden des Geschmackssinnes. Mir ist aufgefallen, daß einige Pilger Schokoladenriegel essen, und in den Geschäften sehen sie auch sehr verlockend aus. Aber ich glaube, ich sollte beim Kaffee aufhören ... vielleicht bedeutet der sogar schon zu viel Sinnenfreude, ein Dumpfwerden meiner Wahrnehmungen.

In der Bar treffe ich wie immer viele ältere Männer, sehr wenige jüngere – gerade so, wie ich es bei den Wanderern auf dem *camino* bemerkt habe. Die Männer in den Bars scheinen viel versessener auf das Kartenspielen und andere Spiele zu sein als auf das Trinken. Die Tische haben spezielle grüne abnehmbare Filzbezüge. Die Bars sind oft recht voll – aber nicht immer, wie ich in Nájera beobachtet habe – und nach ihrem Benehmen und Reden zu urteilen, scheinen die Männer das Zusammensein mit ihren Freunden sehr zu genießen. Die Stimmung ist von ruhiger, warmer und spontaner Freude gekennzeichnet. Auch ich genieße es, in diesen Bars zu verweilen, obwohl ich ganz und gar ein Außenseiter bin. Recht selten kommen Frauen herein, gewöhnlich zu zweit und nur solange, wie sie für ein Getränk oder eine Tasse Kaffee brauchen. Es scheinen junge, berufstätige Frauen zu sein, vielleicht „Fachfrauen", gekleidet, als ob sie aus dem Büro, nicht aus der Küche kämen.

Bei dem Herumlaufen in der Stadt habe ich viele Schilder gesehen, die Lederwaren zum Verkauf anpreisen, und es scheint, daß es einige kleine Geschäfte oder Betriebe gibt, in denen diese Dinge hergestellt werden. Hier könnte ein Zentrum für solche Arbeit sein. An einer Ecke, in der Nähe der Unterkunft, bemerke ich eine *zapatería*, die ich für eine Schuhreparaturwerkstatt hielt, wie diejenige in Pamplona. Aber nachdem ich schon um die Ecke gebogen bin, läßt mich etwas anhalten. Ich gehe zurück, um noch einmal auf das kleine und nicht sehr saubere Schaufenster dieser recht bescheidenen und fast versteckten Vorderseite des Geschäftes zu blicken. Es befinden sich anscheinend neue Schuhe im Fenster, und auf einem kleinen Schild in einer Ecke steht geschrieben: „Schuhe auf Bestellung". Von außen ist dieses Geschäft so klein und bescheiden, daß ich Schwierigkeiten habe, mir vorzustellen, was das Schild bedeutet. Warum nicht hineingehen und es herausfinden?

Ich öffne die Tür und gehe hinein. Noch mehr Schuhe sind auf Regalen ausgestellt. Aber es gibt keine Schuhkartons. Männerschuhe, Frauenschuhe, unterschiedliche Macharten. Hinten im Geschäft arbeiten zwei Männer. Ich gehe zum Tresen, und ein Mann, der jüngere, vielleicht in meinem Alter, kommt herbei, um mich zu bedienen. Ich weiß nicht genau, was ich sagen möchte. „Machen Sie hier Schuhe?" frage ich ungläubig. Ja, antwortet er ganz geradeheraus. Er erzählt mir, daß er seit einigen Jahren drei kleine elektrisch angetriebene Maschinen habe, die es ihm ermöglichen, ein Paar Schuhe in kürzerer Zeit herzustellen, wodurch er im Preis mit einem Produkt aus einer Schuhfabrik konkurrieren könne. Er zeigt mir, wie die Maschinen arbeiten. Das Benutzen solcher Maschinen scheint eine Tätigkeit zu sein, bei der der Handwerker noch immer Handwerker ist, ganz der Bestimmende, der die kleine Maschine als Verlängerung seines Armes und seiner Hand benutzt. Ähnlich wie es mit Hammer oder Messer geschieht. Er nimmt verschiedene Schuhe hoch, weist auf ihre speziellen Eigenheiten hin, spricht von seiner Arbeit bei der Herstellung. Er behandelt sie mit offensichtlicher Vorsicht und Liebe. Und sie sind wahrlich wunderhübsch – die erstaunliche Arbeit der Hände eines Mannes. Wie wünschte ich, ich brauchte ein Paar Schuhe. Wie wünschte ich, ich hätte Zeit, mir ein Paar machen zu lassen. Vielleicht hätte er bereits gefertigte Sandalen, die mir passen würden. Ich schaue hinunter auf die billigen chemisch- und maschinengemachten Plastiksandalen an meinen Füßen. Ich bin peinlich berührt, daß er solchen Schund in seinem Geschäft sehen muß.

Die außergewöhnliche handwerkliche Fertigkeit, die ich hier heute sehe, ist niemals, nehme ich an, entsprechend anerkannt und respektiert worden, weder in Spanien noch anderswo.

Mir wird klar, daß sein Vater, der hinten in dem Geschäft arbeitet, er selbst und seine Kinder, die, wie er mir erzählt, zur Universität gehen und das Schuhmacherhandwerk nicht erlernen wollten, in einen verwirrenden Übergang verwickelt sind, der, wie ich fürchte, schon bald vorüber sein wird. Im Inneren spürt er, daß er gute Arbeit leistet, daß seine Arbeitsweise ihm ein gutes Leben ermöglicht, daß das Ergebnis seiner Arbeit alle Menschen dieser Stadt ehrt. Aber all dies geht zu Ende. Jahrhunderte einer guten Tradition, die die Schönheit dieser Menschenleben in dieser Gemeinschaft aufrechterhalten haben, werden für immer zerstört werden, wenn seine Kinder einfach fortgehen. Keine Regierung, befürchte ich, kann das abstellen. Eine neue Welt winkt seinen Kindern zu. Sie werden ihren Versuchungen wahrscheinlich erliegen. Sie sehen nicht, daß sie höchstens erwarten können, Gehilfe irgendeiner Maschine zu werden, die aus „Hardware" oder „Software" besteht. Je kunstvoller die Maschine ist, um so mehr werden sie von ihr eingenommen, beherrscht und geformt werden. Sie werden aller Wahrscheinlichkeit nach niemals mehr als Angestellte sein – nicht einer Firma oder eines Geschäftes, sondern eines weltweiten Komplexes von Maschinen, Märkten, Finanztransaktionen und habgierigen Spielern.

Meine Augen wandern durch das Geschäft. Dies ist nicht die normierte, antiseptische Ausstellung von modernen Warenhäusern. Ich berühre die verschiedenen Lederarten, lasse meine Finger darüber gleiten – ich habe nicht gewußt, daß es so viele gibt. Ich nehme einige Schuhe hoch, um sie genauer anzusehen – wie wertvoll sie erscheinen! Ich blicke diesen bescheidenen Künstler an, diesen Meister-Handwerker, und während wir einander in die Augen blicken, geben wir uns die Hand. Ich würde gern verweilen, aber ich muß weiter, ich muß ihn zu seinen Werkzeugen zurückkehren lassen; unsere Lebenswege – die sich so kurz berührt haben – müssen auseinander gehen. Ich danke ihm, drehe mich um und verlasse unsicher das Geschäft. Was könnte ich ihm sagen? Könnte ich von der Schönheit seines Unternehmungsgeistes und seiner Unabhängigkeit sprechen? Von dem Wunder einer Gemeinschaft, in der solche Lebensweisen noch vorhanden sind? Von dem Reichtum eines Landes, in dem solche Traditionen noch gedeihen? Aber nichts davon ist wahr. Eines Tages kann die Regierug kommen und bestätigen, was sich schon vollzogen hat. Das Bild, das ich zeichne, ist veraltet, beendet. Und die Regierungsprojekte – um Beschäftigung zu schaffen, eine lebensfähige Industrie, eine wachsende Wirtschaft – werden die Welt bestimmt zerstören, die jeden Tag mehr zur Erinnerung wird oder vielleicht nur zu einem Traum. Aber wie wünschte ich, ich hätte irgendwie die Worte finden können, um ihm zu sagen: Wie sehr schätze ich Sie! Wie gern würde ich Sie ehren! Wie sehr sollte Ihr Land versuchen, Sie nicht zu verlieren!

Jeden Tag, von jenem fernen Dienstag in St. Jean Pied de Port an, bin ich durch die Schöpfung gegangen. Ich habe die Schönheit der Welt gesehen, wenn die Menschen sie in Ruhe lassen, und die Stellen, an denen sie an ihrer Umgestaltung arbeiten, manchmal gut, manchmal schlecht. Und ich habe versucht, „dort draußen" zu bleiben, nur zum Schlafen und Essen hereinzukommen. Ich habe versucht, die Museen zu meiden – die Kirchen und Klöster. Ich habe den Eindruck, daß vielleicht diese Lebensweise, diese Disziplin, meinen Blick irgendwie gereinigt hat, so daß mein Auge etwas wahrnahm, als ich an jenem sehr einfachen und scheinbar nichtssagenden Geschäft vorbeiging und anhielt. Als ich hineinging, wurde mir eine vornehme und ehrenvolle Art zu leben gezeigt. Wann habe ich so etwas zuvor gesehen, so klar, so einfach? Nun, nachdem ich etwas von ihrem Inhalt und ihrer Form gesehen habe, verstehe ich, wie zerbrechlich sie ist, wie selten. Gibt es Welten, wo solche Traditionen noch leben? Wäre es möglich, solche Lebensweisen, solche Gemeinschaften wieder zu beleben? Heute abend im Nachtgebet muß ich besonders darauf achten, meinen Dank für diesen Tag auszusprechen. Viele Male habe ich in meinem Leben große Traurigkeit gefühlt, aber ich bin überzeugt, noch niemals so wie jetzt. Die Zerstörung scheint so unvermeidbar voranzuschreiten, so gutartig. Die anziehenden Bilder packen die Aufmerksamkeit der Menschen, die Trugbilder bekommen Macht, die alten Menschen sterben, die jungen ziehen einfach weg. Niemand scheint den Scharfblick zu besitzen, um zu sehen, was vor sich geht. Niemand hat die Eingebung aufzuschreien. Niemand hat den Mut, sich aufzulehnen.

In wenigen Augenblicken bin ich wieder in der Unterkunft. Auch die spanischen Pilger haben ihre Stühle in die Sonne herausgebracht. Ich fange an, von dem Schuhmacher zu sprechen. Obwohl alle an dem Geschäft vorbeigekommen sind, hat es niemand bemerkt, hat niemand von seinem Vorhandensein Notiz genommen. Ein Mann sagt, er erinnere sich wohl daran, daß es Schuhmacher in seiner Stadt gegeben habe, als er ein Kind gewesen sei. Aber sie seien seit langem verschwunden. Nun sei nur der Schuhflicker übriggeblieben.

Aber etwas anderes hat ihr Interesse erregt. Sie leiten meinen suchenden Blick zur Kirchturmspitze. Was ist das, überlege ich? Ich sehe eine wahllose Ansammlung von Stöcken und Blättern, die dort oben auf gefährliche Weise angehäuft sind – aber erstaunlicherweise nicht herunterfallen. Es ist ein Storchennest, erklären sie. Es ist das erste, das ich jemals gesehen habe. Ich kann nur die Mutter sehen, die Kleinen sind innen im Nest versteckt. Gelegentlich kommen Leute aus der Stadt, manche mit Fotoapparaten, um die Vögel zu beobachten und einen Blick auf die Jungen zu erhaschen. Ich habe vorher nie über Störche nachgedacht. Ich denke, ich habe nie richtig geglaubt, daß sie existieren – ausgenommen in Geschichten darüber, woher die Babys kommen.

Ich bin irgendwie müde, als ich in den Schlafsack komme, doch noch viel stärker bin ich von Traurigkeit übermannt. Außerdem hoffe ich aber, dankbar zu sein, daß ich das Geschäft gefunden, den Mann gesprochen habe – eine flüchtige Wahrnehmung von Gutsein und Schönheit, ein Einblick in die Möglichkeiten von Arbeit und Gemeinschaft. Ich fühle mich sehr erhöht, wahrhaftig beglückt durch diese Erfahrung. Ich bin nicht mehr derselbe, der ich war, als ich heute morgen Santo Domingo de la Calzada verließ. Wieder hat mich der *camino* zu einem neuen und fremden Ort geführt – Belorado. Werde ich es jemals vergessen, werde ich es je wiedersehen? Oder hat es bereits zu existieren aufgehört? Was für ein Land wird dies sein, wenn alle Künstler ausgestorben sein werden, deren Ideen, lebenslange Hingabe, Fertigkeiten und tägliche Arbeit ihre Gemeinschaften wahrhaftig ermöglichen? Ich nehme an, daß sich viele Menschen fragen, ob Spanien noch einmal einen Velásquez, Goya, Buñuel oder Picasso hervorbringen kann. Doch ich frage, ob die künstlerischen Formen eines Gemeinschaftslebens – einer häuslichen Kunst –, die eine ungebrochene Tradition erfordern, nicht noch wichtiger für das Leben eines Volkes sein könnten.

12 Von Belorado nach San Juan de Ortega

15. Mai

Kalt und wolkig ist es heute, aber noch kein Regen. Hügel und Wälder – vielleicht könnte man einige sogar Berge nennen. Als ich einen Pfad herunterkomme, sehe ich Ruinen. Auf einem Schild steht, daß dies die Überbleibsel des Klosters San Félix sind, das seine Blütezeit zwischen dem fünften und siebten Jahrhundert hatte. Das ist mitten in der Westgotenzeit, nachdem die Römer abgezogen waren und bevor die Mauren ankamen. Dies ist der wohl älteste menschliche Bau, den ich in meinem Leben gesehen habe. Vor so langer Zeit formten Menschen diese Steine und setzten sie übereinander, um ihre Wohnung zu schaffen, ihren Platz für Arbeit und Gebet. Wieviele Klöster, Konvente und Kirchen sind hier in Spanien gebaut worden!

Lange Zeit wandere ich durch einen Wald. Allmählich, in der Stille, fühle ich mich angenommen, aufgenommen von den Bäumen; ich bewege mich zwischen ihnen wie ein lebendiges Geschöpf unter anderen. Sag, was bedeutet dieser Ort? Ist er stellvertretend für das Universum selbst? Ist er wirklich unberührt von den Symbolen der Menschen? Denn die Welt besteht einfach so, sie enthält keine Zeichen. Später scheint der Waldpfad dann auf einen Berg zu führen. Auf der Spitze verläuft ein einsamer Forstweg, und ich komme zu einem recht einfachen Steindenkmal, das weder groß noch beeindruckend ist. Ich blicke näher hin und erkenne, daß es zu Ehren von *los caídos – 1936* errichtet wurde … für alle, die in dem schrecklichen Bürgerkrieg (1936–1939) getötet wurden. Die Inschrift lautet: „Ihr Tod war nicht umsonst – ihr Töten war umsonst". Das Monument scheint vergessen und mehr oder weniger unzugänglich zu sein – außer für Leute auf dem *camino*.

Hier werde ich zum ersten Mal direkt an jenen Krieg erinnert, einen Konflikt, der für einen Ausländer voller Dunkelheit und Geheimnisse ist. Aber ich vermute sehr stark, daß jedenfalls eines sicher ist: Heute müßte die Inschrift rückwärts gelesen werden, um die Wahrheit wiederzugeben. Ihr Tod war umsonst ... die Menschen und Ereignisse, die das öffentliche Leben in Spanien heute gestalten, haben die Gründe, aus denen beide Seiten gekämpft haben, historisch obsolet gemacht. Oder, mit einem Begriff von Américo Castro, sie sind nicht *historiable*, das heißt über die Zeit fortdauernd, wie das Werk von Cervantes. Aber das Töten *war* notwendig ... der Haß und die Leidenschaften, die die Menschen damals beherrschten, mußten abreagiert werden, mußten in einem Töten des Bruders durch den Bruder enden. Auf beiden Seiten waren die Greueltaten furchtbar, die Menschen kämpften mit der Grausamkeit eines *Religions*krieges. In den Caprichos von Goya, der Pein von Unamuno, der Traurigkeit von Ortega y Gasset und den Filmen von Buñuel erkennt man die schrecklichen persönlichen Zeugnisse über Spanien, wie es eine gründliche und heftige Schlacht gegen seine Vergangenheit kämpft. Obwohl jede Armee für Ideale zu kämpfen glaubte, die denen der anderen völlig entgegengesetzt waren, wurden beide im Grunde von ein und derselben Ideologie angefeuert, nämlich die Nation von denen zu reinigen, die an die falschen Götter glaubten.

In der ganzen spanischen Geschichte, seit der Zeit des hl. Isidor (570–636) – dem ersten Verfechter eines spanischen Staates und Autor einer Abhandlung, die geschrieben wurde, um der katholischen Geistlichkeit zu helfen, einen intellektuellen Streit mit den Juden zu führen – wurden alle, die nicht dem „offiziellen" Glauben anhingen, verfolgt, getötet oder verbannt. Die Ursprünge einer derartigen Haltung im christlichen Westen lassen sich wohl im Edikt von Mailand (313) finden, in dem Kaiser Konstantin die christliche Religion als offizielle Religion des Imperiums anerkannte. Damit wurden zum ersten Male in der Geschichte des späteren Europa die zivilen Rechte eines Menschen von seiner Zugehörigkeit zu einer bestimmten Glaubensgemeinschaft abhängig. Jedes Land hat diesen Grundsatz unterschiedlich gedeutet und angewendet. An Orten, wo dieser Grundsatz verstärkt galt, waren Juden und Häretiker die ersten Gruppen, die darunter leiden mußten. Interessanterweise ist Rom einer der wenigen Orte in Europa, an dem Juden seit dem Altertum sicher waren. In Spanien wurde nach der islamischen Eroberung (711) dieser Grundsatz über Juden und Häretiker hinaus angewendet und schloß dann auch Moslems (Ungläubige) ein. Aber von Jahr zu Jahr und von Ort zu Ort wurde er *ganz* unterschiedlich angewendet (oder nicht angewendet).

Das einzige Muster oder die einzige Beständigkeit, die ich von den Zeiten der Westgoten bis heute feststellen kann, besteht darin, daß Führer im allgemeinen die Führung übernehmen, indem sie einen Grundsatz der Intoleranz und des Hasses gegen jene vertreten, die den falschen Glauben haben. Als zum Beispiel Alfonso VI im Jahr 1085 Toledo eroberte, gestattete er den Mauren, ihre Moschee zu behalten und zu benutzen. Kaum hatte er die Stadt verlassen, nahm der Erzbischof sie ihnen fort und verwandelte sie in eine christliche Kirche. Als Granada am 2. Januar 1492 fiel, wurde Hernando de Talavera, Isabellas Beichtvater und ein heiliger *converso* (Konvertit vom Judentum), zum Erzbischof ernannt. In acht Jahren gewann er mit seiner vorsichtigen Annäherung keinen Konvertiten, da er die Mauren als Menschen achtete. Kardinal Ximénez de Cisneros, eine der stärksten Gestalten in jener Zeit, wurde an seiner Stelle zum Erzbischof ernannt. Der Kardinal verstieß gegen die Bedingungen des Friedensvertrages und versuchte, den Glaubenswechsel zu erzwingen. Ein blutiger Krieg folgte.

Jüngst wurde in dem Brief der Bischöfe aus dem Jahr 1988 gesagt, daß Santiago die Katholiken in Spanien beschützt habe, besonders in der *Reconquista*. Dies ist die mit starken „mystisch"-religiösen Begriffsinhalten versehene Bezeichnung für die Aktion, die in der Schlacht von Covadonga (718) begann und mit der Einnahme von Granada (1492) beendet wurde – eine Reihe von Schlachten und Belagerungen, durch die schließlich die gesamte Halbinsel wieder unter katholische Herrschaft kam. Der säkulare Ausdruck der Frömmigkeit der Menschen, sagen die Bischöfe, sei in dem Voto de

Santiago einem Mandat unterstellt worden, einer bis heute nicht unterbrochenen Tradition – was nicht ganz wahr ist, da die Cortes das Voto im neunzehnten Jahrhundert abschafften; Franco führte es in diesem Jahrhundert wieder ein. Das Voto, ein Tribut, dessen genauer Umfang mit den Jahren wechselte, wurde von den säkularen Behörden einiger Provinzen oder von ganz Spanien (auch das änderte sich mit der Zeit und dem Ort) aus Dankbarkeit gegenüber Santiago für sein göttliches Einschreiten in der Schlacht von Clavijo (844) an die Kirche in Compostela bezahlt. In dieser Schlacht besiegte Ramiro I mit der Hilfe des auf einem weißen Pferd sitzenden Santiago die Mauren und beendete damit den berüchtigten Tribut *las cien doncellas*. Das alljährliche Ausliefern von hundert Jungfrauen an die maurischen Herrscher war den Christen nach einer früheren Niederlage auferlegt worden. Heute glauben die Historiker, daß Pedro Marcio im Jahr 1150 diese Geschichten geschrieben und daß es die Schlacht und den Tribut niemals gegeben habe. Es gab jedoch eine Schlacht in Simancas im Jahr 939, in der die Christen unter Ramiro II die Mauren besiegten. Kontroversen über das Thema des Voto stellen eine der längsten und meistdiskutierten Auseinandersetzungen in der spanischen Geschichte dar.

Das Bild von Santiago auf einem weißen Pferd, wie er den Angriff auf die Mauren leitet, legt die Gestalt von Santiago Matamoros (dem Maurentöter) fest und wird das Symbol der Reconquista. Er wird später in verschiedenen Schlachten der Reconquista gesehen und setzt dieses Eingreifen in der Neuen Welt fort, wo er Indianer tötet. In Europa gibt es zwei Santiagos, Peregrino und Matamoros, aber in den amerikanischen Ländern ist nur der Maurentöter bekannt.

Manche glauben, daß Spanien ohne Santiago sein Schicksal niemals hätte erkennen können, daß Santiago der Ursprung der Christianisierung und Größe Spaniens sei. Schon am Anfang der *Reconquista* wurde der Schlachtruf gehört: „Santiago y cierra España!" – „Santiago und Spanien den Spaniern!" Eines der kraftvollen Bilder im Zusammenhang mit diesem Kampf ist das Cruz de Santiago – das Kreuz des Santiago. Es handelt sich dabei um eine Fahne oder ein Banner; auf weißem Hintergrund befindet sich ein rotes Kreuz in Form eines Schwertes, das es auch symbolisieren soll. Während der vierzig Jahre von Francos Herrschaft machte die Regierung intensiven Gebrauch von Santiago, um die Ideologie des Staates zu legitimieren. Und in vielfacher Hinsicht war die *Reconquista*, die schließlich vielleicht mit dem Bürgerkrieg von 1936–1939 zu Ende ging, ein religiöser Kreuzzug.

Die drei Studentenpilger von 1928 beten beim Eintreffen in Compostela zu Santiago für *la Patria* (das Vaterland), er möge es mächtig und christlich machen. Im Jahr 1937 beten der Priester und der junge *requeté* (karlistischer Milizmann) für die Errettung Spaniens, wobei sie die Männer der Armee loben, die solange kämpfen, bis Spanien „gereinigt und gesäubert" ist – was das Töten der falschen Sorte von Spaniern bedeutet. Als die Republik im Jahr 1939 fiel, gingen Tausende ins Exil, nicht Juden oder Mauren, sondern Christen, deren Denkweise nicht rein genug war, sie vor dem Tod oder einer langen Gefangenschaft zu bewahren. Inzwischen war die Aufgabe, zu gewährleisten, daß nur die richtigen Glaubensgrundsätze befolgt wurden, an die säkulare Behörde übergegangen. Hier auf diesem Berggipfel haben diese Menschen ein Denkmal errichtet. Aber ihre Kinder sehen es nicht; würden es wahrscheinlich weder verstehen noch irgendein Interesse daran haben.

Man mag anzweifeln, ob Santiago tatsächlich in Coimbra (1064) erschienen ist – einer anderen wichtigen Schlacht der *Reconquista* – und heldenhaft auf seinem weißen Pferd gekämpft hat, aber es gibt keinen Zweifel daran, daß jene Menschen, die spätere Schlachten fochten, glaubten, daß Santiago auf ihrer Seite sei, daß sie nicht verlieren könnten. Gegen Ende der *Reconquista* war diese Überzeugung so stark entwickelt, daß ein Historiker wie Américo Castro sagen kann, daß Santiagos Einfluß ausschlaggebend gewesen sei für die Festlegung des typisch spanischen Wesens (*el modo peculier de ser*), das den Glauben an das Schwert von Santiago mit einschloß, verbunden mit einer Ökonomie von Eroberung und Raub. Man kann argumentieren, daß diese – besonders in

Kastilien vorherrschende – Mentalität einer der Faktoren ist, die dazu beigetragen haben, daß Spanien sich wirtschaftlich nicht so wie andere europäische Nationen entwickelt hat.

Albelba, ein Chronist aus dem Jahr 880, schreibt, daß die Sarazenen die Halbinsel besetzt hätten, aber daß die Christen sie Tag und Nacht in Schlachten bekämpften, bis sie vertrieben worden seien. Castro glaubt, daß die Katholiken den Begriff eines heiligen Krieges als Antwort auf die islamische Herausforderung entwickelt und dadurch eine gewisse (eigentümliche) Auffassung von „christlich" geschaffen hätten, ein Volk, das sich zu einem kriegsähnlichen Glauben bekenne. Die Christen benötigten auch einen Kriegsruf, den sie dem Schlachtruf der Mauren entgegensetzen konnten. In dem klassischen *Poema del Cid* (1140) liest man:

die Mauren schreien: Mohammed!
und die Christen: Heiliger Jakobus!

Dies hat sich dann zu der Losung der Nation „Santiago und Spanien den Spaniern!" entwickelt, die eine eindringliche, ausschließliche Sicht des Nationalen und die Möglichkeit für eine kollektive Seele ausdrückt. Der Glaube der Menschen an diese Form eines heiligen Krieges war wirklich, die Schlachten waren wirklich, Menschen starben. Aber wo ist dieser Glaube heute? Und welche Beziehung gibt es zwischen meiner Suche nach dem Glauben, diesen früheren Generationen von Gläubigen und dem Fehlen des Glaubens in Spanien heute – wie bei dem jungen Mann in Cizur Menor? Einer Sache bin ich wenigstens gewiß: der Glaube dieser früheren Jahrhunderte war nicht einfach.

Irgendwie müde und kalt – aber nicht naß, denn es hat heute nicht geregnet – komme ich in San Juan de Ortega an, genannt nach einem Nachfolger von Santo Domingo de la Calzada, der auch sein Leben mit der Arbeit am *camino* und der Unterstützung von Pilgern verbracht hat. Es sind noch viele Dokumente vorhanden, die sich auf sein Leben beziehen, daher sind die Einzelheiten bekannt. Geboren im Jahr 1080, wurde Juan als junger Mann zum Priester geweiht.

Dann arbeitete er zusammen mit Santo Domingo. Als dieser starb, unternahm Juan eine Pilgerreise in das Heilige Land (1109). Auf der Rückreise zerschellte das Schiff, mit dem er segelte. Wunderbarerweise durch das Einschreiten des hl. Nicolás de Bari gerettet, versprach er, eine Kirche im Namen des Heiligen zu errichten, die den Ursprung der heutigen Kirche darstellt. Die Wahl des Standortes fiel auf diese Stelle wegen der Gefahr für die Pilger in dieser Gegend; denn die Diebe, die Pilger ausraubten, suchten in diesem Wald Unterschlupf. Juan begründete auch eine Gemeinschaft von Regular-Kanonikern, die der Kirche angeschlossen war; sie halfen Pilgern, die hier rasteten. Entsprechend der Überlieferung baute oder reparierte Juan Brücken in Logroño, Nájera, Santo Domingo de la Calzada und an anderen Orten. Sein Testament, von neunzehn Personen bezeugt und unterschrieben, ist noch erhalten. Nach seinem Tod am 2. Juni 1183 wurde der Name der Kirche und des Dorfes ihm zu Ehren geändert. Laffi schreibt, daß er (Laffi) sich im siebzehnten Jahrhundert in den Wäldern hier in der Nähe verirrt und von Pilzen gelebt habe, bis er das Kloster und die Kirche habe finden können. Ohne die gelben Pfeile würde auch ich mich verirren. Obwohl der jetzige Wald angepflanzt ist, wahrscheinlich von der Regierung, ist es noch immer ein richtiger Wald.

Heutzutage gibt es hier ein riesiges, leeres Kloster, das zum Teil als *refugio* benutzt wird, eine Kirche – renoviert – und, nach allem, was ich sehen kann, nur wenige Häuser. Das gewaltige Grabmal des Heiligen befindet sich in der Kirche. Ein großer Touristenbus ist in der Nähe geparkt. Die Reisenden kommen bald aus einer Bar heraus, besteigen ihren Bus und fahren ab. Ich treffe verschiedene spanische Pilger, die auf dem *camino* nur am Wochenende wandern, und ein deutsches Paar, das die halbe Strecke in diesem Jahr und den Rest im nächsten Jahr wandert. Auf einer Bank in der Sonne sitzend, esse ich mein Mittagessen, das ich im Rucksack mitgebracht habe. Ich habe gehört, daß man hier keine Lebensmittel kaufen kann. Es wird jedoch erzählt, daß der Gemeindepfarrer allen Pilgern eine berühmte Knoblauchsuppe serviert. Aber ich frage mich, wo die Gemeinde ist; die wenigen

Häuser scheinen in den waldbedeckten Bergen und einigen verstreuten Feldern verloren zu sein.

Bald kommt ein Mann und öffnet das angrenzende Gebäude. Dort empfängt er uns, stempelt unser *credencial* und läßt uns in das Kloster/*refugio* hinein. Ich sehe keine Mönchszellen; die Pilgerbetten befinden sich in zwei großen Räumen. Ich versuche, ein Fenster zu öffnen, da Kälte und Feuchtigkeit drinnen schlimmer sind als draußen. Eine gewisse frostige Gleichförmigkeit durchdringt all diese Steingebäude an kalten, nassen Tagen. Es sind mehrere warme Duschen und viele Waschbecken in den Badezimmern – eines für Männer und eines für Frauen – aber auf einem Schild steht geschrieben, man möge keine Kleider waschen. Das fällt mir als eine eigenartige Vorschrift auf, ich habe sie nie zuvor gesehen.

Bis zum Abend haben ungefähr zwanzig Leute ihre Betten in den beiden Schlafräumen ausgesucht. Jedem wird eine Schale mit Suppe und ein Stück Brot gegeben. Lecker! Wie gut sie schmeckt! Ich könnte noch drei oder vier Schalen essen und mindestens einen halben Laib Brot. Langsam schaue ich umher, um zu sehen, ob es einen Nachschlag gibt. Ich habe kein Glück; es ist alles aufgegessen.

Wieder im oberen Stockwerk und nun im Schlafsack, versuche ich die Erfahrung mit jenem Denkmal zu ordnen. Ich verstehe jetzt, daß die Menschen nicht nur Santiago „geschaffen" haben, sondern sogar zwei gemacht haben. Sind sie vollständig getrennt? oder irgendwie verbunden? Manche Autoren halten es für möglich, daß Santiago, der *jinete celestial* (der himmlische Krieger) erst im zwölften Jahrhundert erschaffen wurde, als die Dokumente, die sein Erscheinen in Clavigo, Coimbra und bei Karl dem Großen (in dem *Liber Sancti Jacobi*) beschreiben, offensichtlich erstmals geschrieben wurden. Aber Pilger waren schon zweihundert Jahre vor diesen Aufzeichnungen nach Compostela gegangen. Später, besonders im fünfzehnten Jahrhundert, wurde die Idee, eine Pilgerreise nach Compostela zu machen, mit der Idee verbunden, auf einen Kreuzzug zu gehen – unter bestimmten Bedingungen konnte man die gleichen geistlichen Vorteile erhalten.

Eines scheint klar zu sein, daß viele dieser Menschen, indem sie sich Santiago entsprechend ihren Bedürfnissen und Phantasien vorstellten, ihn *benutzten*. Dies soll jedoch nicht als eine moralische Beurteilung gelten. Sondern ich möchte den Versuch machen, zu der Wahrheit über Santiago in unserer Zeit zu gelangen, der persönlichen Wahrheit für mich. Durch das Studium der Vergangenheit hoffe ich, den Santiago zu finden, der in meine Welt paßt, nicht weil ich ihn passend mache, sondern weil ich sehe, wie *ich* mich selbst für *seine* Wahrheit passend mache. Dies kann ich nur tun, wenn ich der Wahrheit der Vergangenheit gegenübertrete, nicht um sie mit meinen Kriterien zu beurteilen, sondern um aus ihr zu lernen.

13 Von San Juan de Ortega nach Burgos

16. Mai

Ein kühler, aber sonniger Sonntag, angenehm zum Wandern. Ohne Schwierigkeit gelingt mir ein früher Aufbruch am Morgen, da hier die Dorfstraßen kein kompliziertes Labyrinth bilden – es gibt nur die klaren gelben Pfeile und angenehme ländliche Überraschungen. Ungefähr zehn Kilometer vor Burgos erreiche ich den Gipfel eines Berges und sehe in der Ferne die Stadt vor mir. Aber es stellt sich heraus, daß der Weg von diesem Berg hinunter ein gewundener Pfad und eine kurvenreiche Straße ist und niemals wieder einen offenen Blick auf die Stadt freigibt. Die anhaltende Vielfalt von Feldern und Häusern fesselt jedoch meine Aufmerksamkeit, bis ich die Außenbezirke von Burgos erreiche.

Ich habe gehört, daß es zweifelhaft ist, ob eine Unterkunft in Burgos existiert. Daher beschließe ich, an der Kathedrale mit dem Fragen zu beginnen. Diese Kirche (Santa Maria la Mayor) wird als eines der großen Beispiele spanischer gotischer Architektur angesehen, und die Zahl der Geschäfte, die Postkarten und Andenken in der unmittelbaren Nachbarschaft verkaufen, bezeugt ein intensives touristisches Interesse. Ich gehe hinein, begegne auf dem Korridor einem Priester und frage ihn nach dem *refugio*. Er ist unsicher; er meint, es werde wohl ein neues gebaut; das alte habe sich im Priesterseminar befunden und dort wüßten sie vielleicht mehr. Er fügt hinzu, daß dies Seminar nur einige Straßen entfernt sei.

Ich habe keine Schwierigkeit, es zu finden, ein riesiges graues Gebäude auf einem Hügel. Es ist wahrscheinlich nicht älter als zwanzig oder dreißig Jahre, aber mit dem Alter wird es noch düsterer und gleichförmiger werden; genau wie jene Wohnblöcke in Estella. Wie konnten die Spanier nur solche häßlichen Gebäude entwerfen und bauen? Ich dachte, die Kirche hätte einen guten Ruf als Schutzherrin der Künste. Das einzig Auffällige an diesem Bau ist seine Größe – und die ist schlecht berechnet worden. Ich kann sehen, daß fast alle Fenster (eins für jedes Studentenzimmer, vermute ich) mit Rolläden dicht geschlossen sind. Offensichtlich wohnen sehr wenige Seminaristen hier.

Ich betrete die riesige Eingangshalle und finde einen Pförtner in einem Zimmer auf der einen Seite. Ich frage, ob es hier ein *refugio* gebe. Er zögert, dann spricht er, aber sein Benehmen ist recht unsicher und irgendwie entschuldigend. Er willigt jedoch ein, mir die Einrichtung zu zeigen. Wir gehen einen Korridor auf diesem Stockwerk, dem Erdgeschoß, entlang, und er öffnet eine Tür, die in einen großen, turnhallenähnlichen Raum führt, der dunkel und offensichtlich leer ist. Der Mann führt mich dann weiter den Korridor entlang zu einem Bad, in dem ich eine Toilette und zwei Waschbecken finde, aber keine Dusche. Ich danke ihm, und er kehrt auf seinen Posten zurück.

Zuerst muß ich nun Wäsche waschen, da ich es gestern nicht konnte und heute die Sonne scheint. Die Becken sind dafür geeignet, und das Fehlen des warmen Wassers ist kein Hindernis. Als ich in die Turnhalle zurückkehre – es konnte nur eine solche gewesen sein –, gelingt es mir, einen der Fensterläden aufzustoßen; alle anderen sind zugerostet. Sie sind *lange* Zeit nicht geöffnet worden. Beim Hinausschauen sehe ich einen großen Hof mit zwei Flügeln dieses riesigen Gebäudes, zu meiner Rechten und zu meiner Linken. Als ich einen Stuhl unter das hohe Fenster stelle, kann ich das Fensterbrett erreichen und hochklettern. Ich nehme den Stuhl mit, um draußen hinunterzugelangen. Dort ziehe ich meine Wäscheleine zwischen einem Metallpfosten im Hof und dem Fensterladen. Als die gewaschenen Kleider in der hellen Nachmittagssonne aufgehängt sind, ist die Aufgabe erledigt.

Nun, nachdem ich etwas Licht in den Raum hineingelassen habe, blicke ich umher und entdecke einen Stapel Schaumgummimatratzen in einer Ecke und noch ein paar Stühle. Die Matratzenüberzüge sind recht fettig und schmutzig, aber das wird meinen Schlafsack nicht beeinträchtigen.

Ich kann die Verhaltensweise des Mannes jetzt leicht verstehen – er war wahrscheinlich zutiefst peinlich berührt von dem, was er diesem Ausländer anbieten mußte.

Als ich mich auf die Suche nach Essen mache, danke ich dem Pförtner im Vorbeigehen und sage ihm, daß dies alles wirklich in Ordnung sei – was die Wahrheit ist: Das Seminar bietet alles Wesentliche. Ich frage ihn wegen des Abstempelns meines *credencial*, und er sagt mir, der Rektor habe den Stempel. Er sei ausgegangen, werde aber später am Tag zurückerwartet. Ich frage ihn nach Möglichkeiten zum Einkaufen von Lebensmitteln, und er empfiehlt eine Bar in der Nähe, in der ich, wie er sagt, recht billig essen könne. Die Geschäfte scheinen am Sonntag geschlossen zu sein.

Die Bar ist nur zwei oder drei Straßen entfernt, und ein Tellergericht ist gut und sehr preiswert. Während ich auf meine Bestellung warte, bemerke ich, daß die Tageszeitung eine Geschichte über Compostela enthält, so lese ich sie beim Essen. Der Direktor von UNESCO war in der Universität von Compostela, um einen Ehrendoktor zu empfangen. In seiner Dankesrede sagte er, daß der *camino* vielleicht zum *patrimonio de la Humanidad* erklärt werde – was immer das heißt. Am 27. Oktober 1987 wurde der *camino* schon zum *primer iterinario cultural europeo – un patrimonio histórico, literario, musical y artístico* erklärt – zum ersten europäischen kulturellen Reiseweg – einem historischen, literarischen, musikalischen und künstlerischen Erbe. Der Schreiber der Geschichte fügt hinzu, daß die französische Regierung gebeten habe, ihr Stück des *camino* in solch eine Erklärung einzuschließen, denn er sei auch *un sitio cultural y natural transnacional* (eine kulturelle und natürliche internationale Stätte).

Ich gehe ein oder zwei Straßen weiter bis zur Kathedrale und kann dort an der Messe teilnehmen. Der Rosenkranz heute draußen auf dem *camino* war ein ruhiges Suchen, ein weiterführendes Eindringen in den Glauben, ein weiteres Begreifen der Mysterien.

Es ist ein warmer, sonniger Nachmittag. Ich komme an einem alten Steinbogen vorbei und finde eine Promenade, die zum großen Teil durch das Zentrum der Stadt zu verlaufen scheint. Ich sollte vielleicht auf ihr spazierengehen, aber das ist wahrscheinlich zu viel zusätzliche körperliche Anstrengung. Die Promenade ist voll von Bäumen, Büschen, die in verschiedene Formen geschnitten wurden, Blumen, Gras und breiten Wegen. Die Menschen von Burgos müssen stolz auf so etwas Schönes sein, das sich durch ihre Stadt zieht. Ich finde sofort ein Straßencafé – von dem ich die ganze Zeit geträumt habe! Der Kaffee kostet 200 Peseten, wogegen das reichhaltige Essen nur 500 Peseten gekostet hat. Nun, ich muß damit rechnen, für ein elegantes Café in solcher erstklassigen Lage zu bezahlen. In einem ständigen Strom schlendern gutgekleidete Bürger vorüber, die alle hier draußen den warmen Frühlingstag genießen.

Meine Gedanken wenden sich Burgos zu, das von hier aus wie ein höchst ansprechender urbaner Raum aussieht. Die Stadt wurde um das Jahr 884 gegründet, und in der Geschichte war sie berühmt als die Haupt-Stadt des *camino*. Es gibt eine Anzahl unbedeutenderer Gründe für diesen Ruf (zum Beispiel stießen hier zwei verschiedene Straßen aus Frankreich zusammen, die eine, auf der ich wandere, und diejenige, die von Bayonne kommt), aber der wirklich bedeutende ist die Tradition ihrer Gastfreundschaft gegenüber Pilgern. Schon während des Entstehens des *camino* begannen die Könige von Kastilien, die sich mit ihrem Hof zu jener Zeit hier aufhielten, *hospitales* für Pilger zu bauen und zu stiften. Über Jahrhunderte war das berühmteste – und in ganz Europa bekannte – das Hospital del Rey, das im Jahr 1195 von Alfonso VIII gegründet wurde. Es wurde als der beste Rastplatz für Pilger angesehen wegen seiner Organisation, seiner Ausstattung, wegen des mit ihm verbundenen königlichen Prestiges und seiner Dienste für Pilger – materiell und spirituell. Im sechzehnten Jahrhundert gab es dort Beichtkaplane, die die Sprachen aller europäischen Pilger sprechen konnten. Berichte bestätigen die Quantität und Qualität von Essen und Wein, die den Reisenden gegeben wurden. Das Hospital del Rey war bis ins neunzehnte Jahrhundert in Betrieb, und die Gebäude – jetzt sehr verändert – stehen noch heute und beherbergen eine Rechtsschule.

Andere Könige, Einzelpersonen und religiöse Orden errichteten ebenfalls *hospitales*. Im fünfzehnten Jahrhundert erwähnte ein deutscher Pilger, Hermann Künig von Vach, in seinem Reiseführer für Deutsche, daß er zweiunddreißig Unterkünfte zum Übernachten gezählt habe. Aber nicht alle werden groß gewesen sein. Dessen ungeachtet, die Stadt hatte damals nur ungefähr zehntausend Einwohner. Viele Dokumente verweisen auf Burgos als die Stadt der Gastfreundschaft par exellence – was mir hilft, den Kummer des unglücklichen Pförtners zu verstehen, als er mich zu der dunklen und verlassenen Turnhalle geleitete.

Manche Autoren glauben, daß die größte Attraktion in Burgos, die die Pilger hierher zog, ein Kruzifix mit „corpus", El Santo Cristo, gewesen sei. Es befand sich in einer Kapelle, die der Kirche und dem Kloster der Augustiner angeschlossen war. Eine Überlieferung besagt, daß es von dem Nikodemus des Neuen Testamentes geschaffen worden sei. Irgendwann im späten Mittelalter fand ein Kaufmann das Kruzifix in einem auf dem Meer schwimmenden Kasten und schenkte es diesem Kloster. Eine französische Pilgerin, Madame d'Aulnoy, die ihre Reise hier im siebzehnten Jahrhundert zur Besichtigung des Kreuzes unterbrach, schrieb, daß mehr als einhundert Lampen die Kapelle erleuchtet hätten, einige aus Silber, andere aus Gold gefertigt. Sie zählte auch sechzig silberne Kerzenleuchter, die höher als ein großer Mann waren und so schwer, daß zwei oder drei Arbeiter benötigt wurden, um sie zu bewegen. Die Kapelle war auch mit Opfern und Votivgaben gefüllt. Eine lebensgroße Figur des Gekreuzigten befand sich auf einem Altar hinter drei Vorhängen, deren Ränder mit Perlen und Edelsteinen besetzt waren. Nach Mme. d'Aulnoy gab der Körper den Anschein von richtigem Fleisch. Die Brüder hätten ihr versichert, daß er jeden Freitag Blut schwitze. Auch Laffi hielt sich hier im siebzehnten Jahrhundert auf und vermerkte den tiefen Eindruck, den das Kruzifix auf ihn machte, folgendermaßen: „Dies heilige Bild würde sogar Steine zu Mitleid rühren, wenn sie solchen Gefühls fähig wären ..."

Im achtzehnten Jahrhundert besuchte ein französischer Pilger, der etwas skeptischer war, ebenfalls diese Kapelle. Er nennt die Brüder Dominikaner, ein offensichtlicher Fehler, da all die anderen Dokumente klar aussagen, daß dies eine Gründung der Augustiner in der Stadt war. Sonst ist sein Bericht dem etwa fünfundzwanzig Jahre früher verfaßten seiner frommen Landsmännin, Mme. d'Aulnoy, ähnlich. Er schreibt, daß die Spanier der Statue viele Wunder zuschrieben, aber für ihn wäre das größte Wunder der Reichtum dieses Klosters. Er enthüllt seine Gefühle über dieses Kloster in der Feststellung, daß die Brüder sehr groß wären, sogar dick, und sehr unwissend, denn sie würden kaum ein Wort Latein kennen.

Gleichfalls im achtzehnten Jahrhundert berichtet ein anderer französischer Pilger, Guillermo Manier, nachdem er El Santo Cristo angeschaut hatte, was die Brüder ihm erzählt hatten: daß der Körper Blut schwitze, daß sie ihm den Bart einmal in der Woche kürzen und gelegentlich die Nägel an Fingern und Zehen schneiden müßten.

Ich vermute, daß viele moderne Menschen, die diese Berichte lesen, dazu neigen würden, den entlarvenden Bericht des Franzosen als den angemessensten, einfühlsamsten anzusehen. Aber ich möchte wissen, ob ein wirklich *fühlbarer* Weg zu der hingebungsvollen Pilgerreise der Menschen an diesen Ort, zu dieser Statue und ihren Geschichten, nicht *ihr* Gefühl von einer Wahrheit ist, die hier gefühlt werden muß, der Wahrheit der Inkarnation. Wenn sie glaubten, daß Gott wirklich Fleisch geworden ist, daß ihre Berührung mit dieser Wirklichkeit letztlich ihr einziger *camino* (Weg) zu Gott und ihrer Glückseligkeit, das heißt ihrer Rettung, ist, und wenn sie sich aufrichtig ihrer Schwachheit, natürlichen Faulheit und Abneigung, das Schwierige zu suchen, bewußt waren, was konnte dann passender sein, als daß ein alles-liebender Gott, der sich ihrer erbarmte, dies vielleicht ungewöhnliche, aber sicherlich fühlbare Zeugnis seiner Liebe zu ihnen möglich machen würde? Die Berichte, die ich gesehen habe, sind Zeugnisse des *Glaubens*, nicht Visionen von übernatürlichen Ereignissen.

Die beiden oben erwähnten Franzosen sagen, daß sie von dem Schwitzen des Blutes, der Notwendigkeit des Bartschneidens *gehört* hätten; sie behaupten nicht, diese Dinge *gesehen* zu haben – sie nahmen sie im Glauben hin, vielleicht naiverweise. Als Königin Isabella die Kapelle besucht, äußert sie den Wunsch, einen der Nägel zu haben, die eine Hand am Kreuz halten – sie möchte eine fromme Reliquie mitnehmen. Da sie die Königin ist, kann ihre Bitte nicht abgeschlagen werden. Aber als der Nagel herausgezogen wird, glaubt sie, den Arm ganz natürlich herunterfallen zu sehen, als gehörte er einem Menschen, nicht einer Statue, und sie fällt in Ohnmacht. El Gran Capitán Gonzalo Fernández de Córdoba hilft ihr, wieder zu sich zu kommen, macht dann von Angst überfallen einen Schritt zurück und stößt hervor: „Wir wollen Gott nicht versuchen." Sie bitten, der Nagel möge in der Hand der Statue wieder befestigt werden. Verschiedene Berichte haben die Ehrfurcht erwähnt, die die Menschen durch die Anwesenheit dieses Kruzifixes gespürt haben. Ein heiliger Gegenstand kommt auf geheimnisvolle Weise über das Meer ... jemand bezeugt seine Echtheit ... verschiedene Menschen oder Gruppen organisieren den Besuch von Pilgern ... fromme Betrügerei wird vielleicht unterstützt zur Bereicherung skrupelloser Menschen ... und doch, jenseits aller Unwahrscheinlichkeit der Legenden, abgesehen von jeder gewollten Betrügerei von geschäftstüchtigen Unternehmern liegt dort eine Wahrheit, eine Wahrheit, die nur dem Glauben zugänglich ist. Das reine Geheimnis des Glaubens, wie die Einfachheit von Gott, kann nur erreicht werden durch Mannigfaltigkeit, Verflechtung und, wenn Menschen einbezogen sind, vielleicht auch durch die Schatten der Falschheit.

Am späten Nachmittag kehre ich zum Seminar zurück und höre, daß der Rektor bei seiner Mutter zu Besuch ist und nicht vor morgen vormittag zurückkehren wird. Meine Erfahrungen hier in Burgos lehren mich, lieber mein *credencial* heute abend abstempeln zu lassen und nicht darauf zu hoffen, diesen Mann am nächsten Morgen anzutreffen. Glücklicherweise ist die Kathedrale nur drei oder vier Straßen entfernt, daher gehe ich dorthin zurück.

Ich erfahre nun, daß der Küster, der Zugriff auf den Stempel hat, gerade einem zu Besuch weilenden Prälaten in der

Messe für eine besondere Gruppe assistiert. Ich brauche mich nur zu setzen und zu warten. Ich vermute, daß keine wirkliche Notwendigkeit besteht, so besorgt zu sein wegen des Abstempelns an *jeder* Stelle, aber ich betrachte es nun als einen Sport oder als Puzzle – alle Kästchen auszufüllen, und ich habe mir vorgenommen, auch weiter mein Dokument nur an jenen Stellen abstempeln zu lassen, wo ich schlafe, um damit eine genaue Liste für mich selbst zu haben.

Als ich in das *refugio* zurückkehre, erkundige ich mich danach, wann die Tür am Morgen offen sein wird – so daß ich aufbrechen kann – und hole meine trockene Wäsche herein. In der Toilette bemerke ich, daß der Pförtner ungefähr ein halbes Dutzend Rollen Toilettenpapier gestapelt hat. Er geht wahrscheinlich bis an die Grenzen seiner Vollmachten, um es uns angenehm zu machen. Ich wünschte, es gäbe irgendeine Möglichkeit, ihm zu sagen, wie dankbar ich bin, gerade soviel Schutz zu haben, denn das ist alles, was ich heute abend benötige. Das ausgezeichnete Mittagessen und der gemächlich getrunkene Kaffee haben alle meine physischen und ästhetischen Bedürfnisse hier in dieser Stadt befriedigt.

Außen an der Tür zu unserem Schlafsaal befindet sich ein großes Schild, das alle Pilger darauf hinweist, sie sollten nur in diesem Stockwerk bleiben, da alle oberen Stockwerke besetzt seien. Ich möchte wissen womit? Ich habe hier nur drei oder vier junge Männer herumlaufen sehen, und nur an wenigen Fenstern sind die Fensterläden offen und zeigen an, daß jemand diese Räume benutzt. Drinnen in der Turnhalle begrüße ich die drei oder vier anderen Pilger, die inzwischen angekommen sind und sich einen Platz zum Schlafen auf dem Boden bereitet haben. Wir wenigen scheinen verloren in dem weiten Raum des Schlafsaales.

Vor meiner Abreise aus Deutschland hatte ich mir vorgestellt, ich würde oft auf dem Boden schlafen, da ich keine klare Vorstellung von dem *camino* hatte. Aber dieses ist die erste Nacht, in der es eintritt – ausgerechnet in *der* Stadt der Gastfreundschaft par excellence!

Als ich in meinen Schlafsack klettere, höre ich Gesang; ich lausche ... Männerstimmen. Sie singen ein Kirchenlied und dann einen liturgischen Gesang, wahrscheinlich Psalmen. Was ist das und woher kommt es? Schließlich kann ich genug hören, um den Klang als Nachtgebete zu identifizieren, die von einer Gruppe von Männern gesungen werden. Und er kommt unmittelbar von oben. Die Seminaristen müssen ihre Kapelle über dieser Turnhalle haben. Ich kann sie kaum hören – die kräftigen, ruhigen Stimmen des Gebetes, die letzte freudevolle, doch traurige Feier des Tages – eine Gemeinschaft, die ihre Stimme zu Gott erhebt. Was für ein wunderbares Bild – die Mönche mit ihren Kerzen – muß das sein! ... aber der Klang kommt aus großer Entfernung zu mir, durch die schützende Isolierung der dicken Decke. Niemand hat uns eingeladen ... merkwürdige Leute. Sind dies die zukünftigen Priester von Spanien?

14 Von Burgos nach Granja de Sambol

17. Mai

Ich habe keine Schwierigkeiten, aus Burgos hinauszufinden, und bin bald wieder in der offenen Landschaft, umgeben von dem riesigen Kreis des Horizontes. Ich bewege mich, und meine Welt bewegt sich mit mir, wie ein stetiger und fürsorglicher Gefährte. Der Tag beginnt kühl und klar, aber dann ziehen langsam Wolken auf und bedecken den Himmel. Meine Augen gehen ununterbrochen vom Boden zum Himmel und zurück. Aber die Wirkung auf mich verändert sich sehr. Ich kann ein wenig bestimmen, wo mein Fuß die Erde berührt – zum Beispiel, wenn ich einen scharfkantigen Stein vermeide – aber ich kann nichts bezüglich des Himmels tun. Er ist ein ständig wechselnder Anblick, ein immer interessanter Baldachin, unter dem ich mich bewege.

Einige Kilometer gehe ich über eine *mesa* – eine Hochfläche, möglicherweise eine Bergkuppe. Hier oben habe ich das Gefühl, in einer anderen Welt zu sein, als ob ich über die Spitze eines anderen Planeten wanderte. Der Horizont ist nicht derselbe wie „unten auf dem Boden". Ich überlege ... gibt es eine Erklärung dafür? ... Merkwürdig, fast alles Land, auf das ich meinen Fuß setze, ist neu für mich; ich bin noch niemals durch hügeliges Land gegangen.

Die Hochebene endet, und ich beginne einen Abstieg, der lang und gleichmäßig zu sein scheint. In diesem Augenblick sehe ich fünf oder sechs große Vögel gerade vor mir langsam hoch am Himmel kreisen. Ich brauche meine Augen nur etwas zu erheben, um sie zu sehen. Während meines Abstiegs blicke ich hinauf – sie sind noch immer da und scheinen in großen Kreisen zu schweben. Dann erinnere ich mich plötzlich. Ich habe solche Vögel schon früher gesehen. Es sind Bussarde! Ich bin mir ganz sicher. Warten sie auf mich? Ich lache

… „Du bist zu früh am Tag." Ich fühle mich noch recht frisch, noch in hervorragender Form nach einem guten Nachtschlaf. Es sei denn, sie wüßten etwas, das ich nicht weiß …

Nun kann ich einen anderen Horizont sehen, der irgendwie wirklicher und natürlicher erscheint, mehr von dieser Welt. Von dort oben gesehen schien der Horizont der *mesa* aus einer andern Welt zu sein. Manchmal, wenn man auf einen fernen Horizont schaut, erscheint die Entfernung endlos; es scheint nicht möglich, daß dort hinten ein Reiseziel ist, unsichtbar. Es ist, als könne ich so weit sehen, wie es etwas zu sehen gibt, und als sei nichts dort bis auf eine immer wechselnde Landschaft, verschiedenfarbige Felder, Anstiege, die manchmal zu Bergen werden, und oftmals Dörfer – zur Rechten, zur Linken, geradeaus. Wenn ich zurückblicke, grüßt mich ein ähnlicher Anblick. Es scheint nicht möglich, daß vor einigen Stunden dort hinten ein Ort war – heute ein großer Ort – von dem ich aufgebrochen bin. Nur wenige Minuten, nachdem ich Burgos verlassen hatte, konnte ich schon keine Spuren mehr davon sehen; es war verschluckt worden.

Dieser Anblick der Welt von den Füßen her ist wirklich einmalig. Das Tempo, in dem ich mich bewege, die Zeit, die ich zum Schauen habe, die Aufmerksamkeit meines Körpers gegenüber dem Raum, in dem er atmet, dies alles veranlaßt mich zu glauben, daß diese Art und Weise, die Welt zu erleben, etwas Grundsätzliches hat; sie ist irgendwie grundsätzlich für jede Erfahrung – der Welt und von allem, was ich dort finden kann. Hier draußen zu sein, ist, sehr wörtlich, eine Vorbereitung auf Erfahrung überhaupt.

Jeden Tag habe ich schließlich mein Ziel erreicht. Manchmal, wenn ich auf eine Bergspitze komme, sehe ich es plötzlich gerade unter mir, nachdem ich fünf Minuten vorher schon die Hoffnung aufgegeben hatte, überhaupt ein *refugio* an diesem Tag zu erreichen. So lebe ich auch hier im Glauben, einem Glauben daran, daß das Ziel in meinen physischen Grenzen liegt. Vielleicht ist dieses Erleben von Grenzen sehr gut, besonders weil heutzutage so viele Menschen das Vorhandensein von Grenzen nicht für wichtig halten.

Vielleicht steht die schreckliche Eitelkeit der Menschen in Verbindung mit der fehlenden Erfahrung von Grenzen. Es gibt so viele Möglichkeiten, einen müden Körper anzusprechen, verkrüppelte Sinne zu reizen, unwirkliche Welten zu erforschen, der immer wiederkehrenden Langeweile abzuhelfen. Jeden Tag hat der Ort, von dem ich losgehe, eine angenehme Körperlichkeit; ich fühle den Raum, durch den ich gehe, unmittelbar in seiner fortwährenden Mannigfaltigkeit; der Ort, an dem ich ankomme, liegt innerhalb der Grenzen der Kräfte eines Mannes. Und obwohl er nur zwanzig oder dreißig Kilometer von dem Ort entfernt ist, an dem ich losgegangen bin, ist es ein wirklich *neuer* Ort; ich bin an einem *Ort* angekommen.

Die tägliche Erfahrung, niemals zu wissen, durch welch einen Raum ich an diesem Tage gehen werde – ob ich von Regen durchweicht oder von der Sonne verbrannt werde; ob ich neue Berge hinaufsteigen oder mich um fremdartig anmutende bearbeitete Felder herumwinden werde; ob ich einen Menschen treffe, viele oder keinen – ist etwas, das ich bisher nicht gekannt habe. Ich hätte gedacht, daß dies Furcht oder Ängstlichkeit auslösen würde. Statt dessen erfahre ich, daß ich begierig bin, jeden Morgen von neuem in das Unbekannte hinauszugehen. Was geschieht mit mir? Vielleicht lerne ich etwas über die vielfachen Möglichkeiten eines Abenteuers in bestimmten Grenzen.

Kurz nach 12 Uhr erreiche ich Hornillos del Camino, ein etwa zwanzig Kilometer von Burgos entferntes Dorf. Meine Karte zeigt hier ein *refugio* an. Die Häuser und Gebäude gruppieren sich um den *camino*, der hier *La Calle Real* wird, die einzige Straße des Dorfes. Am Ende dieser Straße finde ich die Pilger-Unterkunft, in ihrer Nähe die Dorf-*fuente* mit gutem Quellwasser und auch eine kleine Kirche. Das gesamte Kirchengebäude sieht wunderschön restauriert aus, aber die Kirche ist verschlossen, und ich kann nur das Äußere sehen. Ich gehe über die Straße zu dem *refugio* – einem sehr kleinen Gebäude, das nur aus einem einzigen Raum ohne Fenster besteht. Es gibt einen Eingang, aber keine Tür. Der Fußboden ist mit einer dicken Schicht von getrocknetem

Lehm bedeckt. In einer Ecke befindet sich so viel schmutziges Stroh, daß es als Unterlage zum Schlafen ausreicht. Das ist alles. Das ist gewiß die dürftigste Unterkunft, die ich bisher gesehen habe, und wahrscheinlich würde sie Schutz vor Regen gewähren. Aber es ist noch früh am Tag, und in Burgos sagte mir einer der Pilger, daß auf seiner Karte, die neuer als meine ist, ein neues *refugio* eingezeichnet sei, das an einer *fuente* ungefähr fünf oder sechs Kilometer hinter Hornillas gebaut werde. Es kann sein, daß die Dorfleute es bauen, um das alte zu ersetzen, und es könnte möglicherweise fertig sein. Ich habe niemanden in dem Dorf getroffen, den ich hätte fragen können, aber ich werde trotzdem weitergehen.

Einige Minuten nachdem das Dorf aus meinem Blickfeld entschwunden ist, beginnt es zu regnen. Heute ist es eine ernsthaftere Sache – eine wahre Sintflut und ein heftiger Wind, der den Regen direkt in mein Gesicht peitscht. Glücklicherweise konnte ich den Poncho überziehen, ehe der Regen anfing, und so beschließe ich, weiter voranzugehen. Schließlich sind es nur fünf oder sechs Kilometer. Bestimmt schaffe ich das ... und die Bussarde sind schon vor einigen Stunden verschwunden. Ich kann nicht glauben, daß sie irgendeine symbolische Bedeutung oder Macht hatten.

Im siebzehnten Jahrhundert geschah es genau hier an dieser Stelle, daß Laffi einem Heuschreckenschwarm begegnete, beziehungsweise auf ihn stieß. Die Heuschrecken bildeten solch eine Wolke, daß sie den Himmel vollständig verdunkelten, und waren ein beträchtliches Ärgernis. Ich habe verschiedene Arten von Heuschrecken gesehen und gehört, aber niemals in solcher Anzahl, daß sie den Himmel verdunkelten. Was tun sie dem Land an? Nun, ich werde es wahrscheinlich auf dieser Reise nicht herausfinden.

Ich treffe niemanden auf dem Weg, und nach einer mir sehr lang erschienenen Zeit sehe ich ein kleines Schild: „*Refugio* – 100m" mit einem Pfeil, der nach links zeigt. Bald erreiche ich eine Kreuzung oder einen Pfad und gehe nach links. Ich sehe nichts, denn die Sichtweite ist ziemlich gering. Nachdem ich eine leichte Steigung hinaufgegangen bin, entdecke ich auf der rechten Seite Ruinen, aber kein *refugio*.

Als ich einige Meter weitergehe, sehe ich auf der linken Seite etwas, das ein Gebäude sein könnte. Beim Näherkommen kann ich einen Steinbau mit einem großen Fenster auf dieser Seite wahrnehmen. Es muß das *refugio* sein!

Als ich an die Tür komme, öffnet sie sich, und ich werde hineingebeten. Mit Beifallsrufen begrüßen mich vier spanische Pilger, die etwa in meinem Alter sind. Ich sehe, daß sie hier drinnen ihr Mittagessen verzehren. Zwei von ihnen habe ich wohl schon am Anfang meiner Reise in einem *refugio* am *camino* gesehen. Sie haben ihr Essen gerade beendet und bieten mir die Reste an: eine fast volle Büchse paté, zwei Sardinen, ein Stück Käse und zwei Orangen. Sie sagen mir, draußen sei eine gute Quelle.

Sie machen sich fertig, um zur nächsten Stadt weiterzugehen, und drängen mich, sie zu begleiten. Ein Wetterbericht hat sie von irgendwoher erreicht: Ein sehr schlimmer Sturm bewegt sich vom Atlantik landeinwärts. Hier mitten auf dem Lande allein zu bleiben, ist ihrer Meinung nach sehr unvernünftig. Ich sei nicht mehr so jung, erinnern sie mich, ich sei naß, es werde wahrscheinlich kälter werden, und ich könne eine Lungenentzündung bekommen. Wie würde ich Hilfe herbeiholen? Und wie könnte ich jetzt gleich trocken und warm werden?

Ich sehe die Bussarde vor meinem Auge, langsam kreisend, geduldig wartend ... aber dieser Ort hat mich schon mit einem gewissen Charme beeindruckt; er besitzt eine wirkliche Anziehungskraft, und ich fühle mich plötzlich sehr müde; ich habe für heute genug von diesem strömenden Regen. Bussarde hin oder her, Sturm hin oder her, ich entscheide mich, zu bleiben und mein Glück zu wagen. Immerhin regnet es hier drinnen nicht ... und wer weiß, was morgen sein wird?

Ich danke ihnen für ihre Besorgtheit und sage ihnen, ich sei entschlossen, über Nacht hier zu bleiben. Ich habe einen guten Schlafsack, er sei trocken, ich würde nicht frieren. Und die Kleider würden in der Nacht trocknen. Ich habe noch etwas Brot, eine der Orangen und ein bißchen Käse für den nächsten Morgen. Ich sei überzeugt, daß ich gut alleine zurechtkäme.

Während die Diskussion im Gange ist, gehen zwei Männer nach draußen und suchen dort etwas trockenes Stroh und Holz. Damit zünden sie ein Feuer für mich an. Nach dieser freundlichen Tat schultern sie ihre Rucksäcke, wünschen mir Glück und gehen hinaus in den Regen. Einer von ihnen, bemerke ich, hat Wickelgamaschen oder Gamaschen aus Drillich über seinen Hosen. Was für ein ausgezeichneter Schutz vor dem Regen ... denn das ist genau die Stelle, die immer durchnäßt ist: meine unteren Hosenbeine.

Ich blicke mich nun in meiner Unterkunft für diese Nacht um – ein einfaches Steingebäude, zwei Räume, erst kürzlich fertiggestellt. Dieser Raum scheint quadratisch zu sein, ungefähr vier oder fünf Meter in der Diagonalen, und öffnet sich in einen rechteckigen, etwas größeren Raum. In diesem Raum verläuft eine eingebaute Steinbank an drei Wänden entlang, und in der Mitte ist eine erhöhte Steinrampe von ungefähr einem Meter Durchmesser. Auf ihr haben die beiden Männer das Feuer angemacht. Der Rauch steigt senkrecht nach oben in eine Öffnung in der Mitte des steinernen, kegelförmigen Daches. Ich öffne die Tür einen Spalt, um mehr Zug zu erzeugen, damit der Rauch aus der Öffnung abziehen kann. Nichts ist hier drinnen als Mauern aus Stein und Mörtel, ein großes Fenster und die Tür. Die Form ist äußerst streng, alle Proportionen und Materialien sind ausgezeichnet. Bei dem Wind, der draußen pfeift, fühle ich mich gemütlich eingebettet in einen unauffällig würdevollen architektonischen Raum.

Ich lege meine nassen Schuhe und Strümpfe dicht ans Feuer und bereite mich darauf vor, einen friedlichen Abend in Ruhe und Einsamkeit zu genießen. Wenn nicht noch jemand kommt, wird dies meine erste Nacht ganz allein in einem *refugio* sein, und noch dazu in einem ganz neuen. Nichts deutet darauf hin, daß hier schon vorher jemand gewesen ist; vielleicht bin ich der erste Gast. Was für ein Glück, daß ich solch einen bescheidenen und doch ansprechenden Raum mitten in dem Sturm gefunden habe – mit einem Feuer, das mich trocknet und wärmt. Solcher Komfort war in den herkömmlicheren Unterkünften bisher nicht vorhanden.

Als der Regen nachläßt, gehe ich nach draußen und sehe

mich um. Hinter dem Gebäude ist ein kleines Gehölz aus Bäumen, eine eiserne Parkbank, ein Picknicktisch und eine Feuerstelle. Daneben sehe ich einen großen zugedeckten Kasten für Holz. Hier haben die Männer das Stroh und das trockene Holz gefunden. Unten neben den Bäumen wurde ein Brunnen gebaut, um das Quellwasser zu leiten und zu sammeln. Stücke von heruntergefallenem, getrocknetem Mörtel auf dem Boden sind auch ein Zeichen dafür, daß die Grundmauern erst kürzlich fertig geworden sind. An einem sonnigen Tag würde die ganze Umgebung höchst erfreulich wirken, aber heute ist es dunkel, naß und düster. Zurück nach drinnen an das warme Feuer!

Das Bild von tanzenden Flammen. Wie angenehm man sich fühlt, wie faszinierend es erscheint. Man kann davor sitzen und die sich ständig bewegenden Formen und das ständig wechselnde Licht stundenlang beobachten. Doch habe ich es eigentlich bis zu diesem Augenblick nie getan. Vor einigen Jahren, als ich unseren kleinen Sohn oft lange Zeit ruhig vor einem offen Feuer in unserem Haus sitzen sah, wunderte ich mich über sein Benehmen. Verschwendete er nicht Zeit? Wir hatten damals meine beamtete Universitätsstellung aufgegeben und machten den Versuch, ein Leben der Genügsamkeit auf einer Subsistenz-Farm zu führen. Ein Haus zu bauen, unsere Nahrungsmittel selbst anzupflanzen, uns von den üblichen wirtschaftlichen Illusionen und Verfahren zu entfernen, das waren Tätigkeiten und Entscheidungen, die mich manchmal veranlaßten, „unproduktive" Tätigkeiten mißtrauisch anzusehen. Ich glaubte, daß wir würdigere Lebensweisen entdecken würden. Einige der Alten (Griechen und Römer) dachten, daß es vier Grundelemente gäbe: Erde, Luft, Wasser und Feuer. Die Überlieferung ist, wenigstens im Westen, so alt und gefestigt, daß sie eine wichtige Wahrheit enthalten muß, eine Wahrheit, die mein neunjähriger Sohn intuitiv kannte und die ich ahnen kann aus der Art, in der die Flammen mich heute abend fesseln und entzücken. Erst jetzt fange ich an, etwas zu erfahren, in das mein Sohn mich schon vor Jahren durch sein stummes Beispiel hätte einführen können.

Vielleicht beende ich heute abend ein neues Stadium meiner Einführung in die Erfahrung der Elemente. Auf dem *camino* bin ich zu einem gründlichen Bewußtsein der Erde, der Luft und des Wassers gekommen. Der Erdboden drückt sich bei jedem Schritt kräftig in mich ein; die Luft füllt meine Lungen bei jedem Atemzug mit frischem Leben; das reine, glitzernde Wasser der Quellen erfrischt immerfort meinen Geist. Nun lerne ich Bruder Feuer von neuem kennen, jetzt habe ich die Stunden, in denen die fesselnden Formen und Farben der Flammen meine angeborene Sehnsucht nach Abwechslung stillen können. Eigenartig ... auf welche verrückte, zerstörerische Art und Weise so viele Menschen dieses Verlangen zu stillen versuchen mit fortwährend neuen Dingen, Personen, Sehenswürdigkeiten. Man muß nur allein da sitzen, in der Stille, vielleicht mit einem kräftigen Wind, der draußen stürmt, und seine Augen auf den hellen und zitternden Flammen ruhen lassen.

Auf dem *camino* fühle ich jetzt, daß ich mich jeden Tag in ein neues Erlebnis von Erde und Luft hineinbewege. Die Erde dringt durch meine Füße ein, wirkt aber auch auf alle möglichen Nerven in meinem Körper, indem sie Müdigkeit und Schmerz verursacht. Ich erfahre die *Kraft* dieser Berührung. Und ich fühle, daß ich ein unmittelbares Erlebnis der Luft habe. Es scheint, daß die Luft und ich dort draußen auf dem *camino* allein sind; ich bin mir ihrer Kälte oder Wärme, Trockenheit oder Feuchtigkeit immer bewußt.

Ich denke manchmal, daß ich hier auf dem *camino* bin, weil ich Gandhi in Indien getroffen habe. Eingeladen zur Teilnahme an einer Konferenz über Volkswirtschaftslehre mit Bezug auf Gandhis Leben und Schriften, lebte ich mit einigen älteren Nachfolgern von Gandhi in Wardha, wo der große Mann einen Ashram aufgebaut hatte. Einen Monat lang saß ich auf einer Matte mit diesen Männern und einigen jüngeren Frauen, während sie jeden Tag ihre Gebete sangen. Während wir in dem Ashram waren, saß ich eine Woche lang jeden Morgen in der Frühe zwei Stunden schweigend in Gandhis Hütte – die noch so erhalten war, wie er sie verlassen hatte. Als ich die fremden Stimmen in jener Hütte hörte, wurde mir klar, daß ich tatsächlich zuhören mußte, aber den vertrauten

Stimmen *meiner* Tradition. Die machtvolle *fremde* Beschaffenheit dessen, was ich dort hörte, führte mich zu der Einsicht, daß ich mich selbst in diese Art von Stille bringen mußte, aber inmitten meiner eigenen Vorfahren, inmitten der Menschen, aus deren Lenden ich abstamme.

Alle diese Menschen, das ist mir nun klar, waren vor allem Menschen des Glaubens. Beginnend mit meinen Eltern und zurückgehend zu den anscheinend unbekannten Geistern, die heute mit mir wandern, kann ich nur Dankbarkeit fühlen, nicht dafür, daß ich kein Hindu bin, sondern dafür, daß ich, wie Gandhi, zu einer Glaubenstradition gehöre. Auch ich leite meine Kraft und Richtung und (so hoffe ich) meinen Charakter aus dieser Tradition ab. Hier auf dem *camino* treffe ich nun all diese Menschen, trete ihnen gegenüber und lerne so von ihnen.

Ich bin mit Sicherheit an einem ganz anderen Ort als vor vierundzwanzig Stunden! Dort saß ich neben all den Blumen, von der Sonne gewärmt, beobachtete die Sonntagsbummler und genoß ganz und gar meinen Kaffee – hier bin ich eingehüllt in die Dunkelheit irgendwo auf einem unsichtbaren und unbekannten Abhang eines Hügels, um den die Elemente draußen ungestüm rasen, und bin von der ernsten Einfachheit des Steins umgeben und beschützt. Wieder ein wundervoll einmaliger Tag, den ich nie vergessen werde.

15 Von Granja de Sambol nach Castrojeriz

18. Mai

Da es in der Unterkunft kein Licht gibt, kletterte ich gestern abend zeitig in meinen Schlafsack. Heute morgen erwachte ich im Dunkeln und fühlte mich wie immer wunderbar ausgeruht. Zum ersten Male hatte ich die dünne Plastikunterlage ausgerollt und zwischen den Felsboden und den Schlafsack gelegt. Mit dieser einfachen Matratze hatte ich ein angenehmes Bett. Jede Nacht rolle ich das Sweatshirt als Kissen zusammen. Ein kleines Schaumstoffkissen wäre vielleicht etwas, das man mitnehmen sollte.

Mit meiner Taschenlampe kann ich genug sehen, um zu frühstücken und meine Sachen zu packen. Sobald es so hell ist, daß ich die Steine auf dem Pfad erkennen kann – um die scharfkantigen zu vermeiden und die mit den aufgemalten Pfeilen zu erspähen – breche ich auf. Es regnet noch immer, aber der Wind ist zu anderen Feldern oder Bergen abgezogen.

Ich komme durch verschiedene kleine Dörfer. In einem sagt mir eine alte Frau: „Wir werden am Nachmittag noch mehr Regen bekommen" (in diesem Augenblick hat der Regen gerade aufgehört). In einem anderen Dorf sagt ein Bauer ebenfalls weiteren Regen voraus. Sie wollen mich auf das Kommende vorbereiten.

Wie ich einen großen Hügel – oder einen kleinen Berg – hinunter und um eine Kurve gehe, entdecke ich plötzlich ein tiefer gelegenes Dorf, das ungefähr noch einen Kilometer von mir entfernt direkt vor mir liegt. Der Pfad führt geradewegs zu dem Dorfmüllplatz und dann um ihn herum. Er liegt sehr unpassend auf einem hübschen, ebenen Platz, von dem man die Häuser und Gebäude unten überschauen kann. Dieses wäre eine geeignete Stelle für ein Haus. Statt dessen ist es ein Müllplatz mit vorwiegend großen, abgenutzten oder beschädigten Dingen, wie alten Herden, bäuerlichen Maschinen und verschiedenen Baumaterialien. Als ich einen Augenblick stehenbleibe, um zu sehen, was die Menschen wegwerfen, finde ich zu meinem Entsetzen fünf oder sechs hölzerne Bauernkarren, die offensichtlich alle in brauchbarem Zustand, aber nun hier zusammen mit zerbrochenen Plastikregalen und Badezimmerzubehör abgestellt sind. Diese zweirädrigen Karren mit Rädern, die außen mit dünnen eisernen Bändern umgeben sind, werden nur von einem Tier – einem Ochsen, Esel oder Pferd – gezogen und sind mir schon bekannt; ich habe sie zuvor – in genau derselben hübschen Form – auf verschiedenen Bauernhöfen entlang des *camino* gesehen. Da ich sie an weit auseinanderliegenden Stellen gesehen habe – und sie höchstwahrscheinlich nicht aus einer zentralen Fabrik stammen –, müssen viele verschiedene Menschen erkannt haben, daß die Konstruktion ausgezeichnet war. Handwerker werden sie dann in den lokalen Betrieben hergestellt haben.

Doch habe ich noch nie einen solchen Karren in Benutzung gesehen, alle waren in der Nähe der Gebäude der Bauern abgestellt. Und dieses Mal sehe ich sie endgültig dem Müllhaufen ausgeliefert. Hieraus und aus anderen kleinen Dingen, die mir aufgefallen sind, merke ich, daß die spanischen Bauern offensichtlich plötzlich vom Ackerbau mit Ochsenkarren und Pferdekraft zu Traktoren und zur industriellen Landwirtschaft übergegangen sind. In Belorado hatte ich das große Glück, den Schuhmacher zu treffen, einen Handwerker aus einer früheren Welt; hier bin ich bestürzt, ein ausrangiertes Beispiel der großartigen Arbeit jener Welt zu sehen. Die Handwerker, die diese massiven Karren gemacht haben, sind wahrscheinlich alle tot – und ihre Welt mit ihnen.

Auf einer Strecke von zwei oder drei Kilometern bin ich auf einer einspurigen Asphaltstraße. Ich komme an einem der neuen Schilder vorbei, die ich schon zuvor auf Landstraßen gesehe habe: „Camino de Santiago." Jedes Mal, wenn ich zu einem komme, rufe ich laut aus: „ Nein! Nein! Der *camino* ist nicht für euch Leute in Autos" – und schwinge meinen Pilgerstab wild gegen das Schild. Niemand kann mich hier draußen hören, aber ich fühle, daß ich meinen Protest herausschreien muß. Der *camino* ist nur jenen zugänglich, deren Füße auf dem Boden sind. Wenn du auf dem *camino* sein möchtest, mußt du aus deinem Auto aussteigen, deine Schuhe schmutzig machen, von Schweiß durchnäßt werden, vom Regen kalt und naß sein. Du mußt müde am *refugio* ankommen, dann wirst du die Freuden des *camino* erleben.

Da ich so zeitig aufgebrochen bin und nicht mehr als ungefähr zehn Kilometer zurückgelegt habe, erreiche ich Castrojeriz um zehn Uhr morgens. Die Ruinen einer Burg befinden sich auf einem Hügel, der die Stadt überragt. Dies ist eine wichtige Befestigung gewesen, deren Ursprünge in das neunte Jahrhundert zurückreichen. Die Muslime stürmten und eroberten sie im Jahr 882. Nachdem sie den Ort eingenommen hatten, zogen sie sofort ab. Ein Jahr später waren die Christen wieder da und verstärkten die Befestigungsanlagen der Burg. Die Mauren scheinen diese Art der Kriegsführung begonnen zu haben, die moslemische *razzia* genannt wurde. Sie bestand in einem plötzlichen Überfall auf einen befestigten Ort oder eine Stadt mit dem einzigen Ziel, sich Beute zu verschaffen. Manchmal raubten sie auch Menschen zur Erzielung eines Lösegeldes oder als Sklaven.

Im Jahr 1131 eroberte Alfonso VII, der König von Kastilien, Asturien und León, die Burg von Castrojeriz, die zu dieser Zeit von den *aragoneses* (Aragonern) gehalten wurde. Ein Dokument aus dieser Zeit sagt, daß er die Burg nahm, indem er sie vom Joch von Aragon errettete, wie Christus die Sünder vor der Hölle rettete. Und so ging die Burg von einem „christlichen" Königreich an ein anderes über.

Ich habe gehört, daß hier in Castrojeriz ein sehr gutes *refugio* sei und beschließe anzuhalten. Seit mehreren Tagen habe ich nicht geduscht, und diese schlechten Wetterberichte könnten etwas bedeuten. Im Jahr 1495 erwähnte der Mönch Hermann Künig in seinem Führer für deutsche Pilger hier vier *hospitales*, und sieben waren noch zu Beginn des neunzehnten Jahrhunderts in Betrieb. Ich beginne nach Hinweisen zu fragen, sobald ich in der Stadt bin, denn die Straßen erscheinen mir verwirrender als sonst. Mehrere Male halte ich Leute an, um weitere Auskünfte zu bekommen, und dann finde ich die

Unterkunft in einem alten Gebäude, das zu einer Art Jugendherberge umgebaut worden ist. Zu meinem Glück ist sie offen. Als ich eintrete, kommt die Sonne hell heraus. Im ersten Stock finde ich einen Korridor mit Fenstern auf einer Seite und zellenähnlichen Räumen auf der anderen; oben befindet sich ein großer Schlafsaal. Und es *gibt* warmes Wasser. Auf der Rückseite sehe ich eine Terrasse mit Wäscheleinen. Ich öffne meinen Schlafsack und hänge ihn auf, da er nach Rauch riecht. Schnell wasche ich meine Wäsche und beeile mich, sie auch nach draußen in die warme Sonne zu bekommen. Die nassen Schuhe werden heute auch trocken werden.

In weiter Entfernung kann ich einige dunkle und drohende Wolken sehen, also muß ich aufpassen. Ich darf den Schlafsack nicht naß werden lassen. Vielleicht regnet es gerade in den Dörfern, wo die Leute Regen voraussagten, aber hier ist die Sonne warm und hell. Da die Luft recht kühl ist, bin ich besonders dankbar für die Sonne. Ich betrachte vielleicht den häufigen Regen als meinen einzigen „Feind". Aber ich bin recht gut mit diesem Feind zurechtgekommen. Ich habe es immer geschafft, wieder trocken zu werden, und habe niemals irgendwelche schlimmen Auswirkungen vom Durchnäßtsein gefühlt.

Hier ist ein Schild mit der Bitte an die Pilger, die Unterkunft säubern zu helfen. Aber die letzten Bewohner scheinen das ignoriert zu haben. Da ich früh hier bin, beginne ich mit dem Fegen und Schrubben. Nach dem Duschen gehe ich dann auf Essenssuche. Ein kleiner Herd und Küchengeräte sind in der Küche vorhanden, daher kann ich mir ein warmes Mittagessen kochen. Nach mehrmaligem Fragen mache ich ein Geschäft mit frischen Erzeugnissen ausfindig, aber es hat nur frischen Salat. Dann entdecke ich eine Art Supermarkt, der gerade neu aufgemacht wird und nur Zahnpasta, Toilettenpapier und ähnliches hat. Einige Straßen weiter finde ich an einer andern Stelle nur frischen Blumenkohl – und ich kann unmöglich einen ganzen Kohlkopf alleine aufessen. Ich gehe zweimal an der Fleischerei vorbei, ohne sie zu bemerken, sogar nachdem ich Hinweise erhalten habe, so klein ist das Schild in einem Fenster, das mir als zu einer Wohnung gehörend erschien. Aber bei all diesem Herumlaufen komme ich an zwei Stellen vorbei, an denen frischer Fisch verkauft wird. Da ich mir jedoch nicht zutraue, Fisch zuzubereiten, lasse ich diese Gelegenheiten vorübergehen. In der Bäckerei kaufe ich Vollweizenbrot zu einem niedrigeren Preis, als ich bisher gezahlt habe. Schließlich erstehe ich genug Dinge für das Mittagessen. Bei meinem Herumwandern in der Stadt komme ich an zwei sehr eleganten Restaurants vorbei, aber glücklicherweise bedarf ich ihrer heute nicht.

Nachdem ich mein Mittagessen gekocht und gegessen habe, ziehe ich meine wärmsten Kleider an – T-Shirt, langärmeliges Hemd, Sweatshirt, die leichte Windjacke und den schwarzen Pilgerhut aus Filz – und eile nochmals hinaus, um ein Café zu suchen. Die Sonne scheint noch, und da ich alle meine Kleider anhabe, fühle ich mich wohl. Ich finde meinen Kaffee gegenüber von dem Laden, der nur frischen Salat hatte. Wie gewöhnlich ist er sehr gut. Aber ich möchte wissen ... wieder Skrupel ... ist dies zuviel Selbstverwöhnung? Immerhin bin ich auf einer Pilgerfahrt. Und Kaffee ist vielleicht solch einem Vorhaben überhaupt nicht angemessen. Ich könnte auch, um bei einem einfacheren Erzeugnis zu bleiben, einen Liter der haltbaren Milch kaufen und etwas löslichen Kaffee. Auf diese Weise könnte ich eine große Tasse am Abend und eine am Morgen trinken – da ich die Milch nicht mit mir herumtragen kann. Aber das ginge nur, wenn ich gleichzeitig einen Markt mit Milch und eine Unterkunft mit Herd fände. Nun, ich werde darüber nachdenken ... vielleicht mache ich mir zuviel Gewissen daraus.

In den Städten habe ich Büros oder kleine Gebäude bemerkt, auf denen sich ein großes „I" befand. Und wenn ich auf einer Landstraße in die Stadt hineingehe, zeigt ein Schild an, daß es in diesem Ort dieses Büro gibt – zur Information bezüglich des „Ano Jacobeo" ... das Heilige Jahr wird gewöhnlich bei seinem weltlichen Namen genannt, der recht merkwürdig auf deutsch klingt: „Jakobus-Jahr". Obwohl es eine sehr kleine Stadt ist, hat Castrojeriz eines dieser Büros, und daher halte ich an, um zu sehen, was es dort gibt oder was sie anbieten. Der auffallendste Gegenstand ist ein großer

Videoapparat. Man drückt Knöpfe entsprechend der gewünschten Auskunft. Diese erscheint dann auf einem farbigen Schirm mit Ton.

Auch eine junge Frau ist da, um Fragen zu beantworten. Sie hat viele Plakate, Bücher und Broschüren über die verschiedenen Werbekampagnen der Regierung. Alles ist wahrscheinlich auf Santiago de Compostela und den *camino* bezogen. Für jeden Monat des Jahres gibt es eine eigene Broschüre, in der alle besonderen landesweiten Ereignisse für diese Zeitspanne aufgelistet sind, die „Programación Cultural del Camino de Santiago". Diese schließen Kunstausstellungen, Konzerte, Theateraufführugen, Vorträge und Diskussionsveranstaltungenen ein. Für den Monat, den ich durchgesehen habe, hatten die Musik, die Kunst und das Theater nichts mit Santiago zu tun. Von den Titeln her waren die Vorträge auf bewährte kulturelle Aspekte des *camino* beschränkt, sollten keine Fragen aufwerfen, die jemanden beleidigen könnten. Ich bin jedoch zu der Überzeugung gekommen, daß die Anwesenheit von Santiago in der Geschichte Spaniens und in den Herzen derer, die seinen *camino* zu gehen versuchen, viele Fragen weckt, die eine ernsthafte Erklärung fordern.

Ich kann nicht richtig herausfinden, was all die Werbung bedeutet. Ist es mehr als ein Kniff zur Steigerung des Tourismus? Alles scheint so ausgedacht zu sein, daß es den größtmöglichen Anklang findet, und ich habe bezüglich des *camino* gar nichts gesehen, was mich fasziniert und anzieht: Fragen, die mit dem Glauben verbunden sind – die Eigenart meines Glaubens, des Glaubens eines Menschen, der sich durch den wirklichen Raum bewegt und verschiedene Orte erreicht. Daher sehe ich nicht, daß irgendeine der Anstrengungen der Regierung mir hilft oder mich auch nur berührt. Wenn sie helfen würden, das Aufmalen der gelben Pfeile zu bezahlen, so wäre ich sicherlich dafür dankbar. Und wie mir aufgefallen ist, benötigen diese *refugios* etwas Geld für die Errichtung und Unterhaltung. Der Bau des neuen *refugio* in Granja de Sambol kostete viel Geld, obwohl es klein ist. Und es sieht so aus, als sei das Heißwassersystem hier in Castrojeriz neu.

Am späten Nachmittag kommt ein ernst aussehender Mann mit einem Buch für die Anwesenheitsliste und einem Tintenkissen, um das *refugio* zu kontrollieren und die *credenciales* abzustempeln. Wie viele andere, die ich getroffen habe, scheint er ein Freiwilliger zu sein, der seine Zeit für das Funktionieren eines *refugio* hergibt. Es muß noch viele solche Menschen in Spanien geben, die ich niemals kennenlernen werde – die Zeit und Geld geben, damit ich ein trockenes Bett, warmes Wasser und einen Gasherd genießen kann.

Heute brachte mich der Rosenkranz wieder zu Fragen des Glaubens. Jedes der fünfzehn Geheimnisse, von den freudenreichen über die schmerzensreichen zu den glorreichen, enthüllt etwas über die Inkarnation, die der Anfang, die Mitte und das Ende meines Glaubens ist. Aber es stellt sich die Frage: Ist es nötig, ein fleischgewordenes Leben zu leben, um an die Inkarnation zu glauben? Muß ich ein sinnliches, fleischliches Leben leben, um glauben zu können? Und wie ist die Frage unter den Umständen eines modernen, urbanen Lebens zu verstehen? Man kann argumentieren, daß viele Menschen heute wenig oder keine Erfahrung mit einem *sinnlichen* Leben haben, einer Art zu leben, die von den verschiedenen Sinneskontakten mit ihren natürlichen Objekten herrührt. Man kann ernsthaft sagen, daß durch all die technisch vermittelten „Steigerungen" zur Verbesserung von Auge, Ohr, Nase, Zunge und Haut die Sinne sich immer weiter von ihren alten Objekten entfernt haben, daß der Mensch immer isolierter in einer technisch hergestellten solipsistischen Kapsel wird und verzweifelt eine Art Entkommen durch Drogen, z. B. durch Stimmungsdrogen oder Flüge in eine virtuelle Realität, sucht.

Je weiter ich auf dem *camino* wandere, um so empfindlicher scheinen meine Sinne zu werden. Sie werden wahrhaftig gut geübt, da sie in jedem Augenblick ihren wirklichen Objekten gegenübergestellt werden. Und diese Erfahrung des Fleisches erscheint mir in hohem Maße anders als das, was ich durch die Apparate eines „Gesundheits"-Clubs kennengelernt habe oder bei einer Lebensweise mit regelmäßiger körperlicher Übung durch Jogging und verschiedene Formen von

Gymnastik. Als wir auf die Subsistenz-Farm zogen, machten mich die täglichen Anforderungen der körperlichen Arbeit – manchmal schwer, manchmal lange – mit einer neuen, umfassenderen, befriedigenderen Erfahrung meines Körpers bekannt. Aus diesen Jahren guter Arbeit weiß ich, daß mein Körper besser zu geschichtlich älteren Arten der Bewegung paßt als zu modernen oder „wissenschaftlichen" Körperübungen.

Auf dem *camino* erlebe ich mein Fleisch zweifellos unmittelbarer, vielleicht wirklicher. Vom ersten Tag an hatte ich Ärger mit meinem linken Bein. Das Knie tat mir entsetzlich weh; einmal bekam ich eine Blase am linken Fuß; manchmal hatte ich unerträgliche Schmerzen am Hacken; an einem andern Tag ließ mich ein Schienbeinknochen vor Schmerzen aufschreien. Aber das rechte Bein ist immer in Ordnung. Wie schrecklich der tägliche mühsame Fußmarsch auf dem *camino* auch ist, ich erhole mich jede Nacht; jeden Morgen sind beide Beine zum erneuten Loslaufen bereit. Meine linke Seite muß dann also meine *gute* Seite sein, diejenige, die mich lehrt, daß ich Fleisch und Blut bin, diejenige, die mir die Geheimnisse des Rosenkranzes enthüllen könnte, die Geheimnisse meines Glaubens.

Also ist der Schmerz, den ich oft auf dem *camino* fühle, etwas Gutes, nicht etwas Gutes, das gesucht werden muß, nicht etwas Gutes, das genossen werden muß, sondern heutzutage etwas Notwendiges, das mich für mein Fleisch öffnet, für einen gesunden Glauben an das Gutsein meines Fleisches – ein Glauben, der nur durch eine direkte, unmittelbare Erfahrung meiner selbst erreicht werden kann.

Viele von uns haben zu Weihnachten eine Krippe und in der Karwoche ein Kruzifix gesehen. Ich frage mich jetzt: Was sehe ich? Einen Ersatz-Jesus oder einen fleischlichen Jesus? Einige der Menschen, die auf das Kruzifix von Burgos geschaut haben, behaupteten, es hätte so *wie* Fleisch ausgesehen. Kann ich hoffen, so wie sie sehen zu lernen? Werden meine Sinne durch Reinigung und Übung auf dem *camino* auch diese Art von Empfindsamkeit erlangen?

16 Von Castrojeriz nach Frómista

19. Mai

Gestern trafen noch ein paar Pilger ziemlich spät im *refugio* ein, unter ihnen waren die beiden jungen Kanadier, die noch auf diesem Teil des *camino* wandern. Die meisten der später Angekommenen waren indessen auf Fahrrädern. Immer wenn Wanderer und Radfahrer in einer Unterkunft sind, habe ich eine feste Verteilung bemerkt: Die meisten Fußgänger haben ungefähr mein Alter. Diese beiden Kanadier sind eine ungewöhnliche Ausnahme. Die meisten Radfahrer – fast alles Spanier – sind viel jünger. Ich habe nur einen oder zwei junge Spanier gesehen, die zu Fuß gingen. Das könnte etwas mit den Schulferien zu tun haben. Die jüngeren Leute kommen vielleicht erst im nächsten Monat. Aber die Leute auf Fahrrädern – und ich habe den Eindruck, daß sie so zahlreich sind wie die Wanderer – *sind* junge Leute, jedoch etwas älter als Studenten. Ich frage mich, ob das irgendeinen historischen Bruch anzeigt, wie vom Ochsen zum Traktor? Die älteren Menschen sind noch auf ihren Beinen; die jüngeren auf ihren Apparaten. Die ältere Generation genießt die Unabhängigkeit, die Freiheit ihrer Füße. Ich möchte wissen, ob die jüngere Generation, die jetzt immer mehr von den technologischen Krücken und Zerstreuungen abhängt, den Gebrauch ihrer Füße aufgegeben hat.

Ich gehe an einigen Getreidefeldern vorbei und sehe dann genau vor mir einen Berg – aber anders als jeder, den ich mir je vorgestellt oder je gesehen habe. Er scheint sich wie eine feste Mauer direkt aus dem Boden vor meinen Augen zu erheben. Und er verläuft senkrecht zu meinem Pfad in einer geraden Linie von Horizont zu Horizont. Er scheint kein Vorbeigehen zu gestatten; er muß erklettert werden. Nun, ich bin inzwischen viel kräftiger als am Anfang meiner Reise. Doch kann ich mir nicht vorstellen, wie ich hinaufgelangen könnte; aus dieser Entfernung – ungefähr drei oder vier Kilometer – scheint es, daß ich eine unvorstellbar hohe Leiter benötigen würde.

Der Pfad geht weiter, direkt auf den Berg zu. Als ich den felsigen Fuß erreiche, sehe ich dort einen Pfad, der sich, manchmal sehr steil, auf der Oberfläche des Berges hin und her schlängelt und der den Wanderer nach oben zur Spitze bringt. Ich nehme meinen Stab fest in die Hand und beginne den Aufstieg. Und ich habe keine Schwierigkeiten. Ich *bin* kräftiger.

Auf der Spitze befinde ich mich auf einer flachen *mesa*, das ist wieder eine dieser Stellen, wo ich mich wie in einer anderen Welt fühle. Fast sofort komme ich zu einem kleinen Steindenkmal, einem Zeugen für den *camino*, um vielleicht einen erfolgreichen Aufstieg zu feiern. Die *mesa* ist nicht sehr groß, und ich bin bald auf der anderen Seite, steige hinab von ihrer Höhe und kehre zurück auf die Erde und Felder. Jetzt, beim Wandern durch hügeliges Land, fühle ich einige Regentropfen. Als es so aussieht, daß es weiterregnen wird, halte ich an und hole den Poncho heraus. Der Wind, der das Überwerfen des Poncho zu einer bedenklich frustrierenden Angelegenheit gemacht hat, wird stärker und bombardiert mein Gesicht mit hartem Regen. Dann wird der Matsch zu wirklichem Morast, der zäh an meinen Schuhen klebt und ein immer größer werdendes überflüssiges Gewicht unten an meinen Beinen bildet. Nach wenigen Schritten halte ich immer wieder an, um etwas von dem Extragepäck mit meinem Stab abzuklopfen ... Ich habe nie begreifen können, wie Armeen sich durch solch einen Matsch bewegen konnten ... Aber für mich ist es eine andere Variation meines Empfindens von dem, was zwischen dem Erdboden und mir geschehen kann. Auf neue Weise macht die Erde ihre Wirklichkeit, ihre „Rechte" eindrucksvoll geltend – sie ist nicht etwas, das gepflastert und dann vergessen werden soll. Und sie fordert mich zu einer sehr notwendigen und nützlichen Anstrengung heraus: Die Übung von Geist und Muskel hält die Kälte erfolgreich in Schach – die Anstrengung ist in meinem ganzen Körper spürbar; ich bin durch und durch warm.

Als ich mich einem Dorf nähere, das meinem geplanten Ziel nahe sein muß, sehe ich ein großes, neues Schild, das die Pilger willkommen heißt. Die Aufmachung und die Auffälligkeit, mit denen das Angebot des Dorfes gerühmt wird, ein *refugio* für müde Pilger zu haben, verlocken einen unbedingt zum Anhalten. Zum ersten Mal sehe ich eine solche Werbung. Ich kann diesem Zurschaustellen uneigennütziger Großzügigkeit nicht widerstehen und beschließe, eine kurze Pause einzulegen. Ich möchte wissen, was für eine Gastfreundschaft sich hinter einem solchen Schild verbirgt.

Den gelben Pfeilen folgend, spüre ich keine Verbesserung unter meinen Füßen – Dorfmatsch hängt genauso hartnäckig an meinen Schuhen wie der Matsch im Gelände. Die Häuser, an denen ich vorbeigehe, scheinen so einfach und schmucklos zu sein wie die verkümmerte Dorf„straße". Meine Neugier bezüglich des Angebotes dieser Menschen wächst. Nach einer kurzen Strecke verschwinden dann die Häuser, und ich bin wieder im offenen Gelände, wo mir noch immer ein ungestümer Wind entgegenbläst. Ich halte an, blicke um mich und bin verwirrt, bis ich endlich darauf komme, daß die gelben Pfeile mich um das Dorf herum, nicht hinein geleitet haben. Ich habe das *refugio* verpaßt. Nun, der Ort ist klein; es kann nicht lange dauern, die Unterkunft zu finden. Ich biege in eine Straße ein, die in das Dorf zu führen scheint. Fast sofort, nach ungefähr zehn Metern, stehen mir drei große und besonders bösartig aussehende Köter gegenüber, die bellen und knurren und mir Angst machen, noch einen Schritt weiter zu gehen.

Dies ist nicht meine erste Begegnung mit Hunden; ich habe schon viele auf dem *camino* getroffen. Gewöhnlich sind sie jedoch mit einer kräftigen Kette festgemacht oder hinter einem massiven Zaun. Sie bellen immer und benehmen sich, als ob es ihr einziger Wunsch sei, mich anzugreifen. Bei solchen Zusammentreffen ergreife ich meinen Stock mit besonderer Festigkeit und denke darüber nach, in welcher Weise ich ihn schwingen würde, wenn die Hunde losbrechen würden. Da ich absolut keine Erfahrung habe, Hunde mit einem Stock zu schlagen, sind meine Pläne unbestimmt und unzusammenhängend. Die Hunde, die mir jetzt gegenüberstehen, sind nicht angekettet und sehen besonders gefährlich und entschlossen aus. Augenblicklich beschließe ich, daß ich in Frómista trocken werden kann. Ich drehe mich um und nehme meinen Kampf mit dem Wind und Morast wieder auf.

Wie ich gedacht hatte, lagen nur noch wenige Kilometer zwischen mir und meinem Tagesziel. Sechs oder sieben Stunden strammen Gehens, das zum großen Teil ein mühsames Tauziehen zwischen mir und dem Morast war, bringen mich zum Rand der Stadt. Fast genau in demselben Augenblick hört der Regen auf, und die Sonne kommt hervor – leuchtend und herrlich! Aber es ist immer noch so kühl, daß ich nicht ins Schwitzen gerate. Nach ein paar Fragen erfahre ich, daß eine Frau im Zentrum der Stadt einen Schlüssel für das *refugio* hat. Als ich zu ihrem Haus komme, gibt sie mir den Schlüssel, erklärt mir, wo sich die Unterkunft befindet, und stempelt mein *credencial.*

Das *refugio* liegt nur zwei Straßen entfernt und ist ein angenehmes Gebäude mit Betten und warmem Wasser, jedoch ohne Küche. Ich wasche meine Socken aus, lege sie und die nassen Schuhe in die Sonne und gehe auf Essenssuche. Ich sehe eine Bäckerei direkt auf der anderen Straßenseite, kaufe mein Brot, und der Mann dort zeigt mir den Weg zu einem Lebensmittelgeschäft ein oder zwei Straßen entfernt. Dort kaufe ich eine Scheibe frischen Schinken, gefrorenes Gemüse, Bananen, Erdbeeren und Joghurt. Da ich gerne anderen Pilgern, die bestimmt noch später eintreffen werden, etwas Wein anbieten möchte, sehe ich mir das Weinangebot an. Das Geschäft ist klein und hat ungefähr ein halbes Dutzend Flaschen, alle ziemlich teuer. An der Kasse frage ich die junge Frau, ob es Wein gäbe, der *mas corriente* – alltäglicher – wäre; das heißt, nicht so außergewöhnlich. Sie antwortet mit Ja und zeigt auf Wein, den ich nicht gesehen hatte. Dieser Wein ist wie Milch in Ein-Liter-Pappkartons verpackt, etwas Neues für mich. Ich nehme eine Packung hoch, da ich Zweifel an der Verpackung habe, und frage sie: „Wie ist er?" Sie zieht teilnahmslos die Schultern hoch und antwortet lakonisch: „Corriente", als ob sie sagen wollte: „Was haben Sie erwartet?"

Vor dem *refugio* befindet sich eine Plaza von ungefähr zwanzig Metern im Quadrat, die von einem Grasstreifen und verschiedenen kleinen Bäumen umrandet wird. Vier oder fünf Parkbänke sind am Rande auf den Platten aufgestellt. Zum Glück ist eine in der Sonne: der ideale Platz für mich zum Ausruhen und Mittagessen. Wie schade, daß niemand hier ist, der diese Umgebung mit mir genießen könnte – etwa eine Straße von der Hauptstraße entfernt, nur gelegentlich fährt ein Auto vorüber. Niemand geht vorbei; ich werde den ganzen Reiz und die ganze Wärme in mich aufnehmen müssen – für alle anderen mit, die nicht hier sind. Ich vermute, daß die Bewohner der Stadt zu Hause sind und Mittag essen.

Ich bemerke mehrere Palmen. Das bedeutet, daß die Winter hier nicht so streng sind. Wie würde es sein, im Winter auf dem *camino* zu wandern? Wenn ich die entsprechende Kleidung hätte, könnte es sogar ein aufregenderes Abenteuer als die Wanderung im Frühjahr sein. Obwohl die Luft kälter sein würde, könnte es mehr Sonnenschein geben. Die hohen Bergpässe würden Schwierigkeiten bereiten, ich habe Fotografien gesehen, auf denen alles mit Schnee bedeckt ist. Aber dies ist wirklich ein Hirngespinst. Ich bin noch nicht halbwegs in Compostela und träume davon, den ganzen *camino* noch einmal zu gehen!

Die Stadt ist stolz auf die Kirche San Martín, ein hervorragendes Beispiel romanischer Architektur. Dieses Gebäude ist der einzige Überrest eines Klosters, das im Jahr 1066 von Doña Mayor, der Condesa de Castilla und Witwe von König Sancho III el Mayor, gegründet wurde. Diese Gründung stellt ein typisches Beispiel für jene Zeit dar und ist nicht einfach zu deuten und zu verstehen. Immer wieder sieht man, daß weltliche Herrscher Schritte zu kirchlichen und monastischen Reformen unternahmen. Was natürlich anzeigt, daß sie nicht weltliche Autoritäten nach heutigem Verständnis waren. Das Kloster von Frómista war auch Bestandteil der Bemühung des Königs, die Region wieder zu bevölkern, nachdem sie von den Mauren zurückerobert und gesichert worden war.

Während ich hier nicht weit von dieser Kirche sitze, glaube ich, einen seltsamen und bedeutsamen historischen

Verlauf zu erkennen. Der ursprüngliche *Ort* des Herrn war Palästina. Dies war die physische Nische, die vom Wort ausgewählt wurde, damit es auf Erden wohne und inmitten eines unterdrückten, abhängigen Volkes wandele. Dieser Schauplatz wurde dann das Heilige Land, der Ort, an dem man jegliche Überreste, die Er nach seiner Himmelfahrt zurückgelassen hatte, berühren konnte. Fromme Menschen reisten dorthin; die christliche Pilgerfahrt nahm dort ihren Anfang.

Prediger der christlichen Gemeinschaft reisten von dieser Stelle weit fort, um allen Menschen die Gute Nachricht zu verkünden. Diese Botschaft der Hoffnung sollte nicht auf irgendeine ethnische Gruppe oder exklusive Sekte beschränkt sein. Sehr bald unternahmen die Führer auch den Versuch, ein neues und einzigartiges Zentrum zu schaffen – Rom. Rom wurde allmählich der Ort der Amtsgewalt über die einzelnen Gemeinden, die um das Mittelmeer verstreut waren. Die Gräber der wichtigsten Apostel, Peter und Paul, befanden sich dort. Wegen vieler Ereignisse und komplexer Vorgänge glaubten die Menschen, daß dies ein besonderer Ort sei, von dem die fortwährende Anwesenheit des Wortes auf Erden ausging. Daher akzeptierten die Pilger bald die Stadt als einen Ort der Macht, und sie wurde zum Gegenstand ritueller Fahrten, der Pilgerreisen. Aber dieses Zentrum machte viele Veränderungen durch, von denen eine wichtige der endgültige Bruch mit den Ostkirchen im Jahr 1054 war, eine bis heute andauernde Spaltung. Diese Situation wirft verschiedene Fragen auf: Welche Beschaffenheit hat ein Zentrum der Gemeinschaft nach solch einem Bruch? Kann eine Gemeinschaft sich dann eine andere Vorstellung von ihrem Zentrum machen? Da die Gemeinschaft mit einer Inkarnation begonnen hatte, welches sind die physischen Quellen solcher Fragen über ein Zentrum?

Diese Fragen wurden beantwortet, und zwar nicht von einer Gruppe von Abweichlern oder neuen Führern, sondern zwei Jahrhunderte vor dem Bruch zwischen Ost und West von Menschen im äußersten Westen des Mittelmeeres. Auf einem schmalen Streifen gebirgigen Landes zwischen dem islamischen al-Andalus und dem atlantischen Ozean schufen die einfachen Menschen der Glaubensgemeinschaft durch die

Pilgerreise ein neues Zentrum in Compostela. In dem Glauben, daß der Körper des hl. Jakobus des Älteren in Galicien gefunden worden sei, wanderten unzählige Menschen aus aller Welt zum Rande des Kontinents, zu der Stätte einer neuen Erscheinung und nahmen aktiv an deren Wirklichkeit teil. Eine neue Dimension im historischen Ausdruck des Glaubens wurde enthüllt. In nie dagewesener Zahl hielten Menschen aller sozialen Bereiche jede Art von Mühsal und Schwierigkeit auf dem *camino* aus und legten durch ihre Füße für den Kern ihres Glaubens Zeugnis ab. Für den Westen schufen sie ein neues Zentrum, einen neuen Ort, wobei sie den Weg zu einer neuen Sicht wiesen.

Durch meine Erfahrung auf dem *camino* glaube ich heute, diese Sicht erkennen zu können. Wie ich viele Male seit dem Beginn meiner Pilgerreise in St. Jean Pied de Port bemerkt habe, sind die kirchlichen Bauten zerstört oder leer; die religiöse Struktur des *camino* besteht nicht mehr. Sie ist verschwunden wie das Kloster hier in Frómista. Dennoch gehen Menschen den *camino*. Diese Tatsache wirft ein enthüllendes Licht auf das historische Verständnis von geheiligten Orten. Aus dieser Perspektive sieht man von neuem, daß in Palästina die signifikante Anwesenheit ein leeres Grab ist; der Nimbus von Rom mag nicht in der Herrlichkeit der kirchlichen Denkmäler liegen, sondern in der Tatsache, daß ein priviligiertes Volk, die Juden, dort nicht verfolgt wurde; die Wirklichkeit von Santiagos Grab mag besonders und im wesentlichen in dem Glauben derer bestehen, die dorthin pilgern. Dieses Nichts, diese Schwachheit und diese Dunkelheit lassen keinen Platz für die Religion. Eine neue Sicht auf den Ort des Pilgers ist enthüllt, des Ortes, den er oder sie ersehnt. Im frühen Mittelalter wurde der Sachverhalt folgendermaßen ausgedrückt: *nudum Christum nudus sequere* – dem nackten Christus nackt folgen. Jetzt kann man die Bedeutung dieser Wahrheit besser erkennen.

Der *camino* ist nicht ein Pfad, der zu Santiago führt, sondern ein Weg, Christus zu erreichen – wenn man lernt, wie man auf ihm gehen muß. Die Einsamkeit und Stille, die man im Alleingehen auskosten sollte, können einen, vermute ich, dazu führen, die Bedeutung von *nudus* heute zu erkennen. Dies ist die mächtige, befreiende Wahrheit des *camino*: Er ist eine einweihende Übung, die uns einige einfache Wahrheiten darüber lehrt, wie man sich selbst nackt machen soll. Je weiter man auf diesem Weg fortschreitet, um so weiter wird man in das Geheimnis des Glaubens eindringen, in das Nichts, die Schwachheit und die Dunkelheit. Ich kann dabei meinen Glauben von der Religion befreien.

Meine Augen wandern unaufhörlich zu dem Turm einer Kirche weiter die Straße hinunter. Auf der Turmspitze haben Störche ein Nest zusammengefügt. Dieses scheint besonders groß zu sein, außergewöhnlich wahllos in seiner Konstruktion und eindeutig gefährlich in seiner Anbringung auf dem Turm – offenbar kein sicherer Ort, um junge Störche großzuziehen. Aber hin und wieder hebt einer der jungen Vögel seinen Kopf über den Rand des Nestes und streckt seine kleinen Flügel aus. Daran erkenne ich, daß das Nest bereits einige Zeit dort ist – wenigstens einen Monat zum Ausbrüten der Eier – und allen Stürmen und Winden getrotzt hat. Ein erwachsener Storch fliegt aus dem Nest und davon, während der andere bei den Jungen bleibt. Sie haben gemeinsam das Nest gebaut und die Eier ausgebrütet und arbeiten nun beim Füttern und Pflegen der Jungen zusammen. Ich habe meinen ersten Storch in Belorado gesehen, nun entdecke ich, daß ich meine Augen nicht von ihnen abwenden kann. Irgendein „Vorwissen", ein Interesse oder eine Anziehungskraft müssen mir auf geheimnisvolle Weise vererbt worden sein, was die Beliebtheit dieser Vögel in europäischen Legenden widerzuspiegeln scheint.

Nachdem ich sie gesehen und diesen mächtigen Reiz erlebt hatte, habe ich etwas über sie in Erfahrung gebracht. Für manche Menschen sind sie heilige Vögel, für alle ein Glücksbringer. Die Geschichte, daß sie die Kinder bringen, ist weit verbreitet. An einigen Stellen bauen Bürger Gestelle auf ihren Dächern in der Hoffnung, Störche würden dort nisten und dem Haus Glück bringen. Manche Menschen bringen zum selben Zweck alte Wagenräder auf ihren Schornsteinen oder Dächern an.

Ich hätte mir nie träumen lassen, daß ich während meiner Wanderung auf dem *camino* Störche auf den Kirchtürmen in Spanien sehen würde. Was für ein Wunder, was für eine Freude. Aber ich bin beunruhigt. Diese Kirche hat ein elektrisches Läutwerk, das jede Viertelstunde erklingt. Diese Störche scheinen das zu akzeptieren – sie nisten dort oben. Aber wer weiß? Waren sie nicht in der Lage, einen ruhigen Turm zu finden? Ich hoffe, daß es noch solche gibt. Ich habe gehört, daß die Zahl der Störche sehr zurückgegangen sei, weil die Plätze, wo sie nisten und Futter sammeln können, im Verschwinden begriffen seien. Wieviel Beeinträchtigung, wie diese künstlichen Glocken, wieviel Abfall können sie aushalten? Werden sie, wie der Schuhmacher und der Pferdekarren, auch aussterben?

17 Von Frómista nach Carrión de los Condes

20. Mai

Wie üblich bin ich als erster aus dem Haus und auf der Straße. Ich wache immer früh auf, mit einer gewissen Erwartung und Aufregung, als ob dieser Tag eine großartige Überraschung bringen würde. Ich beeile mich, um *dort* draußen zu sein, in *jenem* Raum. Unwiderstehlich zieht mich der *camino* an. Ich mache mich auf den Weg und gehe die stille Straße hinunter, erhebe meinen Stab zum Gruß und nehme von den Störchen Abschied: Möge ihr Junges heranwachsen und gute Nistplätze finden, und mögen sie mir auf dem *camino* Glück bringen. Jetzt im Frühling könnten sie der „Schutzpatron" auf dem *camino* sein.

Auf einigen Kilometern folgt der Pfad einer Landstraße, und ich sehe wieder eines der großen, neuen Schilder „Camino nach Santiago". Am unteren Rande steht „Itinerario Cultural Europeo". Irgendwo habe ich gelesen, daß man den *camino* als die erste europäische Reise verstehen könne, und daß dies bedeute, der *camino* besitze eine *kulturelle* Realität. Was ist damit gemeint? Jemand, der wie Unamuno literarisch begnadet und talentiert ist, kann schreiben, daß der „Camino von Santiago Milchstraße [vía láctea] genannt wird, deren Sternenwolken die Pilger zu ihres Herzens Wunsch geleiten, wie der Stern die drei Weisen leitete ..." Compostela hätte „... gläubige Pilger aus dem Zentrum von Europa" angezogen, „die Legenden, Berichte, Geschichten und Lieder in das Herz von Galicien brachten, und ihre Pilgerfahrt diente damals der Vermittlung der europäischen Kultur."

Doch was ist diese Kultur? Was meinen Unamuno und so viele andere mit diesem Wort? Ist es denn mehr als ein vager Begriff, ein Glanz auf den Geschichten und Liedern, die die Reisenden verbreiteten, mehr als der Handel, den dieses Reisen förderte, mehr als die architektonischen Ausdrucksformen, die von dieser Frömmigkeit inspiriert wurden? Gonzalo Torrente Ballester glaubt, daß alle kulturellen Aspekte, die mit dem *camino* verbunden sind, von dessen Religiosität inspiriert sind. Für ihn sind die wichtigsten Ausdrucksformen des von ihm so genannten religiösen Glaubens erstens in der romanischen und zweitens in der gotischen Kunst und Architektur zu finden. Aber da ich nun einmal zu fragen begonnen habe: Können Religion und Glaube so leicht zusammengebracht werden? Könnte es nicht vielmehr einen großen Unterschied zwischen ihnen geben? Es mag hier ein Fortschreiten geben von den äußeren Ausdrucksformen, die Touristen ansprechen, über die Glaubens- und Verhaltensmuster, die ein Volk zusammenhalten, und die religiösen Äußerungen des Glaubens, die im allgemeinen eher Aberglauben sind, bis hin zum Glauben. Dieser Glauben außerhalb einer Gemeinschaft, in der all jenes gilt, ist ein Sprung ins Ungewisse, absolutes Vertrauen in den anderen, Tod des Ich. Der *camino* weist nicht auf ein politisches oder wirtschaftliches Zusammengehörigkeitsgefühl oder das Vergnügen von Touristen hin, sondern in eine ganz andere Richtung, zum Mystischen.

Heute komme ich an einem Dorf vorbei, Villalcázar de Sirga, dessen Kirche, der Jungfrau Maria geweiht, den Höhepunkt ihres Ruhmes im dreizehnten Jahrhundert erreichte. Pilger machten hier auf ihrem Weg nach und von Compostela Station, um Maria ihre Gebete darzubringen. Und dieses Ganze, bestehend aus einem physischen Ort, dem Glauben an Kräfte vom *más allá* (was jenseits dieser Welt ist) und dem Sicheinfinden *dort* mit einem offenen Herzen, inspirierte Geschichten, Berichte, Legenden und Lieder. Die bekannteste Sammlung wird Alfonso X (1252–1284), El Sabio (der Weise), König von León und Kastilien, zugeschrieben. Seine *Cántigas de Santa Maria* geben nicht nur 360 Erzählungen und Geschichten wieder. Die Gedichte verherrlichen auch die barmherzige Kraft der Jungfrau Maria, deren berühmte Steinstatue, *La Virgen Blanca*, wirklichen Kontakt mit den Menschen, die hier anhielten, gestattete; sie konnten die Statue berühren. Viele Menschen hörten von diesem Ort der Kraft auf die gleiche Weise wie ich auch: sie stießen auf ihrem Weg nach Compostela darauf. Aber es gibt nur wenige Verweise auf Santiago in all den Geschichten, und diese sind höchst merkwürdig und lehrreich.

In einem Lied wird die Geschichte eines Pilgers erzählt, der sich auf dem Weg nach Compostela befindet. Als Santiago verkleidet erscheint ihm der Teufel und bringt ihn dazu, sich zu kastrieren und Selbstmord zu begehen, weil er in die Sünde der Hurerei gefallen war, ehe er die Pilgerreise antrat. Aber Maria tritt dazwischen und rettet ihn, indem sie ihn zum Leben zurückbringt.

Ein verkrüppelter deutscher Kaufmann ist die Hauptfigur eines weiteren Liedes. In der Hoffnung auf Heilung machen er und seine Freunde eine Pilgerfahrt nach Compostela. Aber die Reise ist erfolglos. Auf ihrem Rückweg nach Deutschland wird der verkrüppelte Kaufmann blind, und seine Gefährten lassen ihn in der Nähe von Villalcázar zurück. Nach inbrünstigem Beten zu der Jungfrau Maria wird er wieder vollständig gesund.

Alfonso hat Geschichten in seine *Cántigas de Santa María* aufgenommen, die zu seiner Zeit verbreitet und bekannt waren, und ihren Brennpunkt hinreichend verändert, um zu zeigen, wo seine Interessen lagen: in seinem eigenen Königreich, nicht im weit entfernten Galicien. Es bestand große Konkurrenz unter den Pilgerorten im Mittelalter. Es gab auch andere Konkurrenten für Santiago; zum Beispiel die Jungfrau von Montserrat in Katalonien, wohin Ignatius auf Pilgerfahrt ging. In dem langen Gedicht von Alfonso kann man einen klaren Ausdruck dieses Konfliktes sehen, dieses Kampfes um Prestige, dieses Ringens, die Ergebenheit der Gläubigen an sich zu ziehen.

Kurz vor 12 Uhr treffe ich in Carrión de los Condes am Fluß Carrión ein. Im frühen Mittelalter hieß die Stadt Santa María de Carrión. Wegen des Ruhmes ihrer örtlichen Herrscher, die den Rang eines Grafen (*conde*) hatten, wurde der Name der Stadt in Carrión de los Condes umgeändert. Einer der Grafen, Gómez Díaz, und seine Frau Teresa gründeten im elften Jahrhundert das Kloster des hl. Johannes des Täufers.

Ihr Sohn Fernando reiste nach Córdoba, um dem Muslimherrscher dort in seinen Kriegen gegen andere muslimische Kleinstaaten zu helfen. Als ihm Gold und Silber zum Lohn für seine militärischen Dienste angeboten wurden, sagte der Ritter, er hätte lieber den Körper von San Zoilo, eines Mannes, der schon vor Jahrhunderten während einer römischen Verfolgung das Martyrium erlitten hatte. Der Körper von Zoilo wurde in einer kleinen Kirche verehrt, die San Félix geweiht war, und dort bemerkte ihn der junge christliche Ritter während seines Aufenthaltes in Córdoba. Sobald er den Körper erhalten hatte, schickte Fernando ihn in das von seinen Eltern gegründete Kloster, dessen Name daraufhin geändert wurde. Das Kloster San Zoilo wurde später wegen der dort bewirkten Wunder berühmt. Aus ihrem Epitaph geht hervor, daß die Gräfin Teresa bekannt gewesen ist für ihre Großzügigkeit, denn sie hatte „eine Kirche, eine Brücke und die beste Unterkunft für Pilger" gebaut, und für die Tatsache, daß „... sie wenig für sich selbst nahm, während sie den Armen viel gab."

Diese Geschichte stellt in einer besonders klaren und reinen Weise dar, wie der Glaube in dem Leben einiger Menschen wirkte, die im elften Jahrhundert mit dem *camino* verbunden waren. Teresa, die als Privilegierte geboren war, handelte so wie die gläubigen Menschen ihrer Stadt, einem Ort, durch den die Pilger auf ihrem Weg nach Compostela zogen. Sie sorgte für deren materielles und geistiges Wohl. Ferner half sie, einen Sohn aufzuziehen, der zwar entsprechend seiner sozialen Herkunft den üblichen Weg als mittelalterlicher Ritter und Krieger ging, aber in einzigartiger Weise. Dem Glauben seiner Eltern gehorsam, kannte er das Wesen der Macht in jener Welt. Als ihm die Gelegenheit gegeben wurde, wählte Fernando diese Macht statt des Reichtums. Er wußte, daß letztendlich die Macht vom *más allá* kommt, aus einer anderen Welt, aber daß einem durch das Berühren der Überreste der Menschen, die schon zu diesem jenseitigen Ort fortgegangen sind, geholfen werden kann.

Auf meinem Weg zum *refugio* gehe ich an einem riesigen Klarissenkonvent vorbei. Es ist ein leeres Denkmal, ein

Schild weist es jetzt als Museum aus. Doch ich werde nicht hineingehen. Ich befürchte, daß die Zeit vorüber ist, in der man einen lebendigen Kontakt mit dem Glauben derer suchte, die vor mir hier wanderten und von denen einige sogar in diesem Konvent gelebt haben mögen, indem man ihre Überreste berührte. Man muß die Formen des Glaubens finden, die *diesem*, unserem Zeitalter entsprechen. Und in Bezug auf den *camino* mögen sie dort draußen auf den hochgelegenen Stellen, dort draußen auf den einsamen und leeren Feldern, dort draußen in der Einsamkeit zu finden sein, fern von diesen wunderbaren, aber toten Steinen der mittelalterlichen Architektur. Hier arbeiten diese Steine – ist das Kultur? – mit der Regierung zusammen, um Pilger in Touristen zu verwandeln. Vielleicht habe ich deshalb instinktiv diese alten Lobgesänge in Stein ignoriert. Sie können nicht mehr singen, sie haben überhaupt keine Stimme. Man hört die Stimmen von Engeln und vergessenen, namenlosen Pilgern nur dort draußen in den Wäldern und Bergen.

Als ich zur Unterkunft komme, bete ich, sie möge offen sein. Ich bin in sehr kurzer Zeit hier angekommen, aber ich glaube nicht, daß ich auch nur noch einen Kilometer gehen könnte. Der Schmerz zieht sich jetzt durch mein ganzes schwaches linkes Bein. Und heute waren auch der rechte Fuß und das rechte Bein von Schmerz durchbohrt. Zum ersten Mal seit dem Aufbruch befürchte ich ernstlich, es nicht bis Compostela zu schaffen. Ich bin eben doch zu alt und schwach, um so weit zu gehen. Doch jetzt muß ich den Rucksack absetzen und mich ausruhen.

Eine freundliche Frau öffnet die Tür des Hauses oder Büros, das einer Kirche angeschlossen zu sein scheint. Sie sagt, ja, ich könne in das *refugio* hineingehen, das nebenan sei, und öffnet es für mich. Glücklicherweise gibt es keine Regel, die etwa das Öffnen um 16.00 Uhr vorschreibt.

Nachdem ich den Rucksack abgesetzt und mich ein paar Minuten hingelegt habe, stehe ich auf und gehe auf die Suche nach dem Postamt. Es scheint, daß diese Ämter nur morgens geöffnet sind, was bedeuten könnte bis 13.00 Uhr. Vor meiner Abreise aus Deutschland gab ich meiner Familie und den

Freunden den Namen dieser Stadt und teilte ihnen das Datum meines voraussichtlichen Hierseins mit. Da ich seit der Abfahrt aus Deutschland von keinem gehört habe, bin ich nun von der Aussicht auf Post ganz aufgeregt. Ich war wirklich von allen, die ich kenne, abgeschnitten, und sie hatten keine Ahnung, wo ich war, außer – dort draußen auf einem Pfad in Spanien.

Als ich mich dem Teil der Stadt nähere, in dem das Postamt sein soll, bitte ich eine Frau um weitere Hinweise. Sie fängt an, es mir zu erklären, zögert, denkt offensichtlich darüber nach, und während sie sich umschaut, sagt sie dann, der Weg sei recht schwierig; sie selbst werde mich dorthin bringen. Ich gehe mit ihr, sie biegt in dem üblichen Durcheinander der engen Straßen verschiedene Male ab, und nach ungefähr fünf Minuten sind wir da. Ich danke ihr und betrete erwartungsvoll und ängstlich das Gebäude. Ich erkläre dem Mann am Schalter, ich sei ein *peregrino*, und frage ihn, ob Post für mich da sei. Er schaut in seine Fächer hinein und kehrt mit mehreren Umschlägen zurück – sowohl von der Familie als auch von Freunden! Ich freue mich wie ein Kind, das von einer guten Fee verwöhnt wird. Mit meinem Schatz kehre ich in die Unterkunft zurück.

Ein gutes Waschbecken zum Schrubben der Kleidung befindet sich hinter der Unterkunft, wie auch ein großer Garten und Wäscheleinen. Nach meiner „Hausarbeit" und einer warmen Dusche fühle ich mich optimistischer bezüglich meines Weitergehens morgen früh. Aber jetzt ist es Zeit, nach Essen zu suchen.

Es gibt keine Küche im *refugio*, und die Frau, die mich hereinließ, empfahl mir sehr, das Restaurant auf der anderen Straßenseite auszuprobieren. Sie servierten ein sehr gutes *menú del día*, sagt sie, für nur 700 *pesetas*. Als ich den ersten der beiden Speiseräume betrete, überlege ich, ob ich am richtigen Ort bin. Alle Tischdecken und Servietten sind weiß – aus Stoff. Ich bin noch nie in solch einem feinen Restaurant gewesen. Als ich zuerst den Anzug der Kellner – alles nur Männer – und die Tische sah, war ich verwirrt … ich hatte mich wieder verirrt … dieses Mal beim Überqueren der

Straße! Zwei Pilger kommen herein, der Mann mit den homöopathischen Mitteln und sein Freund. Ich winke sie herbei, und wir alle genießen eine wirklich ausgezeichnete Mahlzeit, eine der besten, die ich in Spanien hatte.

Zurück im *refugio* nehme ich mein Notizbuch heraus und suche meinen Stift. Aber ich kann ihn nicht finden. Ich suche überall im Bett, durchstöbere alle Fächer des Rucksacks, aber er ist nicht da. Ich habe es mir zur Regel gemacht, daß alles, was ich aus dem Rucksack nehme, auf das Bett gelegt wird und nirgendwo sonst. Ich tue das, um nichts zu verlieren. Ich setze mich auf das Bett und versuche zu überlegen, was ich mit dem Stift getan haben könnte. Dann bemerke ich einen meiner Essensgefährten an dem Tisch mitten im Raum, er schreibt – und es sieht so aus, als ob er meinen Stift benutze! Ich meine ihn zu erkennen, denn ich habe einen deutschen Stift mitgebracht, der leicht erkennbar ist. Aber wie könnte er *meinen* Stift haben? Wenn ich ihn auf das Bett gelegt hätte, würde er ihn nicht einfach genommen haben, ohne mich zu fragen. Aber ich erinnere mich nicht daran, den Stift überhaupt auf das Bett gelegt zu haben. Was tun? Es ist mir peinlich, ihn zu fragen. Wie könnte ich die Frage formulieren? Nun, ich muß es tun. Er sieht immer mehr wie mein Stift aus. Das muß etwas Geheimnisvolles sein. Schließlich nehme ich allen Mut zusammen und frage ihn versuchsweise nach dem Stift, indem ich sage, ich hätte so einen wie diesen verloren.

Er bricht in freundliches Lachen aus. Er habe den Stift gerade heute morgen gefunden! Auf dem *camino* suchten er und sein Freund einen Platz zum Sitzen und Ausruhen. Während sie dort saßen, sah sein Freund einen Stift auf der Erde liegen und hob ihn auf. Ich erinnere mich, wann ich diese Stelle früh am Morgen erreichte; ich hatte mich entschlossen, dort anzuhalten, weil ich mich in der Sonne ausruhen wollte; im Schatten war es noch recht kühl. Über eine längere Strecke hatte ich keine Bank an der Straße finden können – was mit dem schweren Rucksack immer eine große Hilfe ist. Etwa zehn Meter von der Straße entfernt bemerkte ich einen großen Klotz auf dem Boden und dachte, er würde ein guter Rastplatz sein. Ich zog meine Schuhe aus, um meinen Füßen etwas frische Luft zu geben, aber ich kann mich überhaupt nicht daran erinnern, den Rucksack geöffnet zu haben, und ich bewahre den Stift immer in einem seiner Fächer auf. Wie konnte er dort herausgefallen sein? Und warum suchten diese beiden Männer genau dieselbe Stelle aus? Und sahen den Stift? Und jetzt sehe ich den Mann damit? Eine ganze Reihe seltsamer Fragen.

David (der auf dem besten Wege ist, mein Freund zu werden) erzählt mir, daß dies gar nichts Ungewöhnliches für den *camino* sei. Solche Dinge geschähen immerzu, das sei das Wesen des *camino*. Zum Beispiel habe er einen Lieblingshut, der eines Tages von seinem Rucksack gefallen sei. Ein Pilger, der später des Weges gekommen sei, habe seinen Hut auf einem Feld gesehen und ihn, einer Eingebung folgend, aufgehoben. Als er später mit dem Hut im nächsten *refugio* eingetroffen sei, habe David ihn erkannt und erklärt, daß er ihn verloren hätte.

Ein fröhlicher, freundlicher Priester kommt herein, um mit uns zu sprechen und unsere Dokumente abzustempeln. Er scheint der Pfarrer der Kirche zu sein, die diese Unterkunft unterhält, und lädt uns alle zur Messe in der angrenzenden Kirche um 8.30 Uhr heute abend ein. Da ich wahrscheinlich schon kurz nach meiner gewöhnlichen Schlafenszeit um 9.00 Uhr zurück sein kann, beschließe ich, dorthin zu gehen. Seine Einladung hat eine gewisse Wärme, einen starken menschlichen Reiz. Sie läßt mich denken, ja, ich würde bestimmt gern einer solchen Einladung folgen.

Als ich in der Kirche ankomme, betet der Priester gerade den Rosenkranz; dann folgen die Litanei von allen Heiligen und ein paar andere Gebete. Nach meinen reichen Erfahrungen mit solchen Gebeten draußen auf dem *camino* habe ich das eigenartige Gefühl, sie seien hier irgendwie nicht recht am Platze.

Zum Zeitpunkt, als die Messe beginnt, sind eine Menge Menschen da – was mir ungewöhnlich erscheint, denn es ist nur ein gewöhnlicher Donnerstagabend. Es sind vorwiegend Frauen. Ich habe keine Erfahrung mit dem Kirchenleben in

Spanien, aber aus über dreißigjähriger Erfahrung mit dem Kirchenleben in Lateinamerika weiß ich, daß die Frauen im allgemeinen die Männer in den Kirchen an Zahl übertreffen, manchmal sogar erheblich. Neulich habe ich mich in einer Bar gefragt, wo sich die Frauen träfen. Könnte dies ein Teil der Antwort sein? Treffen sie hier auch ihre Freundinnen? Ich rufe mir die Berichte des Evangeliums ins Gedächtnis, die Geschichten von Frauen dort. Die Synoptiker erwähnen nur Frauen, die Christus nach Golgatha begleiten. Sie haben einen besonderen Platz am leeren Grab nach der Auferstehung. Und in den Evangelien gibt es viele Zusammentreffen von Jesus mit einzelnen Frauen, deren Intimität – glaube ich – nicht von ähnlichen Treffen mit Männern erreicht wird. Geschieht hier in dieser spanischen Kirche heute abend etwas, dem ich mich, um es zu verstehen, nicht mit soziologischen Betrachtungen, sondern mit der Meditation über die Heilige Schrift annähern müßte?

18 Von Carrión de los Condes nach Sahagún

21. Mai

Es ist noch kein richtiges Tageslicht, als ich heute morgen aufbreche. Wie ich aus der Tür gehe, bin ich überrascht, einen der Kanadier zu treffen, die gestern abend angekommen sind. Ich frage ihn, wo er gewesen sei, da ich ihn kurz vor dem Einschlafen mit seinem Rucksack den Raum verlassen sah. Er sagt, er hätte im oberen Stockwerk einen anderen Raum mit Betten gefunden und sei dorthin gegangen, da es unmöglich gewesen sei, in dem Raum zu schlafen, in dem die übrigen von uns untergebracht waren. Er spricht bitter über das Benehmen einiger, die spät eintrafen. Obwohl ich mich mit diesem Lärm abfand, schlief ich nicht gut. Eine Reihe von Radfahrern kam im Laufe des Abends herein und füllte den kleinen Schlafsaal. Durch ihr lautes Reden bis spät in die Nacht hinein war an Schlaf dort kaum zu denken. Diese jungen Männer paßten genau in das Schema, das ich erkannt habe: Sie sind immer rücksichtslos, unhöflich, laut. Aber unter denen, die zu Fuß gehen, bemerke ich solche Eigenschaften nie. Warum dieser große Unterschied? Es ist doch etwas mehr als nur das Alter ...

Nachdem ich schon ein paar Stunden auf dem *camino* bin, stelle ich fest, daß ich die „Halbwegsstelle" überschritten habe. Eine Überschlagsrechnung der Entfernungen, die auf meiner groben Karte eingetragen sind, zeigt, daß es stimmen muß. Wenn es so ist, scheint es der wichtigste Markstein zu sein, den ich erreicht habe – denn ich fühle zum ersten Male, daß ich es bis Compostela schaffen kann. Der tiefe Zweifel und die Entmutigung von gestern stammten von bösen Engeln – die Stärke dessen, was ich fühlte, zeigte deutlich *ihre* Verzweiflung an; dies würde ihre letzte Möglichkeit gewesen sein, eine ernsthafte Attacke auf meinen Entschluß zu reiten, diese Pilgerfahrt zu machen. Mein Körper hat eine wichtige Schwelle erfolgreich überschritten; meine Beine nehmen eine neue Leichtigkeit an, mein Schritt einen neuen Schwung. Der Tag ist sonnig, wärmer als zuvor ... ich habe heute nur ein T-Shirt an.

Sehr viel erstaunliche Abwechslung auf der Oberfläche des *camino.* Manchmal trete ich auf eine Art Kopfstein, kleine, in die harte Erde eingebettete Steine, die einzeln durch die dicken Sohlen und die inneren Sohlen bis auf die Unterseiten meiner Füße und die Beine aufwärts dringen. Wenn ich diese Steine so sehe, fällt es mir schwer zu glauben, daß sie ihre eigene Form so kraftvoll in meine Füße eindrücken können. An einigen Stellen ist weiches Gras. Wenn es eine Kombination oder Mischung aus beiden gibt, suchen meine Füße bei jedem Schritt die Grasseite des Pfades oder die Stelle ohne Steine. Manchmal schreite ich auf hartem Lehm, eine einfache Oberfläche, die ich aus Erfahrung lieber trocken mag als naß. Ich muß auch ein Stück Asphalt hinnehmen, aber nicht so viel, daß ich mich beklagen könnte.

Diese neuen Erfahrungen, die Erde zu berühren, den Erdboden tatsächlich unter meinen Füßen zu fühlen, sind immer faszinierend. Nach alter Überlieferung wird entscheidendes Wissen durch Berühren gefunden. Wenn etwas Hartes oder Zartes mein Herz bewegt, sage ich: „Ich war berührt." Auf dem *camino* wandere ich in eine neue, sehr andere Welt der Berührung. Ohne eine ordentliche Karte, ohne die Strecke zu kennen, aber in dauerndem Kontakt mit dem *camino,* lerne ich ihn nur kennen, indem ich ihn fühle oder berühre. In einer der Unterkünfte zeigte mir ein anderer Pilger stolz seinen Reiseführer – der neueste, aktuellste und umfassendste, der erhältlich sei, sagte er mir. Ich blätterte durch einige Seiten. Sie enthielten ausführlich geschriebenen Text, Fotografien und perspektivische Zeichnungen von dem, was den Wanderer an „interessanten" Orten am Wege erwartete. Ich wurde an eine Bemerkung erinnert, die Richard Burton schrieb, als er auf der ersten Etappe seiner *hadj* (Pilgerreise) nach Mekka die Reise von Alexandria nach Kairo den Nil aufwärts machte. Er beklagte sich, daß die Stätten, an denen das Boot vorüber führe, von gar keinem Interesse seien – er habe sie alle schon in Zeichnungen von den Pyramiden gesehen! Dies war im Jahr 1853, also vor der weitverbreiteten Benutzung von Fotografien. Wie könnte man nur auf dem *camino* sein, den *camino* kennenlernen, ohne die Freude der Überraschung?

Es gibt viel zu sehen – wenn du es nicht schon auf einem Bild betrachtet hast. Das Berühren des *camino* mit all meinen Sinnen verwandelt meinen Körper in ein Zentrum der bewußten Sinneswahrnehmungen. Mit dieser Art von Berührung lerne ich den Raum kennen, in dem ich gehe, komme ich zu einer gefühlten Erfahrung dieses Raumes, erlange ich eine grundlegende Vertrautheit mit ihm – was bedeutet, daß ich weiß, wie anders er ist als alle anderen unendlichen Orte hinter und vor mir. Da ich den Horizont immerzu sehe, wird mir bewußt, was es heißt, mit einem Horizont zu leben – eine Erfahrung, die den meisten modernen Menschen verlorengegangen ist.

In diesen Tagen wird mir erst richtig klar, daß ich schon vor Jahren ein starkes Gefühl für Grenzen erworben haben muß. Als ich auf der Subsistenz-Farm lebte und jeden Tag nur innerhalb eines festen, niemals wechselnden Horizontes handelte, wurde es mir zur Gewohnheit, ja, meiner Seele zu einem gewissen Bedürfnis, daß der Horizont die Richtschnur in meinem Leben war. Ohne mir völlig bewußt zu sein, was mit mir geschah, sah ich, daß man heutzutage nur gut leben konnte, tugendhaft, wenn man gewohnheitsmäßig in Grenzen lebte. Der Schmerz, den ich fühlte, als ich auf der Reise von Norddeutschland zur französisch-spanischen Grenze im elektrischen Zug über den Horizont raste, war kein neues Erlebnis für mich. Nachdem ich die Farm verlassen hatte, habe ich diesen Kummer oft erlitten. Durch die täglichen Beschränkungen des Farm-Horizontes gewöhnte ich mich an eine gewisse Art des Seins. Auf dem *camino* brauche ich niemals daran zu denken, mich selbst zu beschränken; ich kann in völliger Ungezwungenheit handeln. Seit dem Verlassen der Farm ist dies der erste Ort, an dem ich mich ohne Kummer frei bewegen kann, denn ich überschreite keinerlei Grenzen.

Wo sonst auf der Welt könnte ich solche Üppigkeit genießen? Obwohl der Horizont immer „dort draußen" ist, anscheinend so fern, weiß ich doch, daß er nah ist; ich bin in seiner beruhigenden Umarmung. Ehe der Tag zu Ende geht, das weiß ich, werde ich ihn berühren.

Ich vermute, daß ich auf so vertrautem Fuße mit den Toten bin, daß ich sie mir so nahe fühle, weil ich fortwährend in Berührung mit dem *camino* bin. Nur wegen der überaus bewußten und elementaren Erfahrung, auf diese Erde zu treten, kann ich hoffen, mich vertraut unter denen zu bewegen, die vor mir hier gegangen sind, von denen einige Körper unter meinen Füßen liegen. Auf eine direkte und eindeutige Weise teile ich ihre Erfahrung, kann ich hoffen, in ihre Welt einzudringen. Da ich alleine gehe, bin ich nicht abgelenkt; ich kann ihre Anwesenheit wahrnehmen. Je größer meine Einsamkeit, um so stärker empfinde ich, daß ich von ihnen begleitet bin.

Ich wandere durch einige kleine Dörfer. In einem komme ich an einem kleinen Lebenmittelgeschäft vorbei und gehe hinein, um Lebensmittel zu kaufen, die ich im Rucksack mitnehmen werde. Ich habe gelernt, mit Lebenmitteln vorsichtig zu sein – manchmal sind sie schwer oder gar nicht in dem Ort zu finden, in dem ich übernachte. Auch werde ich es möglicherweise nicht bis Sahagún schaffen.

Einige Stunden später sehe ich zu meiner Rechten eine Kette von Bergen, deren Gipfel mit Schnee bedeckt sind. Dieses müssen die Picos de Europa sein, die zwischen mir und dem Atlantik liegen. Kurz nachdem ich mich an diesem majestätischen Anblick erfreut habe, nähere ich mich Sahagún. Und so bin ich dabei, mein erstes „Wunder" auf dem *camino* zu vollbringen: Nach neun Stunden habe ich ungefähr vierzig Kilometer vollendet – für mich eine Rekordstrecke –, und ich fühle mich gut. Ich habe kein Empfinden von Schmerz an irgendeiner Stelle meines Körpers. Und gestern bezweifelte ich ernsthaft, daß ich weitermachen könnte. Die guten Engel haben mit Sicherheit das Sagen heute. Wie klar und eindeutig ist meine Erfahrung mit ihnen.

Manche sagen, die mittelalterliche Geschichte von Sahagún sei die Geschichte seines Klosters. Die Stelle wurde zuerst durch die Beisetzung von einigen Menschen geweiht, die zur Zeit von Diokletian (284–305) das Martyrium erlitten. Nach der islamischen Besetzung der Halbinsel wurde der Ort von moslemischen *razzias* angegriffen, einmal im Jahr 883 und später von Almanzor ganz am Ende des zehnten Jahrhunderts. Eine der Geschichten von Karl dem Großen, die dem Bischof Turpin zugeschrieben wird und im *Liber Sancti Jacobi* enthalten ist, sagt, daß er das Kloster der Stadt gegründet habe, um seinen Sieg über die Mauren zu feiern. Aymeric Picaud, der mutmaßliche Autor, versucht wieder, Frankreich mit dem *camino* zu verbinden. Picaud beschreibt ganz ausführlich, wie er sich die Schlacht vorstellte, aber dies ist der letzte Ort entlang der Route des *camino*, von dem er eine in Einzelheiten gehende Geschichte erzählt. Für ihn scheint es nichts Berichtenswertes zwischen Sahagún und Compostela zu geben.

Obwohl Picaud in der ersten Hälfte des zwölften Jahrhunderts schreibt, erzählt er von Handlungen, die sich am Ende des achten zutrugen. Später erkannten die Spanier in der Kombination aus religiöser Frömmigkeit und heroischer Kriegsführung eine Form und einen Zweck und nannten sie *La Reconquista*, die Zurückeroberung der Halbinsel von den Mauren. Der Historiker Vicente Cantarino glaubt, daß die *Reconquista* und die mit ihr zusammenhängenden Weisen des Glaubens und Handelns, die viele Bereiche des spanischen Lebens durchdrungen hätten, einen besonders aggressiven und asketisch-mönchischen Sinn angenommen hätten wegen des Einflusses von Cluny. Cluny ist der Name eines Benediktinerklosters in Burgund und einer Klosterreformbewegung, die dort begann und sich über ganz Europa ausbreitete. Alfonso VI (1072–1109) traf den hl. Hugo, einen der Cluny-Führer, in Burgos und bat ihn, einige Mönche in das Kloster von Sahagún zu schicken, um es entsprechend den Idealen und Bräuchen von Cluny zu reformieren. Im Jahr 1079 kamen zu diesem Zweck zwei Mönche, Roberto und Marcelino, nach Sahagún. Mit der Oberaufsicht über fünfzig Klöster und Priorate wurde schließlich das Kloster von Sahagún die wichtigste Cluny-Gründung in Spanien.

Sahagún ist auch wegen seiner *hospitales* berühmt. In der Zeit von Alfonso VI baute das Kloster ein besonderes Hospiz, das siebzig Betten hatte und unter den Pilgern für seine Gastfreundschaft bekannt war. Im fünfzehnten Jahrhundert berichtet Künig, er habe in der Stadt vier *hospitales* für Pilger vorgefunden. Ich habe gehört, daß noch eines hier sei, doch muß ich einige Fragen stellen, ehe ich es finde. Es scheint eine Art zweistöckige Wohnung zu sein, die in ein kleines *refugio* umgestaltet wurde. Es gibt auch eine Küche, aber der Mann, der das *refugio* leitet, sagt, sie stehe nicht zur Verfügung. Später höre ich, daß er die Benutzung des Herdes gestatte, wenn man ihm ein Bestechungsgeld zahle. Das macht nichts. Ich kann mein Essen in dem kleinen Eßraum kalt verzehren.

Diese Stadt ist auch der Geburtsort des berühmten Franziskaners Bernardino de Sahagún (1499–1590), oft einfach als Sahagún erwähnt. Im sechzehnten Jahrhundert arbeitete Bernardino in heldenhafter Weise, um die Gewohnheiten, das Wissen und die Weisheit der Azteken in Mexiko kennenzulernen und aufzuschreiben, ehe alles vergessen und verloren war – oder zerstört von eifrigen Geistlichen und Inquisitoren. Sein großes Werk, die *Historia general de las cosas de Nueva España*, beschreibt die Zivilisation der Azteken. Die zwölf Bände sind in parallelen Spalten in Spanisch und Nahuatl geschrieben. Als die Inquisition erfuhr, was er tat, sah sie die Arbeit als gefährlich an und beschlagnahmte die Bücher. Sie wurden jedoch nicht verbrannt. Vielmehr wurden sie in ein besonderes Archiv eingeschlossen und mehr als dreihundert Jahre vergessen. Nun, da dieser Schatz gefunden und erforscht ist, erkennen manche Sahagún als Vater der modernen Anthropologie an.

Der Rosenkranz brachte mich zu Orten, wo ich etwas spürte, das eine tiefe Wirkung hatte, aber unscharf blieb. Worte sind schwer zu finden ... Was ich erzählen kann, erscheint mir mehr wie eine blasse, verkleinerte Spiegelung, die mehr falsch als richtig ist, falsch im Sinne von ungenau, nicht von widersprüchlich. All die Geheimnisse des Rosenkranzes enthüllen die Liebe des Vaters. Wenn diese menschliche Art zu sprechen etwas Wahrheit enthält, dann muß man sagen, daß der Vater seinen Sohn über alles liebt, als Gott und als Vater. Der Sohn sagt, daß Er gekommen sei nach dem Willen des Vaters. Theologisch ist dies die genaueste Aussage, die man über die Handlungen des Sohnes unter den Menschen von Palästina machen kann. Der Wille des Vaters ist, daß der Sohn sich dem Verrat, dem Haß und der Grausamkeit unterwerfe, die Er unter den Menschen finden würde. Der Vater fordert dies, weil geheimnisvollerweise solcher Schmerz und solches Leiden notwendig sind, um alle Männer und Frauen zu erlösen. Wenn ich in diese Geheimnisse des Glaubens hineingehe, betrete ich eine Welt der Liebe, die mich erschreckt. Ich muß an meine eigenen Kinder denken, was ich von ihnen gefordert habe, was ich von ihnen fordern würde. Doch wage ich diese beiden Welten so dicht zusammenzusetzen? Wage ich an sie zu denken, als hätten sie etwas miteinander zu tun?

Irgendwie wurde ich heute draußen auf dem *camino* zu der Stelle gebracht, an der ich von neuem auf die Liebe meiner Kinder schauen mußte, und sah, daß Liebe nicht ist, was ich mir vorgestellt hatte, sondern daß man aufgefordert werden könnte, tief zu leiden für die Menschen, die man liebt, durch *ihr* Leiden. Solch eine erschreckende Situation führt nicht zu der Frage: Warum leidet dieser unschuldige Mensch? Vielmehr bringt sie mich dazu, über dies Geheimnis des Rosenkranzes nachzudenken und demütig auf Erleuchtung zu hoffen. Wenn ich leer genug werde, werde ich alles verstehen, was ich wissen muß, was ich lieben muß.

19 Von Sahagún nach Mansilla de las Mulas

22. Mai

Kaum habe ich Sahagún verlassen, finde ich einen völlig neuen *camino*, grundsätzlich anders als bisher. 1991 wurde beschlossen, den *camino* von Calzada del Coto (einige Kilometer hinter Sahagún) bis Mansilla de las Mulas, also auf einer Strecke von zweiunddreißig Kilometern zu verbessern. Der *camino* wird hier zu einem erhöhten und geneigten Pfad von ungefähr drei Metern Breite, der in gerader Linie auf den Horizont zuläuft. Er ist absolut glatt, mit einem Überzug aus Sand – der perfekte Radweg! Diese abstrakt entworfene und maschinengemachte Konstruktion wird alle acht oder zehn Meter von einem neu gepflanzten Baum unterbrochen, alle von derselben Höhe. Gelegentlich befinden sich in vorgegebenen Abständen Bänke entlang des Pfades und weniger häufig Picknick-Tische in Gehölzen mit Bäumen, von denen manche alt, andere neu gepflanzt sind. Die Bänke und Tische wie auch der Abdruck des Maurerhandwerkszeichens außerhalb jedes Dorfes sind alle neu und aus Beton gemacht, der Stein imitieren soll. Alles ist todlangweilig, kalt und künstlich. Mich überkommen Ärger und tiefe Traurigkeit. All die Arbeit und das Geld, vielleicht die Opfer von großzügigen Menschen, die versuchten, etwas Gutes für den *camino* zu tun, enden hierin – in einem antiseptischen Band, das durch die Landschaft gerollt wurde, einem Bild aus einem schlechten surrealistischen Gemälde. Niedergeschlagenheit umgibt und erstickt meinen Geist. Auf diese Art verdirbt die moderne Technologie die Vorstellungen und Wünsche der Menschen. Die gleichförmige Öde des Pfades, die billige Glattheit der Bänke sind einfach schrecklich.

Ich sehe, daß dieser Abschnitt des *camino* in ein technologisches Projekt umgewandelt wurde, das vielleicht sogar die

Perfektion eines *milieu technique* erreicht, eines von Jacques Ellul eingeführten Begriffes. Das ist eine Umgebung, die im wesentlichen von den Forderungen und Bedingungen von *la technique* geformt wird: Alles ist ausschließlich nach technischen Kriterien geplant und dann ausgeführt. Zum Beispiel erfordert die abstrakte Planung eines ordentlichen Wirkungsgrades, daß der Pfad genau drei Meter breit sein muß, eben oder mit Steigungen, die durch mathematische Berechnung bestimmt sind, und überall aus genau demselben Material. Kein menschlicher, das heißt eigenwilliger Hauch darf die Regelmäßigkeit stören. Keine natürliche Anmut darf hervorleuchten. Die Sorten der Bäume, ihre gleichmäßige Größe und ihr gleichmäßiger Abstand voneinander müssen alle unbedingt mit „rationalen" Kriterien in Einklang sein.

Ich bin schnell gelangweilt, zum ersten Male finde ich den *camino* bedrückend, uninteressant. Ich fühle, daß ich an einem bedrückenden Ort eingeschlossen bin, in einer konstruierten Kapsel, in einem glatten, gewichtslosen Anzug, der mich vor dem Stolpern über spitze Steine bewahrt, vor dem Festsitzen im Morast oder dem Verirren auf verwirrenden Viehpfaden. Heute gibt es keine Überraschungen; ich kann nicht vom Weg abkommen; es besteht kein Bedarf an grob gemalten gelben Pfeilen. Der *camino* ist zu einer industriellen Straße, zu einer Ausweitung glatter Autostraßen verformt und erniedrigt worden, auf denen Entfernungen schnell zurückgelegt werden.

Es fängt an zu regnen. Das ist eine bekannte Erfahrung, nicht wahr? Nun, ja. Es ist, als ob der Regen auf die asphaltierte Landstraße fiele. Aber hier ist die Oberfläche nicht so hart; sie ist leicht geneigt, so daß der Regen auf jeder Seite abfließt. Sie soll einem mechanischen Kriterium entsprechen, vermutlich um mir zu helfen. Sie nützt sicherlich dem Ingenieur, der dies alles plante, und den Menschen, die die Maschinen zu ihrem Bau herstellten und verkauften, und den Arbeitern, die die Maschinen bedienten. Ich kann mit schnellem Schritt vorangehen; ich brauche nie aufzupassen, wohin ich meinen Fuß setze, und Pfützen zu vermeiden suchen, die über den Rand meiner Schuhe gehen würden, oder Steine, auf denen ich mein Fußgelenk verdrehen könnte. Aber gehe ich noch?

Oder bewegt mich diese Landstraße weg von der Erde und verschluckt mich in ihrem „Ersatz"-Raum? Ich kann die Orientierung nicht verlieren, aber ich habe sicherlich den *camino* verloren, nämlich den, den ich mit einer Mischung aus Ehrfurcht und Entzücken zu kennen und zu umarmen begonnen habe.

Ellul glaubt, das technologische Projekt sei so vollendet und so verständlich ausgebaut, daß es die in ihm Gefangenen verwirre und blende. Diese Einkapselung sei verborgen und abgeschwächt durch Ablenkungen – all die verschiedenen Drogen, Spiele, Vorführungen, „kulturellen" Aktivitäten, Apparate und Spielsachen – die von der technologischen Welt selbst hergestellt seien. Das heißt, daß alle in dem von dem Projekt geschaffenen Milieu funktionieren sollen – was „amüsieren" für die meisten, „interessant" sein für diejenigen mit vorgegebener intellektueller Kultiviertheit bedeutet. Da er bemerkt, daß die Menschen in steigendem Maße in einer Welt der künstlichen Bilder leben, die klug ausgedacht sind, um die Menschen für das *milieu technique* einzunehmen und darin festzuhalten, behauptet Ellul, sie verlören die Fähigkeit, zwischen Bild und Realität zu unterscheiden. Das heißt, sie kämen zu der Auffassung, die künstliche Blase *sei* die Realität.

Muß man bewußt ein ähnlich energisches Reinigen seiner Sinne vornehmen, um die verlockenden Fühler des technologischen Projektes erkennen zu können? Oder ist mehr gefordert? Ist jahrelange Disziplin nötig? Oder asketische Übungen, die zu einer neuen Sehensweise führen, einer Art radikaler Wandlung? Diese Fragen fallen mir ein, weil einige Menschen, die darüber berichten, daß sie auf dem *camino* waren, den Raum, durch den ich mich so schnell bewege, als eine „wunderbare Initiative", „eine bequeme und zweckmäßige Straße", „einen wunderschönen Pfad aus verdichteter Erde" beschreiben. All das ist hier ... aber ich sehe auch etwas ganz anderes ... oder haben die frische Luft, die Sonne, der Regen und die Strapazen mein Urteilsvermögen umwölkt, so daß ich getäuscht werde?

Was ich sehe, scheint das Ergebnis einer machtvollen, klärenden Erfahrung zu sein. Dies würde nie eingetreten sein, wenn nicht zwei Bedingungen erfüllt wären: in einer gewissen Tradition zu leben und zum Nachdenken fähig zu sein.

Ellul ist der Auffassung, daß die Menschen nicht reflektieren könnten, da sie in den modernen Bereichen heute im *milieu technique* eingefangen seien. Er meint, dies sei die besondere kulturelle und intellektuelle Tragödie der modernen Welt: beschränkt auf diese Welt, könnten die Menschen die erforderliche Ruhe und Klarheit für wirkliche Reflexion nicht finden. Das Wesen dieser Tätigkeit, wie sie im Westen ausgeübt wurde, erhielt ihren klar umrissenen Ausdruck in der sogenannten delphischen Maxime „Erkenne dich selbst".

Auf dem *camino* habe ich herausgefunden, daß ich entsprechend dem Umfang, in dem ich in den *camino* eingetaucht bin, einfach in Reflexion lebe, jener Art von Reflexion, die am besten durch den Begriff der Erinnerung ausgedrückt werden kann – ein Zurückrufen der Geschenke und Gnaden, der Fehler und der Selbstsuche, meiner wahren Geschichte als Geschöpf. Dies ist mein tagtägliches bewußtes Leben an diesem gesegneten und begnadeten Ort. In einem gewissen Sinne habe ich nichts anderes getan als zu reflektieren – während ich mich wahrhaftig durch den Raum bewegte.

An zwei Stellen sah ich heute einen Schafhirten mit einer kleinen Schafherde. Die Hirten waren alte Männer. Wie würde es sein, sie einige Wochen zu begleiten, ihren Geschichten zu lauschen? Würde die Einsamkeit hier draußen mit ihren Tieren, vielleicht über viele Jahre, ihnen eine besondere Stimme, eine mir völlig fremde Sensibilität geben? Würden sie mir dies enthüllen? Würde ich fähig sein, es zu hören? Es würde lange dauern, eine gewisse Vertrautheit zwischen uns aufzubauen. Aber was für eine Offenbarung könnte das sein!

Im siebzehnten Jahrhundert hätte Laffi einen ähnlichen Schafhirten mit seinen Schafen treffen können. Aber er beschreibt ein viel dramatischeres Schauspiel. Als Laffi hier des Weges kam, kurz bevor er Burgo Ranero erreichte, fanden er und sein Gefährte den Körper eines toten Pilgers, eines Mannes, der genau auf dem *camino* gestorben war. Zwei Wölfe hatten an der Leiche zu schmausen begonnen. Laffi jagte sie fort, bedeckte den Körper mit Steinen, und als er nach Burgo Ranero kam, suchte er einen Priester, der ein christliches Begräbnis vorbereiten konnte.

Nach ungefähr acht Stunden erreiche ich Mansilla de las Mulas und bin ungefähr vierzig Kilometer gelaufen. Ich fühle mich fast frisch, da ich in einem der Dörfer am Wege zu einer kurzen Rast und einer Tasse Kaffee angehalten habe. Mit ein oder zwei Fragen finde ich leicht zum *refugio*, einem älteren Gebäude im Zentrum der Stadt. Es wird gerade renoviert, aber ein großer Teil der Arbeit ist schon vollendet, und die fertigen Räume sind ansprechend möbliert.

Alle Betten und Matratzen sind neu, und der Leiter der Unterkunft führt mich zu einem Bett am Fenster – das mit einer Spitzengardine geschmückt ist. So etwas habe ich noch nicht gesehen. Ich lasse meinen Rucksack auf dem Bett und begebe mich auf die Suche nach der Küche. Dort finde ich drei spanische Paare, vielleicht einige Jahre jünger als ich, die gerade ihr Mittagessen beenden. Sie begrüßen mich herzlich und laden mich ein, mich zu ihnen zu setzen und ihre Mahlzeit mit ihnen zu teilen; es sind genug Reste für ein köstliches Mittagessen da. Einer von ihnen hatte Pilze am *camino* gefunden, und die Frauen bereiteten sie zu. Sie bieten mir auch einen leckeren frischen Salat, Brot, Obst und Wein an. Als ich meinen Kaffee austrinke, holt einer der Männer eine Flasche hervor und fragt mich, ob ich einen Schluck *aguardiente* trinken wolle. Ich bin mit solch einem Schnaps durch meinen Aufenthalt in Lateinamerika vertraut. Die Menschen jeder Region scheinen ein starkes brandy-ähnliches Getränk aus den lokalen Früchten herzustellen. Da ich weiß, daß ich nur eine sehr kleine Menge erhalten werde, nehme ich bereitwillig an. Ein kleines bißchen starker Alkohol, langsam genippt unter solch freundlichen und großzügigen Menschen, scheint mir ein wunderbarer Abschluß des geselligen Schmauses zu sein. Der *aguardiente* war wahrscheinlich selbst gemacht, und ich kann sehen, daß die Männer der Meinung sind, sie hätten mir etwas ganz Besonderes angeboten.

Der *camino* erscheint mir jetzt als der geeignete Ort, an dem jemand, der von einer Tradition durchdrungen ist, sich selbst in einer solchen Weise entleeren könnte, daß er oder sie die Freiheit genießen könnte, die für wahre Reflexion nötig ist, ein Erinnern-Denken-Fühlen, das den ganzen Menschen einbezieht, eindringt und kraftvoll genug ist, die vom technologischen Projekt errichteten Barrieren und Vorurteile zu durchbrechen.

20 Von Mansilla de las Mulas nach León

23. Mai

Wenige Kilometer von Mansilla entfernt gaben Alfonso VII und seine Frau, Doña Berenguela, im Jahr 1142 dem Conde Don Ponce de Minerva und seiner Frau, Doña Estefanía, Grund und Boden. Don Ponce wurde bald darauf in einer Schlacht gegen die Mauren gefangengenommen und nach Marokko gebracht. Ohne etwas von seinem Geschick zu wissen, gründete Doña Estefanía in Carrizo am Fluß Orbigo ein Kloster als *hospital* für Pilger, die nach Compostela gingen oder von dort zurückkamen. Sie arbeitete auch dort, wobei sie sich selbst um die Bedürfnisse der Pilger kümmerte. Ihr Ehemann wurde schließlich freigelassen und ging als Pilger nach Compostela, um ein Gelübde zu erfüllen, das er während seiner Gefangenschaft abgelegt hatte. Eines Abends hielt er in Carrizo an. Es war manchmal Sitte in den *hospitales*, die Füße der Pilger zu waschen – in Nachahmung der Fußwaschung von Jesus Christus (Joh. 13,1–17). An jenem Abend wusch wie immer Doña Estefanía die Füße der Pilger, aber sie erkannte ihren jetzt nach Jahren der Gefangenschaft sehr veränderten Mann nicht. Während sie diese Liebestat ausführte, erkannte Don Ponce sie, als er ihre Hände sah und fühlte! Die Geschichte erzählt weiter, daß sie dann beide ein Gelübde der Enthaltsamkeit ablegten, und der Graf dem Beispiel seiner Frau folgte und in der Nähe das Kloster von Sandoval gründete.

Die Wahrheit dieser Geschichte paßte in wundervoller Weise zu meinen Gedanken auf dem *camino*, Gedanken, für die Worte nicht angemessen scheinen. Das Gehen war heute wieder schwierig – jedenfalls so sehr, daß ich an die Wirklichkeit des Schmerzes erinnert wurde … der, historisch gesehen, immer da war, fast von Anfang an, und der immer da sein wird, fast bis zum Ende. Es gibt keine Kur, keine Arznei, keine wirksame Schmerztablette. – Warum muß dieses Kind so fürchterlich leiden? Warum werden diese Unschuldigen verfolgt? – All diese qualvollen Fragen und all das wirklich vorhandene Leiden erhielten eine „Antwort". Aus Liebe war der Sohn gehorsam, unterwarf er sich einem schrecklichen Tod. Und solcher Gehorsam wurde aus Liebe „erzwungen", gefordert. Diese Liebe steht, obwohl sie die Liebe dieser beiden *leoneses* aus dem zwölften Jahrhundert füreinander übertrifft, nicht im Gegensatz dazu, ist der Liebe nicht fremd, die sie kennenlernten, der Liebe und dem Schmerz, die sie erlebten.

Wie dumm alles klingt – vieles, was ich gehört habe: Wenn Gott gut und allmächtig ist – wenn diese Aussage überhaupt eine Bedeutung hat –, warum leiden dann die Unschuldigen? Natürlich muß mir diese Frage in den Sinn kommen, muß mich quälen, wenn ich irgendein Gefühl habe, irgendeine Fähigkeit zu lieben, irgendeine Erfahrung, geliebt zu werden. Und nach dem heutigen Tag auf dem *camino* sehe ich nicht, daß überhaupt irgendeine Antwort möglich ist, es sei denn, tief in das Geheimnis der Inkarnation zu gehen. Die Tiefe, die ich erreiche, wird bestimmen, wie gut ich verstehe, wieviel Schmerz ich selbst annehmen kann, wie leidenschaftlich ich lieben werde. Alle Worte lahmen; sie sind arm, von äußerst begrenzter Hilfe. Letztendlich führt Erfahrung zu der Wahrheit. Die Einfachheit des *camino* heute – um mich herum gibt es keine auffallende Landschaft, in mir ist die Leere des Selbst – und das Aufgeben der rationalen Abstraktion machen mich offen für die Geheimnisse meines Gebetes, die Geheimnisse der Inkarnation. Ich erkenne klarer denn je, daß man diese Geheimnisse nicht durch akademisches Lesen und Studieren betritt, sondern indem man sich an einen Ort wie diesen begibt – voll Ruhe und Einsamkeit und langer Reflexion über die Lebensgeschichte von längst gestorbenen Liebenden.

León – die letzte große Stadt, durch die ich auf dem *camino* nach mehr als der halben Strecke nach Compostela wandern werde – ist eine mit Pilgern eng verbundene Stadt. Am Ende des neunten Jahrhunderts, als Alfonso III König von León war, galt sie als bedeutendste Stadt im christlichen Spanien. Alfonso II (789–842), dessen Burg sich in Oviedo befand, baute die erste Basilika in Compostela, um das Grab des Apostels Jakobus zu ehren, dessen Körper dort kurz zuvor entdeckt worden war. Er tat auch alles, um für Oviedo eines der wertvollsten Reliqienkästchen zu besorgen. Sein Nachfolger, Alfonso III, baute eine zweite Basilika in Compostela (877) und wohnte ihrer Einweihung im Jahr 899 bei; die erste Basilika hatte sich als zu klein erwiesen. Im Jahr 910 verlegte er den Sitz des Königreiches von Oviedo nach León, wo er noch in demselben Jahr starb. Am Ende des zehnten Jahrhunderts (988) wurde León von dem großen Muslimkrieger Almanzor angegriffen; zur großen Erleichterung vieler christlicher Städte starb Almanzor im Jahr 1002.

Spaniens vielleicht berühmtester Heiliger und ein großer Enzyklopädist war der hl. Isidor (570–636). Im Jahr 1036 wurden seine Reliquien von Sevilla, das damals unter islamischer Herrschaft stand, nach León gebracht. Dies geschah auf Veranlassung von Fernando I und seiner Frau, Doña Sancha, die damit den Plan verfolgten, die Reliquien berühmter Heiliger für die Kirche der eigenen Hauptstadt zu sammeln. Es wird berichtet, daß dann durch Isidors Fürbitte zahlreiche Wunder geschehen seien. Dieses wiederum zog Pilger an. León ist einer der wenigen Orte in Spanien, von denen Aymeric Picaud schreibt, sie müßten wegen ihrer Reliquien aufgesucht werden – die anderen Orte sind Santo Domingo de la Calzada, Sahagún wegen der Reliquien der frühen Heiligen Facundo und Primitivo – und Compostela. Die Basilika, die Isidors Reliquien bewahrt, wird als einer der großen romanischen Schätze des *camino* angesehen.

Ich bin jetzt müde und möchte gern ein neues *refugio* finden, dessen Eröffnung ich auf einem Anschlagbrett in Mansilla de las Mulas angezeigt sah. Auf fast direktem Wege finde ich die Stelle sehr leicht, mitten in der Stadt. Das *refugio* ist in einem dieser Gebäudeungetüme, die zu Francos Zeiten errichtet wurden, und macht den Eindruck, als ob es von denselben Menschen entworfen und gebaut worden sei, die die Landschaft von Burgos mit dem Priesterseminar verschandelt haben. Es scheint, daß das Haus jetzt für unterschiedliche

Zwecke genutzt wird, und die Pilgerunterkunft nimmt nur einen Flügel im dritten Stock ein. Sie ist den ganzen Tag geöffnet, bis auf die Morgenstunden von neun bis zwölf, wenn zwei Frauen zum Saubermachen kommen. Insgesamt sind einundneunzig Betten vorhanden und vier in dem Raum, den ich von dem jungen Mann am Tresen zugewiesen bekam. Es ist fast wie ein Hotel, jemand ist rund um die Uhr an diesem Tresen, aber es wird keine Gebühr erhoben, und es gibt keinen Spendenkasten. Die Unterkunft wird von der Stadt betrieben als Fortsetzung des alten Brauches, den Pilgern Gastfreundschaft zu gewähren. Auf einem Schild steht geschrieben, daß man zwei Tage bleiben könne. In allen anderen Unterkünften erlaubt die Vorschrift nur einen Tag. Ich bin jedoch überzeugt, daß man eine Genehmigung für einen weiteren Tag bekommen könnte, falls es nötig wäre, wundgelaufene Füße oder schmerzende Muskeln auszuruhen.

Der junge Mann am Tresen erzählt mir, daß letzte Woche ein Franzose durchkam, ein Offizier der Armee im Ruhestand, der den *camino* zum achten Mal wanderte! Er ginge durchschnittlich vierzig Kilometer am Tag. Eine andere Idee oder ein Wunsch: Ich würde gern hier in einem der *refugios* einige Wochen oder Monate lang sitzen und den Geschichten der Menschen zuhören, die auf dem *camino* durchkommen. Ich habe gehört, daß sie aus verschiedenen Ländern Europas wie auch aus Nord- und Südamerika kommen, und ich habe sogar einen Reiseführer – in Japanisch – für japanische Pilger gesehen. Jeder Reisende hat seine oder ihre persönliche Geschichte zu erzählen, jede mit anderen Träumen und Hoffnungen – wie die Spanier sagen mit ihren *ilusiones*, einem unübersetzbaren Wort und Gefühl. Ich habe mich oft gefragt, wie die Menschen zum ersten Mal vom *camino* erfahren. Und die alte Frage: Was zieht sie nach Compostela?

Heute stelle ich diese Frage in León. Die Kathedrale hier ist berühmt. Und hier sind viele andere Klöster und Kirchen zu sehen. Aber was bedeutet das? Wenn ich am Nachmittag ausgehe und an all diesen Stellen vorbeigehe, werde ich etwas sehen? Ich bin da sehr unsicher. Das Sehen ist nicht so einfach. Wenn ich ausgehen und all die „interessanten" Gebäude in mich aufnehmen müßte, würde das ein Vorgang des Sehens sein oder nur stumpfer Verbrauch? Statt eines neuen Gerätes, einer neuen „cuisine" würde ich neue „Sehenswürdigkeiten" konsumieren.

Was steht hinter dem Errichten dieser religiösen Bauwerke? Was bedeuten sie in der Geschichte der Spanier? Die Richtung, aus der man sich diesen Fragen nähern muß, scheint klar: Welche Verbindung besteht zwischen den Geheimnissen des Rosenkranzes und den Steinen, die ich sehe?

Die Geheimnisse bringen mich in das Neue Testament. Dort sehe ich, daß Jesus die jüdische Sitte vollkommen achtete. Aus ihrer Geschichte heraus hatten auch die Juden in Stein gebaut: den Tempel in Jerusalem, auf den sie stolz waren, und Synagogen in anderen Städten, wo sie studierten und beteten. Jesus hatte nie etwas gegen diese Gebäude. In der einzigen überlieferten Handlung seines Lebens, in der Er Heftigkeit zeigt, treibt Er vielmehr alle hinaus, die im Tempel kaufen und verkaufen (Matth. 21, 12–13). Er ist offensichtlich auf die Würde dieses Ortes bedacht. Aber bei einer anderen Gelegenheit sagte Jesus auch: „Du aber, wenn du betest, geh in deine Kammer und schließe deine Tür zu und bete zu deinem Vater im Verborgenen; und dein Vater, der ins Verborgene sieht, wird dir vergelten." (Matth. 6, 6) Die Anbetung Gottes erfordert kein Gebäude.

All die kirchlichen Denkmäler und Kirchen sind für uns; Gott braucht sie nicht. Sie können nichts für Gott tun. Die einzige Frage ist dann: Was können sie für uns tun? Ihr Bau, ihre Erhaltung und Benutzung können uns Gelegenheit geben, Gott zu ehren, können uns vielleicht helfen, uns auf Gott zuzubewegen, aber sie können auch unseren Stolz fördern, unserer Eitelkeit dienen.

Auf dem *camino* habe ich gelernt, daß ich die Wirklichkeit des Pilgerraumes nur betreten und mich all denen, die mir vorangegangen sind, nur anschließen kann, wenn ich damit beginne, was ich berühren und fühlen kann. Wie in der Geschichte von Don Ponce und Doña Estefanía so bewegend veranschaulicht wird, geschieht die Wahrnehmung durch die Sinne. Alles Bauwerk, das ich gesehen habe, all die Gebäude gehören hier in Spanien zu einer der beiden folgenden Kategorien. Die erste Kategorie wird sehr genau verkörpert von dem, was ich heute sah, als ich nach León hereinkam. Am Rande der Stadt sah ich einen Zaun, der eine große Rasenfläche mit einem sehr modernen Gebäude einschloß, das etwas von der Straße zurückgesetzt war. Zwischen der Straße und dem *Caja España* Bürogebäude – eine Bank, nehme ich an – gab es eine Grünfläche mit einer Fontäne, deren Wasser hoch in die Luft schoß. Wie man an dem fertigen Ergebnis sehen kann, waren die Arbeiter nur Gehilfen der Maschinen, die die Materialien verarbeiteten. An keiner Stelle der fertigen Arbeit – es sei denn, es wäre ein Fehler zu sehen – kann man das Wirken von Menschenhand sehen. Ein Anzeichen dafür, daß es sich hier um eine menschliche Schöpfung handelt, kann nur begriffen werden in dem Gesamtentwurf, in der abstrakten Idee der Gestaltung von Raum, Formen und Materialien.

Entlang des *camino* habe ich auch viele andere Gebäude gesehen – kleine Häuser und Ställe für Tiere, Steinbrücken und Kapellen oder sehr bescheidene Kirchen. An diesen Bauwerken kann ich sehen, daß jeder Stein einzeln an seinen Platz gesetzt wurde. Er kam nicht aus einer Steinfabrik, im Standardmaß, so geformt und vorbereitet, daß er an jede Stelle paßt. Ich sah, daß ein Mann jeden Stein mit seinem Auge, mit Hammer und Meißel angepaßt hat. Das Ergebnis ist eine unverwechselbar menschliche Arbeit, die Schöpfung eines wahren Künstlers. Diese alten Gebäude verlangten viele geschickte Hände am Ort; die modernen Gebäude verlangen viele Maschinen in einer großen Entfernung. Die alte Methode begünstigte höchsten *Gebrauchs*-Wert – frohes Vollenden in der Ausführung des Bauens. Die neue gestattet nur *Tausch*-Wert – der Arbeiter setzt seine Zeit ein für seinen Arbeitslohn. Moderne Arbeiter sind grundsätzlich mit dem Zusammensetzen dessen beschäftigt, was jemand anders entworfen und konstruiert hat. Der Unterschied bei den kleinen Brücken ist schlagend – die alten sind aus einzelnen Steinen zusammengesetzt und in eleganten Bögen geformt; die neuen sind aus dürftigem Stahl, der bald rostet, und mit schmutzigem Asphalt bedeckt.

So ließen Kirchenmänner und religiöse Inspiration früher einmal viele Menschen gute Arbeit verrichten, gute menschliche Arbeit, Arbeit, die sowohl Gott als auch die Menschen ehrte. Ich kann daher staunen über die grazile Steinarbeit in der Kathedrale von Burgos oder im Kreuzgang von Nájera, eine Kunstfertigkeit, die dem Wesen des Materials zu trotzen scheint. Ich konnte sehen, daß einzelne Menschen, die dort gearbeitet hatten, unmittelbar wunderschöne Dinge geschaffen hatten. Diese Orte sind nun beredte Zeugnisse für die Talente und disziplinierte Geschicklichkeit jener ungenannten und unbekannten Künstler. Aber bisher habe ich auf dem *camino* kein Anzeichen gesehen, daß Arbeit dieser Art auch heute noch getan wird. Das Beste, dessen die moderne Gesellschaft fähig zu sein scheint, ist die Reparatur und Restaurierung alter vollendeter Werke. Ich vermute, daß ich diese erstaunliche Qualität an Arbeit heute nicht sehe, weil alles anders gebaut wird: die Auffassung von der Arbeit und dem Arbeiter an sich hat sich gewandelt; wenige genießen einen Primadonnenstatus, und der Mehrzahl ist ein niedriger Massenstatus gegeben. Moderne Technologie spiegelt die Teilungen wider und leistet ihnen Vorschub. Hier steht der Computer richtig als Beispiel für die neuen Apparate und die Organisation der Gesellschaft durch sie: Jeder technische Fortschritt bedeutet, daß weniger Menschen die Zentren der Macht verstehen und kontrollieren, während mehr Menschen abstumpfende Aufgaben erfüllen. Sie erwerben damit keinen Platz in der Gesellschaft. Ich schließe daraus, daß solche Konstruktionsmethoden weder Gott preisen noch den Menschen ehren können. Niemand braucht sie! Der Sprung von einer Bauweise zur andern ist wie der Sprung vom Ochsenkarren zum Traktor, von lebendigem Charme zur Kälte der Blaupause. Der historische Bruch ist von großer Wirkung, aber ich brauche nicht noch mehr Gebäude zu sehen, um ihn besser zu verstehen. Mehr zu sehen würde vor allem mehr Konsum bedeuten, mehr Verdauungsstörungen, mehr Herzbrennen.

Die beiden Kanadier treffen ein und werden in meinem Zimmer untergebracht. Sie sind so müde, daß sie von der Möglichkeit, zwei Tage in diesem *refugio* zu bleiben, Gebrauch machen werden. Morgen werden sie sich ausruhen und Besichtigungen in León unternehmen. In anderen Jahrhunderten gab es auch Vorschriften für die Benutzung der Unterkünfte durch die Pilger. Laffi berichtet, als er in einem *hospital* hier in León eingetroffen sei und die übliche Essensportion verlangt habe, hätten sie ein Zeichen an seinen Pilgerstab gemacht, damit er nicht noch mehr habe bekommen können. In anderen historischen Berichten steht, daß zu manchen Zeiten Bettler sich als Pilger ausgegeben und versucht hätten, davon zu leben, daß sie in den Unterkünften Essen erbeten und in den Betten geschlafen hätten. Sogar heute gibt es eine allgemeine Vorschrift, daß jeder Pilger einen Brief von seinem oder ihrem Gemeindepfarrer vorlegen sollte, in dem bestätigt wird, daß man in einer örtlichen Pfarrgemeinde gut angesehen und ein wahrer Pilger ist, der versucht, nach Compostela zu wandern. So hätte auch ich solch einen Brief vorlegen müssen, ehe ich mein *credencial* erhielt. Ich hatte keinen solchen Brief, niemand fragte danach, und ich habe nicht gehört, daß irgend jemand die Vorschrift beachtet. Im achtzehnten Jahrhundert jedoch hatte Albani Unterlagen von seinen kirchlichen Behörden in Italien bei sich.

21 Von León nach Villadangos del Páramo

24. Mai

Ich habe das *refugio* wie immer früh verlassen und gehe durch die leeren Straßen. Das einzige Geräusch ist das rhythmische Aufsetzen meines Stabes auf dem Straßenpflaster, bis ich zu einer Bäckerei komme. Hier stören einige Arbeiter die morgendliche Ruhe durch das Beladen eines Lieferwagens mit dem gerade frisch gebackenen Brot. Dann, als ich um eine Ecke biege, versetze ich eine Frau in Erstaunen, die aus einem Haus herauskommt – sie sieht aus, als wolle sie über die Straße zu einer Nachbarin gehen, weil ihr Kaffee oder Milch ausgegangen sind. Erschreckt von meinem Anblick, wie ich mitten auf der Straße mit einem großen Rucksack auf dem Rücken und einem langen Stock in der Hand dahinschreite, hält sie an, guckt, dann erhellt ein Lächeln ihr Gesicht, und sie ruft laut: „Muy madrugador!" – Nun, Sie sind ein Frühaufsteher! Lachend erwidere ich ihren Gruß, ohne meinen Schritt zu verlangsamen.

Ein paar Minuten später beginnt es heftig zu regnen. Dann wird aus der Straße, die den *camino* aus der Stadt hinausführt, eine Landstraße. Hier draußen sind die Menschen schon auf und rasen in ihren Fahrzeugen dahin. Für die Pendler und Auslieferer von Waren muß der Tag früh beginnen. Der Asphalt ermöglicht auch mir, vorwärts zu eilen, und bald gelange ich an ein Schild, das die Stadt La Virgen del Camino anzeigt.

Nach einer alten Überlieferung erschien im frühen sechzehnten Jahrhundert einem Schafhirten mit Namen Alvar Simón hier in der Nähe die Jungfrau Maria. Sie bat Alvar Simón, zu dem Bischof von León zu gehen und ihm zu sagen, er solle an dieser Stelle eine Kirche mit ihrem Bild bauen. Aus Angst, daß der Bischof eine solche Geschichte nie glauben würde, bat Alvar María inständig um irgendein Zeichen, mit dem er den Bischof überzeugen könne. Daraufhin ließ sie sich von Alvar seine Steinschleuder geben, legte einen kleinen Stein hinein und schoß ihn etwa sechshundert Schritte weit weg. Sie erklärte Alvar, wenn er und seine Gefährten, der Bischof eingeschlossen, aus León zurückkehrten, würden sie ohne weiteres den Platz für die Kirche erkennen, wenn sie sähen, wieviel größer der jetzt nicht sichtbare Stein geworden sein würde. Und so geschah es.

Heute kennzeichnet eine neue Kirche, die im Jahr 1961 erbaut wurde, diese Stelle. Sie ist La Virgen del Camino gewidmet, der Schutzpatronin von León. Dieses sehr moderne Bauwerk mit den monumentalen Statuen von Maria und den Aposteln an der Fassade wird als repräsentativ für die Lebendigkeit der zeitgenössischen religiösen Architektur angesehen. Tatsächlich vermittelt die Gesamtform den Eindruck, daß ein einfallsreicher Architekt dies entworfen habe. Die Bronzestatuen, jede sechs Meter hoch, wurden offensichtlich von einem Bildhauer angefertigt. Aber der Bau selbst – die Materialien und wie sie benutzt werden – ist ebenso offensichtlich die Arbeit von Maschinen. Alle Oberflächen glänzen in der Glätte des künstlichen Steines, den ich schon als Material bei den Bänken kurz vor El Burgos Raneros kennenlernte.

Die einzigen Menschen, die dies Gebäude geprägt haben, an die man sich erinnert und die dieses Gebäude ehrt, sind der Architekt und der Bildhauer. Der Handabdruck eines Arbeiters ist nicht zu sehen. Die Anlage des Bauwerkes folgt der Vorliebe der modernen Gesellschaft: Es besteht eine radikale Trennung zwischen Künstler und Arbeiter; dem einen wird große Freiheit zugestanden, um etwas zu „vollbringen", um eine Persönlichkeit zu werden, der andere wird nicht beachtet oder durch Maschinen ersetzt. Das voraussagbare Ergebnis ist, daß *keine* ehrbare, wahre Arbeit getan wird. Die Arbeit von Künstlern wird immer wertvoller und unechter. Die Gesellschaft wird immer mehr mit langweiligem und minderwertigem Schund überflutet. Ach, wenn doch der Regen die Vorstellungen der Menschen reinigen könnte! Ich habe gelernt, daß ich mich über Regen und Morast nicht zu beklagen brauche.

Fast drei Wochen lang habe ich mich über die Erde bewegt und nur meine Füße benutzt. Gelegentlich, wie heute, fühle ich mich von den Autos direkt angegriffen; sie verachten mich, sie maßregeln mich, ich stelle mir vor, sie würden mich gerne loswerden – diesen hartnäckigen Fußgänger, der darauf besteht, daß die eigenen Füße eine Welt von unvorstellbaren Freuden und Wundern eröffnen, eine Welt, die Autobesitzern verschlossen ist. Aber ich muß zugeben, daß meine Erfahrung nicht die von anderen ist. Ich besitze kein Auto und hoffe, daß ich nie wieder eines brauchen werde.

Ich vermute, daß das Auto für die Spanier, wie vermutlich für jedermann in der Welt, das vollkommene Wahrzeichen einer modernen, technischen Gesellschaft geworden ist, einer Gesellschaft, auf die jedes Volk augenscheinlich hofft. Wenn man ein Auto besitzt, dann hat man die Freiheit – vielleicht die größte der modernen Illusionen. Das *Fühlen* eines Steuerrades, die unmittelbare, ungestüme Reaktion nach einem leichten Druck auf das Gaspedal, die schnell hinter sich gebrachten Kilometer, all dies erzeugt die Selbsttäuschung von persönlicher Macht in einer Gesellschaft, in der fast jeder gefangen ist und die meisten in den grausamen Umklammerungen der Wirtschaft machtlos sind. Man kann den eigenen Status mit diesem magischen Symbol festigen oder erhöhen.

Von der Perspektive des *camino*, vom Ort des *camino* erscheint die große Wunderwelt des technologischen Fortschritts immer künstlicher, mehr und mehr als eine bösartige Täuschung. Aber es ist eine eigenartige Künstlichkeit. Mit Hilfe seines Autos kann man der Wirklichkeit der Natur entkommen und mehr als ein bloßes Geschöpf sein.

Wenn ich in die Gesichter der Menschen schaue und ihre Interessen und Bewegungen beobachte, habe ich oft den Eindruck, daß es eine moderne *acedia* gibt, die unter denen stärker verbreitet ist, die einen höheren Stand der Technik haben; sie wird Langeweile genannt. Wie die Langeweile unter den Wohlhabenden ansteigt, so auch die Künstlichkeit und das Blendwerk ihrer Maskeraden. In der Hoffnung, ihre abgestumpften Gefühle anzuregen, suchen sie ständig neue Vergnügungen, unter denen das Auto heutzutage einen einzigartigen Platz einnimmt.

Welten trennen mich von all den Menschen, die an mir vorbeiflitzen! Und auf welcher gemeinsamen Grundlage könnten wir uns jemals treffen? Und was, wenn sie beim Weitereilen genau hinschauen und den Rosenkranz an meiner Hand hängen sehen? Die Studenten von 1928 beteten den Rosenkranz, als sie ihren Weg von Madrid nach Compostela machten. Sie bemerkten die Überraschung auf den Gesichtern der Menschen, die an ihnen vorübergingen und dies sahen. Was können die Automenschen in unserer Zeit, heute, denken? Lädt meine eigenartige Erscheinung sie zum Nachdenken darüber ein, wo sie sind? Oder durchzuckt sie nur ein flüchtiger, ablehnender Gedanke: Dieser Typ ist wirklich von vorgestern!

Vor zwölf Uhr habe ich zwanzig Kilometer zurückgelegt und bin nun am Rande von Villadangos del Páramo. Ich frage den ersten Menschen, den ich treffe, nach dem *refugio*, denn in diesem Regen möchte ich nicht weiter als notwendig gehen. Ich erfahre, daß es hier in der Nähe ist, nur wenige Schritte entfernt, in diesem Randbezirk der Stadt. Ich gehe über die Straße und komme zu einem neuen Gebäude, das anscheinend gerade fertiggestellt ist. Es ist von nackter Erde umgeben, und mehrere Schubkarren sind auf einer Seite aufgestellt und warten im Morast. Einige Steine und Holzplanken bilden eine Art Brücke, und ich kann bis an die Tür gelangen. Sie ist offen! Ich kann hineingehen. Das *refugio* ist leer; ich bin anscheinend der erste Ankömmling heute.

Der Bau ist speziell als ein *refugio* entworfen und hat einige interessante Einzelheiten. Anstelle eines großen Schlafsaales gibt es kleine Räume ohne Türen, die je zwei Doppelbetten enthalten. In der Mitte des Gebäudes befinden sich ein hübsch gebauter Kamin und ein großer Tisch, wo die Menschen zusammenkommen und essen können. Wie schade, daß kein Holz da ist, um ein Feuer zu machen. Ein prasselndes Feuer würde diesen Ort heute abend nach Einbruch der Dunkelheit wunderbar verwandeln.

Ich wasche meine Socken aus und hänge sie zum Trocknen auf, zusammen mit einigen Sachen der gestrigen Wäsche, die in León nicht ganz trocken wurden. Ich ersehe aus der gedruckten Hausordnung, daß ich mein *credencial* bei der Bürgermeisterin abstempeln lassen kann, einer Frau, die auch die Apothekerin des Ortes ist. Sie steht uns während der Geschäftszeit in der Apotheke zur Verfügung – ich kann sie wahrscheinlich gerade noch erreichen, bevor sie zum Mittagessen schließt. Ich ziehe meinen Poncho an und gehe los. Ich suche noch jemanden, der mir den Weg zu der Apotheke und den Lebensmittelgeschäften weisen kann.

Zufällig finde ich einen älteren Mann, der eifrig Kisten mit leeren Getränkeflaschen auf die Rückseite eines Lastwagens lädt, und bitte ihn um Hilfe. Mit großer Höflichkeit erklärt er mir den Weg und fragt mich dann, woher ich käme. Er hat offensichtlich erraten, wohin ich gehe, und bittet mich dann – offen, einfach – Santiago einen Kuß von ihm zu geben, wenn ich nach Compostela komme. Ich verstehe die Bitte, denn ich habe gehört, daß sich auf dem Hauptaltar der Kathedrale eine große Santiago-Statue befindet. Hinter dem Altar führt eine Treppe zu dieser Statue hinauf. Oben kann man die Rückseite des Kopfes der Statue erreichen, und es ist ein Brauch der Pilger, ihn zu küssen. Dies ist noch ein Beispiel für die spontane Freundlichkeit, der ich überall entlang des *camino* begegne.

Trotz der ausführlichen Hinweise ist es schwierig, die Apotheke zu finden; wieder eine kleine Stadt mit verschlungenen Straßen. Dort stempelt die Bürgermeisterin und Apothekerin mein *credencial* und sagt mir, wenn ich in einem Restaurant essen möchte, so gäbe es dem *refugio* gegenüber ein gutes. Ich danke ihr und mache mich auf die Suche nach einer Bäckerei und einem Lebensmittelgeschäft. Die Bäckerei ist leicht zu finden, und ich kaufe Brot. Als ich an dem kleinen Lebensmittelgeschäft ankomme, finde ich es geschlossen – aus keinem ersichtlichen Grund. Es regnet noch immer etwas, daher beschließe ich, das Restaurant aufzusuchen. Ich habe seit dem Genuß der frischen Pilze in Mansilla de las Mulas keine warme Mahlzeit mehr gegessen.

Das Mittagessen erfüllt ausgezeichnet, was die Bürgermeisterin versprach, und die junge Frau, die mich bedient, ist höchst angenehm. Bei meiner Rückkehr in die Unterkunft fällt mir eines dieser Videogeräte in einer Ecke des Foyers auf – der gleiche Apparat, den ich in dem Informationsbüro gesehen habe – wo war das? – in Castrojeriz, glaube ich. Wie verrückt! Warum möchte jemand, der *auf* dem *camino* ist, ein Video *über* den *camino* ansehen? In dem Informationsbüro war ich damals bezüglich des Apparates nicht neugierig genug, um herauszufinden, was er tatsächlich enthielt, und ich spüre kein Verlangen, es jetzt herauszufinden.

Die merkwürdige Geschichte dieser Stadt hat ein eindrucksvolles Bild von „traditioneller" spanischer Religiosität hinterlassen. Die Gemeindekirche der Stadt ist Santiago geweiht, und eine seiner berühmtesten Statuen in Europa befindet sich über dem Hauptaltar. Hier ist er als Matamoros auf seinem weißen Pferd dargestellt, mit dem Schwert in der Hand, ein sterbender Maure unter den erhobenen Vorderhufen des Pferdes. Pferd und Reiter springen auf die Kirchengemeinde zu. Was für ein eigenartiger Ort ist dieser *camino*! Jeder, den ich in Villadangos treffe, scheint ein lebender Erbe des Geistes des Peregrino und nicht des Matamoros zu sein. Was sehen sie, wenn sie ihre Kirche betreten und über den blutrünstigen Krieger nachdenken?

Später schaue ich zufällig aus dem Fenster und sehe einen der spanischen Pilger, die mir die Pilze gaben. Wegen des Regens hält er seinen Kopf gesenkt und geht einfach vorüber, ohne dies Gebäude zu sehen, das von der Straße etwas zurückgesetzt ist. Er hat sicher nicht gesehen, daß dies das *refugio* ist. Ich renne zur Tür und rufe laut. Er dreht sich um, scheint ziemlich überrascht, mich dort zu sehen, und kommt dann auf dem Behelfsweg zu mir. Glücklich begrüßen wir uns, und dann hält er auf der Straße Ausschau nach dem Rest der Gruppe. Als sie alle ankommen, herrscht eine recht festliche Stimmung in der irgendwie sterilen Unterkunft. Ein Feuer in diesem Kamin würde die vollkommene Begleitung zu der strahlenden Stimmung dieser guten Menschen sein. Sie müssen schon früher am Tag gegessen haben, denn sie wärmen nur etwas Suppe auf dem Herd – der mit dem Einwerfen von Münzen arbeitet! – und bestehen darauf, daß ich auch etwas nehme.

Einer von ihnen erzählt mir, daß er einen Verein gründen wolle, der bei der Erhaltung dieser *refugios* helfen würde. Einem *refugio* könnten Möbelstücke fehlen, die die Mitglieder dann bereitstellen könnten. Eine andere Möglichkeit könnte Hilfe bei einer Arbeit sein, und die Geschickten könnten ihre Arbeitskraft zur Verfügung stellen, und so weiter. Ich sagte ihm, daß meiner Meinung nach solche Vereine für diese verschiedenen Zwecke bestünden. Ich hätte von einigen hier in Spanien gehört und von anderen in Frankreich, Belgien und England. Ich hätte den Eindruck, daß es weitere zum Beispiel in Deutschland gäbe. Wenn er der Sache nachginge, könnte er möglicherweise herausfinden, daß bereits bestehende Gruppen die Mitarbeit von weiteren interessierten Menschen benötigten. Es ist gut, jemanden zu sehen, der schon die Idee hat, dem *camino* etwas zurückzugeben, noch ehe er das Ende seiner Pilgerfahrt erreicht hat. Die Unterhaltung weckt in mir den Wunsch, mehr über diese Unterkünfte zu erfahren – diese hier stellt offensichtlich eine beträchtliche Investition dar. Und ich glaube nicht, daß freiwillige Spenden solche Unkosten jemals decken würden.

Beim Durchblättern des Gästebuches – üblicherweise „El libro de peregrinos" genannt – sehe ich, daß jemand geschrieben hat: *„El camino es fe, sudor y esperanza"* – „Der *camino* ist Glaube, Schweiß und Hoffnung". Nun, ja – wenn einem nur wenige Wörter zur Verfügung stünden, würde es schwierig sein, diese Charakterisierung zu verbessern.

Um auf mein Gebet am allerersten Tag zurückzukommen, so scheint es, daß ich, um nach Compostela zu gelangen, nur eine erträgliche Menge an Schmerz brauche. Aber vielleicht bin ich nicht tief genug in dieses Problem der körperlichen Bequemlichkeit eingedrungen. Ich habe gute Schuhe, einen ordentlichen Schlafsack, einen gutgeformten Rucksack, einen wasserdichten Poncho. Kein Pilger reiste in früheren Jahren in solcher Aufmachung und Bequemlichkeit – bis auf Könige und Adlige möglicherweise. Zwei Male fand Albani heraus, daß er auf einer Matratze geschlafen hatte, die voller Wanzen war (ich vermute, daß er dieses Insekt meint). Als er wieder im Sonnenschein draußen auf dem *camino* war, zog er alle Kleider aus und versuchte, all die winzigen Geschöpfe einzeln zu töten. Er beschreibt die Plage recht ausführlich, die dieses Ungeziefer verursacht. Obwohl ich oft auf schmutzigen und schmierigen Matratzen gelegen habe, schlief ich wirklich immer ungestört in meinem sauberen Schlafsack. Ich habe nichts von der Unbehaglichkeit der früheren Pilger erlebt. Geht es mir zu gut, um mich ihnen anschließen zu können, um den *camino* zu kennen?

22 Von Villadangos del Páramo nach Astorg

25. Mai

Als ich aus der Tür gehe, ist der bedeckte Himmel so dunkel, daß es noch mitten in der Nacht zu sein scheint, doch auf meiner Uhr ist es schon sieben Uhr. Früher, bevor ich nach Spanien kam, hätte ich gesagt: „Oh, was für ein elender Morgen für den Beginn einer Tageswanderung! Kann ich sie nicht auf morgen verschieben?" Aber jetzt breche ich einfach auf, fühle mich wie an jedem Morgen frisch, begierig, neue Orte zu entdecken, und weiß, daß es ein guter Tag wird. Denn diese Erfahrung habe ich gemacht – Tag für Tag, ohne Ausnahme.

Dräuende Wolken hängen am Himmel, aber erst nach zwei Stunden beginnt es zu regnen, öffnet der Himmel seine Schleusen. Und ich bin noch auf einer Landstraße und werde von allen Seiten gebeutelt. Zuerst drücken mich Böen von Wind oder Regen in die eine Richtung, dann ein auf mich zukommendes Fahrzeug in eine andere und ein vorbeifahrender Personen- oder Lastwagen, der von hinten kommt, in eine dritte Richtung, oder ich werde von vielen Seiten gleichzeitig gestoßen. Ungefähr einen Meter von mir entfernt rasen die behäbigen und beschützten Fahrer an mir vorbei. Sie sehen so trocken und zufrieden in ihren Erwachsenen-Spielzeugen aus, während sie zu ihren Bestimmungsorten unterwegs sind.

Aber wo sind diese Orte? Jetzt sind diese Menschen sicher in ihren modernen Gehäusen aus Glas, Plastik und Metall eingeschlossen. Dieser Ort ist aber nur der Anfang. Hinter der körpergerecht geformten Polsterung liegen weitere aufeinanderfolgende Schichten von Bequemlichkeit und Schutz: Beschäftigung, Versicherung zum Schutz von Eigentum und Leben, Netze sozialer Verpflichtungen und Unterstützungen, Netzwerke von Informationen und Unterhaltung und immer entsprechende Rechnungen und Schulden. Wenn man die Oberfläche ankratzt, ist dort fast immer – Angst. Hinter all den Unterstützungen und Versicherungen scheint die Wirtschaft immer problematisch zu bleiben. Jede Woche oder jeden Monat tritt eine neue Krisis in dem einen oder anderen Sektor auf, in dem einen oder anderen Land. Was, wenn ich die Zahlungen für diesen wunderbaren Apparat nicht aufrechterhalten kann? Was, wenn die Wirtschaft wirklich umschlägt?

Ein Mercedes trifft auf ein altmodisches Paar Lederschuhe – hier draußen auf dem *camino* nach Compostela. Sind wir in demselben Universum? Was denken wohl diese Leute, wenn sie mich sehen? – da ist ein Narr oder ein Landstreicher; eine unbegreifliche Anomalie; ein öffentliches Ärgernis, das die Landstraße verstopft. Ich vermute, ich erscheine hier völlig fehl am Platze, ein Durchreisender auf *ihrem* Territorium, in *ihrer* Welt. Während ich mich bemühe, nicht von der Straße geweht oder durch die rasenden Lastwagen auf die Fahrbahn eines ankommenden Autos gesaugt zu werden, stelle ich mir vor, was für ein großes Glück es wäre, wenn der *camino* durch schönen, schmierigen Matsch verliefe.

Wie als Antwort auf meinen Wunsch komme ich bald zu einer abweichenden Route des *camino* – einen Erdpfad hinunter. Ich weiß, daß die Landstraße direkt nach Astorga führt, wo ich heute ankommen möchte, aber ich ergreife die Gelegenheit, hinaus auf die nasse Erde im offenen Gelände zu kommen, ganz gleich, wieviel weiter oder beschwerlicher es auch sein möge. Ich müßte aber inzwischen gelernt haben, daß das Glück nichts mit einem schlechteren oder besseren *camino* zu tun hat. Weder „Glück" noch „besser" haben irgendeinen Sinn. Mein Verhalten sollte in respektvoller und wachsamer Bewußtheit bestehen, einer lebhaften, umsichtigen Offenheit dem gegenüber, was ist.

Ich erreiche eine kleine Stadt, Hospital de Orbigo, die so verwirrend für die Geschichte des *camino* sein muß, wie andererseits auch wichtig –, wenn ich an Geschichte als eine Möglichkeit denke, in die Komplexität dieses Ortes einzudringen. Hier in der Nähe verschaffte im Jahr 1434 ein festliches Ritterturnier, das einen Monat dauerte, fußmüden Pilgern ein Schauspiel mittelalterlicher Tapferkeit und Illusion, eine eigenartige Mischung aus vortrefflichen Fertigkeiten, höfischer Liebe und Religiosität. Dieses Festival, ein dem *camino* engstens verbundenes Ereignis, läßt sich besser verstehen, wenn man noch weitere hundert Jahre zurückgeht. Im Jahr 1332 unternahm Alfonso XI eine Pilgerfahrt von Burgos nach Compostela. Auf den letzten paar Kilometern, vom heutigen El Monte del Gozo an, ging er barfuß. Als er in der Kathedrale ankam, legte er seine mittelalterlichen Waffen und seine Rüstung auf den Hochaltar, kniete nieder und wachte die ganze Nacht lang. Er betete. Am Morgen las der Erzbischof, Juan de Limia, die Messe und segnete die Waffen. Dann gab er sie an Alfonso zurück und rüstete ihn somit als christlichen Ritter mit Waffen aus. Alfonso erhob sich und ging hinauf, um die Santiago-Statue zu grüßen, indem er sie wie jeder Pilger küßte. Dies geschah auch, weil die Ritter aus dem gesamten christlichen Europa Santiago als ihren besonderen Heiligen ansahen, einen Schutzheiligen, der für sie in seiner wunderbaren Erscheinung als Krieger gegen die Mauren die ruhmreichen Taten eines heiligen Kreuzfahrers verkörperte. Diese Menschen hatten den Jünger Jesu in den Matamoros umgewandelt, den unbesiegbaren Kämpfer gegen den Islam, den Prototyp eines spanischen Ritters, der in der *Reconquista* kämpfte, und eines europäischen Ritters, der dem Ideal eines Kreuzritters entsprach.

Damals war es Sitte, daß die Adligen an Alfonsos Hof in Burgos die auf ihrem Weg nach Compostela vorbeiziehenden Ritter einluden, für die Zeit eines ritterlichen Turnierspiels zu verweilen, ehe sie die Pilgerreise fortsetzten.

Aber man muß sogar noch weiter zurückgehen. Manche sind der Überzeugung, daß auf den *caminos* Geschichte geschrieben wird, auf den großen Routen der Krieger. Spanien rühmte sich im Mittelalter dreier Routen: der von Karl dem Großen, der von Almanzor und der von Mío Cid (Rodrigo Díaz de Vivar), dem großen historischen und mythischen Helden, der in dem *Poéma del Cid* (1140) verherrlicht wird. Die Wege aller drei Anführer führten nach Compostela. Gemäß einer Legende folgte Karl der Große, im Traum von Santiago inspiriert, der Milchstraße nach Galicien, um das Grab des Apostels aus der Gewalt der Mauren zu befreien, wobei er den *camino* für die französischen und anderen europäischen Pilger öffnete. Almanzor griff die Stadt im Jahr 997 an, zerstörte die Basilika – ohne jedoch das Grab von Santiago anzurühren – und brachte die Glocken nach Córdoba, wo sie in Lampen für die Moschee umgeformt wurden. Christliche Gefangene wurden gezwungen, sie auf ihren Schultern zu tragen.

El Cid (Don Rodrigo) war *die* typische Gestalt im christlichen Spanien am Ende des elften Jahrhunderts, ein furchtloser Krieger in einer Gesellschaft von Kriegern. Er machte im Jahr 1064 mit seinen Rittern eine Pilgerreise nach Compostela.

Drei Straßen nach Compostela, jede mit Heldentaten ... und Blut angefüllt. Dies ist in der Tat eine Geschichte der Halbinsel. Aber um diese Straßen herum bildeten die Menschen viele *ilusiones* – wunsch-erfüllte Träume, erhoffte Ziele, vorgestellte Ideale. Um den *camino* zu finden, muß man die vergeblichen Träume hinwegräumen und nach der klaren *ilusión* suchen, nämlich der, die einige Spanier standhaft vor sich hingehalten haben. Es ist der Mut, an einen unmöglichen Traum zu glauben, der durch Humor gemildert ist. Es ist nicht peinlich, gegen Windmühlen zu kämpfen oder an seinen Schutzengel zu glauben.

Im siebzehnten Jahrhundert übernachtete Laffi an diesem Ort – Hospital de Orbigo. Aus seinem Bericht erkennt der Leser bald, daß Laffi immer nach einem guten Platz zum Schlafen sucht. Zum Beispiel bleibt er selten in den *hospitales* für Pilger, sondern sucht bessere Unterbringungen, für die er natürlich bezahlt. In Hospital de Orbigo war das beste, was er finden konnte, eine Hütte, in der er auf dem nackten Boden schlafen mußte. In seinen kritischen Anmerkungen zu der Armut des Ortes berichtet er, die Menschen seien so beklagenswert gewesen, daß er das Gefühl gehabt habe, sie für dieses kleine bißchen Gastfreundschaft bezahlen zu müssen. Wie man an Laffis Buch sieht – einem damaligen „Bestseller" in Europa –, schuf auch er, ebenso wie die Ritter des vierzehnten und fünfzehnten Jahrhunderts, sich seinen eigenen Santiago, eine magisch-mythische Gestalt mit der Macht, die Phantasie eines jeden anzuziehen und gefangenzunehmen.

Im zwanzigsten Jahrhundert scheint Hospital de Orbigo auf den ersten Blick eine wenig blühende Kleinstadt zu sein. Aber dann eine wundervolle Überraschung: fünf Storchennester – mit Störchen darin! Vier befinden sich auf der Spitze eines Kirchturms und eines auf dem Dach eines angrenzenden Gebäudes – eine regelrechte Kolonie. Die Stadt muß irgendeine geheimnisvolle Anziehungskraft besitzen, daß sich so viele dieser legendären Geschöpfe hier niederließen. Wie schweigende Nonnen für die Kinder Gottes beten, wachen diese stillen Zeugen über die Gemeinschaft.

Ich komme dann an eine lange und offensichtlich alte Steinbrücke, die aus vielen zierlichen Bögen besteht, einer an den anderen gereiht. Dies muß die historische Puente de Orbigo sein. Die Brücke ist wahrhaftig ein großes Kunstwerk – die Proportionen sind wunderbar, die Ausführung sticht ins Auge durch die Großartigkeit der geübten Hand eines Handwerkers, das gesamte Bauwerk ist ein wunderschöner und nützlicher Beitrag für die Gemeinschaft. Sie ist eine herrliche menschliche Bemühung, die die in den Störchen erblickte Natur ergänzt, eine begeisternde Arbeit, die auf die Ebene der Schuhe gehört, die ich in Belorado sah.

Bald läßt der Regen nach und hört dann ganz auf. Ein lieblicher, frischer Frühlingstag erhellt meinen Pfad, und alles erscheint ganz besonders angenehm. Ich schreite über Felder, gelegentlich durch ein kleines Dorf, klettere in bergiges Hügelland und wandere durch einen kräftigen und gesund aussehenden Wald. Schon jetzt eine unglaubliche Vielfalt an Schauplätzen und Umgebungen, doch der Tag ist noch jung. Einen großen Teil der Zeit überqueren meine Füße eine Art Kopfsteinpflaster. Die Bauern werden ihn nützlich finden, wenn sie auf ihren Traktoren zu den Feldern gelangen oder ihr Vieh auf die Weide treiben möchten.

Nachdem ich ungefähr sechs Stunden gewandert bin, sehe ich Astorga vor mir, ein besonders verwirrendes Durcheinander von Hügeln, bebaut auf allen Seiten und in alle Richtungen. Ich werde an El Grecos Bilder von Toledo erinnert. Der Anblick vor mir ist jedoch viel heiterer; es gibt keinen Hauch von böser Vorahnung, keine Spur von schwebender Dunkelheit. Im Mittelalter gab es bis auf Burgos keine Stadt am *camino*, die mehr *hospitales* für Pilger hatte. Die drei Studenten, die hier im Jahr 1928 durchkamen, fanden die jungen Frauen bezaubernd, die sie auf den Straßen sahen. Und ich habe gehört, hier befänden sich einige der fantastischen Bauten von Gaudí.

Eine Frau, die ich am Stadtrand treffe, sagt mir, es gebe zwei Wege zum *refugio*. Nach dem Anhören ihrer Beschreibung entscheide ich mich für den weniger komplizierten, obwohl er länger sein mag. Dieser Weg führt mich in die Mitte der Stadt und in die Nähe des bischöflichen Palastes, eines von Gaudís berühmten Gebäuden. An einer roten Ampel bitte ich Leute um weitere Hinweise. Das führt zu einer freundlichen Unterhaltung, und eine kleine Gruppe versammelt sich um mich. Sie nehmen lebhaft Anteil an mir als Pilger und fragen wie üblich, woher ich käme. Jemand fragt nach meinem Alter, und die Antwort – fünfundsechzig – ruft allgemeines Erstaunen hervor. Sie wirken höchst besorgt, daß ich diese Pilgerreise allein zu unternehmen wage – in meinem fortgeschrittenen Alter! Lachend setze ich meinen Weg die Straße hinunter fort und komme zu einem Gebäudekomplex, der eine große Schule sein muß, dem Ort der Unterkunft. Ich habe gehört, daß sie von einer Gemeinschaft geführt wird, die Hermanos Holandeses heißt.

Auf dem Gelände werde ich zu einem kleinen Raum am Ende eines Gebäudes geschickt, das ein Wohnhaus zu sein scheint – vielleicht für die Brüder. Der Raum enthält sechs oder acht Doppelbetten, eine Toilette mit Dusche und warmes Wasser. Außerhalb des Raumes ist eine breite Veranda mit Wäscheleinen, auf denen ich meine Wäsche aufhänge. Obwohl keine Küche vorhanden ist, entschließe ich mich, zurückzueilen und Lebensmittel in einem Geschäft zu kaufen, an dem ich in der Stadt vorbeikam. Dort finde ich mein übliches kaltes Mittagessen aus dem Supermarkt: eine Scheibe Schinken, eine Dose gemischtes Gemüse, Brot, Käse, Joghurt, Obst und den billigen, aber guten Wein in den Pappbehältern.

Neben der Unterkunft befindet sich ein Garten von etwa zehn Metern im Quadrat. Von einer Mauer umschlossen und mit einigen hübschen Blumen, Büschen und zwei kleinen Bäumen geschmückt, ist er ein idealer Platz, um im hellen Sonnenschein mein Mittagessen dort einzunehmen. Im Schatten ist es recht kühl, und ich bin gespannt, ob ich wohl überhaupt noch warmes Wetter in Spanien erleben werde. Aber der heutige Tag hat mir alles gebracht, was ich mir nur wünschen konnte. Aus der Ferne nähern sich über die Berge einige drohend aussehende, schwarze Wolken, die ein sich immer änderndes Schauspiel am Himmel schaffen.

Manchmal meine ich, ich müßte mir mehr Mühe geben, meine Pilgerkameraden besser kennenzulernen. Vor einigen Tagen traf ich drei Französinnen in einem der *refugios*. Gestern traf eine von ihnen spät abends allein in Villadangos ein. Sie sagte, ihre beiden Kameradinnen seien irgendwo hinter ihr. Jetzt sehe ich, daß sie hier angekommen ist, immer noch allein, ohne etwas von ihren Freundinnen zu wissen. Das bedeutet, daß sie mindestens die beiden letzten Tage alleine gewandert ist, ohne Spanisch zu können. Ich bewundere ihren Mut und ihre Unabhängigkeit. Verschiedene Male ist sie in einem *refugio* mehrere Stunden nach mir eingetroffen, aber immer hat sie dieselbe Entfernung wie ich an diesen Tagen zurückgelegt. Am späten Nachmittag treffen die beiden anderen Französinnen ein und begrüßen ihre Freundin herzlich. Wie froh bin auch ich, daß sie wieder vereint sind. Sie scheinen gut zusammen zu reisen. Die eine geht schneller und wandert in ihrem Lieblingstempo. Die andern beiden holen sie hin und wieder ein.

23 Von Astorga nach Foncebadón

26. Mai

Die Notizen über die Wanderung nach Foncebadón schrieb ich am folgenden Tag.

Der gestrige Tag, Mittwoch, hat sich als der bisher ungewöhnlichste und aufregendste Tag auf dem *camino* herausgestellt. Ich brach in Astorga früh auf und kam nach ein paar Kilometern auf einer einigermaßen ruhigen Landstraße zu einem Dorf. Die gelben Pfeile zeigten an, daß der *camino* dieser Straße weiterhin folgen würde. Aber eine andere Straße verlief in derselben Richtung geradewegs durch das kleine Dorf, und eine ungepflasterte Straße ging hinter den wenigen Häusern wieder hinaus. Ich traf einige Bauern und fragte sie, ob ich nach Rabanal del Camino kommen würde – einem Ort, der nach meiner Karte ein *refugio* hatte – wenn ich die ungepflasterte Straße statt der Landstraße nähme. Sie versicherten mir, ich käme dorthin. Gewillt, etwas zu riskieren, nur um die Landstraße zu vermeiden, beschloß ich, diesen Pfad in die offene Landschaft auf gut Glück zu versuchen.

Der Pfad wand sich um Bäume und Felder, ging abwechselnd hinauf und hinunter, aber immer in eine Hauptrichtung – auf das gewünschte *refugio* zu – und allmählich immer höher. Nach einigem Klettern befand ich mich schließlich in einem Wald, der sich über die Spitze des Berges zu erstrecken schien. Der Pfad verwandelte sich in eine Straße, aber es schien wohl nur ein Weg für Forstfahrzeuge zu sein, unbenutzt. Die Art der Umgebung ließ mich auf einen staatlichen Wald schließen. Nach einigen Stunden kam ich zu der Überzeugung, daß ich die Abbiegung zu der Stadt und dem *refugio* verpaßt hatte, aber ich schien immer in die gleiche Richtung gegangen zu sein. Wenn das stimmte, dann wanderte ich auf einem Pfad parallel zu der Landstraße. Und die Karte zeigte im weiteren Verlauf der Landstraße eine andere Stadt an, Foncebadón.

Es wurde immer klarer, daß diese Straße von keinem benutzt wurde, außer vielleicht von Waldarbeitern, und daß sie lange Zeit nicht hier oben gewesen waren. Wenn ich mir hier ein Bein bräche, würde ich sicherlich nicht gefunden werden – ich bemühte mich aufzupassen, wohin ich trat! Immer wenn ich zu einer höheren oder offenen Stelle kam, die mir gestattete, über die Berge hinwegzublicken, sah ich nichts als Bäume. Keine Felder; deshalb waren hier auch keine Menschen. Und natürlich keine Dörfer.

Verschiedene Male kam ich an eine Gabelung des Weges. Davor fürchtete ich mich, denn ich mußte eine Entscheidung treffen, ohne ausreichende Kenntnisse zu haben. Der Himmel war weiter bedeckt, so konnte mir die Sonne keine Hilfe für die Himmelsrichtungen sein. Doch hatte ich das Gefühl, daß ich in einer etwa geraden Linie ging. An jeder Teilung der Straße wählte ich die Seite, die mir für das Beibehalten dieser Linie besser vorkam. Aber der Wald schien kein Ende zu nehmen, in welche Richtung ich auch blickte. Ich erinnerte mich, irgendwo gelesen zu haben, daß die Wälder der ganzen Welt sich verringerten. Dieser hier jedoch gedieh prächtig und vergrößerte sich offenbar. Ich befand mich in einer Zwickmühle. Einerseits wollte ich hier irgendwie hinauskommen; andererseits freute ich mich, daß die Spanier ihre bewaldeten Berge so großzügig wieder aufforsteten. Da ich mich so verirrt hatte, war meine Freude mit Angst vermischt. Ein leichter Regen begann zu fallen, aber ich faßte den Beschluß, nicht zurückzugehen. Sicherlich würde ich hier noch vor der Dunkelheit herauskommen.

An einer weiteren Gabelung verlief die Straße zur Linken mit Sicherheit nach links – nach meiner Abschätzung und Mutmaßung also auf die Landstraße zu, vielleicht nach Foncebadón. Ich entschloß mich, mein Glück zu versuchen und zu sehen, ob dieser Weg aus dem Wald hinausführte. Wenn nicht, würde ich mich irgendwie im Kreis drehen, ohne dem Hinausfinden näher zu kommen. Nach mehreren Stunden verwandelte sich die Straße in zwei wassergefüllte Radspuren, die von beiden Seiten mit Büschen fast bedeckt waren. Vielleicht war es nur eine Sackgasse!

Ich glaube, ich habe mich zum ersten Mal richtig verlaufen. Auch das ist eine allgemeine Erfahrung, die mir bisher vorenthalten worden ist ... und vielleicht eine Erfahrung, die mir von großem Nutzen sein kann. Thoreau schrieb:

> Nur wenn wir die Orientierung verloren haben, das heißt, nur wenn wir uns in der Welt verloren haben, finden wir zu uns selbst und werden uns klar darüber, wo wir sind und welche unendliche Weite unsere Beziehungen haben.

Der Sinn dessen, was er sagt, könnte sich auch auf meine Situation heute erstrecken. Aus dem, was am allerersten Tag geschah, begriff ich damals, wer hier draußen mit mir ist, wer möchte, daß ich diesen *camino* mache. Je mehr ich die Orientierung verliere, desto näher könnte ich ihnen sein. Im Angesicht der Entmutigung kann ich um so gelöster sein, sogar Freude empfinden.

Doch dann frage ich mich ... Bin ich irgendwie in Gefahr? Muß ich Angst haben? Aber wenn Gefahr und Grund zur Angst bestehen, wird die Reise heute um so aufregender, herzbewegender. Die vollkommene Stille, die stark empfundene Einsamkeit schärften alle meine Sinne, erweckten meine Energie. In dieser fantastischen Abgeschiedenheit verlangte ich keine Anregung außer der feuchten Luft und dem grauen Himmel. Ich hatte mich irgendwo auf den Höhen verirrt, die zum Monte Irago führen, einem seit jeher schwierigen und beängstigenden Berg des *camino*. In einem Dokument des achtzehnten Jahrhunderts steht geschrieben, das Land hier wäre so rauh, Regen, Schnee und Graupel so andauernd, daß der Paß von Anfang September bis Ende Mai geschlossen wäre ... das heißt jetzt! Die Menschen, die in dieser Gegend lebten, würden nach Pilgern Ausschau halten und sie dann bei sich aufnehmen und führen. Doch ich habe kein Zeichen irgendwelcher Menschen gesehen, bis auf die wenig benutzte Straße.

An jeder geringen Wegbiegung oder Öffnung in den Bäumen schaute ich aufmerksam hin, immer in der Hoffnung, irgendein Zeichen zu sehen, einen Hinweis auf eine Richtung. Ich hatte noch nie in meinem Leben so genau auf das geschaut, was vor mir lag. Es schien, als ob ich glaubte, alles hinge von der Intensität meiner Aufmerksamkeit ab. Aber ich sah nichts als Wald. Der Pfad endete jedoch nicht. Irgendwann war er tatsächlich von jemandem benutzt worden. Ich hatte das sichere Gefühl, daß es so sein müsse. Nach unzähligen Enttäuschungen glaubte ich dann, ich hätte durch den Regen und Nebel auf einer fernen Bergseite flüchtig ein paar Dächer gesehen. Hatte ich wirklich Häuser gesehen? Oder war es eine Täuschung von Licht und Schatten im Regen? Und wenn dort Häuser waren, konnte ich dorthin gelangen? Vorher, in den Bergen, hatte ich über Abgründe auf einen anderen Berg geschaut, aber es gab keinen Weg, dorthin zu gelangen. Wenn ich quer über das Land gehen müßte, würde ich es nie schaffen – nicht auf dem rutschigen, nassen Boden mit einem schweren Rucksack und auch nicht, weil ich wahrscheinlich außerstande wäre, meinen Richtungssinn zu behalten, wenn ich wieder in den Wald eingetaucht wäre. Aber der Pfad unter meinen Füßen war noch sichtbar, und er führte auf das zu, was ich gesehen zu haben glaubte. Die nassen Büsche waren noch nicht so undurchdringlich verschlungen, daß sie mich vom Vorwärtskommen abhielten.

Dann kam ich zu einer Art Lichtung, der Pfad wurde offener. Bald wurde ein Steingebäude sichtbar. Als ich herankam, sah ich, daß es die Ruinen einer Kirche waren. Eigentlich hatte ich keinen Grund, trotzdem erschien es mir als ein gutes Zeichen. Der Pfad führte weiter, war jetzt klar erkennbar eine Straße und mündete auf eine enge einspurige Asphaltstraße. Die mußte sicherlich zu dem Dorf führen. Und so war es auch. Ich konnte wirklich Häuser sehen! Ich war nicht mehr verloren! Ich habe diesen Ausdruck gehört und ihn immer als abgenützt betrachtet; aber jetzt fühlte ich mich wahrlich durcheinander: sollte ich lachen oder weinen? Den ganzen Weg mußte ich an jeder Gabelung gut gewählt haben, und die letzte war genau die, die mich hierher brachte.

Wenn ich an irgendeiner Gabelung anders entschieden hätte, würde ich wahrscheinlich noch immer in jenem Wald herumirren. Wer war heute mit mir dort draußen? Andere Pilger, die sich verirrt hatten – und nicht den Weg hinaus fanden? Mein Schutzengel? Ich hatte nicht das „Empfinden" von Hilfe, aber ich hatte immer das „Gefühl", in die richtige Richtung zu gehen – ohne einen wirklichen Beweis dafür zu haben. Aber das Gefühl war da, und es änderte sich nie; es ist klar, ich lebe nicht in einer Welt des Zufalls, hänge nicht vom Glück ab.

Merkwürdig. Albani, der auch alleine ging, schreibt, nachdem er (im achtzehnten Jahrhundert) Astorga verlassen hätte, hätte er sich auf einem Berg verirrt. Es muß genau hier gewesen sein. Er sagt, er habe einen Jäger getroffen, und dieser Mann habe ihm die Richtung gezeigt, in die er gehen sollte. Er setzte seinen Weg in Richtung Compostela fort und fand in jener Nacht Unterschlupf in einem Stall, der zum Aufbewahren von Stroh benutzt wurde. Da ich zu einem richtigen Dorf komme, müßte es mir eigentlich besser ergehen.

Wie ich so die Straße hinaufgehe, sehe ich hier niemanden. Aber alle Häuser sind in gutem Zustand und scheinen bewohnt zu sein. Nicht zum ersten Male bin ich in einem Dorf, in dem ich niemanden auf der Straße sehe. Ich halte an der öffentlichen *fuente*, um einen Schluck Wasser zu trinken, und höre Geräusche in der Nähe. Als ich in ihre Richtung gehe, finde ich zwei Männer, die an einem Eisengeländer arbeiten. Ich grüße sie und frage, wo ich sei. Dann frage ich, ob ich von hier nach Foncebadón gelangen könne. Ja, das sei möglich. Könnte ich vor Einbruch der Dunkelheit dort sein? Ja, das sei zu schaffen. Einer unterbricht seine Arbeit, nimmt Papier und Stift und zeichnet mir eine grobe Karte. Ich müsse noch mehrere Berge überqueren, aber sie seien nicht so hoch, die Entfernung nicht zu groß, und wenn ich vorsichtig sei, würde ich den Pfad nicht verlieren. Er markiert Kreuzungen und erklärt, welchen Pfad ich jeweils nehmen müsse. Ich bedanke mich herzlich, fülle meine Flasche mit Wasser und gehe wieder los – ich fühle mich wie ein neuer Mensch, der wieder ein Abenteuer beginnt – und es ist immer noch Mittwoch! Die

Vorsehung ist fast zu klar, zu passend. Nachdem ich an einigen Häusern vorbeigegangen bin, sehe ich ein kleines Schild „BAR". Das bedeutet Kaffee! Ein Fest! Sicherlich habe ich Zeit. Der Richtung folgend, die auf dem Schild angezeigt ist, komme ich zu der vermeintlichen Bar. Sie sieht wie jedes andere Haus aus, es gibt keinen Hinweis darauf, daß dies wirklich die Bar ist. Aber wiederum *fühle* ich, daß es die Bar sein muß. Ich versuche, die Tür zu öffnen. Geschlossen. Ich klopfe – und warte. Nach einigen Augenblicken kommt eine Frau an die Tür. „Ist dies die Bar?" frage ich. „Ja." Und sie ist offen. Ich mache mir nicht die Mühe zu fragen, warum die Tür abgeschlossen war. Vielleicht kommen die Kunden in solch einem kleinen Dorf später herein. Ich lege Poncho und Rucksack ab und genieße voll Freude die Wärme und den Geschmack eines guten Kaffees.

Ein Mann kommt herein, und ich bitte ihn und die Frau um Hinweise nach Foncebadón. Sie erzählen mir im wesentlichen dasselbe wie der Handwerker und fügen ein paar kleine Einzelheiten hinzu, die sich als wichtig herausstellen könnten, wenn ich an die Stellen komme, wo Bergpfade sich kreuzen. Weder diese Leute noch die Handwerker schienen von meinem Anblick überrascht zu sein. Ich vergaß leider, sie zu fragen, ob andere vom Weg abgekommene Wanderer oder Pilger je in dieses Dorf gekommen wären. Es scheint ein abgelegener Ort hier in den Bergen zu sein mit einer engen Straße, die in den Ort hineinführt, und einem Fußpfad, der auf der anderen Seite hinausgeht. Es müßte wunderbar sein, in diesem Ort zu leben.

Nach kurzer Zeit bin ich an einigen unfreundlichen Hunden vorbei und aus dem Dorf hinaus. Die Straße oder der Pfad scheint aus zusammengepreßter Sand-Erde zu bestehen, eine angenehme, aber nicht vertraute Oberfläche zum Gehen. Sie erzeugt nicht den Morast, der an den Schuhen klebt, und ich schreite schnell aus über die Berge. Die Straße klettert bergan und fällt dann wieder ab. Ich mache meinen Weg um oder über verschiedene kleine Berge. Manchmal sind zwei Berge durch eine tiefe Schlucht voneinander getrennt, und die Straße windet sich hinunter zu dem Fuße des einen und geht auf der anderen Seite weiter. Von einer Seite der Schlucht kann ich die Straße auf der anderen Seite sehen, aber ich weiß, daß es lange dauern wird, bis ich dorthin gelange. Man kann nicht geradewegs in die Schlucht hinunter und dort drüben wieder hinaufgehen; man muß rundherum gehen. Manchmal kann ich hoch oben auf einem angrenzenden Berg etwas wie eine Straße sehen und denke: Das muß eine Straße sein. Ich kann von hier bestimmt nicht *so* hoch hinaufgelangen. Aber immer geschieht es! Hier oben gibt es nicht viele Bäume, nur niedrige Büsche, wenn überhaupt etwas wächst. Ich habe die Empfindung, als seien große Räume oder eine Ansammlung von Räumen, große Haufen von Bergen um mich, und habe auch das Gefühl, daß ich riesige Entfernungen zurücklege. Ich habe vergessen, die Leute nach den tatsächlichen Entfernungen und der Dauer der Wanderung zu fragen. Sie sagten, ich könne es bis Foncebadón schaffen, und ich bin auf dem Weg, den sie mir wiesen. Dies muß der legendäre Monte Irago sein, der in der Vergangenheit von den Pilgern so gefürchtet war.

Der Regen setzt wieder ein, zusammen mit einem peitschenden Wind. Ich habe überhaupt keine Erfahrungen mit Bergen, und ich bin auf die Gewalt und unregelmäßigen Veränderungen des Windes nicht eingestellt. Aber ich passe auf, wohin ich meine Füße setze und daß ich nicht das Gleichgewicht verliere; ich glaube nicht, daß er mich umwehen kann.

Mir scheint es dann, als sei ich schon Stunden hier draußen. Ich hätte die Dorfleute fragen sollen, wie lange es von einer Markierung zur andern dauern würde. Oder vielleicht waren die Hinweise falsch ... oder ich habe sie nicht verstanden ... oder ich bin falsch abgebogen ... Eine lange Diskussion mit mir selbst ... die so endet: Sie kennen die Gegend bestens; das war klar an der Art und Weise, in der sie mir die Hinweise gaben. Sie sind ehrliche Leute, die mir helfen wollen – das war auch klar durch die Art, wie sie sich unterhielten und sprachen. Es hat sich herausgestellt, daß jede erwähnte Markierung genau ihrer Beschreibung entsprach. Und ich bin so abgebogen, wie sie empfahlen – in keinem Augenblick gab es eine Unsicherheit an den Stellen, wo Pfade sich kreuzten. Und es ist noch nicht dunkel. Also ist alles gut! Wenigstens versuche ich es mir einzureden. Ich komme dann zu einem bewaldeten Teil des Berges, und der Pfad verläuft an ihm entlang, genauso, wie sie es mir gesagt haben. Ich fühle mich selbstsicherer. Aber dann zerrt der schreckliche Wind die Schlaufe am unteren Rand meines Ponchos weg. Hier ist die Rückseite mit der Vorderseite durch einen Schnappverschluß verbunden, so daß mich der Poncho bis zu den Knien trockenhält. Die anderen Schnappverschlüsse halten; der Poncho wird nicht über meinen Kopf geweht; ich scheine einigermaßen trocken zu sein, wenigstens von der Taille an aufwärts.

Nun fühle ich mich müde. Das Wandern ist gut gegangen – den ganzen Tag – und ich bin weit gekommen; ich bin schon lange Zeit auf dem Pfad und hatte nur eine Rast für eine Tasse Kaffee. Dieser Pfad müßte auf die Landstraße hinauskommen. Und dann müßte Foncebadón auftauchen. Der Ort mit dem *refugio*, Rabanal del Camino, müßte eine gewisse Strecke zurück an der Landstraße liegen. Wenn ich nach Foncebadón gelange, bin ich viel weiter als bis zu meinem vorgesehenen Zielort gegangen, und ich kann sicher irgendeine Unterkunft in dem Dorf finden.

Genau in dem Augenblick, als mir bewußt wird, daß ich nicht mehr weitergehen kann, sehe ich die Landstraße! Die Hinweise waren fehlerlos. Und wie die Leute sagten, finde ich auf der anderen Seite der Landstraße bald die Straße, die nach Foncebadón führt. Ich biege ab und fühle mich plötzlich frisch und noch kräftig. Die Straße zu dem Dorf sieht mehr wie ein Pfad aus dickem Gras und Matsch aus, mit hin und wieder eingestreuten Steinen. Sie sieht mit Sicherheit nicht wie eine *benutzte* Straße aus. In kurzer Zeit komme ich zu einem Steinhaus. Sein Strohdach ist eingefallen; es ist offensichtlich verlassen. Die Straße besteht größtenteils aus Matsch, abfließendem Regenwasser und Steinen. Wieder ein Haus – auch verlassen. Jede Stelle, zu der ich komme, ist vollkommen unbewohnbar oder ist als Behelfsstall für Tiere benutzt worden. Ich sehe ein Haus, das aussieht, als würde es benutzt, aber an der Tür befindet sich ein Vorhängeschloß, und kein Mensch ist hier. Bald bin ich wieder in der offenen Landschaft, so scheint es wenigstens. Es wird dunkel, aber ich bin bestimmt durch das ganze Dorf gegangen. In der Ferne vermeine ich die Landstraße zu sehen, die sich den Berg hinan windet. Dies ist *nicht* die Stadt, in der ich hoffte, Lebensmittel zu kaufen und ein Zimmer in einem einfachen Hotel finden zu können! Es ist ein sehr kleines *verlassenes* Dorf ... zum ersten Male habe ich das in Spanien gesehen. Ich habe überhaupt keine Spur von Leben gesehen – bis auf die frischen Kuhfladen auf dem Boden.

Ich habe keine Kirche gesehen, aber ich erinnere mich, daß in meiner Karte eine eingezeichnet war. Ich kann in diesem Wind und Regen nicht weitergehen, und ich habe keine Ahnung, wie weit es noch bis zum nächsten Dorf ist. Es ist zu spät, um wieder hinunter zur Landstraße zu gehen und nach Rabanal del Camino zu suchen. Ich drehe mich um. Sicher hat eines der Häuser, das wie ein Stall aussah, ein Dach. Und das ist alles, was ich brauche. Ich gehe zurück durch das Dorf und stoße auf die Kirche. Ich habe sie vorher in der stärker werdenden Dunkelheit übersehen. Die Kirche ist gegenüber einer Querstraße und befindet sich an der ehemaligen Ecke. Die Längsseite liegt an dieser Straße und zum Teil fehlt sie. Ich gehe hinein und finde ein Stück des Daches noch an seinem Platz, aber der Boden oder Fußboden ist ganz mit Kuhfladen bedeckt. Sie wird auch nur von Tieren benutzt. Wie ich mich umdrehe und hinausgehen will, fällt mir ein Raum auf, der an die Kirche angrenzt, an einer Stelle, wo die Wand ein klaffendes Loch hat. Der Raum hat drei Wände und ein Dach von ungefähr drei oder vier Metern Breite. Ich schaue hinein und finde einigermaßen sauberes trockenes Stroh auf dem Boden. Der Wind kommt von der Seite, an der eine Wand ist, so ist der hintere Teil des Raumes vor Zug geschützt und bekommt keinen Regen ab. Vortrefflich.

Ich hänge meinen Poncho zum Austrocknen über den Stab, setze den Rucksack ab, werfe die Plastikmatte auf den Boden, rolle den Schlafsack aus, ziehe meine nassen Kleider aus und lege sie zum Trocknen in das Stroh und kuschele mich in den Schlafsack, um warm zu werden. Obwohl ich nach dem üblichen Frühstück nichts mehr gegessen habe, verspüre ich keinen großen Hunger. Ich habe drei kleine Pfirsiche und ein winziges Stück Käse und hebe es für morgen früh auf. Der Wind heult durch irgendwelche Öffnungen in der Kirche, der Regen schlägt kräftig auf das Dach, aber ich bin bald trocken und warm.

Plötzlich höre ich ein Gräusch. Ich bemühe mich, aus der Öffnung meines „Raumes" hinauszuschauen, und sehe einen Mann vorübergehen. Er beabsichtigt offenbar, irgendwohin zu gehen, daher beschließe ich zu warten, bis er mich findet, bevor ich anfange, ihm alles zu erklären.

Wie ich mich langsam entspanne, sehe ich mit Bestürzung einen Hund in der offenen Wand. Jeder Hund, den ich bisher in Spanien gesehen habe, war auf aggressive Weise unfreundlich – immer knurrten sie und bedrohten mich, wie jene drei schwarzen Hunde in dem kleinen Dorf vor ein paar Tagen. Doch waren sie immer angekettet, oder ich konnte mich mit meinem Stock beschützen. Nun befindet sich der Stock unter meinem Poncho, und ich liege auf dem Rücken in meinem Schlafsack. Darauf bin ich nicht vorbereitet! Wie wild versuche ich mich zu konzentrieren, einen Verteidigungsplan auszudenken. Da bemerke ich, daß der Köter mich weiter ansieht, aber keinen Laut von sich gibt. Wir starren einander an ... schließlich dreht er sich um und geht hinaus. Wie ist das zu erklären? Ist dies wieder ein Geheimnis des *camino*?

Als ich gerade versuche, mir mein Glück zusammenzureimen, nehme ich eine Bewegung in dem offenen Raum wahr, der auf die Straße führt. Ich hebe meinen Kopf und sehe noch einen Hund – einen dieser sehr mageren, sehr erbärmlich aussehenden Köter. Sie sind immer am bösartigsten, ihr äußerer Anblick ist ein getreuer Ausdruck ihres heftigen Wesens. Ich bin seiner Gnade ausgeliefert. Meine einzige Verteidigung wäre der Rucksack – kann ich ihn erreichen? anheben? ihn irgendwo zwischen den Hund und mich werfen? Ich werde es nie schaffen, aber jeder Muskel in mir spannt sich für den Versuch. Die ganze Zeit starren wir uns an – in Ruhe. Auch er gibt keinen Laut von sich. Nach einigen Minuten dreht er sich um und geht hinaus.

Ich zittere, während sich meine angespannten Nerven nun lösen. Ich habe gelesen, daß die Menschen früher gelegentlich Wölfen gegenüberstanden, und ich konnte mir nicht vorstellen, wie man einen Wolf tatsächlich treffen konnte. Doch vermute ich, es konnte so geschehen, wie hier mit diesen Hunden. Warum haben sie mich nicht angegriffen? Warum haben sie nicht wenigstens geknurrt und gebellt? Sie sind die ersten ruhigen Hunde, denen ich in Spanien begegnet bin. Und einer sah wirklich verdächtig und drohend aus. Was haben sie in mir gesehen oder nicht gesehen? Sie haben mich offensichtlich gesehen und konnten mich riechen. Sie „wußten", ich war kein vertrauter Gegenstand. Sie haben mir genau in die Augen geblickt. Sind das Bellen, Springen und Knurren all der anderen Hunde, die ich getroffen habe, nichts als Theater, eine leere Drohung?

Ich zittere nun nicht mehr; mein Körper wird ruhig und locker; ich denke, ich werde nun schlafen. Wie dankbar bin ich für diesen Tag, die Angst und die Aufregungen. Ich hatte mir den *camino* nie als eine solche abenteuerliche Gefahr vorgestellt: beim Wandern plötzlich zur Gruppe der Vermißten zu gehören oder von Kötern aufgefressen zu werden. Vielleicht habe ich mit den mittelalterlichen Pilgern mehr gemeinsam, als mir klar war.

Irgendwann werde ich in der Nacht von einer Kuhglocke geweckt. Sie kommt näher ... und näher. Eine Kuh geht langsam durch meine offene Wand und in die Kirche. Eine andere folgt; und dann ein Bulle. Sie scheinen in der Kirche einige Minuten herumzugehen, und dann kommt eine Kuh wieder heraus, blickt flüchtig in meine Richtung und geht weiter hinaus in Regen und Wind. Ich atme auf und bereite mich auf das Kommende vor. Was tue ich, wenn eine meinen Raum erforschen will? Es ist hier nicht genug Platz für die Kuh und mich. Wenn sie hereinkommt, muß sie sich umdrehen, um wieder hinauszugelangen. Doch dabei wird sie auf mich treten müssen oder meinen Rucksack umwerfen oder auf dem Poncho herumtrampeln und ihn zerreißen – oder alles auf einmal.

Der Bulle kommt aus der Kirche heraus; mit langsamen Bewegungen wandert er in den Sturm hinaus. Noch einer geht! Nach ein paar Minuten hält die andere Kuh langsam ihren Kopf aus der zerstörten Kirchenwand. Sie macht ein, zwei Schritte, wie Kühe das tun, wenn sie nicht in Eile sind. Ihr Kopf dreht sich in meine Richtung, und sie guckt – auf mich? auf das Stroh? Was „beabsichtigt" sie? Ich glaube, es ist nun Zeit zu handeln. Diese Situation ist ganz anders als mit den Hunden. Ich empfinde keine Furcht, keine richtige Angst. Kühe, denke ich, sind immer „freundlich". Aber ich fühle eine Art Frustration – geh weg! laß mich in Ruhe! Das muß ich ihr klar machen. Was können Kühe verstehen? Ich setze mich aufrecht hin, schwinge meine Arme, schreie sie an. Sie steht dort. Guckt sie mich an? Ist sie nur neugierig? Sie macht einen Schritt. In meine Richtung oder auf die Straße zu? Wie langsam sich diese riesigen Geschöpfe bewegen. Aber das kommt mir zugute. Ich schwenke wieder meine Arme, ich schreie. Das müßte reichen. Was kann sie in dieser Ecke nur anziehend finden? Ich tue alles, damit sie sich unwillkommen fühlt. Aber sie ist langsam – und ich brauche meinen Schlaf.

Nachdem sie lange Zeit, so erscheint es mir jedenfalls, an dieser Stelle gestanden hat, geht sie langsam und gemächlich hinaus, hinaus in den Sturm, hinaus in den rasenden Wind und Regen, hinaus in diese herrlichen Berge, hinaus in das Dorf Foncebadón.

Kann ich mich jetzt ganz entspannen? ... ich brauche den Schlaf ... eine hatte eine Glocke ... vielleicht war das ihre nächtliche Gewohnheit – die Kirche zu untersuchen ... ich bin zu müde, um mich darum zu kümmern ... alles ist gut gegangen ... ich brauche keine Furcht zu haben ... ich kann schlafen ...

24 Von Foncebadón nach Ponferrada

27. Mai

Das trockene Stroh, der Wind und der Regen, die wundervolle Dunkelheit, die frische Luft, der warme Schlafsack, alles trägt dazu bei, daß mein Schlaf friedlich und erquickend ist. Ich erwache früh, fühle mich jetzt hungrig und esse die kümmerlichen Happen, die noch im Rucksack sind. In der dunklen Stille des Morgens ziehe ich mich an, bringe meine Ausrüstung in Ordnung, schultere den Rucksack, ergreife den Stock und breche auf, wobei ich die Rinnsale und die vielen Haufen von Kuhdreck zu vermeiden suche. Es ist kalt, aber ich kann das durch schnelles Ausschreiten ausgleichen ... der Regen hat aufgehört. Das Dorf bietet merkwürdige, widersprüchliche Bilder: Die Gebäude sind in unterschiedlichen Verfallsstadien, aber von nahem besehen sind sie beeindruckende Beispiele von gut ausgedachter Gestalt, schön behauenem Stein und sorgfältiger Bauausführung. Hoch oben an der Vorderfront der ehemaligen Kirche legen zwei große Glocken ein stummes Zeugnis für eine vergessene Glaubensgemeinschaft ab. Überall ist das Gras saftig grün, dick, herrlich kräftig. Es scheint genug für eine große Kuhherde da zu sein. Menschen lebten hier, bestellten dieses Land, bauten all diese einst ansehnlichen Behausungen. Warum gaben sie einen so reizenden, ruhigen Ort auf?

Wie aus einem Dokument des zwölften Jahrhunderts (1103) hervorgeht, sicherte Alfonso VI auf Bitten des Eremiten Gaucelmo einem *hospital* und der Kirche von San Salvador de Irago gewisse Rechte zu. Manche glauben, daß Gaucelmo selbst die erste Unterkunft für Pilger in Foncebadón baute. Weiterhin scheint dieser Ort einen gleich guten Ruf gehabt zu haben wie die *refugios* der andern beiden Bergorte am *camino*, Roncesvalles und Cebreiro – das ich in zwei Tagen erreichen müßte. Monte Irago, der Gipfel hier, ist ungefähr 1500 Meter hoch. Kein Wunder, daß es heute morgen kühl ist. Der Schnee des letzten Winters ist wahrscheinlich erst kürzlich verschwunden.

Ich verlasse die zusammengefallenen Steine des Dorfes, erreiche die enge Landstraße und komme bald zu einem der berühmtesten Denkmäler des *camino*, dem Cruz de Ferro, einem einfachen eisernen Kreuz auf einer langen Holzstange, die in einen kegelförmigen Steinhaufen eingepflanzt ist. Diese merkwürdige, einsame Erscheinung ist vielleicht der meistfotografierte Gegenstand entlang des *camino*. Jeder vorüberziehende Pilger beteiligt sich an dem alten Brauch, einen Stein aufzuheben und auf den Haufen zu werfen. Ehe vorbeikommende Pilger diesen tausendjährigen Brauch aufnahmen, warfen schon Landarbeiter aus Galicien, die auf dem Wege nach Kastilien waren und dort Arbeit suchten, ihre Steine an dieser Stelle nieder. Zur Zeit der Römer wurden diese Steinhaufen, die sich an Grenzpunkten befanden, „Berge für Merkur", den Gott der Reisenden, genannt und jeder, der an ihnen vorbeikam, beteiligte sich an diesem Ritual. Nach der Tätigkeit des Gehens auf dem *camino* muß das Werfen eines Steines auf diesen Haufen das älteste ununterbrochene Ritual des *camino* sein. Hier treffe und berühre ich Menschen, die gelebt haben, noch ehe irgend jemand in Galicien von Santiago gehört hatte. Mein Arm reicht weit zurück über die Geschichte hinaus. Ein Bericht sagt, daß Gaucelmo, der im Jahr 1123 starb und der den Pilgern auch half, den Weg über diese Berge zu finden, das erste Kreuz auf dem Steinhaufen errichtet und damit den Übergang vom Heidentum zum Christentum markiert habe. Aber wie konnte ein geworfener Stein mit dem gekreuzigten Jesus verbunden sein? Und hier, mit seinem leeren Kreuz?

Bald komme ich zu einem weiteren verlassenen Dorf, Manjarín. Ein paar Kühe, die das üppige, saftige Gras genießen, wenden mir die Köpfe zu, als ich zu der *fuente* hinübergehe, die noch in ausgezeichnetem Zustand ist. Eine frische Quelle, die wahrscheinlich das ganze Jahr über reines Wasser spendet, eine augenscheinlich fruchtbare Erde, eine stattliche Anzahl reparierbarer Steinhäuser, ein unbehinderter Ausblick, der sich über Täler und ferne Berge erstreckt, alles, was nötig ist, um ein würdiges Leben auf Erden erstreben und auch wirklich leben zu können, ist hier vorhanden – und doch ist niemand daran interessiert. Worauf haben sich die Menschen ausgerichtet? Wo können sie einen Ort in Spanien finden, der attraktiver als dieser ist?

Auf der anderen Straßenseite sehe ich ein neues, handgeschriebenes Schild „REFUGIO". Eine kurze Strecke den Berghang hinauf befindet sich ein vollständiges Gebäude, mit Dach! Es scheint eine recht einfache Unterkunft zu sein, aber mehr hätte ich gestern abend nicht gebraucht! Ich vermute, daß es dort keine Lebensmittel gibt, daher gehe ich die Straße weiter hinauf. Als ich mich der Spitze des Berges nähere, sehe ich etwas höher auf der rechten Seite eine kleine Militäranlage. Ich habe gehört, dies sei eine Wetterstation und die Männer hätten Pilger gerettet, die hier allein im Winter gegangen und in Schneestürme geraten seien. Sofort setzt meine Vorstellungskraft ein: Ein Soldat, der aus dem Fenster schaut, sieht mich hier unten auf der Straße, kalt, hungrig und in nassen Schuhen. Er hört den Wind durch Risse in seinem warmen Gebäude heulen und kommt heraus, ruft laut und lädt mich ein, mit ihm das warme Feuer und ein warmes Frühstück zu teilen. Oh, was für eine großartige Träumerei! Was für ein angenehmer Traum am Morgen.

Doch nun werden meine Augen nach links gezogen. Dort sehe ich in weiter Ferne eine Kette von schneebedeckten Bergen. Es scheint mir, als blickte ich gerade hinüber zu ihnen, als wären wir auf genau der gleichen Höhe. Aber auf meinem Berg ist überhaupt kein Schnee, nur kalte, klare Luft und vollständige, stille Einsamkeit, in der der Wind sein beschwörendes Pfeifen in Rhythmen spielt, die älter als die Geschichte sind, auch älter als die Flora, die den Berg bedeckt. Was für ein Glück ist es, daß mich niemand sieht, daß ich hier draußen mitten in diesem wundervollen Erleben nicht gestört werde, daß ich allein bin an einem öden Ort, der zu wild, zu erschreckend, zu prächtig ist, um besiedelt und ausgebeutet zu werden.

Die Straße führt dann auf der anderen Seite des Berges hinunter. Der *camino* endet an einem Feld, ich befinde mich plötzlich oben an einem sehr steilen Pfad, und beinahe wäre ich in das Dorf El Acebo hinabgestürzt. Zu dieser frühen Stunde sehe ich niemanden auf der Straße. Sogar die Hunde scheinen noch zu schlafen. Ich komme an zwei Bars vorüber, aber sie sind geschlossen – es ist zu früh zum Öffnen. Am andern Ende des Dorfes, nachdem ich schon die Hoffnung, etwas zu essen zu finden, aufgegeben habe, sehe ich ein neues kleines Schild „BAR" mit einem Pfeil. Der Hunger treibt mich nachzuforschen, trotz der Stille, die im Dorf herrscht. Ich gehe eine Seitenstraße hinauf und komme an eine Art Veranda, auf der Kästen mit leeren Flaschen hoch gestapelt stehen. Es gibt kein Schild oder einen offiziellen Eingang, aber dort ist eine Tür, und sie ist offen. Ich gehe hinein und sehe, daß ich durch die Hintertür in die Bar eingetreten bin. Drinnen treffe ich einen jungen Mann und eine junge Frau, die arbeiten und putzen. Die Bar ist neugebaut, noch nicht ganz fertig. Lächelnd grüßen sie mich; freundlich antworten sie – ja, sie hätten geöffnet, ja, es gäbe etwas zu essen. Erstaunlicherweise ist hier auch ein offenes Feuer in einer Art Grill in Taillenhöhe. Ich stelle den Rucksack ab, setze mich dicht ans Feuer, ziehe meine nassen Schuhe aus und stelle sie auf ein Bord dicht bei den Flammen.

Schon bald bringt mir die junge Frau eine leckere Suppe aus Kartoffeln und grünem Gemüse zusammen mit einigen großen Stücken gehaltvollen, saftigen Brotes. Sie stellt die Terrine auf den Tisch, und ich bediene mich selbst. Ehe sie zurückkommt, habe ich zwei große Suppenteller geleert. Gerade da kommt sie mit Eiern und dicken Schinkenscheiben. Sie schenkt mir ein großes Glas Wein ein – habe ich jemals in meinem Leben besser gegessen? Ich kann mich nicht entsinnen, irgend etwas so Gutes probiert zu haben. Ich bitte um einen großen *café con leche*, um dieses herrliche Mahl zu beschließen und mich auf die Überraschungen dieses Tages vorzubereiten.

Ich erzähle der jungen Frau von meiner Nacht in Foncebadón. Sie lacht, denn ihr macht diese Geschichte Spaß, und erklärt mir, daß das Dorf leer sei mit Ausnahme einer alten Frau, die dort alleine lebe. Der Sohn der alten Frau, der in der Nähe einen Bauernhof habe, halte um das Dorf herum einige Kühe. Er müßte der Mann gewesen sein, den ich von meinem Schlafsack aus gesehen hätte; er und die Hunde hätten sicher nach den Kühen gesehen. Das andere Dorf, in dem ich das *refugio* gesehen hätte, sei vollständig aufgegeben. Aber es würde nicht viel Arbeit erforderlich sein, um die Steinhäuser wieder bewohnbar zu machen. Und es gibt genug ebene Flächen, um Feldfrüchte anzubauen. Das Land ernährte einmal die Menschen, die all die Häuser gebaut haben, einschließlich einer hübschen kleinen Kirche. Warum haben sie solche Schönheit verlassen? Der Ort könnte sicherlich eine ertragreiche Subsistenz-Landwirtschaft fördern. Ich dachte an das Leben des Schuhmachers in Belorado, an das unglaublich tiefgrüne Gras, das zwischen den zusammengefallenen Steinen wuchs, an das funkelnde, klare Wasser in den Quellen, an den weiten, der Unendlichkeit geöffneten Himmel. Wie gesegnet ist dies Fleckchen in Spanien! Doch soviel Reichtum und Lieblichkeit ist mißachtet, verlassen. Wird niemand zurückkehren und *sehen,* was hier ist? Wird niemand die Schätze des Landes zurückfordern? Wird niemand diese fruchtbare Erde bearbeiten?

Die Frau sagt, ich könne es bis Ponferrada schaffen, der nächsten Stadt mit einem *refugio*. Ich ziehe meine Schuhe an, die jetzt warm und trocken sind, mache den Rucksack fertig und sage ihr, wie sehr ich mich über ihre reizende Bar gefreut habe.

Ich muß meinen Weg noch über viele kleine Berge nehmen. Geographen könnten dieses Land hügelig nennen, aber die Erfahrung meiner Füße sagt „bergig". Die Atmosphäre ändert sich dauernd – manchmal hüllt mich dicker Nebel oder Dunst ein; Regen versucht, mich durchzuweichen; aber gelegentlich scheint auch die Sonne. An einer Stelle taucht der Pfad in schwere und dichte Vegetation ein. Ich kann mir fast vorstellen, daß mein Weg durch einen kühlen tropischen Regenwald führt. Später bin ich überrascht von einem Berghang, der vollständig mit Rhododendronbüschen bedeckt zu sein scheint. Die Luft ist erfüllt von ihrem angenehmen, starken Duft. Ich kann mich nicht erinnern, jemals etwas gerochen zu haben, das so süß und gleichzeitig so wirklich war. Diese Luft erscheint ganz anders als die künstlichen, angefertigten Gerüche; sie ist *kräftig* und bleibt da, solange die Büsche blühen. Ich bin zur rechten Zeit im Jahr hier.

Molinaseca ... ein freundlicher Ladenbesitzer im Dorf scheint ganz natürlich in die gefällige Umgebung mit ihren massiven und gut erhaltenen Gebäuden zu passen. Bei ihm kaufe ich zwei Apfelsinen, die mir Kraft geben sollen, bis ich Ponferrada erreiche. Ich muß noch ungefähr fünf Kilometer gehen, und es sieht den ganzen Weg nach Regen aus. In der Ferne zerstört die drohende Gestalt zweier Kühltürme eines Atomkraftwerkes all meine Freude an der Form und Kraft der alten Steinbaukunst. Haben solche einfachen, klaren Linien jemals auf soviel Zerstörung und Entsetzen hingewiesen? Und so machtvoll dazu geführt, die ehemals persönlicheren Fragen zu stellen? Was ist ein gutes Leben? Wie lebe ich es? Welche Rolle spiele ich, wenn ich an der Ausbeutung der Natur teilnehme, an dem Versuch, die Natur zu beherrschen und zu leiten? Alles, was ich in diesen Wochen gefühlt und empfunden habe, hat mich dazu gebracht, mit noch größerer Gewißheit an die Schöpfung zu glauben. Kein anderer Begriff ist auch nur annähernd geeignet, die Grundlage all meiner Erfahrung, all meines Denkens und Fühlens zu bezeichnen. Es ist mir auch klar, daß die Schöpfung allumfassend ist – ich existiere ebenso nur als ein Teil eines größeren Ganzen wie alles, durch das ich mich bewege. Nichts ist sein eigener Schöpfer, nichts besteht aus sich selbst. Daher müssen all mein Verständnis und mein Respekt für mich und alles, was ich sehe, hierauf gegründet sein. Wenn das wahr ist, dann muß alle Zerstörung der Schöpfung Blasphemie sein. Ich weiß das, weil der *camino* mich zu einem Raum voller Einsicht gebracht hat. Ich komme zu einem neuen Verständnis von Blasphemie; ich fühle ein neues Entsetzen vor der Sünde; ich stelle von neuem meinen Platz in dem Netz moderner Ungeheuerlichkeiten in Frage.

Mir hat die Disziplin des *camino* die Augen wunderbar geöffnet. Ich kann *sehen*, daß ein gutes Leben in Foncebadón oder in Manjarín möglich ist. Und wenn die Erfahrung meiner Füße wahr ist (und ich fühle, daß es so ist), brauche ich all die Elektrizität nicht, die diese Türme erzeugen. Das Glück muß in der Tat darin gefunden werden, weniger statt mehr zu verbrauchen. Man braucht nicht all die mächtigen Argumente über den radioaktiven Abfall heraufzubeschwören, der große Gebiete der Schöpfung über Tausende von Jahren vergiften wird. Aber mit Entsetzen denke ich daran, daß die Stellen, die zum Verstecken des schrecklichen Abfalls ausgewählt werden, möglicherweise Stellen wie Monte Irago sein werden, von Menschen verlassen, Stellen, die sich wunderbar dazu eignen, auf eine sanfte, angenehme Weise auf der Erde zu leben. Wenn sich Menschen dafür entscheiden sollten, einfach zu leben, anständig, werden sie dann noch unberührte Orte zum Siedeln finden können?

In Ponferrada finde ich auf einer Seite einer kleinen Plaza das *refugio*, das mit dem Büro oder Pfarrhaus einer Kirche verbunden ist. Gegenüber befindet sich die Kirche, ein ungemein unförmiges Gebäude. Auf einem großen Anschlagbrett vor dem Eingang werden im einzelnen die Summen angegeben, die die Regierung für Erneuerungen ausgibt. Auf einem Schild an der Bürotür steht, daß das *refugio* um 17 Uhr öffnet. Während ich diese Nachricht bedenke, kommen zwei lachende junge Leute aus der Tür und wollen zum Mittagessen gehen. Ich frage sie nach der Unterkunft, die in dem Kellergeschoß unter dem Büro zu sein scheint. Als ob das Schild nicht da wäre, laden sie mich ein, hineinzugehen und es mir gemütlich zu machen. Ich gehe die Treppe hinunter und finde einen Korridor mit kleinen Zimmern auf beiden Seiten. Jedes hat oben an der Wand ein kleines Fenster, durch das ich die Füße der auf dem Bürgersteig vorbeigehenden Leute sehen kann. In jedem liegt eine alte Matratze auf dem Fußboden. Am Ende des Korridors finde ich das Badezimmer – die Dusche hat nur kaltes Wasser. Nach den Abenteuern in dem Wald und in Foncebadón habe ich ein großes Bedürfnis nach einer Dusche, ganz gleich, wie kalt sie auch sei. Sie ist in der Tat frostig, aber belebt meinen Körper wunderbar, so daß ich nach dem Abtrocknen das Gefühl habe, ich könnte mit

Leichtigkeit wieder zum *camino* aufbrechen ... und zwar sofort. Zwei lange Tage bin ich über Berge geklettert, meistens vom Regen ermattet und vom Wind gebeutelt, stundenlang verirrt, und jetzt möchte ich von neuem losgehen. Werden mir jemals wieder zwei solche Tage beschert werden? Es ist erstaunlich, wie sich mein Körper erholt!

Das Überqueren dieser Berge bezog in früheren Zeiten viel mehr ein als nur einen müden Körper. Wie ich gestern schon erwähnte, verirrte sich auch Albani, als er Astorga verließ, aber nicht weil er die Straße vermeiden wollte, sondern weil es keine klare Kennzeichnung des *camino* gab. Es ist überliefert, daß die Menschen aus El Acebo dem König keine Steuern zu bezahlen brauchten, wenn sie die Bedingung erfüllten, zur Kennzeichnung des *camino* 800 Pfähle auf dem Berg aufzustellen und in Ordnung zu halten. Aber das war lange bevor Albani dort entlangkam. Am zweiten Tag nachdem er Astorga verlasssen hatte, verirrte er sich wieder in den Bergen. Dieses Mal traf er zufällig einen alten Mann, der Eßkastanien sammelte. Dieser Mann führte ihn nach Ponferrada und gewährte ihm Unterkunft in seinem eigenen Haus, einer äußerst bescheidenen Behausung. Albani war tief berührt von der Großzügigkeit und Freundlichkeit dieser offensichtlich sehr armen Menschen. Ehe er am nächsten Morgen das Haus verließ, gab er den Kindern ein paar kleine Münzen. Sie hielten ihn für einen Gott, der vom Himmel herabgekommen war. Albani schreibt, daß viele von diesen Leuten überhaupt niemals Geld zu sehen bekämen – es sei ihrem Leben so fern wie heilige Reliquien.

Es gibt keine Küche im *refugio*, daher beschließe ich, mein gewohntes kaltes Mittagessen einzunehmen – eine Scheibe Schinken, tiefgefrorenes Gemüse, Käse, Obst und Joghurt. Nachdem ich diese Dinge alle in einem Geschäft gefunden habe, stoße ich auf eine recht ausgefallene Bäckerei – Ponferrada scheint eine recht große Stadt zu sein – und finde dort ein sogenanntes ballaststoffreiches Brot. So hat die Mode der „Gesundheits-Nahrungsmittel" sogar die Provinzstädte in Spanien erreicht. Immerhin ermöglicht es mir eine Abwechslung vom täglichen Weißbrot.

Nach der Mittagsstunde öffnet das Touristenbüro auf der anderen Seite der Plaza wieder. Dort stempelt eine attraktive und freundliche junge Frau mein *credencial* und erklärt mir, ich könne in ein neues *refugio* gehen, das nur einige Häuserblocks entfernt sei. Es habe warmes Wasser. Ehe ich an ihren Schreibtisch trat, bemerkte ich zufällig, wie sie einige Radfahrer zu der gleichen Stelle schickte. Da ich nun das warme Wasser nicht mehr brauche, auch nicht den nächtlichen Lärm von Radfahrern, frage ich, ob ich bleiben könne, wo ich sei – in dem ziemlich dunklen und kalten Untergeschoß. Sie blickt mich an, als sei ich ein wenig verrückt – sie deutet an, daß das neue *refugio* auch ein fröhliches und angenehmes Gebäude sei –, und dann sagt sie, ich könne selbstverständlich dort auf der andern Seite der Plaza bleiben. Ihr Lächeln und Ausdruck verändern sich leicht um anzudeuten, sie sei bereit, alle auch noch so verrückten besonderen Empfindlichkeiten ohne Vorurteil zu akzeptieren. Wie es schon so oft geschehen ist – gerade erst mit der Frau in der Bar heute morgen und dem Mann im Geschäft heute nachmittag – treffe ich wieder einen Menschen, der echte Freundlichkeit ausstrahlt, eine unmißverständliche Aura schafft und die Welt um sich erhellt. Ich möchte gern etwas über die Weine wissen, von denen hier in diesem Raum vielleicht ein Dutzend oder mehr ausgestellt sind. Sie erklärt mir stolz, alle seien aus dieser Gegend, dem Bierzo, die besonders gesegnet sei durch die Vielzahl und Qualität ihrer Weine.

Der Regen hat endlich aufgehört. Eine Bank auf der Plaza lädt mich ein, die letzten länger werdenden Strahlen der Sonne heute auszukosten. Ich habe gehört, in der Stadt gebe es eine berühmte Burg, aber ich ziehe es vor, ruhig zu sitzen und auf den Tag zurückzuschauen. Ab und zu hat sich eine Idee in meinen Gedanken und Gebeten hin und her bewegt: Ich müßte den *camino* zu einem ganz bestimmten Zweck gehen, vielleicht um ein Ende oder ein Ziel zu suchen. Zuerst glaubte ich, es könnte sein, um einen Akt der Bestrafung auszuführen. Jedermann muß die eigene Form der Buße suchen. Am allerersten Tag legten der Schmerz und die Erschöpfung, die ich erlebte, nahe, das könnte der „Grund“ sein, aus dem ich dort draußen wäre. Ich könnte hinarbeiten auf ein gewisses Gleichgewicht in meinem Leben, einen gewissen Grad der Gerechtigkeit. Aber später schien es, daß ich dort draußen wäre, um die Perle des Glaubens in dem Morast des *camino* zu finden oder zwischen den Blumen der Berge. Auf irgendeine Weise würde ich dahin gelangen, an dem Glauben aller teilzunehmen, die mir vorangegangen waren. Sie würden mich voranschleppen und mir den Weg durch die Dunkelheit dieser Welt zeigen.

Doch heute kam mir ein neuer klarer Gedanke in den Sinn: Vielleicht sollte ich nach Compostela gehen, um eine bestimmte Gnade zu suchen, nicht für mich selbst, sondern für jemand anders. Vielleicht müssen all der Schmerz und die Erschöpfung angenommen werden für die Menschen, die ich kenne, für jemanden, den ich liebe. Vielleicht soll ich *für sie* bitten. Nicht für mich selbst bin ich dort draußen, verirrt auf einem Berg, sondern für jemand anders; *sie* erhalten eine Gnade. Es hat überhaupt keinen Sinn, nur für mich auf dem *camino* zu sein. Ich bin schon hier; nun muß ich versuchen, andere herzubringen, damit auch sie die Begleitung von Santiago und seinen Pilgern genießen können. Mein Schauen, meine Aufmerksamkeit muß immer mehr nach außen gerichtet werden, fort von mir. Ich habe lange genug in der Aufmerksamkeit für mich selbst gelebt; ich muß den anderen Menschen suchen, alle, die ich kenne, alle, die ich liebe. Auf eine gewisse Weise ist diese Wanderung wirklich für sie. Und das muß ich lernen: Wie? Und für wen? Nun, darüber kann ich morgen nachdenken. Jetzt ist Schlafenszeit. Ich gehe in den Keller zurück, breite den Schlafsack auf der Matratze aus und krieche hinein. Ich werde heute nacht gut schlafen. Niemand anders ist eingetroffen; sie sind alle drüben in dem neuen moderneren *refugio*. Mein Glück hält an.

25 Von Ponferrada nach Villafranca

28. Mai

Je näher ich Compostela komme, um so schöner scheint jeder Tag zu sein, mehr von Zauber und Liebreiz angefüllt, strahlender von Wundern. Und die Freude, die ich fühle, kommt gleichzeitig aus unterschiedlichen Dimensionen. Heute, auf meinem Weg über verschiedene Berge, genieße ich die warme Sonne; die Wärme dringt tief in meinen Körper ein. Wie ich vom Berg aus gesehen habe, schlängelt sich der *camino* durch ein paar Dörfer, eines einladender als das andere. Kirchtürme sind mit Storchennestern geschmückt. Die verschwenderischen Frühlingsfarben fallen besonders in den engen Straßen ins Auge. Die Balkone und Fenster sind an fast allen Häusern voll von Töpfen und Blumenkästen, und die ersten Blüten erhellen die freien Räume mit ihren Farben und Düften. Die Häuser, die vorne einen kleinen Hof haben, stellen viele niedrige knorrige Rosenbüsche zur Schau, die schon geblüht haben. Wie glücklich mögen die Menschen sein, die in solcher Umgebung leben.

Im offenen Gelände zwei angenehme Überraschungen: große Felder mit Gemüse und ruhige Hunde. Ich bin noch nie durch eine Landschaft gewandert, wo Gemüse angebaut wurde, und bis auf die beiden Köter in Foncebadón waren fast alle Hunde, denen ich begegnet bin, angekettet. Und alle haben sich mit ihrem drohenden Bellen bösartig verhalten. Nun plötzlich sind alle Hunde frei, liegen vor den bäuerlichen Häusern und beobachten mich, während ich vorübergehe. Noch ein ungelöstes Rätsel in Spanien.

Ich erreiche Cacabelos, das im Jahr 1108 nach einem Erdbeben von Diego Gelmírez, dem berühmten Bischof von Compostela, wiederaufgebaut wurde. Hier bin ich nicht in Gefahr, mich zu verlaufen. Wie in verschiedenen anderen

Städten, die am *camino* entstanden sind, geht die Hauptstraße geradewegs hindurch und *ist* der *camino*. Die Häuser und Gebäude sind auf beiden Seiten der Straße angeordnet. Nach wenigen Minuten komme ich zu einer aus mehreren Gebäuden bestehenden Weinkellerei, an die ein Restaurant angeschlossen ist. Neben dem großen Eingangstor befindet sich ein Schild, das Pilger zu einem Glas Wein hereinbittet. Da ich wie üblich außer Brot, Käse, Obst und Wasser nichts zu mir genommen habe, komme ich zu dem Entschluß, nun sei es Zeit für ein warmes Getränk.

Als ich in den Hof eintrete, sehe ich zunächst einen „merkwürdigen" Geschenke-Laden, ein weiteres Gebäude, in dem Gegenstände aufgebaut sind, die zur Weinherstellung gebraucht werden und den Ablauf veranschaulichen, und eine Treppe, die zu dem Restaurant führt. Ich bin der einzige Gast. Eine junge Frau kommt herüber, und ich bitte um einen großen *café con leche*. Der Kaffee wird in Spanien in zwei Größen serviert, und es scheint nun lange her zu sein, daß ich das zum ersten Mal begriff. Viele Menschen bestellen oft am frühen Morgen eine große Tasse Kaffee, dann später am Tag kleine Portionen. Ich habe mir vorgenommen, all die eindrucksvollen und auffallenden Anzeichen des Frühlings zu feiern. Wenige Augenblicke später wird mir die größte Kaffeetasse vorgesetzt, die ich bis jetzt in Spanien gesehen habe. Kurz nachdem sie die Tasse abgesetzt hat, kommt die junge Frau mit einem großen Stück Kuchen zurück, das ich nicht bestellt habe. Ich habe den Eindruck, dies sei ein Geschenk, danke ihr und stelle keine Fragen.

Sowohl der Kaffee als auch der Kuchen sind ausgezeichnet. Sobald ich alles aufgegessen habe, bitte ich die junge Frau um die Rechnung. „Oh, nein", sagt sie, „das kostet nichts." Sie hat mich natürlich als Pilger erkannt und mir dies als eine Gefälligkeit der Weinkellerei serviert! So war also das Schild draußen, das Pilger zu einem Glas Wein hereinbittet, wirklich nur eine Einladung, keine Reklame zum Verkauf von Wein. Was für ein belebendes Gefühl, durch ein Land zu wandern, in dem es so viele freigebige Menschen gibt und das so voller reizvoller Erfahrungen ist.

Am frühen Nachmittag, kurz vor dem Mittagessen, komme ich am Rand von Villafranca del Bierzo an, auch einer Stadt, die im Mittelalter entstand und Bedeutung erlangte, weil der *camino* hindurchging. Villafranca scheint aus einigen Hügeln zu bestehen, zwischen denen und über die hinweg sich ein verwirrendes Labyrinth von Straßen und Alleen erstreckt. Das erste Gebäude, zu dem ich komme, ist die berühmte romanische Santiago-Kirche. Als ich an der kleinen Kirche entlanggehe, treffe ich drei oder vier Männer in Mantel und Krawatte, die ortskundige Einwohner dieser Stadt zu sein scheinen. Ich bitte sie um Hinweise zum *refugio*. Während der eine mir antwortet, meine ich zu sehen, daß die beiden andern ein rätselhaftes Lächeln austauschen. Ich erfahre, daß das *refugio* unten am Fuße des Hügels ist, der Kirche direkt gegenüber.

Nach wenigen Augenblicken komme ich zu einem kleinen Gebäude, das aus einem Raum besteht, und sehe dort verschiedene „fromme" Zeichen, die eine Verbindung zum *camino* haben – wie zum Beispiel das Schlagwort *Ultreya* (etwa „Hoch und weiter") –, und Souvenirs wie bedruckte T-Shirts. Ein riesiger, nicht angeketteter Hund liegt dort und schläft. Genau dahinter sehe ich, wie einige Arbeiter eine Stützmauer aus Stein bauen. Vor ihnen befinden sich zwei große Quonset-ähnliche Gebäude (Quonset ist ein bestimmter Typ von Fertigbau, die Übers.), die mit halbdurchsichtigem Plastik bedeckt sind, das an manchen Stellen zerrissen und ausgebessert ist. Zuerst frage ich mich, ob das ein Witz sei, und ich erinnere mich an das Lächeln, das ich vor wenigen Augenblicken bemerkt hatte.

Ich schaue durch die offene Tür des ersten „Gebäudes". Dort befinden sich in allgemeiner Unordnung zur Linken eine Bar, zur Rechten grobe Tische mit Bänken aus Holzplanken, im Hintergrund Kisten mit verrotteten Äpfeln. Verschiedene Kleidungsstücke und Gerümpel liegen wild herum oder hängen von der Decke herunter. In dem angrenzenden Quonset finde ich Doppelbetten und Unterteilungen in Zimmer; der Fußboden ist zum Teil mit Stein gepflastert und an anderen Stellen mit einem feuchten Teppich belegt. Ich suche nach einem Bett mit einer trockenen Matratze im hinteren Teil des Zimmers und lasse meinen Rucksack dort nieder. In der „Bar" erfahre ich, daß das *menú del día* bald fertig sein werde. Der Preis ist recht günstig – 600 Peseten. Daher beschließe ich, mein Glück mit einer warmen Mahlzeit zu versuchen.

Draußen gibt es ein Waschbecken, eine halbgeschlossene Dusche mit Wasser, das anscheinend von der Sonne gewärmt wird, und weiter hinten einige Bäume, zwischen denen ich meine Wäscheleine spannen kann. Mit der leuchtenden Sonne und einer guten Brise werde ich heute alles gewaschen und trocken bekommen. Später, als ich die nassen Kleider aufhänge, muß ich mich um Haufen von Dosen, Lattenkisten mit leeren Flaschen und Abfall herumbemühen. Ich habe so etwas auf dem *camino* noch nie gesehen!

Als es Zeit zum Essen ist, bittet mich die Frau – Köchin und Bedienung in einer Person –, mich an einen der Tische zu setzen. Ich bin der einzige Pilger, und ich bekomme sofort Gesellschaft von den drei Arbeitern, die ich eben an der Steinmauer arbeiten sah. Die einzelnen Gänge werden wie „in der Familie" serviert, und jeder kann soviel essen, wie er möchte. Das Essen ist ausgezeichnet, der Wein gut und die Unterhaltung anregend. Kurz nachdem wir uns gesetzt haben, kommt ein spanischer Pilger, den ich vorher noch nicht gesehen hatte, in den Raum. Er grüßt die Arbeiter und beginnt sofort mit dem Mann zu meiner Linken, der der Vorarbeiter zu sein scheint, eine angeregte und polemische Diskussion über die politische Ökonomie Spaniens. Ich habe solche Unterhaltungen schon früher gehört und immer wieder über die Kombination aus standhafter, festgelegter Meinung und seltsam unbeteiligter Gleichgültigkeit gestaunt. Die Menschen argumentieren hitzig, als ob das Schicksal der Nation an dem Sieg der besten – leidenschaftlichsten? – Darstellung hinge. Aber auch heute, wie zu andern Gelegenheiten, endet die Auseinandersetzung plötzlich mit einer allgemeinen Verdammung aller Politiker, Parteien und politischen Grundsätze.

Ehe wir vom Tisch aufstehen, kommt die französische Pilgerin, die ich schon früher getroffen habe, in den Raum. Sie ist allein. Als der Mann zu meiner Linken sie dort stehen sieht und bemerkt, daß sie nicht weiß, wohin sie gehen soll, befiehlt er ihr barsch, sich nicht zu bewegen. Da sie Spanisch nicht versteht, übersetze ich. Ohne irgendeine Begrüßung oder Erklärung steht er auf, geht auf sie zu und sagt ihr, sie solle die Augen schließen und sie solange geschlossen halten, bis er ihr sage, sie könne sie wieder öffnen. Obwohl er den Eindruck eines rauhen und abgehärteten Arbeiters macht, gestatten sein Auftreten und seine Sprechweise kein Widerwort oder Zweifel – er spricht mit Autorität.

Langsam bewegt er seine Hände in einem Abstand von zehn Zentimetern über ihren ganzen Körper, ohne ihn je zu berühren. Gelegentlich zieht er die Hände weg und schnippt mit Armen und Fingern, als ob er Wasser oder Schmutz von seinen Fingerspitzen abschüttele. Als er aufhört, sagt er ihr, sie solle die Augen öffnen, und fragt sie, wie sie sich nun fühle. Mit einem verdutzten und benommenen Ausdruck auf ihrem Gesicht sagt sie: „Anders." Dann wendet sie sich um und geht langsam aus dem Raum, als wandele sie im Traum. Alle waren während des ganzen Rituals ruhig. Neugierig zu erfahren, was geschehen war, spreche ich als erster – meine Übersetzung ausgenommen. Ich wende mich dem Mann zu und frage ihn direkt: „*Usted es curandero*?" Er blickt mich einen Augenblick lang an, wir lächeln beide, aber er antwortet nicht. Er braucht nicht zu antworten. Ich denke, wir haben einander genau verstanden.

Curandero kann verschiedenes bedeuten, es hängt von den Menschen und ihrer Beziehung, den Umständen und örtlichen Traditionen ab. Ich beabsichtigte, eine offene und einfache Frage zu stellen: Haben Sie heilende Kräfte? Und ich bin mir recht sicher, daß er sie besitzt. Ich blicke wieder auf ihn, wie er dort steht, in seiner leicht mit Erde verkrusteten Arbeitskleidung, unrasiert, ganz und gar ruhig, ohne Spur von Arroganz oder falscher Bescheidenheit.

Ich überlege – soll ich mit dem *curandero* über meine linke Hacke sprechen? Alle zwei oder drei Tage wird der Schmerz so heftig, daß ich nicht weitergehen kann. Aber ich habe ein Heilmittel gefunden. Ich habe breites Klebeband bei mir, meine hauptsächliche medizinische Versorgung. Jedes Mal, wenn der Schmerz unerträglich wird, halte ich an, ziehe meinen Schuh und die beiden Socken aus und bedecke den Hacken vorsichtig mit einer weichen Schicht des Bandes. Danach kann ich auf dem Hacken fast gänzlich ohne Schmerz gehen. Da ich mich bislang erfolgreich behandelt habe, beschließe ich, den *curandero* nicht zu belästigen.

Ich stehe auf und gehe in die Stadt, um Lebensmittel zum Abendbrot und Frühstück zu kaufen, da ich glaube, daß die Unterkunft nur ein Mittagessen serviert. Beim Hinausgehen komme ich an den Arbeitern vorbei, die Steine in ihre Mauer setzen. Nur wenige Meter bin ich weitergegangen, als ich andere, von der Regierung angestellte Arbeiter sehe, die den Zugang zu der Kirche abstufen, nachdem sie schon den Bereich davor mit flachen Steinen gepflastert haben. Ich blicke auf und sehe die Nordtür, genannt Puerta del Perdón – Tür der Vergebung. Eine Überlieferung sagt, daß ein spanischer Papst, Calixtus III (1455–1458), dieser Kirche das Privileg zusicherte, unter bestimmten Bedingungen, die Kathedrale von Compostela ersetzen zu können. Die Pilger, die Compostela in einem Jubeljahr erreichen – dem Jahr, in dem das Fest von Santiago auf einen Sonntag fällt, wie in diesem Jahr – können alle besonderen Gnaden erhalten, die normalerweise nur durch eine Pilgerreise nach Rom oder ins Heilige Land zu bekommen sind. Wenn ein Pilger in einem solchen Jahr wegen eines Hindernisses, z. B. einer ernsthaften Krankheit, davon abgehalten wird, Compostela zu erreichen, können er oder sie doch diese Gnaden erhalten, wenn sie durch die Tür dieser kleinen Kirche gehen, die Santiago geweiht ist.

Als ich in die Stadt hinuntergehe, um Essensvorräte einzukaufen, sehe ich, daß die Gemeinde eine riesige, alte Burg und eine große Zahl von ansehnlichen Klöstern und Kirchen aufzuweisen hat. Wenn der *camino* wesentlich zu dem Wachstum von Villafranca del Bierzo beitrug, möchte ich gern wissen, ob man irgendeine Beziehung zwischen der Vitalität der Stadt und der Kraft des Geistes des *camino* herstellen könnte? Oder würde man herausfinden, daß die Steine der Gebäude *niemals* irgendein Leben in sich hatten? Wie würde man sich dem *camino* als soziales Phänomen nähern? Ich vermute, daß einige der Behauptungen – zum Beispiel, daß wohlgestaltete romanische Kirchen und volle Klöster den Glauben zum Blühen bringen – zu vage sind, um von Bedeutung zu sein. Ein in Bescheidenheit gelebter Glaube scheint zwar an den Ursprüngen von vielem, das ich sehe, vorhanden gewesen zu sein, aber die einfache Tugend eines Gründers kann leicht in den eitlen Ehrgeiz eines Nachfolgers umgewandelt werden.

Auf dem Rückweg zu der Unterkunft fügen sich alle kleinen Einzelheiten meiner jüngsten Erlebnisse zu einem Ganzen zusammen. Irgendwie erkenne ich plötzlich, daß der ungehobelte Arbeiter der Besitzer des *refugio* ist, und sein Name ist Jesús Arias Jato! Die Frau, die uns das Mittagessen servierte, ist seine Frau! Die beiden Container werden als eine Einheit von der Familie betrieben, etwa wie das *refugio* in Cizur Menor. Obwohl das Äußere grundverschieden ist, enthüllt jede Unterkunft den bestimmten Stempel einer Persönlichkeit, die sich dem Geist des *camino* verschrieben hat und damit die Möglichkeit schafft, daß heutige Menschen den erleuchteten Raum einer Pilgerreise nach Compostela betreten können.

Nach meiner Rückkehr kommt der Pilger, der vorhin über Politik geredet hat, in den Raum. Über seine Schulter hängt eine dicke Schnur, an der ein Weinschlauch befestigt ist. Während wir sprechen, kommt Arias, der „Arbeiter", hinzu und bittet um den Weinschlauch. Er schraubt den Deckel ab, hält den Schlauch etwa fünfundzwanzig Zentimeter entfernt über seinen Kopf, dreht ihn um und drückt. Ein dünner Weinstrahl wird von seinem Mund aufgefangen, ohne einen Tropfen zu verspritzen. So also trinken die Leute aus diesen Dingern. Man trinkt, ohne die „Flasche" zu berühren.

Ein spanisches Paar kommt herein und möchte sein *credencial* gestempelt haben. Als der Mann erfährt, daß ich Amerikaner bin, macht er einige emphatische Bemerkungen über die Vereinigten Staaten, die als einziges großes Land auf der Welt übrig seien. Arias erwidert ruhig, daß vielleicht nur das Land groß sei, das edel in seinem Geist sei. Wie vorher als *curandero*, so jetzt in seiner Meinung als Weltbeobachter spricht Arias mit unfehlbarer Autorität. Er ist ein Mann, den ich gern besser kennenlernen würde. Als er mein *credencial* stempelt, schreibt er über das Motto des Stempels „Qué tu camino sea luz interior" – nicht leicht zu übersetzen: „Möge deine Pilgerreise von innerem Licht erfüllt sein."

Am nächsten Morgen bin ich noch vor der Morgendämmerung zum Aufbruch bereit. Ich komme aus dem Schlafsaal und bin überrascht, Licht in der „Bar" zu sehen. Drinnen warten schon zwei andere Frühaufsteher darauf, daß Arias mit dem Kaffeekochen fertig wird. Brot, Wurst und Käse sind schon auf dem Tisch. Mit einer Bemerkung über die kühle Morgenluft macht Arias ein schnell entflammtes Feuer in einem alten rundlichen Herd. Mit unserem Kaffee stellen wir uns ringsum. Ich frage Arias nach seinen Träumen für die Zukunft, da ich architektonische Entwürfe und Zeichnungen für ein neues *refugio* auf dem Anschlagbrett gesehen habe. Er übt Kritik an den neuen *refugios* der Regierung, an denen ich vorbeigekommen bin, und sagt, daß der Architekt des neuen *refugio* in Burgo de Raneros eines für ihn entworfen habe. Er mag die Einfachheit in der Arbeit dieses Mannes. Ich bin an dieser Unterkunft in Burgo vorbeigekommen, habe dort aber nicht angehalten. Arias sagt, daß er etwas Einfacheres wünsche als zum Beispiel die Unterkunft in Villadangos del Páramo, wo ich übernachtet habe. Aber sein großes Problem sei das Geld. Ich merke sofort, daß dies eine komplizierte Angelegenheit ist, für deren Entwirrung viel Zeit benötigt würde. Zum Beispiel ist er offensichtlich ein sehr unabhängiger Mensch – jegliche Vorschriften oder Bestimmungen der Regierung würden ihm nicht passen. Daher muß er sich wahrscheinlich auf private Unterstützung verlassen. An der Wand habe ich eine Liste von Vereinigungen in verschiedenen Ländern gesehen, die sich verpflichtet haben, bestimmte Anteile zu übernehmen. Offenbar muß er warten und sehen, wie schnell ihr Geld hereinkommt. Ich beschließe, mich damit zu beschäftigen, wenn ich nach Deutschland zurückgekehrt bin. Aber jetzt fühle ich, daß ich wieder auf den nächsten Berg hinauf muß.

Ich frage ihn nach dem Preis für das Frühstück, doch er winkt ab. „Sie können etwas in den Kasten tun, wenn Sie möchten" – neben der Tür befindet sich ein Spendenkasten. Er umarmt mich fest und herzlich, und ich breche auf, begierig auf neue Wunder nach einem guten Schlaf in dem sicherlich ungewöhnlichsten und höchst *simpático refugio* auf dem ganzen *camino*. Ich habe gehört, daß manche Menschen glauben, starke irdische Kräfte wirkten an gewissen Stellen entlang des *camino*. Ohne von solch einem Bezug auf Villafranca del Bierzo zu wissen, habe ich durch meine Erfahrungen an diesem Ort und mit der Familie Arias Jato das Gefühl, daß ihm etwas Besonderes anhaftet.

26 Von Villafranca nach El Cebreiro

29. Mai

Ich beginne die Wanderung auf einer Landstraße, die sich quer durch die Berge hin und her schlängelt. Die Straße folgt dem Fluß Valcárcel, daher sind alle Auf- und Abstiege sanft. Ich fühle mich unbehaglich; alles ist so unwirklich; diese Berge, die um mich herum aufragen, verändern fortwährend ihre Form und bewirken damit auch einen dauernden Wechsel von Licht und Schatten – aber ich steige nicht hinauf. Der Fluß gräbt seinen Weg durch sie hindurch. Es ist ein herrlicher, rasch fließender Strom, der hier und dort in einen jähen Wasserfall von ein oder zwei Metern Höhe hinunterstürzt, dann sich ruhig in einem breiten und ruhigen Kanal bewegt. Beim Herabfallen oder Aufklatschen auf die Steine höre ich sein Brausen durch Bäume und Strauchwerk. Er enthüllt seine elementare Kraft, seine lebendige Anwesenheit. Die vorüberfahrenden Autos und Lastwagen entweihen mit dem Lärm ihrer Maschinen fortwährend den Raum und die Geräusche des lieblichen Tales.

Ich komme wieder an den neuen Straßenzeichen „Camino de Santiago" vorbei. Am unteren Rande steht geschrieben „Consejo Cultural de Europa". Vielleicht bezahlt dieser „Consejo", was er auch sei, die Schilder, und die gegenwärtige spanische Regierung stellt sie auf. Sie bemüht sich, aufgeklärt zu erscheinen – zu Gunsten der Kultur, und ist darauf bedacht, daß Spanien als Teil von Europa angesehen wird – indem sie die von Franco gesuchte Isolation ablehnt. Aber jeder, der über die Geschichte des *camino* nachdenkt, müßte sich dieser einfachen und oberflächlichen Verbindung entgegenstellen. Einzelne Menschen, jeder mit seiner eigenen, einmaligen Geschichte, aus der ganzen christlichen Welt gingen hier entlang. Es gab keine europäische Kultur, keine schnelle Beförderung und keine modernen Landkarten. Als die meisten Pilger diesem Pfad folgten – wahrscheinlich im zwölften und dreizehnten Jahrhundert –, brach jeder von ihnen aus einer gewissen Dunkelheit auf, ohne zu wissen, was sich am *„finis terrae"* befand, dort am „Ende der Erde". Ich sehe keine Möglichkeit, die heutigen hochtrabenden Schilder mit jenen einherziehenden Fußwanderern von einst in Verbindung zu bringen.

Ich komme ungefähr um zwölf Uhr in Vega de Valcara an. Es scheint ein guter Zeitpunkt und Ort für eine kurze Rast und eine Tasse Kaffee zu sein. Während ich mich entspanne, schaue ich nach draußen und sehe, daß es wieder zu regnen begonnen hat. Die Frau, die in der Bar bedient, sagt mir, daß ich noch ungefähr dreizehn Kilometer gehen müsse, bevor ich El Cebreiro erreichen werde, das sich auf der Spitze eines Berges befinde! Während sie „Berg" nachdrücklich betont, verleiht sie ihrer Stimme einen gewissen warnenden Ton. Ich denke darüber nach, was sie sagt ... aber ich bin schon früher im Regen bergauf gegangen. Warum ängstlich sein? Was ist zu befürchten?

Als ich meinen Weg die Straße hinauf gehe, hält mich eine andere Frau an und fragt mich, ob ich das *refugio* suche. „Nein", antworte ich, „ich hoffe heute noch El Cebeiro zu erreichen." Sie hält das für einen ausgesprochen schlechten Vorsatz. Es regne, es werde nicht aufhören zu regnen, und ich müsse noch diesen Berg hinauf. Es wäre viel klüger, das *refugio* zu nutzen, sich über Nacht gut auszuruhen und den Aufstieg morgen früh zu beginnen. Lächelnd danke ich ihr für ihre freundliche Besorgtheit und wiederhole, daß ich heute noch weitergehen wolle. Der Regen mache mir nichts aus, und ich sei sicher, ich könne es lange vor Einbruch der Dunkelheit schaffen. Sie schüttelt den Kopf, und ich bin gefesselt von dem Ausdruck auf diesem Gesicht, als wolle sie sagen: „Nun, da ist wieder so ein verrückter Amerikaner ... du kannst ihnen nicht helfen!" Ich meinerseits habe das freudige Gefühl, wiederum gesegnet worden zu sein, wieder einen guten Menschen getroffen zu haben, der sich um mein Wohlergehen kümmert. Das ist die Geschichte des *camino*: Tag für Tag Freundlichkeit und Rücksichtnahme, Geschenke und

Gnaden. Gewärmt von dem Kaffee und dem spontanen Ausbruch von Edelmut, lächle ich, danke der Frau und setze meine Reise fort.

Der Pfad wird zunehmend steiler, der Regen hartnäckiger. Ich bin anscheinend der einzige Mensch, der bei diesem unfreundlichen Wetter draußen ist. Während ich mich den Berghang hinaufarbeite, verliere ich jedes Gefühl dafür, wie weit ich schon gegangen und wie lange ich geklettert bin. Ich habe jedoch das Gefühl, daß ich das Dorf bald erreichen müßte. Ab und zu blicke ich vom Boden auf und suche nach Anzeichen von Häusern. Und dann, weit von mir entfernt, nehme ich etwas wahr, das wie ein Dorf aussieht. Aber als ich näher komme, sehe ich, daß es an einem Berghang jenseits einer breiten und tiefen Schlucht liegt; schlimmer noch, es ist links von mir, und der Pfad wendet sich nach rechts.

Der Pfad ist von einer wundervollen und wilden Beschaffenheit. Keine Fahrzeuge, keine Menschen, nichts ist hier draußen außer den Elementen, immer wechselnd, immer herausfordernd. Solange ich die gelben aufgemalten Pfeile finden kann, werde ich es meiner Meinung nach schaffen. Ganz gleich wie steil und verschlungen der Pfad ist, ganz gleich, wie stark und unberechenbar Wind und Regen sind, ich kann heute nachmittag gewiß dreizehn Kilometer zurücklegen. Ich fühle mich ganz aller Bedenken, jeder Sorge enthoben, frei und unbeschwert, die frische und unwirtliche Schönheit des verfinsterten, windgepeitschten Berghangs zu genießen. Doch in dem Bemühen, nicht auszugleiten, bin ich vorsichtig. Ich möchte nicht auf einem rutschigen Stein oder glatten Grasstück fallen. Mit dem schweren Rucksack hätte ich wohl Schwierigkeiten, wieder aufzustehen. Ich bin dankbar für mein drittes Bein, den kräftigen Stock. Er hilft mit, jeden einzelnen Schritt möglich zu machen. Ich rufe mir eine Bemerkung von Albani ins Gedächtnis zurück. Er schrieb, daß dieser Teil des Aufstiegs so schwierig sei, daß ein Pferd oder Esel von der geforderten Anstrengung erschöpft sein würden.

Ich bemühe mich, irgendein Anzeichen des Dorfes zu sehen. Wie schon früher im Zustand der Ermüdung werde ich wieder von Zweifeln geplagt: Ich bin falsch abgebogen und habe mich auf diesem Berg verirrt; ich werde heute nicht nach El Cebreiro kommen; ich bin dazu verdammt, hier oben die ganze Nacht herumzulaufen, denn ich habe keine Stelle gesehen, wo ich anhalten und dem Regen entkommen kann. Als ich dann das Gefühl habe, daß ich mich den äußersten Grenzen meiner Kraft nähere, glaube ich, irgendwelche Gebäude direkt vor mir zu sehen. El Cebreiro! Endlich! Wieder im letzten Moment gerettet! Ich schäme mich wegen meines Zweifels.

Ich erreiche einen Wirtschaftshof, der genau am Pfad liegt, und gehe zu der Scheune hinüber. In der offenen Einfahrt steht ein Bauer im Trockenen und beobachtet ruhig den Regen ... und jetzt mich. Ich grüße ihn und frage nach dem Namen des Ortes. Ich verstehe seine Aussprache nicht ganz, bin aber überzeugt, daß er nicht „Cebreiro" sagt. „Wo ist El Cebreiro?" frage ich. „Oh, das ist ungefähr zwei Kilometer weiter den Berg hinauf." Ich danke ihm und versuche aufrecht zu stehen, als ich mich umdrehe und aus dem Hof hinausgehe.

Überraschenderweise fühle ich nun eine Woge von Kraft. Als ich vor ihm anhielt, glaubte ich, ich könnte nicht noch einen einzigen Schritt gehen. Aber diese Unterbrechung, obwohl ich mich nicht gesetzt habe, scheint mich neu belebt zu haben. Eigenartig, wie mein Körper arbeitet – immer so gut. Der Pfad geht weiter bergan, doch ist der Anstieg nicht so steil. Nach etwa zwei Kilometern erreiche ich die Spitze. Ich habe es bis El Cebreiro geschafft. Ich habe das Gefühl, als ob ich mindestens zwölf Stunden bergan gegangen wäre und mit dem Berg und dem Morast gekämpft hätte. Doch beim Nachrechnen stellt sich später heraus, daß es nur sieben oder acht waren. Nun, das ist wirklich genug für dieses Gelände. Vielleicht kann ich mir sogar erlauben, ein wenig stolz auf meine Ausdauer zu sein.

Ich kann nicht umhin, diesen geweihten Raum mit einer gewissen Ängstlichkeit und Scheu zu betreten: El Cebreiro, gut über tausend Meter hoch, ist vielleicht der höchste Berg, den man im Verlauf des *camino* erklimmt und auch der Ort eines Wunders, das schließlich in ganz Europa erzählt wurde. Heute kann man in den verschiedenen noch erhaltenen Berichten leichte Veränderungen der Einzelheiten finden, und es besteht keine Gewißheit über das Datum des Ereignisses, aber man neigt zu der Ansicht, es habe sich Anfang des vierzehnten Jahrhunderts zugetragen. Damals gab es hier auf der Spitze des Berges ein *hospital* für Pilger. Die Geschichte beginnt an einem Wintertag, entweder während eines Schneefalls oder kurz danach, als ein Mönch in der Kapelle die Messe las. All die Erzählungen berichten, daß er ein Mann *de poca fe* – von schwachem oder kleinem Glauben – war. Kurz nach dem Beginn der Messe bemerkte er, daß ein Bauer oder Landarbeiter aus einem der tiefergelegenen Dörfer hereingekommen war und nun hinten in der Kapelle kniete. Ein Gedanke schoß durch seinen Kopf ... Dieser törichte Mann wagt sich hinaus und klettert durch den ganzen Schnee hier herauf ... nur um Brot und Wein anzuschauen ... Kaum hatte er die Worte der Wandlung gesprochen: Dies ist mein Leib ... Dies ist der Kelch meines Blutes ... erzitterte er vor Entsetzen. Brot und Wein waren anzusehen wie Fleisch und Blut!

Wie ich so durch das häufig fotografierte steinerne Eingangstor zu dem auffälligsten Gebäude hinaufgehe – das ich für das restaurierte Kloster halte – bin ich verwirrt von dem Anblick innerhalb der Einfriedung: eine stattliche Anzahl neuer und sehr teurer Autos. Doch warum fuhren sie hier herauf? Aus Ehrerbietung vor dem Wunder? Werde ich heute in El Cebreiro eine neue Art von Glauben finden? Ich sehe niemanden hier im Regen und öffne zögernd die Tür einen Spalt und schaue hinein; ich sehe eine kleine Bar. Selbstsicherer gehe ich hinein und werde von einer jungen Frau begrüßt. Ich frage sie nach dem *refugio*, und sie antwortet fröhlich, daß es um 18 Uhr öffne, in zwei Stunden, und sie habe den Schlüssel. Etwas entmutigt, schmerzhaft erschöpft und weil ich spüre, daß meine Füße durchnäßt und kalt sind, frage ich, wo ich mich hinsetzen und ausruhen könnte. Immer noch lächelnd antwortet sie ohne zu zögern: „Hier! Machen Sie es sich bequem" und macht mit ihren Händen eine Bewegung hin zu einem anderen Raum hinter einer offenen Tür.

Ich lege den Poncho und den Rucksack ab, ziehe die nassen Schuhe und Socken aus und stelle alles in eine Ecke der kleinen Bar. Nachdem ich trockene Socken angezogen habe, gehe ich in den anderen Raum, es ist wohl ein Speiseraum, und setze mich so unauffällig wie möglich an einen Tisch in der nächsten Ecke. Beim Hereinkommen sehe ich viele gutgekleidete Menschen, die in der Mitte und am anderen Ende des Raumes zusammen sitzen und ihr Mittagessen beenden. Es hat den Anschein, daß das Kloster in ein teures und elegantes Restaurant verwandelt wurde. Wie weit sind diese Leute gefahren, um zu Mittag zu essen? Das ist wirklich unglaublich.

Da meine Kleider feucht sind und ich vor Kälte zittere, bestelle ich einen *aguardiente* – vielleicht wird der Alkohol mich erwärmen. Die junge Dame fragt mich, ob ich etwas essen möchte. Ich erkläre entschuldigend, daß diese ganze Eleganz weit über den Rahmen hinausginge, in dem ich sonst zu speisen pflegte, wobei ich meinte, dieses Restaurant überschreite meine Mittel. Sie ignoriert meine vielleicht törichte Bemerkung und verspricht, mir ein gehaltvolles Essen zu einem annehmbaren Preis zu bringen. Ich bin zu naß und müde, um weiter nachzufragen, also willige ich matt ein.

In wenigen Augenblicken kehrt sie mit einer Terrine weißer Bohnensuppe und einem Korb mit festem, krustigem Brot zurück. Ehe sie wiederkommen kann, habe ich hungrig drei Schalen voll heißer und herzhafter Suppe verschlungen. Dann kommt sie und setzt einen Teller vor mich hin, der mit gekochten Kartoffeln, Schweinefleisch und einem Stück Wurst gefüllt ist. Das Schweinefleisch besteht vorwiegend aus Fett und Schwarte, aber ich erfahre, daß man es so schneiden muß, daß jeder Bissen etwas Fett, etwas Mageres und ein Stück Kartoffel enthält. Dies Stück Fleisch ist sicherlich für arme Leute. Zum Nachtisch gibt es einen Vanillepudding – alles für 700 Peseten, einen höchst anständigen Preis. Der *aguardiente* kostet noch 50 Peseten extra, und ich entschließe mich zu einem zweiten, um meinen Aufstieg nach El Cebreiro zu feiern.

Danach verlasse ich den Raum, sammle meine nasse Ausrüstung ein und suche die Sonne. Da wir so hoch oben auf einer Bergspitze sind, können die Strahlen noch immer den

Kloster-Restaurant-Hof erreichen. Ich finde eine ruhige Stelle, setze mich und schaue hinaus über das Dorf. Ich kann zwei dieser alten *pallozas* sehen, prähistorische runde Behausungen mit kegelförmigen Strohdächern. Hier soll man die am besten erhaltenen und restaurierten Gebäude von ganz Spanien sehen können.

Pünktlich um sechs kommt die junge Frau aus dem Restaurant heraus und führt mich zu dem *refugio*, einem großen neuen Gebäude am anderen Ende des Dorfes. Nun sehe ich meine Vermutung bestätigt, daß diese Anhäufung von Gebäuden ein weiteres europäisches „lebendiges" Disneyland ist. Ein Schild der Regierung bezeichnet den Ort als ein „Conjunto histórico-artístico". Alle Gebäude sind restauriert oder befinden sich im Umbau. Zwei der *pallozas* enthalten ein ethnographisches Museum. Wenn das Bauvorhaben beendet ist, werden die Behörden vielleicht authentische Künstler und „Volk" zur Unterhaltung der Besucher einstellen. Ich sehe, wie drei Kühe geruhsam das reichlich vorhandene grüne Gras genießen. Doch ist alles säuberlich antiseptisch – in scharfem Kontrast zu dem mit Kuhdreck bedeckten, kräftig riechenden Wirtschaftshof des Bauern, den ich zwei Kilometer weiter unten am Berg getroffen habe.

Das neue *refugio*, ein großes, mehrgeschossiges Gebäude, scheint mit allem ausgerüstet zu sein. Durch die Fenster kann viel Licht hereinströmen. Die Badezimmer, getrennt für Männer und Frauen, sind mit den modernsten Armaturen aus Chrom ausgestattet. Aber alles schließt so dicht ab, daß das heiße Wasser der Dusche den Raum mit Dampf füllt. Die bloße Funktionalität ist nicht ganz vollkommen.

Nach dem Duschen gehe ich hinaus, um nun in der Schönheit unter meinen Füßen zu baden. Der Himmel ist aufgeklart, und die Sonne erhellt noch immer die fernen, tiefen Täler; ich fühle meine eigene Bedeutungslosigkeit in diesem riesigen, reinen Raum. Weit draußen am Horizont, viele Kilometer entfernt, markieren die Berge eine sanft steigende und fallende Linie, die die dunklen Landmassen von dem zart getönten Himmel trennt. Mich, der ich fast keine Erfahrung mit bergigem Gelände habe, erinnert das schachbrettartige

Muster von Feldern und Dörfern, die scheinbar zu meinen Füßen liegen, aber mehr als tausend Meter unter mir sind, an ein Märchenland. Wie muß es sein, hier oben zu leben und in seiner Arbeit innezuhalten, hinauszuschauen, über dieses vielfältige Muster nachzudenken – Natur, die so vorsichtig und mit Liebe kultiviert ist? Die Schöpfung ist in der Tat schön, über alle Vorstellungskraft hinaus. Und ich bin in diesem Moment besonders gesegnet, daß ich bis zum Horizont blicken kann, denn die Bergspitze hätte auch noch in die Regenwolken dieses Nachmittags oder in Dunst und Nebel eingehüllt sein können. Da es Frühling ist, leuchten die kleinen, säuberlich abgeteilten Felder in verschiedenen frischen Grüntönen. Eine Jahreszeit erneuten Wachstums beginnt, ein stiller, aber kraftvoller Zeuge für die Vortrefflichkeit der Erde. Als ich diesen wunderbaren Gipfel erreichte, empfand ich fast keinen Schmerz, nur äußerste Erschöpfung. Jetzt, erfrischt und in trockenen Kleidern, während meine Augen auf das Werk Gottes und der spanischen Menschen gerichtet sind, bin ich bereit, einen weiteren Tag zu beginnen. Das vielfältige Muster ferner Felder, die frischen Farben, die feine Klarheit der Luft, die Höhe selbst, geben mir neue Tatkraft. Dieser Tag ist zweifelsohne beispiellos, unvergleichlich einmalig. Beim Nachdenken über dieses Urteil muß ich schmunzeln, denn einen ähnlichen Gedanken habe ich jeden Abend.

Die Stille und Einsamkeit des *camino* waren heute besonders anregend, widerklingend. Ich war nach und nach zu der Vorstellung gekommen, ich würde diese Pilgerreise um das Geschenk des Glaubens machen, für alle, die ich kenne und liebe, für alle, die mir am engsten verbunden sind. Heute kam mir diese Vorstellung zu eng vor, sogar ganz verkehrt. Wenn ich glauben müßte, daß mein Bestreben und das Geschenk des Glaubens in dieser Weise eingegrenzt oder beschränkt wären, dann würde ich diese Güter mit den Gütern der Wirtschaft, mit der Welt der Lebensmittelknappheit vergleichen. Aber das ist bestimmt und über alle Maßen falsch. Weder Bestreben noch Glaube werden durch die Zahl der betroffenen oder berührten Personen beeinträchtigt.

Da ich indessen nur eine Kreatur bin, muß es irgendein Kriterium der Begrenzung geben; Begrenztheit ist notwendigerweise eine bestimmende Eigenschaft meiner selbst als Kreatur. Nur das Bestreben und das Geschenk des Herrn sind unendlich, erstrecken sich weit hinaus und berühren alle Menschen. Ich kann nicht vorgeben, in dieser Weise zu handeln. Ich muß nach der mir angemessenen Weise suchen. Als der Regen mich niederdrückte und ich nicht mehr als ein paar Meter weit sehen konnte, bin ich offenbar zu einer Gewißheit gekommen: Mein Bestreben kann alle betreffen, die ich seit meiner Geburt berührt habe. Das sind die Menschen, die ein Teil meines Lebens sind. Wenn dieses Bestreben möglich ist, wenn es einen andern erreichen kann, dann sind dieses genau die Menschen, die ich – so ist zu hoffen – beeinflussen kann.

Wirklich ist, was ich berühren kann ... mein eigenes Fleisch, der Boden unter meinen Füßen, die Aura dieses Ortes, die junge Frau, die mich heute als Freund behandelte, meine Familie und alle, die ich kenne und die mich kennen. Für mich ist dies die Grenze der Wirklichkeit. Ich kann mich nicht nach irgendeinem hungrigen Kind in dem Durcheinander in Afrika, nach irgendeinem drogenabhängigen jungen Mann in der Hölle von New York, nach einem Yuppie in dem goldenen Ghetto von Scotsdale ausstrecken. Für mich sind sie alle abstrakte Chimären; sie sind nicht wirklich.

In der Reinheit dieser wundervoll kristallklaren Luft bringt mich alles – meine feste Anwesenheit auf diesem heiligen Boden, meine Berührung mit *el Milagro del Cebreiro* (dem Wunder von Cebreiro), die bedächtige, langsame Bewegung nach Compostela hin – zu einer klareren, verständlicheren Sicht meiner Handlung. Ich bin in das erleuchtete Gebiet des *camino* eingedrungen auf der Suche nach dem, was am Ende der Halbinsel liegt, jenseits des legendären *finis terrae*. Ich habe schon eine überwältigende Überfülle an Gnaden erfahren, die sich jeden Tag vermehren. Nun muß meine Aufmerksamkeit auf den andern Menschen gerichtet sein, auf all die anderen in meinem Leben. Mein Bestreben muß auf sie gerichtet sein, weg von mir selbst.

27 Von El Cebreiro nach Samos

30. Mai

Ich wache zur üblichen Stunde auf, kurz vor sechs Uhr, und mir ist warm, unangenehm warm. Das ist sonst nie passiert. Wie ich munterer werde, stelle ich fest, daß in diesem Raum viele Heizkörper sind, die in der Nacht warm geworden sind. Später schaue ich unten aus der Glas-Chrom-Tür und sehe, daß es noch recht dunkel ist ... und ungestüm regnet ... ich bin auf einer Bergspitze und muß in den Sturm hinaus! Ich zögere, die Tür zu öffnen ... aber nachdem ich einige Augenblicke die antiseptische Wärme des neuen Gebäudes ertragen habe, schultere ich den Rucksack und wage mich hinaus. Wind und Regen fallen über mich her und bringen mich durcheinander. In der Dunkelheit weiß ich nicht genau, welchen Weg ich gehen muß. Und wenn ich jetzt zu Beginn des Tages Fehler mache, kann sich meine Situation nur weiter verschlechtern.

Der Pfad scheint eine sanft geneigte Straße hinabzuführen, und ich erkenne bald einen Pfeil, der mir bestätigt, daß ich den Abstieg gut begonnen habe. Die einzige Schwierigkeit für mich sind jetzt Wind und Regen, die, wenn nicht Freunde, doch sicherlich alte Gefährten sind. Später wird der *camino* zu einem richtigen Wanderweg quer über das Land und dann zu einem sich windenden Bergpfad. Nach einigen Stunden komme ich nach Alto do Poio, einem hochgelegenen Bergdorf, und lege eine Pause ein, um eine kleine Tasse Kaffee zu trinken. Der Regen hat aufgehört, aber hin und wieder bläst ein kalter Wind und geht mir durch und durch.

Einige Kilometer weiter nähere ich mich einer kleinen Stadt, Triacastela. Am Rande der Stadt führt mich der Pfad zu einer langen, niedrigen Steinmauer. Ungefähr fünfundsiebzig Meter hinter dieser Mauer befindet sich ein neues *refugio* in einem nett angelegten Garten. Es ist kleiner als das *refugio* in El Cebreiro und sieht ansprechender aus ... sein Äußeres scheint etwas Seelenvolles auszudrücken. Das Gebäude und die gesamte Anlage würden einem müden Pilger am Ende eines Tagesmarsches einen besonders willkommenen Anblick bieten. Aber für mich ist es noch viel zu früh um anzuhalten, daher schaue ich nur umher, ohne den Rhythmus meines Schrittes zu verändern.

Im Stadtzentrum versuche ich, Brot zu kaufen, aber die Bäckerei ist geschlossen. Ich hoffe in Samos, meinem heutigen Ziel, ein offenes Geschäft zu finden. Auf meinem Weg die Straße hinauf erspähe ich eine Bar, die geöffnet ist und mich zu einer zweiten Tasse Kaffee einlädt. Ich muß auch meine Schuhe und Strümpfe ausziehen und trockene Socken anziehen. Meine Füße verhalten sich bewundernswert, aber ich schreibe das zum großen Teil der Tatsache zu, daß ich sie trocken halte. Mir fällt auf, daß auf der Bar Teller mit kleinen Brotstücken stehen, die mit einer dünnen Scheibe *chorizo* (Wurst) belegt sind – *bocadillos* oder *pinchos*. Sie kosten nichts, daher nehme ich zwei ... vielleicht steht das nicht im richtigen Verhältnis zu dem, was ich kaufe.

Hier teilt sich der *camino* in zwei Routen, die sich in Sarria wieder treffen, etwa zwölf Kilometer weiter. Die rechte Strecke soll malerischer sein, aber die linke geht durch Samos. Ich werde auf dieser wandern, denn ich möchte in dem berühmten Benediktiner-Kloster übernachten. Nachdem ich meine Schuhe angezogen und der Stadt auf Wiedersehen gesagt habe, fällt mir auf, daß der Pfad etwas Neues bietet: Riesige, alte Bäume beschatten den *camino* auf beiden Seiten vollständig. Das würde eine willkommene, kühlende Erleichterung an einem heißen Tag sein, ist heute jedoch nur eine interessante Abwechslung. Ich treffe einen Bauern, der gerade seine Kühe auf die Weide treibt. Wie an vielen Stellen dient der Pfad den örtlichen Bauern auch als Weg zu ihren Feldern und Wiesen.

Durch einige kleine Bauerndörfer hindurch bringt mich der enge Pfad direkt hinauf zu den alten Häusern und anderen Gebäuden. Ich bin stark beeindruckt von der Steinarbeit und komme sofort zu der vergleichenden Beurteilung, die sich mir schon früher aufgedrängt hat: Diese Bauwerke sind grundsätzlich anders als jüngere oder neue Bauten.

In diesem Teil des Landes ist der Unterschied auch an den Dächern sichtbar. Viele Dächer sind aus Schiefer gemacht, der, so vermute ich, in der Nähe abgebaut wurde. Manche der alten Dächer stellen ein erstaunliches und wechselvolles Flickwerk verschiedenster Stücke in unterschiedlicher Größe und Form dar, kunstvoll zu einer wasserdichten Bedeckung zusammengefügt. Die neuen Dächer dagegen sind aus gleichförmigen, von Maschinen geschnittenen Quadraten oder Rechtecken gemacht, alle von der gleichen Größe. Sie erfordern nur die einfachsten Zimmermannsfertigkeiten: man zieht einen Kreidestrich und folgt ihm.

Ich habe noch nie zuvor solche Dächer gesehen; ich würde nicht im Traum daran gedacht haben, daß Handwerksarbeit sich so weit erstrecken, solch eine Kunst hervorbringen könnte. Beim näheren Hinsehen erkenne ich, daß man sich – wie mit Menschen, Landschaften, von Menschen geschaffenen Dingen oder Malereien – ihre Schönheit nicht wahrheitsgetreu vorstellen kann; man kann sich einfach nicht auf das unvermeidlicherweise verfälschende Bild verlassen, man muß sie mit den eigenen Augen sehen *und* an dem Ort, an dem sie aus der Lebensweise eines Volkes hervorwuchsen. Während ich durch die Dörfer gehe, die Mauern berühren kann, die solche ausgeklügelten Dächer abstützen, einen leichten Hauch von dem Leben dieser Menschen einatmen kann, bin ich imstande, hier etwas von der Tiefe dieser menschlichen Arbeit zu spüren. Ich weiß, daß diese Dächer, als sie zuerst erdacht und erbaut wurden, einen festen und lebenswichtigen Bestandteil im Leben eines Volkes bildeten, das Ergebnis der Art und Weise waren, in der ein Volk lebte. Ich kenne jedoch nicht die Einzelheiten und Fertigkeiten der Arbeit oder das Wesen der Menschen. Da ich ein Fremder bin, weiß ich nicht, ob es solche Menschen noch immer in diesen Dörfern gibt. Ich leite lediglich aus ein paar Dächern etwas von dem Leben der Menschen hier ab, einem Leben, das heute wahrscheinlich nur in diesen Spuren einer Gemeinschaft existiert, die einst von einer gewissen Ganzheit und einer schöpferischen Selbständigkeit gekennzeichnet war.

Hinter Triacastela zeigen die Pfeile auf eine wenig benutzte Landstraße. Der Route folgend bin ich überrascht und bestürzt, als ich auf zwei massive Erdrutsche und einen Steinschlag stoße, die jeweils die halbe Straße bedecken. Es sind keine Warnzeichen oder Fahnen für näherkommende Autos vorhanden. Vielleicht liegt der Grund darin, daß diese Erdrutsche erst kürzlich stattfanden – sie sehen frisch aus, als ob sie gerade heruntergedonnert wären, bevor ich diese Stellen erreichte. Hin und wieder blicke ich etwas beunruhigt nach oben auf große Stein- und Erdformationen, die über die Straße hinausragen und jeden Augenblick herunterzustürzen drohen. Wird sich durch den jüngsten Regen noch ein weiterer Brocken lockern, wenn ich gerade vorübergehe, und mich unter Tonnen von Schutt und Erde begraben? Oder werde ich vielleicht Zeit haben, aus dem Weg zu springen? Im Mittelalter mußten sich Pilger über Wölfe und Diebe an bestimmten Stellen entlang des Weges Sorgen machen. Ich bin bis auf Sonnenbrand vor keiner Gefahr gewarnt worden. Aber diese gewaltigen Erdrutsche hätten leicht zwei Dutzend Pilger unter sich begraben können.

Nach ungefähr acht Stunden ständigen Wanderns, nur kurz unterbrochen durch das zweimalige Kaffeetrinken, komme ich an einem Ort an, der Samos sein muß. In der Mitte des Dorfes stehe ich vor den hoch aufragenden Mauern des Klosters, dem Real Monasterio de San Julián de Samos, das zusammen mit seiner Kirche zum nationalen Denkmal erklärt worden ist. Ich erkenne, daß schon viele Renovierungsarbeiten vollendet sind, die auch die Straßen und die Zugänge zu den Gebäuden einbeziehen. Die gesamte Anlage, die ungefähr einen Hektar Land bedeckt, soll auch eine Unterkunft für Pilger enthalten, und ich bin hergekommen, um etwas über die Geschichte der Gastfreundschaft zu erfahren. Der hl. Benedikt (gest. 547), eine der wahrhaft wichtigen Gestalten für die Form und Richtung der westlichen Zivilisation und der Begründer des westlichen Mönchtums, schrieb in Kapitel 53 seiner Regel (die die Benediktiner-Klöster bis auf den heutigen Tag beseelt und leitet):

> Alle Gäste des Klosters sollen wie Christus willkommen geheißen werden, weil Er sagen wird: „Ich war fremd, und ihr habt mich aufgenommen." (Matth. 25,35) Erweise ihnen jede Höflichkeit, besonders Gottes Dienern und Pilgern. Wenn ein Gast angekündigt wird, sollen der Superior oder Brüder ihn mit Nächstenliebe begrüßen; und sie sollen zusammen beten, damit sie in Frieden sind ... alle sollen in den Gästen die Person von Christus ehren. Denn es ist Christus, der in Wirklichkeit empfangen wird.

Es gibt kein Schild oder einen Hinweis darauf, wo sich das *refugio* befindet – nur hochragende, massiv aussehende Mauern und einige kleine, fest verschlossene Türen. Die Sonne scheint jetzt, und ich hatte gehofft, ich könnte etwas Wäsche waschen. Aber wie gelange ich hinein? Beim Umrunden des Gebäudes komme ich zu einer kleinen Tankstelle an der Straße, und der junge Mann dort zeigt auf eine der geschlossenen Türen. Das sei der Eingang in die Unterkunft, er werde aber erst um 18 Uhr geöffnet. Das bedeutet keine Wäsche heute, keine Zeit zum Trocknen.

Ich erkundige mich, wo ich Lebensmittel kaufen könne. Der Tankstellenwart sagt, daß die Bar auf der anderen Straßenseite möglicherweise etwas zu essen anbiete, und es weiter in der Stadt eine kleine *tienda* (Geschäft) gebe, die, wie er glaubt, noch geöffnet sei. Seinen Hinweisen folgend, gehe ich um das Kloster herum und komme bald zu der *tienda*. Sie ist offen. Ich kaufe den letzten Laib Brot und die üblichen Zutaten für ein kaltes Mittagessen und das Frühstück morgen, denn ich vermute, daß mir im Kloster nichts angeboten werden wird. Der junge Mann erwähnte, daß manchmal ein Mönch schon vor sechs herauskäme und die Tür öffne, daher gehe ich zurück und setze mich auf die Straße und lasse mir während des Wartens die Schuhe von der Sonne trocknen. Die Regel sagt auch:

> Gäste sollen nach dem Empfang zum Gebet geführt werden ... laßt ihnen jede Höflichkeit zuteil werden ... Der Abt wird die Hände und Füße des Gastes gemeinsam mit den Brüdern waschen ... Besondere Aufmerksamkeit sollte den Armen und den Pilgern gewidmet werden, denn Christus wird wahrhaftig in ihnen willkommen geheißen.

Um ungefähr vier Uhr öffnet sich eine Tür, und ein Mönch kommt heraus. Als er mich auf dem Boden sitzen sieht, kommt er herüber, und wir unterhalten uns. Er ist freundlich, und auch er erwähnt, daß der Gastpater vor sechs herauskommen und die Tür des *refugio* öffnen könnte. Nicht sehr viel später kommen drei junge Mönche heraus und grüßen mich. Neugierig, so vermute ich, befragen sie mich. In unserem Gespräch erfahre ich, daß sie Novizen sind – junge Männer, die sich darauf vorbereiten, Mönche zu werden. Sie kommen aus Puerto Rico, und einer ist in New York geboren! Genau in diesem Augenblick erscheint ein älterer Mönch und führt sie fort, als ob er vermute, ich könne einen fragwürdigen Einfluß auf seine jungen Schützlinge ausüben.

Ich füge mich in die Rolle des Außenseiters und setze mich wieder auf die Straße. Die Sonne erreicht mich noch; ich kann in ihrer Wärme entspannen. Bald erscheint der Gastpater, öffnet die Tür zu dem *refugio* und verschwindet sofort wieder. Ich gehe hinein und sehe, daß die Unterkunft aus einem langen, kalten und feuchten Raum besteht, in dem sich verschiedene kleine, nicht zu öffnende Fenster und an jeder Wand eine Reihe von Doppelbetten befinden. Die Matratzen sind recht schmutzig, aber mehr brauche ich auch nicht, um meinen Schlafsack auszubreiten. Am Ende des Schlafsaales befindet sich ein großes, gefliestes und gut beleuchtetes Badezimmer mit wunderbar heißem Wasser. Dankbar für dieses Glück hoffe ich, daß ich morgen eine Unterkunft finde, in der ich die Wäsche waschen kann.

Der erste Mönch, den ich traf, lud mich zu der Vesper ein, und ich sagte meine Teilnahme gern zu. Vor dem festgesetzten Zeitpunkt kommt dann der Gastpater und führt mich in eine kleine Kapelle, in der ungefähr fünfzehn Mönche versammelt sind. Ich frage mich: Ist dies die ganze Gemeinschaft? An einem Ort, der Hunderte aufnehmen könnte? Die Vesper wird feierlich gesungen mit der Ausstellung des Heiligen Sakramentes, die schon begonnen hatte, ehe ich ankam. Nach dem Segen mit der Monstranz wird mir klar, daß ich in den Schlafsaal zurückkehren soll. Da ich heute abend der einzige Pilger bin, wird die kerkerähnliche Halle ein ruhiger Platz zum Schlafen sein ... und zum Nachdenken über das Rätsel der heutigen benediktinischen Gastfreundschaft.

Die Benediktiner haben eine wichtige Rolle in der historischen Entstehung jener Gastfreundschaft gespielt, die mittellosen Reisenden und Pilgern in Gebieten angeboten wurde, die wir heute als Europa bezeichnen. Durch die Jahrhunderte haben unterschiedliche Einzelpersonen und Gruppen den Pilgern auf dem *camino* Gastfreundschaft angeboten – Nahrung, Unterkunft und andere Unterstützung. Diesen Fußstapfen der Pilger folgend, habe ich in Unterkünften übernachtet, die von privaten Laien, von religiösen Orden und Vereinigungen, von einzelnen Kirchengemeinden und von Verwaltungsämtern der Regierung betrieben wurden. Ohne Zögern stelle ich fest, daß mir von allen der armselige Schuppen von Arias Jato in Villafranca del Bierzo am besten gefallen hat. Trotz der unvollkommenen Einrichtung und des aufgehäuften Abfalls war alles vorhanden, was der Körper brauchte. Noch etwas war da: ein Mann und seine Familie, der im Geist des *camino* zu leben schien, der in seine Mystik eingedrungen war, und der großzügig das Wenige teilte, das er an materiellen Mitteln besaß, aber auch den Reichtum, den er an geistigen Gaben besaß. Von der Regierung wurden eindrucksvolle und manchmal auch attraktive neue Gebäude errichtet. Und ich habe alle öffentlichen Angestellten freundlich und hilfsbereit gefunden. Aber Maribel Roncal – mit ihrem herrlichen Garten und Haus für Pilger in Cizur Menor – und Jesús Arias Jato – mit seiner auffallend ungewöhnlichen Unterkunft – boten ein lebendiges Willkommen, das dem *camino* und dem Ruhme seiner Geschichte angemessen erschien. Alle anderen Unterkünfte, von denen einige gute Orte zum Übernachten sind, gehören trotzdem zu einer anderen Kategorie als diese beiden, die auf einmalige Weise Ausdruck heutiger Gastfreundschaft sind. Von all den guten Menschen, die ich getroffen habe, ragen diese beiden als außerordentliche Gastgeber heraus.

28 Von Samos nach Portomarín

31. Mai

Die heutigen Ereignisse erschienen mir interessanter; sie schienen mehr Facetten meiner Anwesenheit in Spanien zu enthüllen; die vorangegangenen Tage schienen weniger bereichernd, weniger bedeutungsvoll. Die neue Erfahrung begann am frühen Morgen, kurz nachdem ich das Kloster verlassen hatte – ohne einen der Mönche getroffen zu haben. Ich wurde wieder vom Ruf des Kuckucks begrüßt, dem freundlichen Klang, der aus weiter Ferne herunter in das Tal kam.

Während ich meinen Weg durch Felder fortsetzte, begegnete ich zweimal kleinen Schafherden, die von Schäferinnen bewacht wurden ... zum ersten Mal sah ich Frauen diese Arbeit verrichten. Dann traf ich einen Mann, dessen zwei Ochsen einen mit Feuerholz beladenen Karren zogen ... jemand brachte seinen Vorrat für den nächsten Winter herein. Später sah ich, wie ein Mann einen Esel führte, der einen Wagen voll Heu zog. Dies zeigte mir am deutlichsten, daß nicht alle spanischen Bauern vollständig mechanisiert sind. Ich war jedoch erstaunt: Wie sollte ich diese beiden Frauen und diese beiden Männer beurteilen? Was bedeutet ihr Vorhandensein in jener anderen Welt, in der ich so bedrängt und gestoßen wurde, als ich vor wenigen Tagen auf den verkehrsreichen Straßen entlangging?

Heute war der Pfad selbst ansprechender, anziehender als je zuvor. Oft verlief eine alte, als Einfriedung gebaute Steinmauer auf beiden Seiten und begrenzte den engen *camino*. Hier und dort wuchsen Bäume in der Mauer oder direkt daneben. Die Genauigkeit, mit der die Steine zusammenpaßten, ergänzte die biegsame Kraft der alten Bäume. Dieses Verwobensein von Kunst und Natur war eine beispielhafte Verbindung der Arbeit eines Handwerkers mit der Fähigkeit der Natur, einen so anmutigen Wuchs hervorzubringen. An einigen

Stellen mußte ich sorgfältig aufpassen, wohin ich meinen Fuß setzte, denn der Pfad war ausgewaschen und mit Pfützen gefüllt oder wurde zu einem strömenden Wasserlauf. Auf einem Stück des Weges bedeckte das rauschende Wasser den ganzen Pfad, und alle Steine, auf die ich hätte treten können – falls es überhaupt welche gab –, waren unter dem Wasser. Ich suchte nach einer Stelle, an der ich aus diesem inzwischen tiefen Graben auf ein höhergelegenes Gelände gelangen konnte. Nachdem es mir gelungen war, über die Mauer zu klettern, befand ich mich auf einer Wiese, die im Sonnenlicht glänzte. Aber als ich auf dem Gras parallel zur Mauer zu gehen versuchte, fand ich heraus, daß die Wiese glänzte, weil sie unter Wasser stand! Es gab keinen „hohen Erdboden", keine Möglichkeit, meine Schuhe trockenzuhalten. Nach ungefähr einem halben Kilometer konnte ich jedoch wieder auf den Pfad hinabsteigen und Steine und trockene Stellen finden, um dem Wasser aus dem Weg zu gehen.

Während dieser ganzen Zeit fühlte ich mich, als ob ich zu einem Festessen eingeladen worden wäre, als ob ich in eine neue Dimension des ästhetisch Möglichen schritte. Der berühmteste Bericht von der Erfahrung eines Menschen auf dem *camino* ist in dem *Liber Sancti Jacobi* zu finden, in dem Aymeric Picaud nach der Erwähnung von Entfernungen seine größte Aufmerksamkeit den Menschen und einigen äußeren Bedingungen schenkt, die er im zwölften Jahrhundert vorfand. Die ausführlichen und ins einzelne gehenden Pilgerberichte, die in den Büchern von Laffi und Albani zu finden sind, verzeichnen die Besonderheiten aller beeindruckenden weltlichen oder kirchlichen Gebäude, die sie sahen, in Verbindung mit vielen Angaben über das, was sich in ihnen befand: Ausschmückung und Reliquien. In keinem dieser Berichte findet man ein Bewußtsein oder eine Aufgeschlossenheit für die Natur, die den Fußwanderer umgab; das fesselte mich heute. Ich stelle fest, daß ich so begeistert bin von dem, was ich im Freien sehe, wie sie es von dem Inneren von Kirchen waren.

Ich könnte mir vorstellen, daß in der Welt, aus der ich komme, das Interesse an der Landschaft seine Ursprünge in der englischen Romantik des achtzehnten und neunzehnten

Jahrhunderts hat. Nach dem heutigen Tag fühle ich, daß dieses romantische Empfinden und diese romantische Sichtweise in dem Sinne unvollständig sind, daß sie eine gewisse passive Sterilität in dem Menschen auslösen, der auf diese Art und Weise über die Natur nachdenkt. Die steinerne Einfriedung mit den Bäumen, die Bauern, die ich heute traf, die Schuhmacher, die alten Steinhäuser mit ihren Schieferdächern sind Beispiele für eine Einbettung *in* die Natur, eine Möglichkeit, mit der Natur auf eine Art zu leben, die sie nicht beherrscht oder zerstört. Diese und andere Tätigkeiten oder Kunstwerke sind auch Ausdruck spezifischer Gemeinschaften und gemeinschaftlich entstanden. Die Menschen, die diese Werke hergestellt haben, mögen die ästhetischen Empfindungen der romantischen Dichter nicht teilen, sie mögen nicht verweilt haben, um eine Landschaft zu bewundern. Auf der andern Seite haben sie es vielleicht *doch getan*. Nachdem ich diese herrlichen Beispiele einer *weit verbreiteten* Kunst kennengelernt habe, einer Kunst, die die Antwort von einzelnen begabten Menschen auf die Bedürfnisse ihrer Gemeinschaften offenbart, erkenne ich, daß das romantische Empfindungsvermögen ungenügend ist. Ein klareres und besseres Verständnis für die Natur ergibt sich daraus, daß man gleichzeitig auch die eingewobene Schönheit einer empfindsamen menschlichen Einwirkung sieht – heute an den aus der Steinmauer wachsenden Bäumen besonders deutlich sichtbar.

Aber wie kommt man zu einer solchen Sicht? Einige Romantiker glaubten, daß unsere Augen durch das Gehen geöffnet werden könnten. Sie verherrlichten das Gehen als eine Lebensreise zu Erneuerung und Wissen. Durch das Hinausgehen in die Landschaft suchten sie eine ländliche Tradition, die, wie sie glaubten, ein Weg zu persönlicher Bereicherung wäre.

Ich finde, daß Thoreau ein umfassenderes Verständnis vom Gehen hat und anregt, wie man zu einer wirklicheren und vitaleren Erfahrung der Welt, sowohl des eigenen Selbst als auch der Natur, kommen könne:

> Die billigste Art zu reisen und die Möglichkeit, am weitesten auf der kürzesten Strecke zu reisen, ist zu

> Fuß zu gehen; dazu sollte man einen Schöpflöffel, einen Löffel und eine Fischleine, etwas Mais, etwas Salz und etwas Zucker mitnehmen. Wenn du zu einem Bächlein oder Teich kommst, kannst du Fische fangen und sie kochen; oder du kannst einen Mehlbrei-Pudding kochen, oder du kannst einen Laib Brot in einem Bauernhaus für vier Pence kaufen, es im nächsten Bächlein, das die Straße kreuzt, anfeuchten und in deinen Zucker stippen – dies allein wird dich einen ganzen Tag bei Kräften halten ... Ich bin auf diese Weise viele hunderte von Meilen gereist ohne irgendeine Mahlzeit in einem Haus einzunehmen, ich habe auf dem Boden geschlafen, wenn es möglich war, und fand es billiger und in vieler Hinsicht nützlicher als zu Hause zu bleiben ...

Thoreau beschränkte sich nicht darauf, einen Spaziergang am Nachmittag zu unternehmen und auf dem Wege über die Landschaft nachzudenken. Er wußte, daß man versuchen mußte, sich selbst *in* die Natur einzufügen. Man geht nicht, um sich zum Vergnügen und zur Erbauung an begeisternden Ausblicken an die richtige Stelle zu bringen. Etwas Schweiß von einer menschlichen Anstrengung muß unser Wandern durchdringen.

Aymeric Picaud schreibt auch über das Wesen der Pilgerreise und weist noch auf eine andere Dimension der Schwierigkeiten hin, denen man beim Wandern begegnet. Alles Wandern/Pilgern beginnt mit Adam, der, da er Gott ungehorsam war, aus dem Paradies verstoßen und verurteilt wurde, durch die „Wildnis dieser Welt" zu wandern. Dieses Reisen wurde „fortgesetzt in Abraham, Jakob und all den Kindern Israels bis hin zu Christus, und in ihm und den Aposteln wurde es vollendet".

> Wie die Juden das Gelobte Land nur durch viel Leiden betraten, so müssen die Pilger, damit sie das himmlische Vaterland betreten können, das den Gläubigen versprochen wurde, sich mit betrügerischen Gastwirten abfinden, Berge hinaufklettern und in Täler hinab-

steigen, das Entsetzen ertragen, beraubt zu werden, und die Sorgen, sich zu verirren.

Da ist noch ein anderer Zeuge; die Einmaligkeit seiner Reise weist in noch eine weitere Dimension dieser uranfänglichen Tätigkeit: Der Wandernde Jude. Entsprechend der Legende stolperte Jesus, als er sein Kreuz durch Jerusalem trug, vor dem Geschäft eines Schuhmachers. Der Schuhmacher wurde gebeten, dem geschwächten „Verbrecher" zu helfen, und er lehnte ab mit den Worten (in der spanischen Version der Geschichte): „Anda! Camina!" – geh weiter. Im Spanischen hallen diese Worte für alle Zeit durch die Himmel wider mit ihrer unheilvollen Verbindung, denn der Schuhmacher wurde zur Bestrafung dazu verdammt, bis an das Ende der Zeit über die Erde zu gehen. Ein italienischer Astrologe behauptete, daß der wandernde Jude als Pilger im Jahr 1267 in Compostela gewesen sei.

Heute habe ich einen weiteren Schritt in diese Welt des Gehens getan – durch die Natur. Ich sah etwas Neues: die Natur mit einer unmittelbaren sinnlichen Lebendigkeit, mit einer direkten Klarheit, die ich nie zuvor erlebt hatte. Aber das geschah nur, weil ich auch sah, wie die Menschen gelernt haben, auf angemessene Weise in der Natur und in der Schöpfung zu leben.

Ein paar Stunden nach dem Aufbruch in Samos komme ich nach Sarria, ebenfalls einer Stadt, deren großartige Geschichte eng mit dem *camino* verbunden ist. Ich kann indessen die gelben Pfeile nicht finden, und die Straßen verwirren mich. Ich möchte direkt durch die Stadt hindurch gehen und heute noch weiterkommen. Da es noch recht früh am Morgen ist, treffe ich viele Kinder und junge Leute auf ihrem Weg zur Schule. Mehrere Male frage ich verschiedene Studenten, aber keiner weiß, welche Straße ich gehen muß. Zum ersten Mal treffe ich Menschen auf dem *camino*, die seinen Verlauf nicht kennen. Was lernen diese jungen Menschen nur in ihren Schulen? Erzählt ihnen denn niemand von dem alten Pfad, der sich durch ihre Stadt windet? Zu meinem Glück komme ich an eine Polizeidienststelle und gehe hinein. Wie gewöhnlich sind die Polizeibeamten freundlich und bemüht, ihr Wissen zu zeigen.

Aufgemuntert von der Freundlichkeit der Polizisten finde ich die Straßen aus der Stadt hinaus, und dann windet sich mein Weg durch eine Reihe von Bauerndörfern, die jeweils nur aus wenigen Haushalten bestehen, offensichtlich Wohnhäuser und Scheunen tätiger Bauern. Einige Kilometer vor Portomarín sehe ich dann eine kleine romanische Kirche und ein weiteres neues *refugio.* Die Regierung hat wirklich ein umfangreiches Bauprogramm in diesem Jahr durchgeführt, all die neuen Unterkünfte sind gerade erst gebaut worden. Aus den Gedenktafeln an ihren Wänden erfahre ich, daß sie anscheinend von den örtlichen Gemeinschaften oder von den Regionen finanziert werden.

Nach ungefähr acht Stunden, in denen ich vierzig Kilometer zurückgelegt habe, sehe ich Portomarín auf einem Hügel oberhalb eines großen Sees. Im Jahr 1956 begannen Ingenieure im Auftrag der Regierung den Fluß Miño einzudämmen, der die alte Stadt überflutet hatte. Sie wurde auf die Spitze eines nahegelegenen Hügels umgesiedelt. Sie sieht etwas künstlich aus, aber zweifellos attraktiv. Wie ich die sauberen, breiten Straßen hinuntergehe, fällt mir ein, daß ich mit dem heutigen Tag die vierte Woche auf dem *camino* vollende. In Deutschland hatte ich grob geschätzt, daß ich einen Monat für den Weg nach Compostela brauchen würde. Da ich schon nahe bin, war der Überschlag gar nicht so schlecht. Einige Kilometer vor Portomarín bekam meine Stimmung Aufschwung. Ich war glücklich, ein Graffito auf einer Seite eines Gebäudes zu sehen: Animo! Fasse Mut, du brauchst nicht mehr weit zu gehen.

Der Ruhm der Stadt ist sichtbar in der Wehr-Kirche San Nicolás, einem hohen kastengleichen Gebäude, beeindruckend und imposant, das abgetragen und hier Stein für Stein neu aufgebaut wurde. Ihre klaren Linien und schmucklose Gestalt verbergen eine Geschichte, die ich dunkel und verwirrend finde. Französische Mönche von Cluny begründeten oder reformierten mit Unterstützung und Ermunterung der spanischen Herrscher vom Ende des zehnten Jahrhunderts an viele Klöster in Spanien. Nach 1141 wurden in Spanien die ersten Zisterzienser-Klöster eingeführt, die sich dann bald vermehrten. Sie waren Teil einer anderen Reformbewegung innerhalb der benediktinischen Tradition, in der Nachfolge von Cluny, aber doch ganz anders. Die Zisterzienser erlegten sich absolute Abkehr von der Welt auf, rigorose Befolgung der Armut und die Verweigerung, kirchliche Pfründe und Pachten anzunehmen. Sie versuchten, sich mit der Arbeit ihrer eigenen Hände zu erhalten, weil sie glaubten, daß dies ein fester Bestandteil der benediktinischen Regel sei. Zisterzienser beschäftigten möglichst keine Dienstboten oder Pächter zur Bearbeitung ihres Landes. Sie erlegten sich ständiges Schweigen auf und dehnten die Befolgung der Armut auf die Liturgie und die Ausschmückung und Architektur ihrer Kirchen aus.

Papst Urban II rief im Jahr 1095 zu einem Kreuzzug gegen die Moslems auf. Im Jahr 1119 gründete Hugo von Payns in Jerusalem den Templerorden zum Schutz der Pilger, die in das Heilige Land reisten. Auf seine Bitte schrieb der hl. Bernhard, der Leiter der Reform der Zisterzienser-Bewegung, ein kleines Buch, das *Liber de laude novae militiae* – Zum Lobpreis der neuen Militia (1136). Bernhard nahm die traditionelle Idee eines *miles Christi* – eines Soldaten von Christus – wieder auf, und in Hinblick auf die anhaltende Aggression des Islam verknüpfte er die Prinzipien des Mönchtums und des Rittertums, um das Grundprinzip für eine ständige *christliche* Armee zu schaffen, eine Legion von Ritter-Mönchen, die bereit waren, einen dauernden Kreuzzug gegen die zu führen, die man als Ungläubige bezeichnete. Nach dem Modell der Templer und beeinflußt von Bernhards Predigten und Schreiben wurden dann andere Orden in Spanien gegründet. Die Mitglieder dieser Orden legten die tradionellen Mönchsgelübde ab, und in manchen Orden konnte der Ritter-Mönch ein weiteres Gelübde hinzufügen: *consagrarse a la guerra santa contra los infieles* – sich dem heiligen Krieg gegen die Ungläubigen zu weihen.

Andere militärische Orden, wie die Deutschritter, kamen nach Spanien, um den spanischen Orden in der *Reconquista* zu helfen, dem Krieg gegen die Mauren. Manche der Festungen der militärischen Orden halfen auch, Pilger auf ihrem Weg nach Compostela zu schützen und zu beherbergen. Drei dieser Orden hatten Festungen rund um Portomarín, aber die herrliche Kirche von San Nicolás erinnert als einziges Baudenkmal an ihr Bestehen. Sie war von den Templern, dem ersten militärischen Orden, errichtet worden. Diese Ritter-Mönche kamen im zwölften Jahrhundert nach Spanien und nahmen maßgeblich an der *Reconquista* teil. Nach einer besonders unaufrichtigen und schauerlichen Intrige wurden sie von Rom im Jahr 1312 verboten. Ein Teil ihres umfangreichen Besitzes, wie San Nicolás, ging an die Caballeros de San Juan über. Die beiden Orden hatten in Streit miteinander gelegen, der manchmal in einen offenen Krieg entartet war. Der himmelweite Unterschied zwischen diesem Zustand und Bernhards Idee – ein Märtyrer für Christus zu sein – scheint mit undurchdringlichen Wolken von Dunkelheit und dem Hang der Menschen zur Niederträchtigkeit erfüllt zu sein.

Als ich den letzten steilen Hügel in die Stadt hinaufgehe, komme ich direkt zu dem *refugio*. Es ist ein weiteres neues, von der Regierung erbautes Gebäude – und offen. Ich setze meinen Rucksack neben einem neuen, sauberen Eckbett nieder und suche all meine schmutzige Wäsche heraus. In einem Arbeitsraum finde ich zwei neue Waschmaschinen und einen Trockner. Um sie zu benutzen, gibt man seine Kleider einer Frau, die dann die Maschinen bedient. Ein kleiner Betrag wird gezahlt, um ihr zu ermöglichen, ein paar Peseten zu verdienen. Ich frage den Aufseher der Unterkunft, ob ich meine Wäsche selbst waschen könne, da es mir schwerfalle, diese Gewohnheit zu ändern. Das ist ihm sehr recht, doch ist er überrascht und mit Rat zur Hand, als er sieht, was ich zu tun beabsichtige. Ich habe festgestellt, daß die Wäschebecken gewöhnlich nicht mit warmem Wasser versorgt sind. Wenn ich in eine Unterkunft wie diese komme, nehme ich daher einen Eimer mit in die Dusche, fülle ihn mit warmem Wasser und gieße es in das Waschbecken. Aus seinem Gesichtsausdruck und seinem Murmeln vermute ich, daß ich wieder einen Spanier veranlaßt habe zu denken: „Diese verrückten Amerikaner!" In dem großen Hinterhof gibt es eine Wäscheleine, und es ist noch genug Sonne da, die meine nassen Schuhe trocknen kann. Was für eine Freude, eine Unterkunft mit allem Wesentlichen zu finden.

Außerdem gibt es eine komplett eingerichtete Küche, nur der neue Kühlschrank ist noch nicht angeschlossen. Nun, ich brauche ihn nicht. An der anderen Wand sind die üblichen Gasflammen angebracht. Jemand hat löslichen Kaffee zurückgelassen, so kann ich mir selbst einen *café con leche* machen. Im Geschäft kaufe ich die gleichen Dinge wie immer: eine Scheibe Schinken, gefrorenes Gemüse, Obst, Käse, Joghurt und füge noch einen Liter Milch hinzu. Ich kann die Milch erwärmen und heute abend und morgen früh je eine große Tasse trinken. Die Nachtluft wird kühl genug sein, um Milch und Joghurt frisch zu halten, wenn ich sie außen auf das Fenstersims stelle.

Als ich mein warmes Mittagessen in der großen Küche genieße, erregt ein Artikel in der Lokalzeitung meine Aufmerksamkeit. Dort ist eine ganze Seite voll mit Anweisungen, wie man sich auf den *camino* vorbereiten solle. Ich kann ihn lesen, verstehe jedoch nicht jedes Wort, denn er ist in Gallego (Galicisch) geschrieben, der hiesigen Sprache, die sich von Spanisch unterscheidet. Zu meinem Glück sprechen alle Menschen, die ich hier in Galicien getroffen habe, auch Spanisch, denn ich kann ihre Sprache nicht verstehen, wenn sie gesprochen wird. Fast jeder einzelne Ratschlag, den die Zeitung anführt, ruft bei mir ein Lächeln hervor. Zum Beispiel sollte man fünfzehn bis dreißig Tage vor dem Aufbruch große Strecken zu Fuß gehen, um in Form zu kommen – ich bin nur sieben Tage gegangen. Man sollte zwei Paar nicht neue Wanderschuhe mitnehmen und sie häufig wechseln – ich habe ein Paar. Aus meiner Erfahrung von vier Wochen finde ich die Auskunft und den Rat übervorsichtig.

Ich fühle mich gut ... es war ein faszinierender Tag, der mir viel offenbart hat. Ich hatte niemals daran gedacht, den Rosenkranz zu *benutzen*, diese Gebete zu sprechen, um mir die Zeit zu vertreiben oder den Schmerz zu erleichtern. Doch heute schien das langsame, bedächtige Aufsagen meinen

Geist zu öffnen, schien mein Empfindungsvermögen zu erziehen, so daß ich die Schöpfung neu sah, wie in glänzendes Licht getaucht. Die direkte Kraft meiner Sinne war verstärkt, mein Bewußtsein war vergrößert und geschärft. Der *camino* trug mich tiefer in jenen geheimnisvollen Ort, die Schöpfung. Wie oberflächlich habe ich gelebt; wie wenig habe ich die Schöpfung gekannt. Allein heute abend gehen meine Gedanken in eine andere Richtung; ich stolpere über ein dunkles, lastendes Bild: Santiago, Matamoros – der Maurentöter, der besondere Schutzheilige der Caballeros de Santiago.

29 Von Portomarín nach Palas de Rei

1. Juni

Mein Stock klingt heute fremdartig laut in seinem Rhythmus ... noch ist niemand auf der Straße, an den stillen Steinhäusern hallt das Geräusch wider. Ich würde gern jemanden treffen und ihm ein herzliches „Buenos días" wünschen ... doch erscheinen mir die Einsamkeit und Stille besonders passend. Es gibt keine Ablenkungen ... es ist wohltuend, daß ich so ungebunden auf den *camino* hinausgehen und erleben kann, wohin er mich heute führt. Ich komme den Hügel hinunter, verlasse diese malerische Stadt und erreiche eine Kreuzung. Welchen Weg soll ich einschlagen? Ich muß klar denken, praktisch, mich daran zu erinnern versuchen, was mir gestern abend über die Strecke gesagt wurde. Während ich mich anstrenge, die beiläufige Unterhaltung wieder in mein Gedächtnis zu rufen, sehe ich ein Auto auf mich zukommen ... einen Jeep der Guardia Civil. In der Vergangenheit weckte der Anblick eines Vertreters der Ordnungsmacht zu gewissen Zeiten und an manchen Orten in dem Pilger sofort Angst und Schrecken. Ortsansässige Krieger lebten manchmal von Erpressung und falschen Abgaben, die sie mit Gewalt von den Pilgern verlangten. Doch ich begrüße diese Männer fröhlich, denn ich bin erleichtert bei dem Gedanken, daß ich die Orientierung nicht schon ganz zu Anfang des Tages verlieren werde. Sie wissen genau, in welche Richtung ich gehen muß und bringen mir ihre übliche Höflichkeit und Freundlichkeit entgegen.

Ein Einheimischer sagte mir, ich werde heute am Anfang etwas klettern müssen, aber dann würde der Pfad eben werden. Ich muß tatsächlich viel bergan steigen, mein Informant versäumte es jedoch, mir zu sagen, daß ich eine *Folge* von Hügeln oder kleinen Bergen vorfinden würde. Das bedeutet viel Bergabgehen, was immer mehr oder weniger schmerzhaft ist. Und es dauert sehr, sehr lange, bis annähernd ebener Boden aufzutauchen beginnt. Die Menschen, die hier leben, entwickeln ganz andere Empfindungen als ich. Mühsam gehe ich weiter und treffe einen Bauern, der zum Himmel hinaufschaut und mir dann sagt, es werde anfangen zu regnen. Ich möchte ihm danken, empfinde es aber als recht ungeschickt. Ich weiß, daß er mir mit seinem Wissen über das Wetter helfen wollte. Innerlich lächelnd frage ich mich, wie ich ihm dafür danken kann, daß er mir sagt, ich werde bald vom Regen durchweicht sein.

Als ich die Anstiege geschafft habe, fühle ich mich wie an einem neuen Ort, der normalen Welt entrückt, der Alltagswelt enthoben. Ich habe das schon früher erlebt, dennoch sind die Empfindungen jedes Mal neu und frisch wie beim ersten Mal. Ich gehe an ebenen Feldern entlang, während alles ein besonderes, ganz anderes Gepräge annimmt. Der Wind und der Regen sind hier oben nicht dieselben; es sind nicht die Elemente, mit denen ich in Mittel-Illinois aufgewachsen bin. Ich bewege mich durch Luft, die, wie ich annehme, „dünner" ist – irgendein wissenschaftlich beeinflußtes Buch hat zweifellos diesen Ausdruck erfunden. Ich weiß, daß mein Körper, oder besser, ich, den Raum fühle, daß ich hier oben anders atme und gehe. Nur der Regen ist vertraut. Da ich einfach immer durch ihn hindurchgegangen bin, wenn er herabkam, meine ich, habe ich ihn besser kennengelernt; ich habe weder versucht, ihm aus dem Weg zu gehen, noch ihn zu verwünschen. Vielleicht haben auch die Elemente mitgeholfen, meinen Blick zu reinigen.

Nach einigen Stunden erreiche ich Ligonde, von dem nur einige Häuser vom *camino* aus sichtbar sind. Dann komme ich wieder zu einem neuen *refugio* in der Nähe eines Bauernhauses. Vor diesem steht ein Bauer und denkt vielleicht darüber nach, was für eine Arbeit er bei diesem Regen im Haus verrichten könnte. Ich grüße ihn, und wir unterhalten uns. Eifrig und aufgeschlossen, mit einem Hauch von Stolz spricht er von der neuen Unterkunft und bietet mir an, sie aufzuschließen und mich herumzuführen. Ich nehme an, daß er es freiwillig übernommen hat, den Schlüssel zu verwahren und das Gebäude zu bewachen. Ich danke ihm und lehne das Angebot ab. Ich sage ihm, daß ich noch eine Strecke gehen und gern ohne Unterbrechung weiter wolle. Mir fällt auf, wie bescheiden sein eigenes Haus ist, andererseits weiß ich, daß diese neuen Unterkünfte reich ausgestattet sind. Und wenn ich dann an die wirkliche Härte und die Gefahren denke, die Tausende in der Vergangenheit ertragen mußten, dann habe ich den Verdacht und äußere ihn, daß diese neuen *refugios* übertrieben komfortabel gebaut, zu gut ausgestattet sind. An seinen Augen und dem Zögern in seiner Stimme erkenne ich, daß ihm solche Gedanken auch schon gekommen sind. Aber er hat diese Versuchung gemeistert; es widerstrebt ihm, irgendeine explizite Kritik zu üben. Über viele Generationen haben die Menschen in seiner Stellung es gelernt, aufzupassen, was sie zu Fremden sagen, die herkommen und andersgläubige Meinungen andeuten. Ich begnüge mich damit, nichts mehr zu sagen, denn ich möchte ihn nicht in Verlegenheit bringen; ich wünsche ihm einen guten Tag und setze meine Reise fort.

Die klare Luft und das frische frühlingshafte Aussehen der Felder bezaubern mich mit ihrer besonderen Schönheit, die kennzeichnend für diese Zeit und diesen Ort ist. Doch sehe ich Maschinen und rieche dann starke Gerüche, die, wenigstens für mich, beunruhigende Fragen aufwerfen. Auf vielen Bauernhöfen befinden sich neben den Scheunen elektrisch betriebene Kühlaggregate aus Edelstahl zum Kühlen der Milch. Um welchen Preis fügten sich diese Bauern selbst so tief in eine industrielle Landwirtschaft ein, daß sie sich *diese* Lebensweise vorstellen und dann in die Tat umsetzen konnten?

Aus Amerika kenne ich den strengen Geruch flüssigen Mistes, der von der Schweinemast herrührt, die mit wissenschaftlich wirksamen Methoden Schweinefleisch herstellt. Seit zwei Tagen werde ich kräftig von üblem Gestank angefallen, wenn ich an einigen Bauernhöfen vorübergehe. Während all dieser Tage auf dem *camino* habe ich noch kein lebendiges Schwein gesehen. So komme ich zu gewissen Schlußfolgerungen: Schweineproduktion wird nur in bäuerlichen Fabriken unter Anwendung der Stallhaltung betrieben; alle Tiere sind in einem praktisch gestalteten Raum dicht eingeschlossen. Der eigenartige Mistgeruch, obwohl erkennbar, ist widerlicher, ekelhafter als alles, was ich bisher rund um solche Arbeitsvorgänge erlebt habe. Haben die spanischen Bauern eine höhere Toleranzgrenze für unangenehme Gerüche als ihre amerikanischen Kollegen? Oder haben sie es noch nicht gelernt, das System so fein abzustimmen, daß der Geruch auf ein annehmbares Maß hinuntergeschraubt wird? In jedem Fall ist dies entsetzliche Besudeln der reinen Bergluft ein schrecklicher Gifthauch. Ich frage mich ... denken die Bauern je über all die Kosten ihrer Umstellung auf eine industrielle Produktionsweise nach?

In Portomarín hörte ich, daß in Palas de Rei ein neues *refugio* gebaut werde, aber niemand wußte, ob es schon benutzt werden kann. Meine Karte zeigte eine Art Sportanlage auf dieser Seite der Stadt. Daraus folgerte ich, daß der Ort so groß sei, um wenigstens ein kleines Gasthaus oder Hotel zu besitzen. So würde ich eine Möglichkeit zum Übernachten und Essen finden können. Mir ist kalt, und ich bin durchnäßt, meine Finger sind jetzt so steif, daß sie nicht einmal mehr einen Knopf oder eine Lasche an dem Poncho öffnen können.

Ich komme zu dem Fußballplatz und der Stadt. Ich bin erschöpft ... kann nicht mehr weiter gehen, und der Schmerz ist wieder da ... er hat neue Stellen in meinem linken Bein gefunden, um mich zu quälen! Die Beteuerung, daß der Schmerz nur die ersten paar Tage anhalten werde, gilt wohl nur für junge Menschen oder solche, deren Konstitution ganz anders als die meinige ist.

Den Pfeilen folgend erreiche ich leicht das neue *refugio*, das im Stadtzentrum dem Ayuntamiento (Rathaus) und seiner Plaza gegenüber liegt. Ich lese das Schild an der Tür und erfahre, daß es fertig ist und für Pilger geöffnet, aber erst nach 17 Uhr. Ich mache kehrt und gehe die Straße hinauf, dabei begegne ich noch vor der nächsten Querstraße einem jungen Mann und frage ihn, ob ich irgendwo ein gutes *menú del día*, das Tagesgericht, bekommen könnte. Ohne Zögern sagt er selbstsicher, ja, und schickt mich zu einem Restaurant. Ich finde heraus, daß es nur zwei Straßen weiter gelegen ist – in diesem Augenblick eine äußerst wichtige Tatsache, denn mir tut alles weh, ich bin müde und naß.

Vor einer einfachen Tür, die wie eine gewöhnliche Tür eines Wohnhauses an der Straße aussieht, sehe ich ein kleines Schild „Casa Curro", aber keine Andeutung, was das bedeutet, oder einen Hinweis darauf, daß dies ein Restaurant ist. Vorsichtig öffne ich die Tür und schaue hinein – ein großer, kahler Raum, hier und dort Holzlattenkisten und Kästen aufgestapelt, einige nackte Tische und Stühle und in der hinteren Ecke eine kleine Bar. Das Lokal ist leer, aber trocken, und die Bar hat wahrscheinlich *aguardiente* – gerade das, was ich brauche, um meine Finger wieder bewegen zu können. Ich schaffe es, den tropfenden Poncho auszuziehen und über den Stock zu drapieren, lehne den Rucksack an die Wand und falle auf den nächsten Stuhl.

Nach kurzer Zeit öffnet sich am Ende des Raumes eine Tür, die wohl in die Küche führt, und eine Frau kommt heraus und begrüßt mich. Ich frage sie, ob es später eine Mahlzeit geben werde, denn ich weiß, daß es in Spanien noch zu früh zum Essen ist. Sie sagt ja ... und glaubt, sie könne mich einschieben. Ihre Bemerkung erscheint mir eigenartig, aber ich bin zu müde, sie über die Bedeutung dieser Worte zu befragen. Im Vertrauen darauf, daß das Essen zum richtigen Zeit kommen wird, bestelle ich einen *aguardiente.*

Ein kleines Fenster schaut auf die Straße hinaus, und ich bemerke, daß es aufgehört hat zu regnen ... die Sonne ist hervorgekommen ... gerade als ich einen trockenen Platz gefunden habe. Auf der gegenüberliegenden Straßenseite befindet sich eine Bar, und ein Haufen junger Leute bewegt sich davor hin und her, sie gehen hinein und kommen wieder heraus. Als ich sie genauer beobachte, sehe ich, daß sie Rucksäcke haben; sie müssen als Gruppe auf dem *camino* wandern. Hier stoße ich zum ersten Mal auf eine große Gruppe junger Menschen, die zusammen pilgern, und ich habe gehört, daß ihre Zahl in die Hunderte gehen kann.

Während ich über die Erlebnisse dieses Tages nachdenke, werde ich von der Frau aufgeschreckt, die mir einen großen Teller Suppe und Brot bringt – doch leider nicht die Terrine. Also ist Essen für mich da. Wenige Augenblicke später schwingt die Tür plötzlich auf, und all die jungen Leute kommen lachend und schwatzend hereingestürzt. Geräuschvoll stellen sie einige Tische zusammen, verteilen Stühle und setzen sich. Ohne daß ein Wort gesprochen wird, bringt ihnen die Frau Teller und Besteck, und sie decken den Tisch. Dann kommt die Suppe. Sie müssen wohl schon vorher vereinbart haben, hier zu essen; und ich bin ein besonderer, zusätzlicher Gast.

Ab und zu wenden die jungen Leute ihre Köpfe nach mir um, und ich habe das Gefühl, daß sie sich fragen, wer ich wohl sei. Da sie den Poncho und den Rucksack sehen können, wissen sie, daß ich auf dem *camino* bin. Nach dem Essen kommt eine junge Frau, die mutiger (oder neugieriger) als die anderen ist, an meinen Tisch, sagt guten Tag und fragt mich nach und nach aus: Woher komme ich? Wie alt bin ich? und dann etwas verwundert, Gehe ich alleine? Wie weit bin ich heute gekommen? Um welche Zeit bin ich aufgebrochen? Habe ich irgendwelche Schierigkeiten mit meinen Füßen gehabt? Und so weiter. Während wir uns unterhalten, fällt mir auf, daß die ganze Gruppe ruhig wird, sich zu uns wendet und aufmerksam zuhört. Als erste drückt die junge Frau, dann auch die andern, offenes Erstaunen aus. Es fällt ihnen schwer zu glauben, daß jemand in meinem Alter die Kraft und Ausdauer hat, den *camino* zu bestehen! Sie sind überrascht, als sie erfahren, daß ich heute so weit gekommen bin. Sie halten es einfach für unglaublich, daß meine Füße nicht mit Blasen bedeckt sind. Einige von ihnen erzählen ausführlich von solchen Problemen auf ihren Fußsohlen. Dabei fällt mir wieder ein, was ein Mann eines Abends in einem *refugio* während einer ähnlichen Unterhaltung mit zwei jungen Leuten sagte: „*Los viejos somos los fuertes*!" – „Wir Alten sind die Starken." Ich muß innerlich lächeln über die Reaktionen der freundlichen jungen Frau und ihrer Kameraden.

Ganz unvorstellbar und unverständlich finden sie, daß ich alleine gehe. Augenscheinlich sind sie nie auf diese Idee gekommen … und viele andere auch nicht. Die Menschen, die ich getroffen habe und die mir Fragen über meine Anwesenheit auf dem *camino* gestellt haben, sind immer am meisten davon fasziniert, daß ich in Einsamkeit wandere – nicht von meinem Alter. Nur sehr wenige scheinen freiwillig allein in den Raum des *camino* hinausgeschritten zu sein. Der ausführlichste und interessanteste Bericht eines einsamen Pilgers ist der von Albani.

Haben die Menschen Angst, dort draußen allein mit sich zu sein? Welche Art von Angst wäre dies, da ich doch von keiner Gefahr gehört habe? Haben die Menschen Angst vor sich selbst oder davor, sich selbst in der Stille der Felder und Berge gegenüberzustehen? Haben sie keine Ahnung von den Wonnen, den Wundern, die in dem Raum des *camino*, der so unermeßlich reich an Geschichte ist, erfahren werden können? Wie könnte der *camino* zu dir sprechen, wenn du deinem Gefährten zuhörst? Wie könntest du je hoffen, in das Geheimnis dieses Ortes jenseits aller Orte einzudringen, wenn du nicht still, allein, den geheimen Stimmen geöffnet bist? Nach meiner Erfahrung des einsamen Wanderns auf dem *camino*, kann ich mir nicht vorstellen, mit anderen aufzubrechen. Wie könnte ich all die alten Pilger treffen, die so fremd und sanft sprechen, wenn ich mit meinen Freunden beschäftigt wäre?

Es ist wahr, daß Einsamkeit erschreckend sein kann. Beängstigende Geister und Dämonen können in den Raum unseres Seelenfriedens eindringen. Das ist viele Male geschehen, das berühmteste frühe Beispiel ist das des hl. Antonius, als er als Einsiedler in der ägyptischen Wüste lebte. Ehe er im Jahr 356 starb, wurde er vom Teufel in Gestalten und Formen gequält, die jenseits aller Beschreibung und Vorstellung sind. Eben diese Herausforderung inspirierte viele europäische Künstler, Darstellungen seiner Versuchungen zu wagen. Ist es also nicht gefährlich, allein hier draußen zu sein? Ich kann nicht für andere sprechen, aber ich habe das Gefühl, nicht allein zu sein; ich gehe mit vielen – allen, die vor mir hierher kamen. Wie sie mir am ersten Tag beistanden, als ich glaubte, ich könnte die Pyrenäen nicht überqueren, so haben sie oft meine Hand genommen, um mich durch die dunklen und schrecklichen Bereiche der Einsamkeit zu führen.

Die jungen Leute, die heute mit mir essen, werden wahrscheinlich nirgendwo auf dem *camino* einen *pícaro* treffen. Dies ist indessen die Erfahrung von Pilgern in all den Jahrhunderten gewesen: Menschen entlang des Weges zu treffen, die sie zu betrügen, zu hintergehen oder gar zu töten versuchten. Die *pícaros* traten in vielerlei Gestalt auf, und fast alle Berichte erwähnen sie. Picaud schreibt in großer Ausführlichkeit über böse *mesoneros* – Gastwirte:

> Sie ließen [den Pilger] einen guten Wein probieren und dann verkauften sie ihm in Wirklichkeit einen schlechten. Andere verkaufen Apfelwein als Wein, wieder andere gepanschten Wein als guten. Andere Fisch oder Fleisch, die zwei oder drei Tage früher gegart sind und die Leute krank machen ... Andere versprechen weiche und saubere Betten und geben den Gästen schmutzige ... Der böse Gastwirt gibt seinen Gästen starken Wein, um sie betrunken zu machen. Dann, wenn sie in tiefem Schlaf sind, raubt er sie aus ...

> Dienerinnen in den Wirtshäusern entlang des Camino de Santiago, die sich auf Betreiben des Teufels, aus beschämenden Gründen und um an Geld zu kommen, den Betten von Pilgern nähern, verdienen augenscheinlich Verdammung. Die Prostituierten, die sich aus denselben Gründen in den bergigen Gegenden zwischen Portomarín und Palas de Rei am Weg zeigen, um die Pilger zu versuchen, sollten nicht nur exkommuniziert werden, sondern auch ausgezogen, angebunden und in Verlegenheit gebracht werden, indem man ihnen die Nasen abschneidet und sie der öffentlichen Schande aussetzt ... Auf so vielerlei Weisen, meine Brüder, wirft der Teufel seine verfluchten Netze aus und öffnet die Tür zur ewigen Verdammnis der Pilger, daß es mich anekelt, sie alle zu beschreiben.

Picauds Vorschriften für die Bestrafung waren im Einklang mit dem Glauben an die Macht heilsamer und lebendig geschilderter Beispiele. Solche Praktiken waren noch im achtzehnten Jahrhundert geläufig. Verschiedene Male erwähnt Albani, daß er die Körper von gehängten oder geköpften Männern gut sichtbar an der Straße ausgestellt gesehen habe. Dies war eine allgemeine Strafe für Männer, die des Raubes an Pilgern überführt waren. Man hoffte, daß ihre verwesenden Leichen als lebendiges Abschreckungsmittel für fernere Räubereien an Reisenden dienen würden.

In seinem Reiseführer rät Picaud den Pilgern auch, vorsichtig zu sein, damit keine Streitereien unter ihnen entstünden. Er erzählt, daß in der Kirche von San Gil, einem beliebten Rastplatz an dem *camino* nördlich der Pyrenäen, folgendes geschah:

> Ich sah einmal in einer gewissen Nacht [Pilger in der Kirche] um den Stuhl des Heiligen kämpfen. Die Franzosen saßen dort neben dem Grabmal des Heiligen, und die Basken, die an demselben Platz sitzen wollten, griffen sie an. Und es geschah natürlich, so [heftig] war der Kampf mit Fäusten und Steinen, daß ein Mensch eine ernsthafte Verletzung bekam, zu Boden fiel und starb. Ein anderer mit einer Kopfwunde flüchtete nach Castelneu, an der Straße nach Périgueux, und starb dort. Deshalb müßt ihr bemüht sein, alle Kämpfe und Trunkenheit unter euch Pilgern auszurotten.

Picaud hat noch seitenweise solche Vorgänge in Einzelheiten beschrieben. Durch ihn und andere, die über ihre Erfahrungen berichtet haben, gewinnt man den Eindruck, daß man sich anstrengen muß, den *camino* zu erreichen und auf ihm zu bleiben. Oder anders ausgedrückt, es gibt hier auch einen Weg der Wahrheit, der diesem Ort angemessen ist, dem Raum des *camino*. Und die Wahrheit wird nie auf einfache Weise erfaßt; sie fällt nicht herunter wie ein reifer Apfel. Früher mußte man davon ausgehen, daß Ungemach und Gefahren lauerten. Heute hat sich das alles geändert. Die Hindernisse könnten vielleicht unsere Gefährten und Freunde sein, wenn sie uns auf dem *camino* begleiteten und uns so von seinen Erleuchtungen ablenkten. In jedem Zeitalter gab es einen andersartig richtigen, angemessenen Weg, Compostela zu erreichen, das Geheimnis von Santiago Peregrino zu begreifen. Das hat sich auch heute nicht geändert. Die Aufgabe besteht darin, den Weg unserer Zeit herauszufinden. Meine ganze Erfahrung veranlaßt mich zu glauben, daß dies der Weg der Stille und der Einsamkeit ist, ohne sich mit Büchern oder Gefährten abzulenken.

Nun, es ist Zeit, hinauszugehen und meine Schuhe in der Sonne trocknen zu lassen. Kein anderer kam zum Essen herein – nur die Jugendgruppe und ich. Einmal kamen zwei Männer herein und tranken etwas an der Bar. Sie schienen alte Bekannte zu sein. Die Frau, die uns ein gutes Essen servierte, arbeitet hier ganz allein. Wieder eine örtliche Besonderheit, die ich meiner Liste hinzufügen muß.

Ich gehe zu dem *refugio* zurück, sitze auf dem Fußweg und lasse mich von der Sonne wärmen. Pünktlich um fünf Uhr kommt eine Frau und öffnet die Unterkunft. Jeder Pilger muß sein oder ihr *credencial* vorzeigen – das dann gestempelt wird –, um hereingelassen zu werden ... ein freundlicher Empfang, aber nach „Vorschrift". Das Gebäude besteht nicht nur aus einem Schlafsaal, sondern hat mehrere gefällig angeordnete Zimmer und ist im ganzen erstaunlich geräumig. Eine gut eingerichtete Küche ist vorhanden, aber noch nicht in Benutzung, ein großer Speiseraum und Schlafsäle, die in Bereiche für Männer und Frauen aufgeteilt sind. Die vielen Fenster lassen Licht herein und machen das Innere hell und freundlich. Nachdem ich sie geöffnet habe, kommt ein spanischer Pilger herbei und schließt sie wieder. Ich glaube allmählich, daß viele der Spanier, die ich treffe, frischer Luft gegenüber allergisch sind.

Die Duschen machen mich mit einem neuen technologischen Kniff bekannt. Dort gibt es keine Wasserhähne, sondern nur einen Knopf. Ich drücke ihn, und das Duschwasser strömt mit einer angenehm warmen Temperatur hernieder. Nach ungefähr zwei oder drei Minuten hört das Wasser automatisch auf zu fließen. Ist man noch nicht fertig, muß man den Knopf noch einmal drücken. Es gibt warmes Wasser an den Waschbecken und Heizkörper in den Räumen. Die Behörden haben versucht, allen nur möglichen körperlichen und ästhetischen Bedürfnissen der Pilger gerecht zu werden. Obwohl ich geneigt bin, Fehler zu finden, muß ich zugestehen, daß solch eine großzügige Aufmerksamkeit wahrhaft beeindruckend ist.

In dem Speisezimmer befinden sich auch einige bequeme Stühle. Der attraktive offene Kamin ist sicher ein willkommener Mittelpunkt für Zusammenkünfte, wenn er angeheizt wird. Im Augenblick befindet sich jedoch nichts in dem Raum außer den Möbeln und einer Menge Werbe-Unterlagen für Touristen. In einer Broschüre stellt der Autor fest, daß der *camino* von Santiago eine der Etappen in der Geschichte von Galicien ausmache. Der Europarat hat ihn nun zur ersten kulturellen europäischen Reise erklärt (*itinéraire*). Wieder scheint „kulturell" alles und nichts zu bedeuten. Es wird behauptet, daß die religiöse Pilgerfahrt-Route im Mittelalter verschiedene intellektuelle und kulturelle Bewegungen in diese Ecke der Welt gebracht habe. Sie habe den *camino* mit romanischen Kirchen, Klöstern, Krankenhäusern und Pilgerunterkünften „bedeckt". Ich fühle mit Sicherheit, daß man den *camino* nie als Tourist finden kann. Ich habe gehört, daß manche die Ursprünge des modernen Tourismus in der Pilgerreise nach Compostela erblicken. Wenn darin etwas Wahrheit steckt, ist dann die Säkularisierung einer solchen Reise tatsächlich eine Perversion? Die Herabwürdigung fremder und exotischer Orte und Menschen zur Unterhaltung der Reichen ist sicherlich eine verachtungswürdige Benutzung des andern Menschen. Ich schlafe ein, besorgt. Bin auch ich ein Tourist?

30 Von Palas de Rei nach Arzúa

2. Juni

Verschiedene kleine Dörfer heute. Als ich durch eines hindurchgehe, treffe ich eine Frau, die aus ihrem Haus auf den *camino* kommt und etwas in einem sauberen Handtuch hochhält. Ich bleibe stehen, weiß aber nicht, was sie hat oder beabsichtigt. Dann sehe ich, daß sie einen runden Käse trägt und ihn zum Verkauf anbietet. Ich zögere und versuche, mir vorzustellen, was ich damit tue: Er ist ein zusätzliches Gewicht, und allein kann ich nicht soviel Käse essen. Ich lächle und murmle eine Entschuldigung, mit der ich ihr Angebot ablehne. Wie ich indessen weitergehe, fühle ich mich allmählich tief enttäuscht. Zum ersten Mal hatte ich auf dem *camino* die Gelegenheit, etwas direkt aus den Händen eines Menschen zu bekommen, der es auch gemacht hat. Und ich habe kläglich versagt und nichts getan! Wie habe ich nur so abgestumpft sein können? Ich habe nichts zu essen in meinem Rucksack, und ich hätte den Käse im nächsten *refugio* mit anderen teilen können. Ich habe die Gelegenheit verpaßt, an dem ehrenwerten Leben und der ehrlichen Arbeit von jemandem teilzuhaben, der neben dem *camino* wohnt. Wie hatte mein Denken nur so verdunkelt sein können? So eng rechnend? Nimmt die Rücksicht auf meine eigene Bequemlichkeit und Annehmlichkeit solch eine abstoßende Form an? Warum konnte ich nicht *sehen*, was mir angeboten wurde? An anderen Stellen verpasse ich nicht, was direkt unter meinen Füßen ist. Ich komme zu einer alten Steinbrücke ... der übliche Charme und das gewohnte Ebenmaß. Später dann noch eine. Ach, könnte ich doch Stunden hier sitzen und auf diese Wunderdinge schauen. Vielleicht brauche ich mehr Zeit, Zeit, um über solche Kunstfertigkeit nachzudenken, damit ich die lebenden Beispiele guter Arbeit erkennen kann.

Ich komme an Leboreiro vorbei, einer alten Stadt, deren Name von dem Wort für Hase stammt, *liebre*. Dieser Ort ist über Jahrhunderte wegen der vielen Hasen hier bekannt gewesen. Im offenen Gelände stoße ich oft auf Schilder mit der Aufschrift, daß öffentliches Jagen in dieser Gegend nicht gestattet ist. Dennoch habe ich bisher noch kein Anzeichen eines wilden Tieres gesehen. An wilden Geschöpfen fand ich nur Vögel und eine große Anzahl von Schnecken. Ich vermute, daß alles andere schon vor Jahren durch das Jagen ausgerottet wurde. Es gibt jedoch Stellen, wo Kleinwild gedeihen könnte. Auch habe ich Schilder gesehen, die das Fischen an gewissen Flüssen gestatten.

Wie ich so auf einer recht breiten Straße durch ein Dorf gehe, sehe ich auf der anderen Straßenseite eine Frau auf mich zukommen und wie verrückt rufen und winken. Mein Argwohn wird geweckt, als sie näherkommt; sie ist recht merkwürdig gekleidet, und mit ihrem Benehmen erinnert sie mich an eine Hexe. Sie scheint auf der anderen Straßenseite bleiben zu wollen, daher gehe ich hinüber, um herauszufinden, warum sie durch meine Anwesenheit in diesem Dorf so aufgeregt ist. Wild gestikulierend erklärt sie laut, daß ich einen falschen Weg gehe, daß ich mich verirrt habe, daß ich vom *camino* abgekommen sei. Aus meinem Äußeren muß sie geschlossen haben, daß ich ein Pilger bin – was auch recht leicht ist. Und es ist durchaus möglich, daß ich eine Abbiegung verpaßt habe. Doch wie kann ich ihr vertrauen? Je näher ich ihr komme, um so abscheulicher, wenn nicht verrückter erscheint sie. Ich erinnere mich plötzlich an verschiedene beeindruckende, bewegende Zeichnungen von Goya von ebensolchen Frauen. Manche Kunsthistoriker bezeichnen sie als Zeichnungen von verrückten oder bösen, häßlichen alten Weibern.

Ich frage sie, wohin ich gehen müsse. „Folgen Sie mir!" sagt sie. Sie geht weiter die Straße hinauf in die Richtung, aus der ich gekommen bin. Nach etwa hundert Metern biegt sie in einen schmalen Pfad ein. Auf jeder Seite stehen aneinandergebaute Häuser und Bauernhäuser in einer Reihe. Als wir das Dorf verlassen, zeigt sie hinunter auf einen Pfad oder eine kleine Straße. Ich sehe keine gelben Pfeile, möchte sie aber auch nicht in Verlegenheit bringen, indem ich diese Frage zweifelnd stelle. Vielleicht hat sie mich wirklich davor bewahrt, in die falsche Richtung und einige Kilometer weg vom *camino* zu gehen. Ich danke ihr und eile in der Richtung davon, die sie mir zeigte, hoffe jedoch, bald jemanden zu treffen, den ich fragen kann. Nach weniger als einem Kilometer begegne ich einer anderen Frau, die vollkommen normal erscheint. Ich frage sie, ob ich auf dem *camino* sei. „Ja, Sie sind genau auf dem *camino*", sagt sie. „Aber ich sehe keine gelben Pfeile", protestiere ich. „Bald werden Sie sie finden ... machen Sie sich keine Sorgen ... gehen Sie immer geradeaus." Ich bedanke mich und gehe weiter. Und sie hatte recht. Die Pfeile tauchen wieder auf. Wirklich, ganz erstaunlich ... wenige Minuten nachdem ich von dem *camino* abgekommen bin, taucht ein seltsam schlampiges Geschöpf auf, warnt mich und bringt mich auf den rechten Weg.

Albani erreichte hier in dieser Gegend ein Dorf am *camino*, als es dunkel wurde. Es regnete, und er ging von Haus zu Haus und bat um eine Unterkunft. Doch niemand hatte Platz für ihn. Er sagt, daß er dann gezwungen gewesen sei, als *predicador* (Prediger) durch die Straßen zu wandern. Das muß bedeuten, daß er herumging und seine mißliche Lage laut verkündete, ähnlich wie Verkäufer oder Handwerker, die von Haus zu Haus ziehen und ausrufen, was sie anzubieten haben, während sie durch die Straßen gehen. Schließlich

> ... kam ein armer Mann mit einer Laterne in der Hand heraus und führte mich zu seiner Hütte, denn die Häuser dieses Dorfes waren Hütten mit Strohdächern, und er behandelte mich äußerst freundlich, obwohl er der ärmste Teufel in diesem Dorf war. Er hatte sechs Kinder, und sie lebten in großem Elend. Ich gab ihnen alles Brot, das ich an diesem Tag erbettelt hatte, und eine *peseta* von vierundzwanzig Gramm. Sie küßten meine Hände und Füße tausend Mal, und ich verbrachte die Nacht angenehm.

Viele Jahrhunderte hindurch haben sich die Abenteuer von Pilgern mit Menschen, die am *camino* wohnen, in vielen solchen Geschichten erhalten. In einer wird erzählt, daß ein armer Pilger in einem Dorf, das denen glich, durch die Albani und ich wanderten, von Tür zu Tür ging und die Bewohner bat, ihm um der Liebe Gottes und Santiagos willen Unterkunft zu geben.

> Alle verschlossen ihre Türen vor ihm bis auf den Letzten, der ihn großzügig empfing. In derselben Nacht wütete ein schreckliches Feuer in dem Dorf und legte alle Häuser in Schutt und Asche mit Ausnahme des einen Hauses, in dem der Pilger schlief.

Eine andere Erzählung berichtet, wie ein Pilger zu einer Frau kommt, die gerade ihr Brot zum Backen in den Ofen schiebt. Er bittet sie um ein kleines Stück Brot. Sie antwortet ihm, sie habe nicht einen Krümel im Haus. „Möge Gott gewähren, daß dein Brot [im Ofen] sich nicht in Stein verwandele", sagt er beim Weggehen. Die Frau dreht sich zu ihrem Ofen um, öffnet ihn und findet nur einen großen runden Stein darin. Zu Tode erschrocken rennt sie hinter dem Pilger her, doch der ist verschwunden.

Solche Geschichten wurden in ganz Europa erzählt. Die Menschen kannten und verstanden sie. Doch glaubten sie sie? Glaubte ich der „Hexe"? Vielleicht ist mein heutiges Erlebnis eine Art Verbindung zu der Welt dieser Menschen, zu der Welt ihres Glaubens. Es ist bestimmt nicht die Welt der Automobile, die mich vor einigen Tagen überholten: Sie funktionieren in der Welt des Geldes, der Versicherungssysteme und Sicherheitsmaßnahmen. Albani und der unbekannte Pilger verließen ihre Heime im Vertrauen darauf, daß jemand entlang des Weges eine Tür für sie öffnen würde. Der andere Pilger fühlte, daß er aus Barmherzigkeit beten sollte, daß Gott das Brot der geizigen Frau nicht in Stein verwandeln möge. Halb glaubte ich, daß die „Hexe" geschickt war, um mich zu führen. War unser Vertrauen und Glauben töricht oder unberechtigt?

Später treffe ich auf drei spanische Pilger, die sich neben dem Pfad hingesetzt haben, um ihr Mittagessen einzunehmen. Ich kenne sie, da wir uns an einem Abend in einem *refugio* getroffen haben. Sie winken, lachen und rufen und bestehen darauf, daß ich anhalte und ihnen Gesellschaft leiste. Der Schmerz ist in mein linkes Bein zurückgekehrt und ist so intensiv, daß ich beschließe, ihre großzügige Einladung anzunehmen und mich ein paar Minuten auszuruhen. Offensichtlich haben sie etwas Auffälliges an meinem Schritt bemerkt, als ich näher kam, denn einer bietet mir eine Schachtel mit einzeln verpackten Tabletten an. „Hier, nehmen Sie eine von diesen", sagt er. „Nun, wie weiß ich denn, was sie mir antun wird?" frage ich lächelnd. *„No le hace nada"* – „Sie wird Ihnen nichts Böses tun". Er erklärt mir, daß es eine spezielle Glukosetablette sei, die Energie gebe und den Muskelschmerz lindere. Ich habe schon von einem anderen Pilger in einem der *refugios* von diesen Tabletten gehört, aber sie noch nicht gesehen. Er fügt hinzu, daß sie bei Sportlern sehr beliebt seien, und ich habe den Eindruck, daß andere Pilger sie ebenfalls benutzen. Um seine Freundlichkeit nicht abzuweisen, nehme ich eine und lasse sie im Mund zergehen, genauso, wie er es mir erklärt hat. Er bietet mir noch mehr an und schlägt vor, ich solle sie zur Erleichterung später benutzen. Ich danke ihm und sage, eine genüge.

Nachdem ich etwas Brot und Käse gegessen habe, schultere ich meinen Rucksack und nehme Abschied. Innerhalb weniger Minuten kehrt der Schmerz zurück, so quälend wie immer! Ich nehme an, man müßte weit auf der Straße der Drogen gehen, damit man den *camino* „bequem" gehen kann. Aber würde man dann immer noch auf dem *camino* sein? Ich bezweifle nicht länger, daß der Schmerz und der *camino* innig verbunden sind.

Über acht Stunden Wandern ... ein langer Tag ... ich erreiche Arzúa, und mein Bein schmerzt intensiver als an irgendeinem anderen Tag! Ich dachte, ich würde mit der Annäherung an das Ende viel kräftiger werden; in gewisser Hinsicht stimmt das auch. Nach einigen Tagen relativen Wohlbefindens bin ich jedoch sehr bestürzt von der Intensität des heutigen Schmerzes. Doch wenn ich auf alles zurückschaue, was geschehen ist, seit ich Palas de Rei heute morgen verließ, kann ich nur schlußfolgern, daß dies wieder ein herrlicher und bewegender Tag auf meiner Reise gewesen ist. Als ich über mein Glück nachdenke, während ich in der Stadt nach dem *refugio* suche, treffe ich die Spanier wieder. Sie haben erfahren, daß das *refugio*, das am andern Ende der Stadt liegt, nicht vor fünf Uhr öffnet. Eine Frau mit einem kleinen Geschäft in einer Seitenstraße in der Nähe der Kirche im Zentrum der Stadt stempelt das *credencial* für Pilger ab. Durch ein recht kompliziertes Labyrinth von Straßen gelangen wir schließlich zu dem Geschäft der Frau. Während sie unsere Dokumente stempelt, denke ich darüber nach, wieviel Zeit und zusätzliches Laufen ich benötigt hätte, um die richtige Auskunft zu bekommen und dann diese Stelle zu finden. Wieder eine Begegnung, die zeitlich passend und „glücklich" war.

Danach laden sie mich in einer Bar zu einer Tasse Kaffee ein. Nach dieser Erfrischung und einer angenehmen Unterhaltung über unsere Schmerzen und Ermüdung machen wir uns auf den Weg zum Rand der Stadt, wo wir das *refugio* finden. Die Sonne scheint hell; wir sitzen auf den Stufen oder liegen im Gras und warten darauf, daß das *refugio* geöffnet wird. Ein weicher Rasen umgibt das Gebäude, und ein bewaldeter Hügel erhebt sich dahinter. Dann, um fünf Uhr, kommt eine freundliche Frau mit dem Schlüssel und öffnet die Tür. Es ist ein älteres Gebäude, ehemals eine Musikschule, mit einem großen Raum, der Etagenbetten enthält. Es gibt hier ein kleines Bad, das mit zwei Duschen mit warmem Wasser sowie einer Toilette und einem Waschbecken ausgestattet ist.

Während ich auf den Eingangsstufen saß, sah ich nur ungefähr fünfzig Meter von der Unterkunft entfernt ein großes *lavadero*. Dies ist ein besonderes Bauwerk, das ich in einigen Dörfern und Städten bemerkt habe. Früher war es üblich, daß sich die Frauen dort versammelten, um ihre Wäsche mit der Hand zu waschen. Dieses hier ist recht geräumig, vielleicht acht mal fünfzehn Meter. Vollständig überdacht, aber an drei Seiten offen mit einem Wasserrohr an der geschlossenen Seite, aus dem fortwährend Wasser fließt. In der Mitte des Gebäudes ist ein großes flaches Becken von einem schräg geneigten und geriffelten Rand umgeben, der ein Waschbrett rund um das

Becken bildet. Um dieses Becken, gerade noch unter dem Dach, können die Menschen beim Waschen auf einer Steinkante oder einem Steinboden stehen. Glücklicherweise finde ich einen Eimer im Bad, fülle ihn mit warmem Wasser und eile mit meiner Seife und den schmutzigen, verschwitzten Kleidern sofort zum *lavadero*. Vielleicht reicht die Sonne aus, um die Wäsche heute nachmittag noch zu trocknen.

Nur eine andere Person wäscht noch so spät am Tag, eine ältere Frau, die mich liebenswürdig begrüßt, als ich ankomme. Aus dem Augenwinkel beobachte ich sie, um zu sehen, ob es irgendwelche besonderen Kniffe gibt, die man beim Benutzen dieser Anlage kennen sollte. Grundsätzlich machen wir die gleichen Bewegungen. Über Jahrhunderte haben die Menschen – in den meisten Gesellschaften, würde ich sagen, Frauen – ihre Kleider in ungefähr der gleichen Weise gewaschen. Mehrmals schlägt man die nassen, schmutzigen Kleider gegen eine rauhe Oberfläche und wringt dann das Wasser aus. Mir fällt auf, daß die Frau, obwohl sie Seife benutzt, sich mehr körperlich anstrengt, während ich großzügiger mit der Seife und dem warmen Wasser bin. Wir spülen beide unsere Kleider in dem Becken, und der Abfluß, am entgegengesetzten Ende vom Einlauf, sorgt dafür, daß das Seifenwasser den Hügel hinabfließt.

Zum ersten Mal habe ich das traditionelle *lavadero* benutzen können, während mir sonst nur ein Becken im *refugio* zur Verfügung stand. Ich freue mich und bin dankbar für die Gelegenheit, meine Wäsche vor meiner Abreise aus Spanien wenigstens einmal auf diese Weise waschen zu können. Auch dieses Erlebnis schafft eine Verbindung zu einer anderen Welt. Und an dieser Stelle haben die Menschen sorgfältig darauf geachtet, einen Bau zu errichten, der hübsch gestaltet und ausgeführt ist. Was für ein umwerfender Kontrast: Der Unterschied zwischen dem Charme des *lavadero* und dem stählernen Weiß einer modernen Waschmaschine.

Zwei oder drei Dutzend Menschen könnten bequem ihre Wäsche zur gleichen Zeit waschen und sich dabei alle um das Becken herum ansehen. Vielleicht ist – oder war – dies einer der wichtigen Treffpunkte für die Frauen der Stadt. Das Wäschewaschen hier in dieser offenen, waldigen Umgebung mit seinen Freunden, Nachbarn und Verwandten war eine ganz andere Erfahrung als allein mit einer Waschmaschine in seiner Wohnung oder in seinem Haus zu arbeiten. Ich frage mich ... benutzt wohl noch irgend jemand anderes außer dieser alten Frau das *lavadero*? Vielleicht kommt niemand mehr hierher. Ich schaue umher ... auf den Hügel mit seinen anmutigen Bäumen, auf die Farben der ersten wilden Blumen in diesem Jahr, auf das helle Gras auf dem leicht geneigten Abhang ... und fühle die erholsame Stille. Wie muß es sein, wenn hier viele Frauen sind, lachend, schwatzend, und ihre Kleider ausschlagen? Wenn ich mich in ihren Raum eindrängte, dann würde ich, dessen bin ich mir sicher, Blicke, Lächeln, Geflüster hervorrufen. Vielleicht existiert dieser Raum nicht mehr; vielleicht ist die Welt enger geworden. Wie dankbar bin ich dafür, daß ich dieses Kennzeichen der Vergangenheit gefunden, auf diesen ausgetretenen Steinen gestanden, mich auf diesen Spuren bewegt habe. Ich habe ein *lavadero* zur letztmöglichen Stunde mit noch genug Sonnenschein gefunden.

Heute brachte mich der *camino* zu ungewöhnlichen Orten in meinen Gebeten. Die Vorstellung von Gott als Vater füllte mein ganzes Bewußtsein ... nichts anderes *existierte*. Doch dann, ich weiß nicht woher, sah ich meinen eigenen Vater vor mir und mich selbst als Vater. Zuerst versuchte ich, meinen Geist von diesen irdischen Wahrnehmungen zu befreien, in der Annahme, sie wären Ablenkungen. Allein sie blieben. Darauf dachte ich, ich müßte vorsichtig unterscheiden ... ich hatte zwei Bilder und eine nicht vorstellbare Anwesenheit vor mir; ich müßte vorsichtig sein, um sie nicht zu verwechseln: die Idee, wenn man diesen Ausdruck benutzen kann, von Gott dem Vater, die Bilder meines eigenen Vaters und mir selbst als Vater. Doch in den Bewegungen meines Bewußtseins gehörten die drei zusammen, dann trennten sie sich, danach vereinten sie sich wieder in anderen Zusammenstellungen. Ich fühlte stark, daß ich die Assoziationen nicht zu fürchten brauchte; es gab tatsächlich einen wirklichen Zusammenhang zwischen ihnen. Eine Beziehung von Vater und Kind warf Licht auf eine andere, strahlte zurück, erleuchtete dann eine dritte und so weiter. Wenn ich einfach zuließ, daß ich sah, was dort war, was sich mir enthüllte, würde ich alle drei Verbindungen besser verstehen. Ich sollte nicht zu unterscheiden versuchen, um mehr bewußte Klarheit zu erhalten. Sondern ich sollte ruhig verharren in dem, was ich gerade sah, nicht versuchen, die Reflexion zu leiten, nicht irgendein besonderes Wissen suchen. Ich sollte keine Angst davor haben zuzulassen, daß ich etwas verstand ... anzuschauen, was ich sah ...

Mein Vater wuchs vor meinen Augen ... ich sah ihn deutlicher als zu seinen Lebzeiten ... er sprach einfacher zu mir ... Es schien, daß ich ihn zum ersten Mal in meinem Leben hören konnte ... ich kannte ihn jetzt besser als je zuvor ... es schien nun möglich, sein Sohn zu werden, das Leben zu leben, auf das er mich gewiesen hatte mit der Integrität, Großzügigkeit und Offenheit seines eigenen Lebens. Doch dann wechselte die Szene. Wie ich auf den Pfad der früheren Pilger aufgebrochen bin, so muß ich auf den Pfad meines Vaters aufbrechen. Er lebte ein tugendhaftes Leben, nicht für sich selbst, sondern für seine Familie, für mich. Nun muß ich diese Aufgabe übernehmen. Wie ich jeden Tag auf dem *camino* neu beginne, so muß ich jeden Tag fest entschlossen beginnen, nicht ein Selbst zu sein, ich selbst, sondern der Vater meiner Kinder. Die Wahrheit könnte sein, daß ich keine andere Berufung habe, kein anderes Sein. Und all dies wird von Gott dem Vater gelernt. Sein Sein, wenn man solch eine stotternde Aussage machen kann, ist Seine Liebe zu dem Sohn und ihre gegenseitige Liebe, der Geist.

Langsam nahm mein Bewußtsein eine ganz andere Form an ... ich konnte mir nichts vorstellen oder an irgend etwas anderes denken als an den Schmerz. Alles andere war ausgeschlossen, endgültig ausgeschaltet. Der Schmerz wurde eine Dunkelheit, eine furchtbare Nacht. Doch mitten in diesem bodenlosen Loch sah ich etwas: Ich stellte fest, daß es in einem sehr wirklichen Sinn nicht mein Schmerz ist. Er gehört mir überhaupt nicht, er ist nicht etwas, für das ich verantwortlich bin. Sondern er ist ein Geschenk, das sich auf mir niederläßt, das eine Art Wohnung in mir nimmt. Und es ist genau dieses Geschenk, das mir zu lieben gestattet, das mir das Vermögen zu lieben gibt. Gestern betete ich, daß ich dahin kommen möge, so zu lieben, wie ich sollte. Indessen weiß jedes Kind, das angefangen hat, den Katechismus zu lernen, was das ist: Zu lieben wie ich geliebt worden bin. In einer sinnlichen, fleischlichen Weise sieht man, was dies in dem Herrn ist; Er ist es, der uns den Weg der Liebe völlig enthüllt. Wenn ich an dieser Liebe Anteil haben möchte, muß ich an seinem Schmerz teilnehmen.

Ich kann die Liebe des Vaters – das heißt Liebe auf diese Weise – in dem Maße erleben, wie ich an der Liebe seines Sohnes teilhabe, der als der Weg gesendet ist (in Spanisch, der *camino*). Dieser Weg war mit Leiden gekrönt. Dies muß dann auch mein Weg/*camino* sein. Und das ist notwendig, nicht nur für mich, mein Wohlergehen, sondern für die, die ich liebe. Wie ich *Seinen* Schmerz brauche, so brauchen sie meinen Schmerz, damit auch sie Liebe erleben können, lieben können. Um lieben zu können, warten sie darauf, daß ich ausfülle, was in dem Schmerz der Gemeinschaft fehlt. Daher ist der furchtbare Schmerz, den ich heute erduldet habe, kein Übel, etwas, das ich zu vermeiden oder zu vermindern suchen sollte. Er ist etwas besonders Gutes, ein reines Geschenk, eine Gnade, die für alle gegeben ist, die ich liebe. Diesen Schmerz heute zu akzeptieren ist das Größte, Erhabenste, das ich für meine Kinder tun kann, für meine Eltern und alle, die ich zu lieben suche. Ich besitze kein größeres Geschenk, das ich ihnen geben könnte. Und die wunderbare, außerordentliche Eigenschaft dieses Geschenkes ist, daß es verborgen ist. Niemand kann es je kennen, außer dem Herrn, denn niemand kann in meine Muskeln und Knochen schauen, in meinen stöhnenden Geist, und wissen, was ich fühle. Es ist also gut, daß der Schmerz so privat ist, so geheim; das paßt ausgezeichnet; es ist schwieriger für mich, mich zu rühmen … es ist einfacher vor der Eitelkeit auf der Hut zu sein …

Wie würde ich jemals zu diesem Schmerz gekommen sein … zu diesem Wissen … wenn ich nicht auf dem *camino* wäre? Er ist tatsächlich ein Ort der Gnade, der Wirkungen der Gnade.

31 Von Arzúa nach Monte del Gozo

3. Juni

Ich nähere mich dem Ende des Abenteuers; ich könnte Compostela wahrscheinlich heute abend erreichen. Doch schon am frühen Morgen hat der Schmerz in den unteren Beinen wieder angefangen. Es ist wohl besser, die Reise auf zwei Tage auszudehnen und morgen in Compostela anzukommen, wenn ich für die verschlungenen Zusammenhänge und das Wunder des Ortes aufnahmebereiter bin, ohne „Ablenkung" durch Schmerz. Andererseits könnte der Schmerz der passende Zustand als Begleiter in die legendäre Stadt sein. Beim Nachdenken über diese einander widersprechenden Gedanken erreiche ich ein großes Dorf. Dort nimmt etwas in mir Gestalt an: ein unbändiger Durst auf eine Tasse Kaffee ... *der* meldet sich als der unmittelbare und eigentümliche Begleiter des Schmerzes.

Ich treffe einen jungen Mann auf der Straße und sage ihm, daß ich eine Bar suche, in der ich eine Tasse Kaffee bekommen könne. Ist zu dieser frühen Stunde im Dorf eine Bar offen? „Ja, gleich", sagt er, „Kommen Sie mit mir." Sehr bald sehe ich einen Camping-Anhänger, der neben einer kleinen Plaza geparkt ist, auf der verschiedene Straßen zusammentreffen. Die Seite des Anhängers öffnet sich in eine Küche und eine Bar, an der Leute sogar stehen können. Stühle und Tische befinden sich auf der Plaza neben einem Baum. In wenigen Augenblicken ist ein angenehmes Draußen-Café geschaffen. Ich setze mich hin und genieße bald einen belebenden *café con leche*. Das Treffen mit dem jungen Mann verdrängt den Schmerz in einen anderen Bereich meines Bewußtseins; im Augenblick ist der Tag verwandelt.

Später wird mir bewußt: Ich habe eine Zeit lang keinen gelben Pfeil gesehen. Habe ich über meinen Schmerz nachgedacht und versäumt, auf den Weg zu achten? Habe ich mich gegen Ende der Reise nochmals verirrt? Ich schleppe mich weiter in die Richtung, die ich für die Vorwärtsrichtung halte, auf Compostela zu, und hoffe, daß ich jemandem begegnen werde, den ich fragen kann. Und wirklich, schon bald treffe ich einen Mann, der die Fensterläden an einem großen Haus in der Nähe der Straße anstreicht. Ich frage ihn, ob ich auf dem *camino* sei. Er legt seinen Pinsel beiseite und sagt mir, ich solle einen Augenblick warten. Er kommt herüber, um sich mit mir zu unterhalten ... ich habe die Richtung nicht verloren ... sondern ich sei genau auf dem *camino*. Er sei gerade dabei, letzte Hand an ein neues *refugio* zu legen. Dies seien sein Land und sein Haus, und er habe das Haus in eine Unterkunft für Pilger umgewandelt. Lächelnd lädt er mich ein, hineinzugehen und der erste Gast zu sein. Ich danke ihm, erkläre ihm aber, daß ich erst ein paar Stunden gewandert sei und heute noch viel weiter kommen möchte.

Er sagt, er kenne Jesús Arias Jato in Villafranca del Bierzo und Mirabel Roncal in Cizur Menor. Nun, wo sein *refugio* fertig sei, gebe es drei Unterkünfte am *camino*, die Privatpersonen gehörten und von ihnen unterhalten würden. Er spricht über die *fuerzas magnéticas* (wörtlich „magnetische Kräfte", was etwa bedeuten soll „kosmische Vibrationen"), die an bestimmten Stellen auf der Erde gefunden würden, und sagt, daß der *camino* besonders reich an solchen signifikanten und machtvollen Erscheinungen sei. Er sei der Meinung, daß sein Haus in einem Zentrum dieser geheimnisvollen Kräfte liege. Spuren dieser möglicherweise epiphanischen Orte in Galicien könnten bis in vorrömische Zeiten zurückverfolgt werden. Manche Menschen würden Gründe dafür anführen, daß die himmlischen Zeichen, die die Anwesenheit des Körpers des Apostels Jakobus in dem heutigen Compostela angezeigt hätten, Teil einer längeren und mannigfaltigeren Geschichte solcher übernatürlichen Erscheinungen in dem Gebiet von *finis terrae* gewesen seien. Es gibt darüber eine Menge Literatur, und Bücher zu diesem Thema werden immer wieder herausgegeben. Einige der jüngeren Veröffentlichungen haben einen deutlichen Anflug von New Age, doch die älteren Studien und Mutmaßungen reichen auf alte hermetische Traditionen zurück. Ich habe kaum darüber nachgedacht, doch nun glaube ich, daß Arias Jato solche Verbindung oder Macht besitzen muß. Nun, es würde zwar interessant für mich sein, die Angelegenheit mit diesem Mann weiter zu verfolgen, doch bin ich begierig, auf dem *camino* zu sein und mich auf mein Ziel hin zu bewegen. So nahe dem Ende dieser langen Reise, bin ich darauf bedacht, ihren Abschluß zu erreichen, herauszufinden, was mich an dem *finis terrae* erwartet. Ich gratuliere dem neuen Gastwirt, wünsche ihm alles Gute und steige den nächsten Hügel hinauf.

Einige Stunden und Kilometer später fühle ich, daß ich den Schmerz ertragen und weiter wandern kann, wenn ich zwischendurch nur so lange raste, daß ich etwas essen kann. Ich bin überzeugt, daß eine Essenspause in meinem Körper Wunder wirken wird. Unfähig, an etwas anderes zu denken, erreiche ich eine Bar an einer Stelle, wo der *camino* eine Straße kreuzt. Ein recht heruntergekommenes, bescheidenes Gebäude ... ich gehe durch die Tür ... Als sich meine Augen an die Dunkelheit gewöhnt haben, stelle ich fest, daß ich der einzige Mensch in einem kleinen, unordentlichen Raum bin. Auf der linken Seite sehe ich durch eine offene Tür eine ältere Frau, die mit zwei Bauern redet. Ihr Äußeres paßt gut zu dem liederlichen und schmutzigen Raum. Ich frage sie, ob sie hier irgend etwas zu essen anböte. *„No hay comida"* – „ Es gibt kein Essen", antwortet sie barsch, wobei ihr Gesicht überhaupt kein Interesse an mir als einem möglichen Gast ausdrückt. Ich erkundige mich dann, wie weit ich noch gehen müßte, bis ich etwas zu essen fände. *„Cinco kilómetros"* – „Fünf Kilometer", wieder mit ihrer ausdruckslosen Stimme. Schnell überlege ich, wie das vorhandene Angebot dieser Bar meine Bedürfnisse befriedigen könnte und bestelle dann eine *copita de aguardiente.* Mit dem Glas in der Hand kehre ich in die freundliche Sonne zurück, setze mich auf einen Stein, nippe langsam und schmecke den scharfen und kräftigen Alkohol.

Ich blicke in die Ferne, lasse meine Augen auf einem entfernten Hügel ruhen und sehe einen Bauern aus einer Straße herauskommen; er führt ein Ochsengespann, das einen mit

Heu gefüllten Karren zieht. Dies ist wahrscheinlich der erste Schnitt in diesem Jahr. Ich frage mich ... Wie schneidet er das Gras? ... Wie lange läßt er es auf dem Feld liegen? ... Wie wirft er das Heu auf den Karren? ... Wie bewahrt er es auf? ... An welche Tiere verfüttert er es? Ich habe alle diese Tätigkeiten selbst ausgeführt, und ich würde gern wissen, wie er sie ausführt. Immer wieder komme ich, leider viel zu oberflächlich, auf dem *camino* mit so vielen Menschen in Berührung. Doch ich kann nur mich selbst über sie befragen ... ich kann sie nicht kennenlernen ...

Dann werden meine Augen von dem Graben angezogen, der an der Straße entlang verläuft. Er ist doch tatsächlich voller blühender Kalla-Lilien. Und hier sind sie so groß und wunderschön, wie ich sie kenne, und schießen an dieser öffentlichen Straße fast wie Unkraut hervor. Drei unvereinbare Szenen: eine mürrische und etwas griesgrämige alte Frau in ihrem Schuppen, ein armer Bauer mit seinen sich langsam bewegenden Tieren und die reinen, klaren Linien der üppigen Kalla-Lilien – in diesem sonderbaren Nebeneinander vertreiben sie den Schmerz ganz aus meinem Bewußtsein. Ruhig überdenke ich die Fremdartigkeit, ohne zu wissen, wie ich dem, was meine Augen aufnehmen, einen Sinn geben kann. Obwohl ich weder die Geschichte der Frau oder des Bauern erfahren werde, noch ein paar Lilien mit mir nehme, um mein Haus mit ihnen zu schmücken, fühle ich, daß ich in ihren Raum eingetreten, in ihre Welt hineingegangen bin; sie sind nicht nur Szenen, die an meinen Augen vorüberziehen. Der Versuch, sie zu fotografieren, würde bedeuten, sie zu entweihen, ihre Anwesenheit zu betrügen, sie in hohem Grad zu *benutzen*.

Nach kurzer Zeit kämpfe ich wieder mit richtigem Matsch, dem Morast, der an den Schuhen klebt und sich immer mehr festsetzt, so daß jeder einzelne Fuß mehrere Kilos zu wiegen scheint und die Füße bei jedem Schritt aus der klebrigen Masse gezogen werden müssen. Aber ich bin von riesigen Eukalyptusbäumen umgeben, eingeschlossen. Ich habe jedes Gefühl für die Landschaft verloren, für etwas, das man sich „dort draußen" vorstellt, unabhängig von mir, das ich beobachte oder worüber ich nachdenke. Ich bin auch nicht in einer Umgebung, einer natürlichen Anordnung, einer Realität, die von meiner Anwesenheit getrennt ist. Der Schmerz, der Morast und ein Monat ständigen Gehens haben mich zu einem neuen Ort gebracht, das heißt zu einem, den ich bisher noch nicht besucht habe. Hier habe ich einen Ort gefunden, der den Menschen in den Automobilen unbekannt ist, die ihren Abfall aus dem Fenster werfen, während sie an der wirklichen Welt vorbeisausen, von der sie sich entfernt haben.

Ist dies irgendeine neue Erfahrung der Natur? Ich fühle, daß die körperliche Bewegung und der Schmerz mir erlauben, diesen Ort durch all meine Sinne zu betreten; meine Sinne haben mich zu einem Wesen mit einem feinen und empfindlichen Bewußtsein gemacht; ich bin – für mich – eine neue Art von rationalem Sinnesapparat. Beim Anblick der alten Frau, des Bauern und der Lilien wird mir bewußt, daß die Natur in ihnen seufzt, genau so wie Paulus uns zuerst lehrte: „Wir wissen ja, daß die gesamte Schöpfung bis zur Stunde seufzt und in Wehen liegt" (Röm. 8,22). Ich bin anders als die Frau und der Bauer, wie ich auch anders bin als diese Bäume, als diese süße Luft, die uns alle in ihrer lebensspendenden Kraft badet. Unsere grundsätzliche Übereinstimmung liegt in der Tatsache, daß wir alle Geschöpfe sind, daß wir in der Schöpfung eins sind; wir sind nicht die Ursache unserer Existenz; letztendlich ist unser Dasein bezogen auf ein größeres Ganzes. Doch um in dieser Einheit zu leben, muß man sich an dem Zustand der gefallenen Schöpfung beteiligen, nämlich kämpfen, um zu leben. Die Welt ist nicht der Garten Eden. Wegen des Schmerzes und der Anstrengung des Gehens bin ich Teil der Schöpfung geworden.

Schließlich finde ich gegen zwei Uhr ein Restaurant in Lavacolla. Ich bin so erschöpft, daß ich auf der Schwelle fast stolpere und es nur eben schaffe, nicht auf den Tisch zu fallen, an dem einige Menschen zu Mittag essen. Die drei Spanier haben hier auch Rast gemacht und erheben sich gerade, um das Lokal zu verlassen, als ich eintrete. Sie haben ihre Mahlzeit beendet und möchten ihre Wanderung heute nachmittag bis nach Compostela fortsetzen. Wir verabschieden uns, denn ich werde sie wahrscheinlich in diesem Leben nicht mehr wiedersehen. Sie haben nicht vor, in Compostela zu bleiben, sondern kehren in ihre Heimat zurück, nachdem sie die heilige Stadt erreicht haben. Ich fühle, wenn ich mich nur hinsetzen, meine Schuhe ausziehen und etwas essen kann, dann werde ich es heute bis Monte del Gozo schaffen.

Ohne zu fragen, was auf dem *menú del día* angeboten wird und zu welchem Preis, sage ich der jungen Frau, daß ich essen möchte. Ich bin zu müde, um zu denken oder über die einfachste Anfrage hinaus irgendwelche Worte zu machen. Als ich dann, unbelastet vom Rucksack, bequem auf dem Stuhl sitze, bringt mir die Frau mein Essen: zwei reichlich gefüllte Teller mit gut zubereitetem Essen, geschmackvolles, kräftiges Brot und etwa einen halben Liter Wein – alles für 650 Peseten. Es stellt sich heraus, daß es eine der besten Mahlzeiten ist, die ich auf dem *camino* genossen habe. Eigenartig ... der Rhythmus auf dem *camino*. Nach Stunden eines schmerzhaften persönlichen Kampfes, in dem ich an dem allgemeinen Stöhnen einer gefallenen Schöpfung teilnehme, bin ich plötzlich in einem idyllischen, lichten Raum, werde von einer attraktiven und freundlichen jungen Frau bedient, und neue Kräfte beleben mich.

Ich breche zu den letzten Schritten für heute auf und komme bald an den Lavacolla Fluß. Es gibt eine alte Überlieferung, erwähnt von Aymeric Picaud, nach der die Pilger ihre private Habe und ihren ganzen Körper in diesem Fluß waschen, ehe sie nach Compostela weiterziehen. Aus der Art, wie diese Sitte beschrieben wird, sieht man, daß das Waschen sowohl eine praktische als auch eine rituelle Bedeutung hatte.

Nach acht oder neun Stunden, in denen ich meine Füße heute dahingeschleppt habe, erreiche ich Monte del Gozo (Berg der Freude), nur etwa sechs Kilometer von Compostela entfernt. Der Ort liegt auf einem kleinen Berg – daher sein Name –, von dem man die Stadt Compostela zum ersten Mal sehen kann. Als Laffi hier im sechzehnten Jahrhundert mit einem Freund ankommt, beschreibt er:

> Wir konnten des ersehnte und oft erwähnte Santiago sehen ... es tauchte so plötzlich auf, daß wir auf un-

sere Knie fielen, die übergroße Freude trieb uns Tränen in die Augen. Wir begannen, das *Te Deum* zu singen. Doch schon nach drei oder vier Versen konnten wir nicht mehr singen, weil uns die Tränen aus den Augen strömten.

Ein Jahrhundert später schreibt Albani beim ersten Anblick der Stadt:

> Ich warf mich auf die Knie, küßte den Boden tausend Mal, zog meine Schuhe aus, und die Heilige Litanei singend ging ich barfuß schnell auf die heilige Stadt zu.

Ich halte Ausschau und sehe in der Ferne im Dunst einige Gebäude. Doch kann ich die Türme der Kathedrale nicht unterscheiden. Vielleicht ist der Smog zu dicht. Zu meinen Füßen, den Hügel hinunter auf Compostela zu ausgebreitet, fällt mir ein unheimliches Bild aus geraden Linien und rechten Winkeln ins Auge, Reihen über Reihen von identischen einstöckigen Gebäuden. Ich zähle dreißig Reihen, eine unter der anderen. Dies ist das neue Hotel für „Pilger", das von der Regierung in diesem Jahr gebaut wurde. Ich erfahre, daß das Empfangsbüro, in dem ich mich eintragen muß, am Fuße des Hügels ist. Während ich mich die vielen Stufen hinunterquäle, komme ich zwischen den Terrassen der Hotelzimmer an Geschäften vorbei – Geschäfte für Touristen? –, an einem großen Restaurant und einer Cafeteria, einem Postamt und einem Arztgebäude. In dem besonderen Empfangsgebäude sitzen Menschen an Computern und Telefonen, und ich sehe eine Menge Werbe-Unterlagen. An einem Tresen werden Pilger abgefertigt, die zu Fuß ankommen. Die lächelnde junge Frau schreibt meinen Namen auf, stempelt mein *credencial* und gibt mir eine Karte mit der Gebäude- und Zimmernummer. Ich schultere meinen Rucksack und mache mich auf den Rückweg die lange Flucht der Steinstufen hinauf. Vier der Gebäude ganz oben auf dem Hügel sind für die reserviert, die zu Fuß nach Compostela gehen, und es wird keine Gebühr für die Übernachtung erhoben. Alle anderen sind für

Menschen, die in Fahrzeugen ankommen, und man bezahlt dort für das Zimmer.

Ein junger Mann führt mich zu meinem Zimmer, in dem sich vier Doppelbetten befinden. Er erzählt mir, daß in den Gebäuden für zahlende Gäste nur Ein- oder Zweibettzimmer sind. Jedes Gebäude scheint ungefähr fünfundzwanzig Zimmer zu haben. Am Ende des Korridors gibt es Duschen und Toiletten, getrennt für Männer und Frauen. Da die Sonne noch immer scheint, wasche ich sofort einige Kleidungsstücke aus und ziehe eine Wäscheleine von meinem Fenster zu einem neu gepflanzten Baum in der Nähe.

Erfrischt von der Dusche gehe ich zu dem Einkaufsbezirk auf ungefähr halber Höhe des Hügels. Nicht alles ist fertig und geöffnet. Ich finde keine Lebensmittelgeschäfte, nur eine Cafeteria. Die ganze Bauweise ist rigoros funktional, zwar nicht aus Kunststoff, aber bestimmt maschinen-gemacht, vollkommen gleichförmig im Entwurf, alles in einem gleichmäßigen und starren Gitterwerk. Ich beschließe, mich an einem solchen Ort auf einen kleinen Kaffee zu beschränken. Ich habe ein bißchen Brot und Käse in meinem Rucksack, und das wird für heute abend und morgen früh genügen. In einigen Jahren vielleicht, wenn auf der sorgfältig geplanten Gartenanlage einige Büsche und Bäume herangewachsen sind, wird der Komplex etwas weniger monoton und geplant aussehen. Dennoch ist diese große Anlage für Touristen entworfen, für die, die im Flugzeug, Zug, Bus und Auto ankommen. Sie ist ein Gifthauch auf dem Berg und verdirbt dieses Gelände. Das Projekt dieses Riesengebäudes trennt und distanziert die Pilger von gestern wirkungsvoll von den Pilgern von heute. Auf den steril sauberen, weißen Steintreppen, in der Cafeteria aus Glas und Edelstahl und auch beim Benutzen der modernen Installationen fällt es mir schwer, eine Verbindung zur Vergangenheit herzustellen … mit einer möglichen Ausnahme.

Diego Gelmírez, der über vierzig Jahre lang Bischof und später Erzbischof von Compostela (1100–1140) war, ist die berühmteste historische Gestalt in Verbindung mit Compostela als einem bedeutenden Ort der Pilgerfahrt in Europa. Im Jahr 1105 ordnete er den Bau einer Kirche hier auf dem Monte del Gozo an, die Ermita de la Santa Cruz. Nach der Einweihung der Kirche führte Gelmírez eine feierliche Prozession von der Kathedrale in Compostela bis zu dieser Kirche. So groß war die Zahl der teilnehmenden Geistlichen und Laien, daß Augenzeugen behaupteten, die Zeremonien seien mit denen der römischen Kurie vergleichbar gewesen. Später wurde diese Kirche abgerissen, um Platz für eine andere zu machen. Und so hat vielleicht das Bauen bis heute fortgedauert ...

Manche glauben, daß Gelmírez einer der ehrgeizigsten und ränkevollsten Männer seiner Zeit gewesen sei. Wegen seiner Verbindungen zu den Mächtigen – Päpsten und Äbten, Königen und Königinnen – konnte er Compostela zu einem der drei bedeutendsten Pilgerorte machen, Seite an Seite mit Rom und dem Heiligen Land. Obwohl die Zahl der Menschen, die nach Compostela gingen, nicht genau zu ermitteln ist, könnte sie größer gewesen sein als die Zahl derer, die nach Rom gingen, und bestimmt war sie größer als die Zahl der Pilger in das Heilige Land.

Vielleicht wird dieses neue Bauprojekt mehr Menschen anlocken. Auch die von der Regierung geförderten anderen Projekte könnten zur Folge haben, daß mehr Menschen hierher kommen und die Kathdrale und andere Orte der Umgebung besuchen, die von historischen Pilgern geprägt sind. Doch was für Menschen werden es sein? Warum werden sie kommen? Was werden sie finden? Während ich versuche, meine Gedanken zu entwirren, sehe ich eine Liste von laufenden Veranstaltungen in der Stadt: Kunstausstellungen, Vorträge, Schauspiele und Konzerte. Morgen abend wird das Chicago Sinfonie-Orchester spielen. Als ich auf dem *camino* entlangging und auf Anzeichen dieser für das Heilige Jahr geplanten kulturellen Feierlichkeiten stieß, interessierten sie mich entweder nicht, oder ich war abgeneigt. Doch vielleicht sollte ich mir diese eine Ablenkung vor der Rückkehr nach Deutschland erlauben. Vielleicht verbergen solche Ereignisse unter dem Anklang, den sie bei Touristen finden, ein Geheimnis des *camino*. Karten für „Rentner und Studenten" kosten die Hälfte (1500 Peseten), also kann ich mir den Besuch des Konzertes leisten. Doch was soll ich anziehen? Obwohl ich das eine kurzärmelige Hemd in meinem Rucksack habe, werde ich mein altes graues Sweatshirt tragen müssen, da die Abende noch recht kühl sind. Nun, die blaue Jeans ist frisch gewaschen, ich werde also nicht zu schäbig aussehen.

Obwohl ich noch ein paar andere Pilger in diesem Gebäude treffe, erkenne ich keinen von ihnen wieder. Sie wurden auch in andere Zimmer gewiesen. Die junge Frau am Empfangstresen hat mir tatsächlich ein eigenes Zimmer gegeben ... wieder eine Geste der Freundlichkeit und der Zuvorkommenheit, die ich von jedem auf dem *camino* empfangen habe. Ich kann mich an keinen Augenblick und keine Gelegenheit in diesem vergangenen Monat erinnern, in denen ich dies nicht gespürt hätte.

Der Schmerz des *camino* enthüllte mir heute noch etwas. Mein Leben lang habe ich gehört, daß man für andere beten solle. Manchmal bitten mich Menschen, für sie zu beten. Und ich äußere die gleiche Bitte. Der hl. Paulus weist ausdrücklich wiederholt darauf hin. Doch heute schien es mir, daß ich nie irgend etwas davon wirklich geglaubt habe – die Notwendigkeit und Wirksamkeit des Gebetes für andere ... bis der Schmerz tief genug in mich eindrang und mich erleuchtete. Schmerz ist da ... immer; das ist einfach eine Tatsache im Leben. Jeder Mensch durchlebt zu einer gewissen Zeit diese universelle menschliche Erfahrung. Letztlich gibt es keine Möglichkeit, es sei denn im Tod, ihn zu vermeiden. Was also kann ich damit anfangen? Gestern wurde mir klar, daß man den Schmerz für jemand anders erleidet, für einen anderen, für die, die ich liebe.

Für jemand anders zu beten bedeutet, dieser Person etwas Gutes zu wünschen, damit er oder sie Glück und schließlich das höchste Gut erreichen möge. Doch wenn der Schmerz für den anderen ist, dann muß dieser spezifische Wunsch ihn begleiten. Welch höheres Gut könnte ich dem Menschen, den ich liebe, wünschen? Da ich ein Mensch bin, fähig, solche Wünsche zu denken und auszusprechen, muß ich sie auf die anderen lenken, die ich gern habe. Ich muß für sie beten. Das ist nicht eine formelle und leere Übung, sondern so wirklich wie der Schmerz. Die Intensität der körperlichen Empfindung deutet auf die Wirklichkeit des geistigen Wunsches, des Wortes, das auf das Wohl des anderen gerichtet ist.

Wie ich schon verstanden habe, beteiligt sich der Schmerz notwendigerweise und unvermeidlicherweise an dem Schmerz des Herrn. Er ergänzt, was an dem Schmerz des Herrn fehlt. Daher muß mein Gebet für einen anderen ähnlich wirkungsvoll sein. Wenn dieses nicht für den Schmerz gälte, dann müßte man sagen, daß der Schmerz des Herrn nicht wirksam wäre – vorausgesetzt, daß man den Schmerz als ein Geschenk annimmt und begrüßt, das das ausfüllt, was an dem Leiden des Herrn fehlt. Die Wirksamkeit meines Schmerzes und Gebetes wird von der Unreinheit meiner Absichten und der Kühle meiner Liebe begrenzt. Wenn ich einfach liebe, einfach bete und den mir gegebenen Schmerz annehme, wie er kommt, dann strecken sich meine Absichten und Handlungen wirklich zur Berührung all derer aus, auf die ich meine Aufmerksamkeit richte, all derer, zu denen der *camino* mich gebracht hat.

Diese Wahrheiten über den Schmerz und das Gebet zu verstehen, ist vielleicht für mich die größte Gnade des *camino.* Wie mir so oft in diesen Wochen klar wurde, scheint jeder neue Tag gesegneter als der vorherige zu sein. Nun, so nahe dem Ende meiner Reise, gilt noch immer dasselbe. Der heutige Tag, eindeutig ein Tag großer, unvorstellbarer körperlicher Beschwerden, vielleicht der „schlimmste" auf dem *camino,* ist keine Ausnahme. Ich bin noch weiter in die Welt der alten Pilger hineingereist.

32 Von Monte del Gozo nach Compostela

4. Juni

Lange vor Sonnenaufgang bin ich wach und munter. Aufgeregt esse ich das Stück Brot und Käse, nehme meinen Rucksack und den Stab und schreite hinaus in die Dunkelheit. Trotz einiger Lampen kann ich die Sterne sehen, den Anblick, der Karl dem Großen in einem Traum enthüllt wurde. In diesem Traum drängte Santiago Karl den Großen, einen Pfad für die Pilger freizumachen, damit sie der Milchstraße zu seinem Grab im fernen Galicien folgen könnten und vor den Beutezügen muslimischer *razzias* geschützt seien. Karl dem Großen wurde gesagt, daß „... alle Völker von Meer zu Meer dorthin reisen werden ... bis an das Ende der Zeit ..." und eine heilige Prozession von unzähligen Menschen in einer fortdauernden Pilgerreise formen würden.

Sobald die Menschen glaubten, daß es eine neue Erscheinung im fernen Galicien gebe, wurde die Richtung christlicher Pilgerfahrten grundsätzlich geändert. Alle Straßen führten nun nicht länger nach Rom. Die alten römischen Straßen machten jetzt eine neue Bewegung der Menschen physisch möglich. Statt nach Rom zu gehen und durch Rom in das Heilige Land, reisten Pilger in immer größerer Zahl nach Westen. Statt das bekannte Zentrum der westlichen Zivilisation zu suchen, brachen die Menschen auf ungewissen und gefährlichen Straßen mutig zum äußersten Rand der bekannten Erde auf, *finis terrae*. Und ihre Anzahl überschritt bei weitem jede frühere friedliche Bewegung von Völkern durch die westliche Welt.

Ich schaue hinauf zu den Sternen, den gleichen Sternen, die im frühen neunten Jahrhundert über dem Eremiten Pelagius schienen, doch sie enthüllen mir nichts von seinem Geheimnis. Entsprechend der Legende sah Pelagius „übernatürliche Lichter" zwischen den Sternen. Die Gegend war nicht bewohnt, daher mußte er bis zur nächsten Stadt reisen, Iria Flavia. Dort berichtete er dem Bischof Teodomiro von den merkwürdigen himmlischen Feuerwerken. Der Bischof begleitete Pelagius zu seiner Einsiedelei, wachte die Nacht hindurch, und auch ihm wurde derselbe himmlische Anblick gewährt. Von Ehrfurcht ergriffen, verkündete er ein drei Tage währendes Fasten für alle, die mit ihm in jenen abgelegenen Winkel in der Wildnis gekommen waren. Am Ende dieser Fastenzeit hackten die Zeugen den Boden auf, über dem die Engelsbotschafter, die neuen Sterne, in der Luft zu schweben schienen, und entdeckten das Grab des hl. Jakobus des Älteren – Santiago. Fast unmittelbar danach ordnete Alfonso II von seinem Hof in Oviedo aus an, daß an dieser Stelle eine Kirche erbaut werden solle (814?). Ungefähr sechzig Jahre später ließ Alfonso III dieses kleine Bauwerk zerstören und ein viel größeres, *de gran hermosura* (von großer Schönheit) an seiner Stelle errichten. Da Menschen aus dem ganzen Westen dorthin kamen, wurde die Idee von Europa, von einem Volk mit gleichen Glaubensanschauungen und Sitten, mit einem gemeinsamen Ziel, von immer mehr Menschen aus immer größeren Entfernungen erlebt.

Wenn ich auf die Sterne über meinem Kopf blicke, frage ich mich, warum wohl so viele Menschen den ganzen Weg nach Compostela gingen und nicht nach Jerusalem? Wie zog Santiago die religiöse Orientierung der Menschen fort von dem Heiligen Land zu diesem wilden Vorposten der westlichen Welt? Rom und Jerusalem waren alte und wichtige Zentren, in denen sich die Menschen getroffen hatten und zu denen sie über Jahrhunderte hin und her gereist waren. Dem Ort, der dann Compostela genannt werden sollte, fehlte vollkommen jede Geschichte. Er hatte noch keinen Namen, als Pelagius zu den neuen Konfigurationen am Nachthimmel hinaufschaute. Aus archäologischen Funden gibt es Mutmaßungen über keltische Siedlungen und Zeremonien. Doch nun passen meine Schuhe genau in die Fußspuren von Tausenden, vielleicht Millionen, die vor mir hierher kamen und die zu demselben Ort gingen, zu dem ich jetzt gehe. Doch ich weiß aus den *relatos* und der Reflexion über meine eigene Er-

Jost Amman, „Die Jakobsbrüder", 1568.
Bayerische Staatsbibliothek, München.

kenntnis, daß wir alle sehr verschieden sind, jeder sucht die eigene Gnade, ein inniges, nicht mitteilbares Geheimnis in jeder Seele.

Etwa hier ist die *ermita* San Lorenzo. Doch in der Dunkelheit kann ich sie nicht sehen. Vor Jahrhunderten verweilten die Pilger hier, um den Cuerpo Santo (den heiligen Leib) eines anderen Pilgers zu verehren; es war ihr letztes Verweilen an solch einem Schrein, ehe sie die Kathedrale erreichten. Picaud erzählt eine Geschichte – also trug sie sich vor dem zwölften Jahrhundert zu. Dreißig Pilger aus Lorraine hätten vor dem Aufbruch nach Compostela einen Eid geschworen, einander zu helfen, damit sie alle an ihrem Ziel ankommen könnten. Einer jedoch lehnte es ab, sich durch den Eid zu binden. Bevor sie die Pyrenäen erreichten, wurde einer der Pilger ernstlich krank und mußte getragen werden – manchmal auf einem Pferd, manchmal von seinen Gefährten. Dies verlangsamte die Gruppe so sehr, daß sie, sobald sie die Gebirgskette erreichten, ihren kranken Freund dort zurückließen. Derjenige, der den Eid nicht geschworen hatte, beschloß, bei dem Kranken zu bleiben. Die beiden verbrachten die Nacht an einer Stelle, die San Miguel genannt wurde. Am Morgen bestand der Kranke darauf, daß sie versuchen sollten, die Berge zu überqueren. Sie erreichten den Gipfel, doch der Kranke starb dort noch in der folgenden Nacht. Bestürzt erflehte sein Gefährte Hilfe von Santiago. Ein Reitersmann erschien und fragte ihn, was er denn da tue. Er antwortete, daß er seinen toten Freund begraben wolle, aber es sei unmöglich, in dem steinigen Gelände zu graben. „Lege den Körper über den Sattel, setze dich hinter ihn und reite auf dem Pferd bis du zu einer Stelle kommst, wo du deinen Freund begraben kannst", sagte der Mann, und sie ritten noch in derselben Nacht los, nachdem der Fremde verschwunden war.

Als die Sonne höher stieg, sah der Pilger, daß sie an einem Steinkreuz gerade am Rand von Compostela angekommen waren, etwa tausend Kilometer von der Stelle entfernt, an der sie am Abend vorher aufgebrochen waren. Dort begrub er seinen Freund, der dann der Santo Cuerpo wurde. Unmittelbar darauf erschien der Reitersmann wieder und sprach:

> Auf der Rückreise in dein Heimatland wirst du deine anderen Gefährten in León treffen. Sage ihnen, da es ihnen an Treue gegenüber ihrem Kameraden gemangelt habe, würde der Apostel Santiago weder ihre Gebete erhören noch ihre Pilgerreise annehmen, bis sie die notwendige Buße geleistet hätten.

Der Pilger erkannte schließlich, wer zu ihm sprach, doch als er versuchte, sich vor ihm in den Staub zu werfen, verschwand der heilige Santiago. Wie viele andere Geschehnisse des *camino* wurde auch dieses Ereignis von europäischen Künstlern dargestellt.

Von den Straßenlampen geleitet, kann ich nun meine Schritte auf die Kathedrale zu lenken, und nach kurzer Zeit befinde ich mich allein auf der riesigen Plaza del Obradoiro und schaue hinauf zu den Türmen der Kirche. Alle schlafen noch ... alles ist ruhig ... niemand stört die kühle Morgenluft, abgesehen von ein paar Tauben, die ununterbrochen auffliegen, sich niederlassen, um mich herum spazieren und sich wieder in das frühe Dämmerlicht erheben. Auch dies muß eine einmalige Erfahrung sein. Ich habe nie von einem Pilger gehört, der hier ankam und niemanden vorfand bis auf ein paar Tauben. Schriftsteller beschreiben die Mengen, das Geplapper vieler verschiedener Sprachen, die farbenprächtigen Kostüme ihrer entsprechenden Regionen, die Musik und immer die Händler. Schon im zwölften Jahrhundert boten sie Muscheln, Wein, Schuhe, Ledertaschen (ähnlich wie moderne Rucksäcke), Geldtaschen, Riemen, Gürtel, alle Sorten von medizinischen Kräutern und Lebensmittel an. Doch jetzt treibt nicht einmal ein Papierfetzen über die riesige gepflasterte Plaza, die für Tausende gemacht ist. Selbstsüchtig und unersättlich versuche ich die ganze Atmosphäre von zwanzig Jahrhunderten an Gebet und Hoffnung einzuatmen, versuche, die Seufzer von einer Million Pilger zu hören, versuche, die Träume der vielen mitzuträumen, die aufbrachen, aber auf dem *camino* starben, diesen heiligen Platz also nicht erreichten.

Verwundert über die Einsamkeit und Stille, zu überwältigt, um auf die Knie fallen oder den Boden küssen zu können, voller Ehrfurcht vor den riesigen Türmen vor mir, drehe ich mich langsam um und sehe eine wunderbare Fassade, die fünfundzwanzig Bögen an der Vorderseite des Palacio de Rajoy, benannt nach einem Prälaten aus dem achtzehnten Jahrhundert, Erzbischof Rajoy. Ich drehe mich weiter und finde mich dem Glanz des renovierten Hostal de los Reyes Catolicos gegenüber, ursprünglich von Ferdinand und Isabella für die Pilger gebaut, als sie schließlich al-Andalus erobert hatten. Nach 750 Jahren endete die *Reconquista* mit dem Fall des letzten islamischen Königreiches auf der Halbinsel.

Ich sehe, daß das Hostal das einzige Gebäude ist, das zu dieser frühen Stunde geöffnet ist, und gehe hinüber. An den wunderbaren Glastüren zögere ich, stoße dann aber eine auf. Ein schneller Blick in dieses nun Fünf-Sterne-Weltklasse-Hotel sagt mir, daß ich hier nicht willkommen wäre. Ich bin in der Tat so eingeschüchtert, daß ich meine Neugier nicht befriedigen und nicht herausfinden kann, was ein Zimmer in einem solchen Hotel kostet. So unauffälig wie möglich lasse ich die Tür zufallen und wende mich wieder der leeren Plaza zu.

Langsam wie in einem Traum gehe ich über die enorme Fläche aus Stein und höre keinen Laut bis auf das regelmäßige tock ... tock ... tock ... meines Stockes auf dem Pflaster. Wie soll ich mir die Menschen vorstellen, die hier vor mir ankamen? Viele Engländer, die oft nach La Coruña segelten und von dort zu Fuß gingen; polnische Ritter, deren Pilgerfahrt nach Compostela als Teil der rituellen Vorbereitung auf die Ritterschaft angesehen wurde; Könige, wie Ludwig VII von Frankreich und Gräfin Sofía von Holland; Heilige, wie Brigid von Schweden und Franz von Assisi; und die Tausende, die nur Gott kannte ... Gehe ich in ihren Fußstapfen? Weiß ich etwas von der „Inneren Burg" ihres Geistes? Bin ich wirklich einer von ihnen? Bewege ich mich in der heiligen Zeit, in der sie sich aufhalten? Ich blicke zum Himmel hinauf ... die Sterne sind nicht mehr da ... der Äther ist von einem blassen Licht erfüllt ... Habe ich die Sterne von Pelagius verpaßt? Oder ist diese Frage eitel und vermessen?

Gleich hinter dem Obradoiro finde ich eine kleine, bezaubernde Plaza mit passenden „Zwerg"-Bäumen und setze mich zum Ausruhen auf eine Parkbank. Es ist wirklich wahr, daß ich hier bin, in Compostela, nach einunddreißig Tagen harten, schmerzhaften Wanderns durch verschiedenartiges Gelände, durch harte, beißende Veränderungen des Wetters. Gewissermaßen habe ich mich denen angeschlossen, die vor mir hierher kamen. Und ich habe ein klares, unbestreitbares Gefühl, daß sie mich hierher gebracht haben. Wenn sie nicht gekommen wären, würde es keinen *camino* geben. Wenn sie den Pfad nicht mit ihrem Glauben, ihrem Mut und ihrem Leben geheiligt hätten – die Berichte zeigen, daß viele starben und am Weg begraben wurden –, würde ich niemals von dieser fantastischen Reise in einen geheiligten Raum gehört haben. Wenn sie mich nicht begleitet hätten, wäre ich niemals imstande gewesen, den Schmerz und die Erschöpfung auszuhalten, wie ich schon am allerersten Tag begriff.

Allmählich erwacht die Stadt zu einem neuen Tag. Verschiedene Leute gehen vorüber, eilen zur Arbeit. Ich rieche, daß Kaffee zubereitet wird. Der Himmel ist klar ... es wird ein wunderbarer Sonnentag sein! Dennoch bin ich betrübt ... irgendein Schatten beginnt sich in mir auszubreiten ... eine unbestimmte Unruhe beschleicht mich. Ich fühle einen leichten Hauch von Angst. Ich empfinde innere Bewegungen, die ich nicht kenne ... ich versuche, tiefer zu atmen, zu entspannen, doch das Unbehagen wird größer. Ich kann nicht herausfinden, was geschieht ... es scheint, daß sich eine tiefe Traurigkeit herniedersenkt und meinen Geist umhüllt ... eine trübe Mutlosigkeit hemmt jede Hoffnung auf Erleichterung. Ich zwinge meinen Geist zu suchen. Wenn ich nur das passende Wort finden könnte, um diese leere Dunkelheit zu benennen ... ich kann mich nicht bewegen ... es ist, als sei ich von irgendeinem bösartigen Nervengas vergiftet.

Schließlich kommt mir eine Idee. Dies müssen die Leute meinen, wenn sie heutzutage vom „Leiden an einer Depression" reden! Oder was die Alten einen Anfall von Schwermut nannten. Wenn ich mich richtig an die alten Texte erinnere, ist eines der Heilmittel, ein heißes Bad zu nehmen. Nun, dem kann ich hier mit einer Tasse heißen Kaffee am nächsten kommen. Ich schaue über die Straße auf eine recht elegante Bar ... sie ist noch nicht geöffnet.

Da ich noch nie zuvor in meinem Leben einen solchen Anfall hatte, kann ich vielleicht herausfinden, welche fremden Dämonen in mein Innerstes eingedrungen sind. Langsam schiebe ich die klebrigen Spinngewebe und trüben Dunkelheiten etwas beiseite. Dies ist ein *neuer* Tag, grundverschieden von allen anderen einunddreißig Tagen. Ich bin heute morgen aufgestanden und nur etwa sechs Kilometer gegangen ... und dann habe ich mich hingesetzt. Sonst habe ich das nie getan. Heute werde ich nicht weitergehen ... ich werde keine Berge mehr erklimmen ... ich werde nie mehr in die Dunkelheit hinaustreten, und mein Gesicht wird nie mehr als frühmorgendliche Begrüßung von einem Windstoß getroffen werden. Ich werde die Sonne, die mich erwärmt, wenn sie am Himmel hochsteigt, nicht auf meinem Rücken fühlen ... ich werde nie mehr kämpfen, um meine Füße aus dem Morast zu ziehen, Stunde um Stunde ... der Kuckuck wird mich nicht begrüßen, wenn ich meinen Rhythmus für den Tag bestimme. Ich werde nicht auf den Horizont blicken und wissen, daß mich auf der anderen Seite gleich ein immer neuer Anblick der Schöpfung erwartet. Ich werde nicht die verschiedenen Arten wilder Blumen sehen ... *jeden Tag*! Der Schmerz ist Vergangenheit, die spannenden Erlebnisse sind vorbei, der Zauber ist zu Ende.

Jetzt ist Verkehr auf den Straßen, Menschen sind auf den Gehwegen. Zwei hübsche junge Frauen gehen lachend und schwatzend vorüber. Sie sehen wie Studentinnen aus, die zu einer frühmorgendlichen Vorlesung gehen. Ich glaube, das Gebäude gegenüber dem Hostal de los Reyes auf dem Obradoiro gehört zur Universität. Und jetzt ist es Zeit, daran zu denken, was ich als nächstes tue. Ich muß von dieser Bank aufstehen. Ich muß in irgendeine Richtung gehen. Und dann fällt mir ein – das Postamt ... vielleicht Post von der Familie und von Freunden. Ich erhebe mich, frage, erfahre, daß das Gebäude nur eine Straße entfernt ist. Dort fragt mich eine freundliche Frau nach meinem Namen, schaut in die Fächer und kehrt mit einigen Briefen zurück. Nun ein breites

Lächeln: „Man hat Sie nicht vergessen!" Ich erwidere ihr Lächeln, danke ihr und steuere auf die Bar zu, die nun geöffnet ist. Die Ober tragen weiße Hemden, Schlipse und schwarze Hosen mit einer ordentlichen Bügelfalte. Ich bin wieder in einer Stadt, das ist sicher.

Es ist erst zwei Wochen her, daß ich Nachricht von der Familie und von Freunden bekam – als ich Post in Carrión de los Condes vorfand – doch scheint es eine Zeit zu sein, die anders gemessen wurde, die Zeit eines fernen Traumes, weit entfernt, und das gleichzeitig in verschiedenen Bedeutungen. Und daher ist die Freude entsprechend größer. Diese Briefe und der Kaffee bewirken gemeinsam, daß meine Gefühle wieder etwas Gleichgewicht zurückgewinnen. Die fortdauernde Traurigkeit ist nicht mehr ganz so trübselig und hoffnungslos, nicht mehr so schwer niederdrückend.

Ich gehe in die Sonne hinaus, fühle aber ihre Wärme nicht. Ich gehe um die Seite der Kathedrale herum und suche die Officina de Peregrinos. In der Nähe der Tür schlendern etwa zehn oder fünfzehn Pilger herum, lachen und tauschen Geschichten aus und warten, daß das Büro öffnet. Ich erkenne niemanden und habe keine Lust, irgend jemanden zu begrüßen. Doch jemand kommt von hinten heran, berührt meine Schulter und streckt seine Hand aus, offensichtlich glücklich, mich zu sehen. Es ist der französische Arzt, den ich am ersten Tag traf, bevor ich Valcarlos auf der Straße nach Roncevalles erreichte! Ich brauche mich nicht zu einem Lächeln zu zwingen. Ich habe ihn einige Tage nicht gesehen und nicht erwartet, ihn jemals wiederzusehen. Ich sollte mich hinsetzen und ihn nach seinen Erfahrungen fragen. Doch ich finde keine Worte ... das Gewicht ist zu groß, die Wolke zu dicht. Ich werde seine Geschichte nie erfahren ...

Das Büro öffnet, ich stelle mich in die Reihe und gehe hinein. Eine junge Frau setzt den letzten Stempel auf mein *credencial*. Es ist jetzt eine recht bunte Liste, denn jeder Ort hat sein eigenes Motto oder Siegel. Mein Name wird in ein Register eingetragen, also wird er hier und am Beginn der Reise in Roncesvalles verzeichnet sein. Jemand anders setzt meinen

Namen und das Datum auf die „Compostela", ein Dokument (in Latein geschrieben), das wie ein Diplom aussieht und in dieser Form aus dem vierzehnten Jahrhundert stammt. Es bescheinigt, daß ich offiziell ein Pilger bin, der in Santiago de Compostela angekommen ist. Beim Lesen des historischen Berichtes wird klar, daß die Menschen früher diesem Dokument große Bedeutung zumaßen; in manchen Schilderungen nimmt es eine gewisse mystische Bedeutung an. Doch heute kann es jeder erhalten, der oder die für sich in Anspruch nimmt, wenigstens einhundertfünfzig Kilometer des *camino* gewandert zu sein. Ist dies eine Konzession an die heutige Schlaffheit? Eine neue Version billiger Gnade? Eine Anerkennung des ausgetrockneten Glaubens?

In meinem galligen Zustand untersuche ich die Bilder und Worte näher. Oben befindet sich eine Zeichnung von Santiago als Pilger. Doch aus vielen solchen Zeichnungen, die ich in den Katalogen europäischer Ausstellungen gesehen habe, weiß ich, daß diese hier nicht aus dem vierzehnten Jahrhundert stammt. Sie sieht mehr wie eine der sentimentalen, blassen, anämischen Figuren aus, die sich für ihre Existenz entschuldigen. Sogenannte Künstler haben sie, glaube ich, erst im achtzehnten Jahrhundert herzustellen begonnen. Unten auf der Seite ist das offizielle Siegel des Dekans und Kapitels der Kathedrale abgedruckt. Es bildet eine viel kräftigere Gestalt ab – Santiago Matamoros auf seinem weißen Pferd, in einer Hand ein erhobenes Schwert und in der anderen eine Fahne. Es ist die Fahne, die von den Caballeros de Santiago getragen wurde, dem militärischen Orden – ein rotes Schwert oder Kreuz auf einem weißen Hintergrund. Matamoros' Pferd bäumt sich auf und bereitet sich darauf vor, auf zwei unglückliche und hingestreckte Mauren herabzustoßen, von denen einer flehentlich seinen Arm erhebt. Das Latein besagt, daß ich *hoc sacratissimum Templum pietatis causa devote* – diesen heiligsten Tempel mit einer unterwürfig frommen Absicht – besucht habe. „Fromm" bezieht sich hier auf die Tugend der Frömmigkeit, die im mittelalterlichen Denken zu den Kardinaltugenden der Gerechtigkeit gehörte, durch die man Gott zu ehren versuchte, wie es Sein *recht-*

mäßiger Anspruch ist. Doch die junge Frau fragt mich nur, wie mein Name geschrieben werde ... Die einander stark widersprechenden Bilder von Santiago stoßen wieder vor mir aufeinander.

Ich verlasse das Büro und beginne zu gehen. Doch wohin gehe ich? Was habe ich vor? Verwirrt halte ich an, um das zu bedenken. Der nächste logische Schritt müßte sein, ein *refugio* zu finden und den schweren Rucksack und den Stab loszuwerden. Doch wo ist es? Ich kehre in das Büro zurück, warte, bis ich wieder an der Reihe bin und frage, ob es ein *refugio* in der Stadt gäbe. Die erste junge Frau ist unsicher und fragt eine andere. Diese sagt, ja, es gäbe eines in dem Seminar für Priesterzöglinge; dann kehrt sie zu ihren anderen Aufgaben zurück. Ich erkläre entschuldigend, ich sei Ausländer und mit der Stadt gar nicht vertraut. „Wo ist das Seminar?" Sie nennt mir eine Straße ... ich danke ihr und breche von neuem auf.

In der Nähe der hübschen Plaza, auf der ich am frühen Morgen gesessen habe, halte ich einen Herrn an und bitte ihn um Weghinweise zu dem Seminar. Freundlich zeichnet er mir eine einfache Karte und schickt mich in die richtige Richtung. Ich bin mitten in der Altstadt mit ihren engen und unregelmäßigen Straßen, alten und anziehenden Steingebäuden, Kirchen, Klöstern und Schulen. Eine Legende besagt, daß *gallegos* (Menschen aus dieser Gegend) im Bearbeiten von Stein besonders geschickt seien, da sie dies Handwerk von denen erlernt hätten, die das katastrophale Ende von Atlantis überlebt hätten. Alles ist wunderschön restauriert, makellos sauber, strahlend von der Geschichte und dem Lokalkolorit ... ein Ort, wie ihn Touristen lieben ... das Miasma hängt noch über mir und formt meine Gefühle.

Ich steige einen Hügel hinauf, und auf der Spitze komme ich zu dem Seminar, einem riesigen nichtssagenden Gebäude. Die Tür öffnet sich in ein großes Foyer, und ich sehe eine Art Empfangsfenster an der linken Wand. Auf der anderen Seite der Wand beobachtet ein mürrischer älterer, breit-gebauter Mann durch ein Fenster, wie ich näher komme. Ich versuche zu lächeln, grüße ihn und frage, ob dies das *refugio* sei. Er antwortet scharf, daß es *kein refugio* sei. Und als er den Eindruck hat, ich habe diese Wahrheit akzeptiert, erklärt er herablassend, daß die Verwaltung Pilgern gnädig erlaube, im obersten Stock dieses Seminars zu übernachten. Die Gebühr betrage 300 Peseten pro Tag und sei im voraus zu bezahlen. Da dies äußerst günstig ist, sehe ich keinen Grund zum Widerspruch und überreiche ihm einen 500-Peseten Schein. Er hat kein Wechselgeld und sagt mir, ich könne es abholen, wenn ich wieder ausgehe. Er warnt mich, ich solle kein Geld und keine Wertsachen oben bei meinen Sachen lassen, da er keine Kontrolle über die Leute habe – Pilger vermutlich –, die nach oben gingen. Ich danke ihm und gehe zur Treppe.

Im obersten Stockwerk wähle ich mir ein Bett in dem Schlafsaal aus – sie scheinen recht sauber zu sein –, lege meinen Rucksack darauf und gehe zum Bahnhof. Dort erfahre ich, daß der nächste Zug nach Irún, wo ich die Grenze überqueren möchte, morgen früh um 9.15 Uhr abfährt. Ich werde in der heiligen Stadt nur einen Tag sein. Ich gehe zu der Kathedrale und komme gerade pünktlich zu der Mittagsmesse – der *Misa de Peregrinos*.

Die Kathedrale gilt als großes romanisches Denkmal, eines der vollkommensten Beispiele dieses Genre. Der Pórtico de la Gloria, einer der Eingänge, von Maestro Mateo in der zweiten Hälfte des zwölften Jahrhunderts geschaffen, wird für den schönsten und am besten ausgeführten romanischen Portiko der ganzen Welt gehalten. Wie Aymeric Picaud geben die meisten, die hier in Compostela ankommen und einen Bericht schreiben, detaillierte und enthusiastische Beschreibungen von dem, was sie sehen und wie ihre Reaktionen darauf sind. Doch ich kann nicht schauen ... oder ich sehe nichts ... ich steige die Stufen hinauf und gehe in die riesige Kirche.

Laffi sagt, daß er in das Gebäude eintrat, und „vor dem [Haupt]Altar knieend mit einer nie zuvor erlebten Freude und von Herzen gefühlten Zerknirschung [sprach ich meine Gebete]." Albani berichtet:

> Ich ging schnell hinein, mein Herz und Sinn waren sofort erleuchtet; es schien, daß ich in den Himmel ge-

gangen war! Meine Beine und der ganze Körper zitterten, mir schwindelte, meine Augen wanderten hierhin und dorthin auf der Suche nach der geheimnisvollen Kapelle des strahlenden Heiligen. Ich ging nach vorn zum Altar, beugte die Knie und sagte Dank, wobei ich mein Gesicht auf den Boden preßte.

Unter dem Hauptaltar ruht der Körper des Heiligen in einem großen silbernen Reliquienschrein in Form eines Kastens oder Sarges. Picaud merkt an, daß einige daran zweifelten und behaupteten, daß der Körper in Wirklichkeit in Frankreich sei. Er sagt, die Zweifler seien Franzosen, und weist ihre Ansicht zurück. Arnold von Haff, ein deutscher Ritter, der am Ende des fünfzehnten Jahrhunderts nach Compostela reiste, schrieb, manche behaupteten, daß der Körper in Wirklichkeit in Toulouse wäre:

> Ich versuchte, indem ich große Angebote machte, sie dazu zu veranlassen, mir den heiligen Körper zu zeigen. Sie antworteten, daß der Brauch dies verbäte, daß der heilige Körper in dem Hauptaltar sei und daß er, wenn irgend jemand dies bezweifele, in demselben Augenblick toll würde, wie ein wütender Hund. Das befriedigte mich.

Es ist zwölf Uhr ... Zeit für den Beginn der Misa de Peregrino. Die große Kathedrale ist mit Menschen gefüllt. Ich bemerke zwei oder drei, die, ihrer Kleidung nach zu urteilen, auf dem *camino* hierher gelaufen sein könnten. Die einzigen Geräusche kommen vom Fußboden – Menschen schlurfen mit ihren Füßen, laufen umher, um einen besseren Standort in der Kirche zu finden. Nachdem die Geistlichen in Reih und Glied hereingekommen sind, beginnt die Messe. Ein Geistlicher steigt auf eine Kanzel und leitet die Menschen beim Singen. Seine Stimme, die aus Lautsprechern durch den gewaltigen Raum widerhallt, hebt die schwache und lustlose Beteiligung der Menschen auf. Im zwölften Jahrhundert, heißt es im *Liber Sancti Jacobi*, kommen in der Nacht

> ... zu diesem Ort fremde Völker und solche, die in allen Regionen der Welt leben ... [Menschen] jeder Sprache, jedes Stammes und jeder Nation, in Karawanen und in Reihen aufgestellt, und erfüllen ihre Gelübde in Handlungen, indem sie dem Herrn danken ... Über die Pilgerchöre am Fuß des verehrungswürdigen Altars von Santiago in ununterbrochener Nachtwache nachzudenken, löst Freude und Bewunderung aus. Die Deutschen weilen auf der einen Seite, die Franzosen auf einer anderen, die Italiener auf einer dritten. Sie stehen in Gruppen und halten brennende Kerzen in ihren Händen. Daher ist die ganze Kirche wie ein sonniger klarer Tag erleuchtet ... Manche spielen Zither, andere Leier und andere kleine Trommeln oder Flöten, Flageoletts, Trompeten, Harfen, Violinen, britische oder gallische Rotta, einige singen zu Zithern, andere begleitet von verschiedenen Instrumenten, alle verbringen die Nacht in Nachtwache. Manche weinen um ihre Sünden, andere lesen die Psalmen, und einige geben den Blinden Almosen. Hier hört man verschiedene Sprachen, verschiedene Stimmen in fremden Sprachen – Gespräche und Lieder in Deutsch, Englisch, Griechisch und in anderen Sprachen anderer Stämme und andersartiger Menschen aus aller Welt. Es gibt keine Worte oder Sprachen, die hier nicht zu hören sind ... Fortwährende Feierlichkeiten werden abgehalten, die Festlichkeiten sind sorgfältig vorbereitet, die berühmte Feier bringt Tag und Nacht Anbetung dar, Loben, Preisen und Freudenausbrüche ... Dort ist ein ununterbrochenes Fest ... Die Türen dieser Basilika werden nie geschlossen.

Die Messe geht weiter. Ich sehe einen Mann, der in meiner Nähe steht und, mit dem Rücken zum Altar an eine Säule gelehnt, seine Zeitung liest. Seine Frau folgt den entfernten Bewegungen der Geistlichen ... Aus all den Berichten, die ich gelesen habe, ist ersichtlich, daß die Menschen in früheren

Jahrhunderten von einem mächtigen *libido vivendi* ergriffen waren – einer Lust, die heiligen Reliquien zu sehen. Sobald wie möglich eilt Albani zu der Capilla del Tesoro, der besonderen Kapelle, die den Schatz *(tesoro)* der Reliquien enthält. Dort sah er ergriffen

> ... viele Körper von Heiligen, nicht zu sprechen von all den Köpfen, Beinen, Händen, Fingern, Armen, den Mägen, Fläschchen, gefüllt mit dem Blut von Märtyrern ... und zwei andere Fläschchen, eins gefüllt mit der Milch von ihren [der Jungfrau Maria] Brüsten, das andere mit den Tränen, vergossen von den Augen der Jungfrau Maria am Grab ihres heiligsten Sohnes; man sieht auch das Haar und die Kleider der Jungfrau Maria, zusammen mit so vielen anderen Reliquien.

Einige dieser Reliquien wurden von Diego Gelmírez im Jahr 1102 auf einer Reise nach Portugal erworben. Nachdem er eine große Sammlung zusammengetragen hatte – die Aktion wurde damals „frommer Diebstahl" genannt –, trug er seinem Erzdekan und einem anderen Kanoniker von der Kathedrale auf, sie sollten auf versteckten und unbenutzten Pfaden nach Compostela zurückkehren, so daß niemand sie treffen und herausfinden würde, was sie wegschleppten. Die zahlreichen Männer und Frauen hier in der Kirche, die sich um mich herum bewegen, scheinen frei von solchem festen Glauben und starkem Verlangen zu sein ...

Eine Sitte bildete sich schon sehr früh heraus: Man sollte die erste Nacht wachend vor dem Grab verbringen, so dicht wie möglich an den heiligen Reliquien. Wenn viele Pilger am gleichen Tag ankamen und alle einen guten Platz für die Nacht haben wollten, brachen manchmal wilde Kämpfe aus, wurde Blut vergossen, ein Pilger getötet. Nach dem kanonischen Recht mußte die Kirche dann von diesem Verbrechen gereinigt werden. Der Aussöhnungsprozeß erforderte eine Reise nach Rom, um die notwendigen Dokumente zu erhalten. Am 12. Juni 1207 autorisierte Innozenz III den Erzbischof von Santiago, die Kirche mit einem besonderen Segen unter

Verwendung von Wasser, Wein und Asche zu reinigen, ohne daß er nach Rom reisen mußte.

Die Messe endet, und als sich die Menge zerstreut, sehe ich niemanden, der jemand anderen schubst. Ich steige hinter dem Altar hinauf, damit ich dem Rücken der Statue den traditionellen Kuß geben kann, und gehe dann hinunter unter den Altar, um mir den Silberschrein mit den heiligen Reliquien von Santiago anzusehen. Im Mittelalter förderten die Städte mit ihren Kirchen die frommen Pilgerreisen. Die Menschen wurden von diesen Orten angezogen, weil sie Reliquien enthielten, die körperlichen Überreste von Heiligen. Man konnte das Heilige dort berühren, man konnte sich zu der rettenden Liebe dieser großen Helden und Heldinnen ausstrecken, man konnte sogar durch die Entfaltung einer wundertätigen Kraft gesegnet werden. Alles war in den Reliquien symbolisiert und konkretisiert. Das Glaubensleben wurde gesehen *sub specie peregrinationes* – im Licht der Pilgerreise – zu den heiligen Orten. Doch mein religiöses Gefühl ist wohl ganz anders; ich habe nicht den Wunsch, irgendeine Reliquie zu sehen oder zu berühren. Dann kommt mir eine vielleicht unfromme Frage in den Sinn: Sind noch welche hier?

Ich habe etwas in diesen einunddreißig Tagen der Einsamkeit und Stille verstanden: daß ich nicht allein bin, daß ich nicht einmal als eine Art selbstbewußtes Individuum existiere, daß ich kein unabhängiges Ich bin und die in mir liegenden Möglichkeiten verwirklichen kann. Sondern ich existiere nur insoweit, wie ich an den unzähligen Handlungen teilnehme, die in ihrer Summe die lebendige Tradition begründen, die mein Erbe ist, das meine Eltern und die Pilger mir gegeben haben. All die „inneren" Erfahrungen dieser vier Wochen haben sich nur insofern ereignet, als sie wirkliche Verbindungen mit den Erfahrungen der Toten hatten, die mich begleitet haben. Ich habe gelernt, wie ich ein ehrliches „wir" aussprechen muß, etwas grundsätzlich anderes als das unechte und selbstherrliche „wir", das man heutzutage so oft hört. Die Reliquien, die ich berühre, das sind sie, das ist ihre wirkliche Anwesenheit. Ich habe sie getroffen, umarmt und geküßt ... und ihre Lippen waren nicht kalt. Wenn ich mich umsehe, erkenne ich heute keinen von ihnen hier; vielleicht sind ein paar versteckt in der großen Menschenmenge der Touristen. Doch die meisten sind dort draußen ... auf dem *camino*, und warten darauf, den Pilger von heute willkommen zu heißen. Mein ganzes Denken, mein ganzes Verlangen ist darauf gerichtet, dorthin zurückzugehen und sie auf ihrer Reise zu begleiten.

Ausgewählte Literatur

Albani, Nicola: *Viaje de Nápoles a Santiago de Galicia*, Madrid: Consorcio de Santiago, 1993.

Artajo, Javier Martín: *Caminando a Compostela*, ohne Ortsangabe: Editorial Católica, 1976.

Bango Torviso, Isidro G.: *El camino de Santiago*, Madrid: Espasa-Calpe, 1993.

Barret, Pierre und Gurgand, Jean-Noel: *Unterwegs nach Santiago. Auf den Spuren der Jakobspilger*, Freiburg: Herder, 1982.

Benesch, Kurt: *Santiago de Compostela: Pilgerwege*, Freiburg: Herder, 1991.

Die Bibel. Die heilige Schrift des alten und neuen Bundes. Deutsche Ausgabe mit den Erläuterungen der Jerusalemer Bibel. Herausgegeben von Diego Arenhoevel, Alfons Deissler, Anton Vögtle, Freiburg-Basel-Wien: Herder, 1968.

Bonet Correa, Antonio: *Santiago de Compostela*, Freiburg: Herder, 1982.

Bottineau, Yves: *Der Weg der Jakobspilger. Geschichte, Kunst und Kultur der Wallfahrt nach Santiago de Compostela*, Bergisch Gladbach: Lübbe, 1987.

Bravo Lozano, Millán: *Guía práctica del peregrino*, León: Editorial Everest, 1993.

Burton, Richard F.: *Personal Narrative of a Pilgrimage to Al-Madinah and Meccah*, 2 Bde., London: Tylston and Edwards, 1893.

The Cambridge Medieval History: Cambridge: University Press, 1964.

Cantarino, Vicente: *Entre monjes y musulmanes. El conflicto que fue España*, Madrid: Alhambra Editorial, 1978.

Castro, Américo: *Santiago de España*, Buenos Aires: Emecé Editores, 1958.

Castro, Américo: *La realidad histórica de España*, México: Ediciones Porrúa, 1962.

Caucci von Saucken, Paolo (Hg.): *Santiago de Compostela. Pilgerwege*, Augsburg: Bechtermünz, 1996.

Chaucer, Geoffrey: Die *Canterbury-Erzählungen*, Leipzig: Insel, 1981.

Chejne, Anwar G.: *Historia de España musulmana*, Madrid: Ediciones Cátedra, 1980.
Dunn, Maryjane und Davidson, Linda K.: *The Pilgrimage to Compostela. A Comprehensive Annotated Bibliography*, New York: Garland, 1994.
Dunn, Maryjane (Hg.): *The Pilgrimage to Compostela in the Middle Ages: a Book of Essays*, New York: Garland, 1996.
Ellul, Jacques: *The Technological Bluff*, Grand Rapids: Eerdmans, 1990.
Enriquez de Salamanca, Cayetano: *Der Pilgerweg nach Santiago de Compostela*, Freiburg: Herder, 2. Aufl. 1994.
Fink, Alois: *Straßen nach Santiago de Compostela. Auf den Spuren der Jakobspilger*, München: Süddt. Verl., 1988.
Ganz-Blättler, Ursula: *Andacht und Abenteuer: Berichte europäischer Jerusalem- und Santiago-Pilger (1320–1520)*, Tübingen: Narr, 2. Aufl. 1991.
Gorys, Erhard: *Nordspanien: zwischen Pyrenäen und Atlantikküste: Der Weg nach Santiago de Compostela*, München: Artemis, 1991.
Haebler, Konrad: *Das Wallfahrtsbuch des Hermannus Kuenig von Vach und die Pilgerreisen der Deutschen nach Santiago de Compostela*, Strassburg: Heitz Muendel, 1899.
Hassauer, Friederike: *Santiago: Schrift, Körper, Raum, Reise. Eine medienhistorische Rekonstruktion*, München: Fink, 1993.
Herbers, Klaus: *Der Jakobsweg. Mit einem mittelalterlichen Pilgerführer unterwegs nach Santiago de Compostela*, ausgew., eingeleitet, übers. u. kommentiert von Klaus Herbers, Tübingen: Narr, 5. Aufl. 1995.
Herbers, Klaus (Hg.): *Deutsche Jakobspilger und ihre Berichte*, Tübingen: Narr, 1988.
Illich, Ivan: *Im Weinberg des Textes*, München: Beck, 1996.
Kriss-Rettenbeck, Lenz und Ruth, und Ivan Illich: *„Homo Viator –* Ideen und Wirklichkeiten", in Lenz Kriss- Rettenbeck und Gerda Möhler: *Wallfahrt kennt keine Grenzen*, München-Zürich: Schnell & Steiner, 1984.
Ladner, Gerhart B., *Images and Ideas in the Middle Ages*, Rome: Edizioni di Storia e Letteratura, 1983.
Laffi, Domenico: *Viaje a poniente*, Santiago de Compostela: Biblioteca mágica del peregrino, 1991.
Libellus Sancti Jacobi: Auszüge aus dem Jakobsbuch des 12. Jahrhunderts, herausgegeben von Klaus Herbers, Tübingen: Narr, 1997.
Liber Sancti Jacobi. „Codex Calixtinus", Pontevedra: Xunta de Galicia, 1993.

Martínez, Teodoro: *El camino jacobeo: una ruta milenaria*, Bilbao: Publicaciones de la Excma. Diputación de Vizcaya, 1976.
Melchers, Carlo: *Das große Buch der Heiligen*, München: Südwest Verlag, 1980.
Moralejo, Serafín und López Alsina, Fernando (Hg.): *Santiago, camino de Europa*, Santiago: Xunta de Galicia, 1993.
Oursel, Raymond und Jean-Nesmy, Claude: *Pilgerwege nach Santiago de Compostela durch Frankreich und Spanien*, Würzburg: Echter, 1990.
Parga, Luis Vázquez de, Lacarra, José María und Uría Ríu, Juan: *Las peregrinaciones a Santiago de Compostela*, Pamplona: Gobierno de Navarra, 1993.
Picaud, Aymeric: siehe *Liber Sancti Jacobi*.
Plötz, Robert (Hg.): *Europäische Wege der Santiago-Pilgerfahrt*, Tübingen: Narr, 2. Aufl. 1993.
The Rule of St. Benedict, herausgegeben von Timothy Fry, O. S. B., Collegeville, MN.: The Liturgical Press, 1981.
Sahagún, Bernadino de: *Historia general de las cosas de Nueva España*, 4 Bde., Mexiko City: Editorial Porrúa. S. A., 1977.
Schwarz, Andrea: Die Sehnsucht ist größer. Erfahrungen auf dem Weg nach Santiago de Compostela, Freiburg: Herder, erscheint Frühjahr 1998.
Thoreau, Henry D.: *A Week on the Concord and Merrimack Rivers*, Princeton: University Press, 1980.
Thoreau, Henry D.: *Walden* oder Leben in den Wäldern, Zürich: Diogenes, 1971.
Torrente Ballester, Gonzalo: *Compostela*, Madrid: Afrodisio Aguado, S. A., 1948.
Unamuno, Miguel de: *Andanzas y visiones españoles*, Madrid: Espasa-Calpe, S. A., 1975.
Valiña Sampedro, Elías: *El camino de Santiago: estudio histórico-jurídico*, Madrid: CSIC, 1971.
Vilar, Pierre: *Historia de España*, Barcelona: Editorial Crítica, 1980.
Wittgenstein, Ludwig: *Vermischte Bemerkungen*, Frankfurt: Suhrkamp, 1977.

Spiritualität

Marco Aldinger
Geschichten für die kleine Erleuchtung
Das Buch zur Bewusstseinserheiterung
Band 5331
Geschichten, die verblüffen und zeigen: Weisheit und Humor, Witz und Einsicht gehören zusammen.

Gernot Candolini
Im Labyrinth sich selbst entdecken
Band 5143
Wer seine spirituelle Kraft erkundet, wird zu sich selber finden.

Geh den inneren Weg
Texte der Achtsamkeit und Kontemplation
Hg. von Willigis Jäger
Band 4862
Willigis Jäger ist einer der bedeutendsten spirituellen Lehrer unserer Zeit: tief verwurzelt in einem kontemplativen Christentum und vertraut mit dem radikalen Weg der östlichen Leere.

Gelassenwerden
Hg. von Rudolf Walter
Band 5078
Die innere Gelassenheit wächst, wenn man ihr Raum gibt, wenn es gelingt, loszulassen, Vertrauen zu gewinnen, das Ganze zu sehen.

Khalil Gibran
Es sprach der Prophet
Von der Freiheit der Seele
Hg. von Ursula Assaf
Band 5403
Worte der Tiefe, die den Blick auf das ganze Leben positiv verändern.

Anselm Grün/Maria-M. Robben
Finde deine Lebensspur
Die Wunden der Kindheit heilen – Spirituelle Impulse
Band 5406

Wie wir unsere spirituellen und psychologischen Ressourcen erschließen, zeigt dieses „berührende Buch auf eindrückliche Weise" (Hans Jellouschek).

Anselm Grün
Vergiss das Beste nicht
Inspiration für jeden Tag
Hg. von Anton Lichtenauer
Band 4864

365 Anregungen, die der Seele gut tun.

Anselm Grün
50 Engel für das Jahr
Ein Inspirationsbuch
Band 4902

Die 50 Engel des Jahres sind inspirierende und diskrete Begleiter des Alltags. Ein „himmlisches" Buch, zum Schmökern und Verschenken.

Anselm Grün
50 Engel für die Seele
Band 5277

Anselm Grün ermutigt auf wohltuend vertraute und inspirierende Weise, sich auf die Kräfte einzulassen, die unser Leben beflügeln können.

Willigis Jäger
Aufbruch in ein neues Land
Erfahrungen eines spirituellen Lebens
Hg. von Christoph Quarch/Cornelius von Collande
Band 5381

„Aufbruch" ist nicht allein Bild für den inneren Weg, sondern für den Mut, immer wieder Sicherheiten aufzugeben und das Wagnis einer neuen Existenz einzugehen.

Dorothee Sölle
Den Rhythmus des Lebens spüren
Inspirierter Alltag
Hg. von Bettina Hertel/Birte Petersen
Band 5413

Dorothee Sölle geht es um glaubwürdige Antworten auf Sinnfragen der Existenz – auch im Alltag unseres Lebens. Eindringlich, unerschrocken, bewegend.

Klaus Werner Stangier
Den eigenen Weg finden
Oder: Vom Weggehen und Ankommen
Band 5358

Jeder hat seinen Weg selbst zu finden: Indem ich aufbreche, offen und neugierig. Die inspirierende Meditation über den Weg zum Glück.

Duncan Steen
Der Weg zum gelassenen Leben
Einführung in die Meditation
Band 5359

Im Alltag Zeiten der Ruhe schaffen, um in Kontakt mit den eigenen Gefühlen zu kommen. Wie buddhistische Meditation dazu beiträgt.

Pierre Stutz
Was meinem Leben Tiefe gibt
Band 5296

Den Alltag verwandeln: Konkrete Übungen, Meditationen und Rituale, die die Routine unterbrechen, Stress verhindern und zum Wesentlichen führen.

Pierre Stutz
Du hast mir Raum geschaffen
Inspiriert von den Psalmen
Band 5424

Faszination Leben: Augenblicke der Dankbarkeit neben Momenten der Trauer und der Ohnmacht. Kraftvoll sensible Meditationstexte für eine Spiritualität des Alltags.

HERDER spektrum

Willigis Jäger
Wiederkehr der Mystik
Das Ewige im Jetzt erfahren
Band 5399
Der Benediktinermönch und Zenmeister antwortet auf drängende Fragen heutiger Sinnsuchender.

Willigis Jäger
Die Welle ist das Meer
Mystische Spiritualität
Hg. von Christoph Quarch
Band 5046
Mystik, was ist das – ganz praktisch? Eine Sicht, die enge Grenzen sprengt und den tiefen Reichtum auch anderer religiöser Kulturen erschließt.

Ayya Khema
Was du suchst, ist in deinem Herzen
Der Weg zur inneren Klarheit
Hg. von Angela Krumpen
Band 5129
Aus einem aufregenden Leben kam Ayya Khema zur Erkenntnis: „Alles hat seinen Anfang in unserem Herzen." Meditationen und Einsichten.

Yushi Nomura/Henri J. M. Nouwen
Weisheit aus der Wüste
Band 5253
Auf dem Weg zu Gelassenheit und innerem Wachstum bieten die frühchristlichen Mönche des 4. und 5. Jahrhunderts wertvolle Orientierung.

Silvia Ostertag
Lebendige Stille
Einstimmung und Einübung
Band 5293
Impulse, um bei sich anzukommen und eins zu werden mit sich selbst